人是可能死于羞愧的

《启示与理性》第七辑

萌萌学术工作室　主编

07

生活·讀書·新知 三联书店

图书在版编目（CIP）数据

人是可能死于羞愧的/萌萌学术工作室主编．—北京：
生活·读书·新知三联书店，2016.11
（启示与理性；7）
ISBN 978−7−108−05800−3

Ⅰ．①人… Ⅱ．①萌… Ⅲ．①鲁萌（1949-2006）−纪念文集
Ⅳ．① K825.1-53

中国版本图书馆 CIP 数据核字（2016）第 212607 号

萌萌学术基金
海南大学《启示与理性》学术辑刊出版专项出版经费
惠助项目

责任编辑　张　龙
装帧设计　蔡立国
责任校对　王军丽
责任印制　崔华君
出版发行　生活·讀書·新知 三联书店
　　　　　（北京市东城区美术馆东街 22 号 100010）
网　　址　www.sdxjpc.com
经　　销　新华书店
印　　刷　北京隆昌伟业印刷有限公司
版　　次　2016 年 11 月北京第 1 版
　　　　　2016 年 11 月北京第 1 次印刷
开　　本　880 毫米×1230 毫米　1/32　印张 18.5
字　　数　379 千字
印　　数　0,001−3,000 册
定　　价　65.00 元
（印装查询：01064002715；邮购查询：01084010542）

纪念我们时代
来自土地深处的思想家

目 录

编者前言:"人是可能死于羞愧的"

2013 年 7 月 7 日,海南大学社会科学研究中心"外国哲学学科点"即"社会伦理思想研究所"与"萌萌学术工作室"在海南尖峰岭雨林谷举行了萌萌逝世七周年纪念活动暨萌萌学术思想研讨会。与会者有中心负责人、萌萌亲属、几位老朋友、"概帮"同仁以及萌萌的学生和学生辈等 80 人。

纪念活动的主题除了追思萌萌的"为人",更着重由她的学生和学生辈们"见字如面"地缅怀萌萌老师的"为学"。其中,特别落脚到萌萌生前未发表的最后未完成稿——《人是可能死于羞愧的》。

"人是可能死于羞愧的",原本是一部电影中的台词。一经落到萌萌的文字中,却变成了令人惊悚的问题:如果你不麻木,如果你不习以为常,如果你不知识技术化到牙齿,如果你对百年来的中国思想现实稍有反省,惊悚过后的深思岂能安稳!

请看：

"在西方学术面前'死于羞愧'"。

请听：

我知道，个人遭遇的痛苦再大，也只是"切肤之痛"。而有一种痛苦，几乎是你感觉不到的，例如它隐藏到"知识"中，只要是西方的"知识"都当"真理"拿来掩盖自己的傀儡：连跟班、买办与臣服也变成了光荣；对于自己的文化、民族、土地与血遗忘了，却自诩为进步；学习总是尾随在西方遗留的思想中，永远摸不到原创的边际，居然也成为学问的楷模。所有这些都因"知识"的增长而掩盖了知识的羞愧。它使我有一种永远爬不起来的感觉在灵魂深处悲鸣！

400 年来，西方的"技术知识"已有两种趋势显露于世：

长远的一种是"宇宙论物义论"的"非人属"趋向，即愈来愈"单子化"的"个人"亦步亦趋地走向"人是机器"；

现实的一种是一切来自民族共同体的"文化种性"全都消解到唯"力"是图 / 唯"利"是图的知识性的"无德无义无耻"之中。

前一种背叛"神性"引起犹太人羞愧。

后一种背叛"德性"引起中国人羞愧。

　　萌萌一生可说是中国近百年经验的化身。她本能地拒绝拿西方的知识学套制中国的经验。尽管她面对学术体制不得不借用西方的思想范畴揭示自己的生活经验,但她始终恪守"回到经验本身"的敏感与忠诚,因而她总能保留经验"例外"的"问难"形式。"人是可能死于羞愧的"便是萌萌生命的"最后一问"。

　　这里记录的,还不是纪念者安慰萌萌在天之灵的"去羞愧感",而是纪念者感受羞愧之羞愧的领悟:如苦难中生成的意志是"他性"的复仇还是归根结底启"他性"于"自性"中的双重救赎;同样,苦难的灵魂意向"他者"生成的质感与取义如何能是光明而温暖的;由此伸展的两个"维度"恰恰呼应并支撑起萌萌的问题意识,那就是基于"德性"的中国式羞愧和基于"神性"的犹太式羞愧。

　　——萌萌之思,"薪尽火传"!

张志扬

2013 年 7 月 27 日　海甸岛

人生就像悬崖边的树

孙周兴 [1]

萌萌离开我们七年了，七年还差一个多月。时间真快，我们生者的生命在流逝，我们不断流逝的生命在这里纪念萌萌。想当年，在广州的萌萌追悼会上，我记得张志林教授是主持，我代表中国现象学专业委员会和哲学界朋友们致悼词，这是我平生所作唯一的悼词，此前没有过，此后也不曾。而在此之前，在萌萌和志扬的张罗下，"现象学与分析哲学"的对话会在海南大学举行，在座几位"概帮"同志（做分析哲学的几位教授）都参加了那个会议，那是我最后一次见到萌萌。我一直算不清楚时间，直到收到这次纪念会的会议通知，才知道这一晃，已经七年过去了。

昨天张志扬教授要我在今天的会议上先讲话，我想他的意思是，在座人物当中，要数我跟海南大学"三剑客"关联最早，渊源最深。想当年，1992年，我博士毕业，在杭州大学后门的电话厅里给萌萌打电话，说要到海南大学工作。但志扬、家琪都劝

---

① 作者单位：同济大学人文学院。

我打消这个念头，萌萌呢，竟然给我写了六七页的长信，力劝我不要来海南。我知道他们都是为我好，说是我有更大的发展空间。而后来的事实表明，我并没有更大的发展空间呀。

昨天我一直在想，今天要我先讲话，是不是应该率先给会议定个调子才好？纪念我们亲爱的萌萌，我们当然要表达我们的哀思和怀念，我们这些朋友是这样，我们的同学们更是这样。但我们不能一味停留在哀思上面。记得几年前我来海南时见到萧帆兄，感觉他比较颓唐，仍然沉浸在对萌萌的不尽怀念中，我当时对萧帆兄很是敬佩，男人真性情，但我同时也批评了萧帆兄，我说，萌萌地下有知，看到你这种状况，是不一定会开心的。这次不一样，这次见到萧帆兄，我感觉他状态好多了，我感到很高兴。萌萌在世时更多地给大家带来笑声，虽然她也忧郁，她也流泪，她也哭泣，但总归是快乐多于忧伤。所以在此我很愿意提一个建议，希望这次会议，除了表达对萌萌的纪念之外，更多的是对生之欢愉的赞美。当然，我希望这种赞美要通过对萌萌学术思想的研讨来完成。我特别高兴的是，萌萌的弟子们为本次会议提交了这么多论文来讨论萌萌的思想。

我想，萌萌若听到我的这个建议，一定会露出灿烂的笑容。这笑容是我们每个人记忆犹新的。萌萌温暖地看着我们呢。

我刚才说了跟海南大学社会科学研究中心的关系，我跟萌萌的交情，实际上渊源更加深远。大约 30 年前，1984 年初，大学毕业前夕，我当时学的是地质学，却是一名诗歌爱好者，我参加了北京大学中文系中国现当代文学专业诗歌方向的研究生入学考试。当时的考卷中最后一道题是论述题，要考生解析和论述诗人曾卓的一首诗《悬崖边的树》。二十几年以后，我才知道曾卓先生是萌萌的父亲。我当时外语太差，所以没考上北大，没成为一名诗歌研究者，不然也不一定研究什么哲学了。我认为这都是"命"。

悬崖边的树！——多好的诗意想象啊！我现在已经记不太清楚这首诗的具体内容了，但这个标题我一直没有忘掉。也许曾卓先生是因为历尽磨难、劫后余生写的这首诗。但这位在20世纪40年代就已经成名的诗人在这首诗中道出了人生真相——人不就是悬崖边的树吗？人不就是边界上的行者吗？人生脆弱无比，说折就折了；人生太过短暂，说没就没了。人生总归虚无，但生命之花依然坚强地绽放——因为人是有灵魂的。

人不就是悬崖边的树吗？然而，人又不是树。因为人被赋灵了。刚才视频上有个标题，叫："萌萌灵在"。太对了！有了魂灵，我们才会思念，才会回忆。思想和回忆都是一种"通灵"。正因为"通灵"，我们今天才聚在一起，纪念我们亲爱的萌萌。

【附】

没有花我们怎么办？

那天归途，我
在城市的铁灰色中穿行，

幻想满墙的热烈的鲜花，
像一片变幻莫测的绚丽的海，
像一个曼妙起伏的女人的身。

这时代正沦为无花世界。
这世界铁青着脸，
已不容花的存在，
鲜花难得盛开。

然而，没有花我们怎么办？

花是女人，
花不一定是女人。
但花总归光荣总归典雅，
总是与梦想紧紧勾连。

这世界正沦为无花时代。
这时代天昏地暗，
花容失色。
我们在昏暗中苟活，
有格式而无格调。

然而，没有花我们怎么办？

或许，大地终将黯然死寂，
或许，我们终将不再有花，
心灵之蜂没了方向，
我们不再光荣不再梦想。

人说：没有花我们怎么办？
神说：想到花，花就开了！

"人是可能死于羞愧的"

——萌萌式的"自由承担责任"

张志扬 [1]

萌萌走了七年。"七"本是传统"正祭日"。我当何以为祭？

萌萌应该生活在三种言述中：

一是怀念散文

或写萌萌的"自由承担责任"，正因为意识到知识分子的自由与责任脱节，她才有发自灵魂的羞愧感；

或写为什么说她是"来得太迟又来得太早"之"古典情怀"的落寞者；

或写她何以弃己所长的"诗学悲剧"而择己所短的"语言哲学"作为自己的学术志业。

二是学术论文

《完成的与未完成的——做人为学底"萌萌之谜"》。

三是游记随笔

让萌萌依然活在生动的描述性文字中，如《"我留着我的心

① 作者单位：海南大学社会科学研究中心。

在海德堡"》；

……

三种言述我都会写的。

眼前最便当的是第三种和第一种，最需人脉的第二种等能听者临场自会呈现。

第三种我还有现成的《莱茵河畔的国王小店》《阿姆斯特丹凋零的沉醉》等。

第一种我选择了《"人是可能死于羞愧的"——萌萌式的"自由承担责任"》。

对，就此定了。第一种作"正文"，第三种作"记述"附录。

——斯为纪念。

一　缘起

记得还是萨特当红的 1983 年，萌萌刚从华中师范学院欧洲文学史专业获得硕士学位，接着调进湖北省社会科学院文学研究所工作。我当时在哲学研究所。萌萌喜欢问问题，可是你别上当，以为问者不知答者随意，那就傻了。举一例为证。

问：你好像不喜欢萨特，为什么？

答：说不清楚，他太时髦了吧。

问：说具体一点。

答：今天人们挂在口边的话几乎都是他的。

问：那又怎样？用者为我所用，萨特我行我素。

答：一般人在生活中随口使用，像消费商品一样，也就罢了。问题是学术界也如此消费。比如，"存在先于本质"变成了"活着就是一切"；"他人的眼光"、"他人就是地狱"变成了"绝对排他性的个人本位"；紧接着就是"自由"松解了"人"的"一切社会关系"。我也不同意马克思的"人是一切社会关系的总和"，这个泛定义即无定义，但不能把批判导致另一极将"个人"无限化。如果"个人"在"自由"中绝对排他地"无限化"了，还有什么"责任"可言？

问：所以你提出"个人真实性及其限度"，用"限度"与萨特的"自由"相对？其实萨特的"自由"并不排斥"限度"，因为"自由"者必须承担"自由"招致的一切后果，正像你经常引用的黑格尔名句"把一切横逆看作自己有限性招致的罪责从而在横逆的承担中挺身为一自由人"。这正是"自由者"意识着"自由"自身的意义。形象点说，给你"自由"，但你必须成熟到有能力承担"自由"的一切后果，不能推卸"自由"同时担负的"责任"。这不就是你说的"限度"吗？

答：是啊，法国人的老调调，"人生而自由却无不在其枷锁中"，甚至说到"自由是苦役"，但还是"要自由，不要枷锁"地为所欲为。你既然看出了其中的类似，必定也看出了何以要用不同的差异与之划清界限，要不然你就不会把我引到这个"岔路口"看我如何用"差异"走出"类似"的困境。

　　"类似"的困境在萨特那里明摆着。他是个有"责任承担能力"的人，但事实上越往日常生活上走就越没有责任承担能力，言行不一，不知其可。后萨特时代的人几乎整个松懈了责任能力，玩自由解放玩到没边际的地步，除了单子化个人的身体满足，一切共同体的责任都松懈了甚至瓦解了。现在不是有法国人自己出来检讨"民主之恨"吗？[①] 至于传到中国来，每况愈下，连"责任感"都唯恐避之不及。

　　所以，这个"类似"的困境是当时我们共同的经历。感觉到了问题（如"类似"趋同），却感觉不到解答；表达出差别（"差异"划界），却并没有找到落实差别的出路。

　　萌萌经常这样把我思想含混的地方引出来，用重新提问的方式另外打开问题的解答之门。她深得"问题的新提法把问题的解决包含着"这句马克思在《哥达纲领批判》中的方法论精髓。

　　然而人生有度，偏偏这个问题又像本体论是方法论弥补不了的。致使萌萌一生受其困扰，成为关口，终于走向"人是可能死于羞愧的"绝命之句。

　　到了 20 世纪 90 年代，知识分子的"个体化"及其表现的"自由"，达到了与西方完全"接轨"的地步。这时，"自由"与"责任"的关系才真正露出伪善的尊容。

---

① 　请参阅雅克·朗西埃《民主之恨》。朗西埃是法国马克思主义结构主义者阿尔都塞的学生。后来离开了老师自成一家，成为新马克思主义的代表，距萨特 60 年后对民主有深刻的反省。值得一读。

一切身边的人与人的关系变更，不去说了。我无所谓。但对萌萌几乎是致命的。细心的人完全可以感觉到，萌萌的窗帘越来越厚重了，如果窗帘也算门，她的家够得上重门深锁。电话成了主要的工作方式或交往方式。"鸭尾溪一号"，断了。它可曾经是萌萌接待朋友的一道风景啊，咖啡、自助餐，如家常便饭。或许是来的人少了，或许是少了接待的兴趣，或许是谈话的主题失去了无功利趣味，或许……殊不知大多朋友都已成"家"，功成名就，身价百倍，不是吗？现在重要的是"功业"，谁还去花时间空谈"思想"与"友情"！

远不止于此。原来冲破禁忌闯荡自由的一伙人现在四分五裂，不仅山头林立，还要壁垒森严；不仅壁垒森严，更是炮声隆隆。重新站队、重新入套，摆起"派别"擂台，打得不可开交。这种场面萌萌见得多了，"文革"中不也这样派系交恶你死我活吗？更多的人宁愿做起"文化资本"生意，名利双收。事实上，不断完善的学术体制恰恰完善在"文化资本"的级别以及价码高抬的"期货合同"上。

政治风潮过去，经济浪潮席卷而来。"金猴奋起千钧棒，玉宇澄清万里埃"——这"金猴"真是了得，谁抵挡得了它手中的"千钧棒"？你看它动不动就"飞起玉龙三百万"，"引无数英雄竞折腰"，结果当然是——"鹰击长空鱼翔浅底万类霜天竞自由"！

我也乐得用"形象大于思想"的毛诗集句将纷纭芜杂的"开放现实"一笔带过。这无非是一个事实描述，我丝毫没有褒贬之虞，就像发生的历史故事已经如此这般地发生了，"望洋兴叹"是后来的事，与当时的事实无补。中国人"穷而后工"怕了，为什么不能"富而后工"？"渴望堕落"的中国人就是这么渴望的。

我不为非不能为是不为也——因为我没有时间。所以，我对别人的"量力而为"恪尽"成人之美"的自便。这是首先必须说清楚的。

但萌萌就没有我这种"事尽其功"的务实态度。我俗故我在。

二　深切

在学术普遍繁荣的时候，萌萌却提出了如下的质疑："人是可能死于羞愧的"：

2004 年 7 月 23 日

"人是可能死于羞愧的"。这个命题既是对一种"困境"的陈述，也是对一种"心境"、一种"思维"的陈述。因此可以将此命题转变成："人是可能死于自设的语言陷阱的"。

因为在这里，"意识"的暴力与"语言"的暴力同谋，它们从内部夺取了人们的意志。它们是隐蔽的心灵捕手。

在生存际遇的困境中"死于羞愧"

在西方学术面前"死于羞愧"

在朋友强势学术面前"死于羞愧"

在自己的学术绝境中"死于羞愧"

如何寻找、坚守自己的学术出路

……①

　　我说过，"我俗故我在"。丝毫不会染上"形而上学幻想"的毛病，刻意把"个人的感受"当作"时代的命题"做"普遍的论证"。作为旁观者，我只是惊讶，当人们尽情享受着"富而后工"的乐趣时，为何与众不同，萌萌是在什么意义上如此感受着这个时代的即便隐蔽的一个"症结"？难道这个"症结"是萌萌心灵的"幻影"吗？

　　记得在杭州，为了参加主题为"现象学与艺术"的杭州年会（2002 年），萌萌从自己的本雅明研究之一《本雅明〈论历史的概念〉释义》②中抽取了本雅明分析保罗·克利油画《新天使》一节，并作了现象学"视觉"的意向性分析，为了置疑：**"意向性"为何缺席了苦难的意义？**

　　　　我没有拿"苦难"作为特权要求现象学给予特别关注的

---

① 　引自萌萌的未完成稿《人是可能死于羞愧的》。
② 　《复活历史灰烬的活火——"曾经"中蕴含的微弱的"弥赛亚力量"》，见《"古今之争"背后的"诸神之争"》，《启示与理性》第三辑，萌萌主编，上海：上海三联书店，2006 年。

意思。事实上，我的这篇短短文章的问题意向，并不是大家关注的，它既不是学术难题，也不是时尚热点。我也就没有拿它去打搅别人……我突然发觉，它纯然是个人的问题。苦难，竟然变成了个人的问题，就像宗教变成了"私人的事情"。真使我惊悚！学术、知识，从什么时候开始变成与苦难无关的东西了？难道这也是学术或知识的"进步"吗？

现象学保持着"现象学式的沉默"。

西方自古希腊始，就以"善的功能性"看待"悲剧"，以为将悲痛转化为力量才能赢得悲痛的功能意义（善），从而在力量的获得中消解了悲痛与苦难。这就是为什么亚里士多德在《政治学》中取消的"痛苦"要放到《诗学》中予以"净化"。古希腊语文学家尼采也如是说《悲剧的诞生》；此后更直接地把"痛苦"看作"奴隶道德"的标志，而"主人道德"干脆成了"强力意志"。

其实，更古老的埃及"斯芬克斯"狮身人面兽早就预料到了！所以斯芬克斯才把"对人的诅咒"隐藏在"斯芬克斯之谜"的谜底中，即谜语陈述着"人"之"弱"与"强"的偶在（"偶在"是真，"转换"是假），而谜底则让人"自然"选择强力而"无意"（偏巧）接受对胜者的诅咒。俄狄浦斯及其后代正是选择"崇尚力量"的自然法则把强力立为功利正义，即"把强力立为道德"，由此而不得不承受"弑父娶母"而"瞎眼"的命运：

——雅典帝国灭亡了、罗马帝国灭亡了，不列颠帝国衰落了，美利坚帝国极反了，以致今天"力量的刚性"完全体现在科学技术的"非人属物义论"中，其"弑父娶母"的直接产物将是"机器人"……亚德里亚海的"光明之子"之纯粹光明如同纯粹黑暗终于"双重遮蔽"的"瞎眼"！

（这一段所述在时间上即 2005 年之前是与萌萌问题意识同步的。）

难道这就是胡塞尔看得比"犹太人的痛苦"还要高尚的"欧洲科学的危机"？沉迷知识绝对性的"希腊人"胡塞尔或许如此。

但濒临知识深渊午夜的海德格尔敬畏其中的奥秘，以致为了它而宁可对自己的"纳粹恶行"招致的"道歉呼声"——保持（危险的）沉默。

犹太知识分子一边至死恪守耶和华的契约，不在启蒙的现代性诱惑中背叛自己的民族神，宁可招致全欧洲民主浪潮中个人无限性欲求的围堵追杀，置之死地而后生；一边却不动声色地从人的内部攫取力量的一切源泉而推动人走向力量的深渊……

（这一段纯属后叙，即时间到了萌萌发病的 2005 年之后。）

中国知识分子呢？

中国知识分子的肩上，一边是百年屈辱的民族苦难，被西方列强殖民宰割；一边是十年"文革"的个人痛苦，被极左思想独断专行。结果，后来居上，启蒙就是要启蒙在"个人痛苦压倒民族苦难"上，进而在"西方即真理"的启蒙迷信中拜倒在昔日"列强主人"今日"民主偶像"的脚下——其变脸迅速如转身之间！

（这一段描述特别是"转身变脸"，萌萌百思不得其解，乃发病前的一个郁结。）

有谁出来作一个认真的了断："政党的归政党，民族的归民族"？ ①

（"恺撒的归恺撒，上帝的归上帝。"）

三　绝唱

甲:《启示与理性》一定要办下去。你不用说服我，还没有到山穷水尽的地步。它是唯一可留下的一点声音。没有这点声音，我们就真的会闷死在这个孤岛上了。怪我无绪，我总是抽不出时间把现在的几种声音描述出来。本可从最亲

---

① 中国社会的性质（国体与政体），以及西方主要国家的社会性质，究竟如何分析？本文完全阙如或存而不论。一是缺席派争，二是说来话长，但可提示一个误区。其纷争的主要意见若极而言之，都有一个内伤："不知所云"。看国内者，拿"原教旨主义"分析一个非对象的对象；看国外者，拿"普世价值"分析另一个非对象的对象。用行话说叫"是其所不是""不是其所是"，两者都"牛头不对马嘴"。看起来都说得振振有词、头头是道，其实都是自说自话、自我表演而已。其共通点一：**不知"资本"为何物。**

近的人开始，逐步展开。不过，或许那些远距离的声音和我们并无多大的关系。我明明知道这一点，但奇怪的就是放不下它们，甚至它们反倒更经常地干扰我的情绪。

乙：或许那些遥远的声音本来就是"时代的喧嚣"吧。

甲：为什么占住最前台的却是最遥远的？

乙：它们听起来最现实、最有切肤之感啊。

甲：我就坠落在这些无法摆脱的切肤之感中，被它们包围。但我又清醒地意识到我真正的痛在心里、在灵魂的饥渴之处。就是这身心分离的撕扯把我弄得疲惫不堪。

（2004年，人事危机、经济拮据，仍振作如初。）

【停顿】

别问，我还不能向你解释这些"雾一样的语言"。

你说过不止一次了："很难把痛苦与萌萌连在一起。充其量也不过是一个敏感女人的敏感而已。林黛玉和刘姥姥能比较痛苦吗？但林黛玉唱出了'一年三百六十日，风刀霜剑严相逼'，而刘姥姥只会在贾母面前讨好地傻笑。"

我无法对你的感觉争辩，你看见"筷子在水里是弯曲的"，我能纠正你的感觉吗？我只能说，刘姥姥肩上那些结结实实的痛苦，几乎一样不少地压在萌萌的肩上，有的甚至更苛重更严酷更离奇。这倒是一般人想象不到的。不是萌萌的痛苦不可想象，而是一般人不可想象萌萌的痛苦到了不可想象的地步。但谁又去真的在乎这一点呢!

　　我必须坦白一个事实:我原来走的就是"化悲痛为力量"的虚无主义路线,恪守"挨打时从不叫苦,打人时也决不手软"的日耳曼教条。

　　但后来渐渐发现,萌萌除了与生俱来的"**时间**"与"**纯洁**"两个词,还有后天的"**经验**"与"**痛苦**"两个词。前面的先天问题是无法回答的,因为生活中本没有纯粹的"时间"和纯粹的"纯洁"。后面的后天问题,你根本就回答不完,她随时随地准备着在任何一个西方哲学派别回答了"经验"之后,把"经验是什么"的问题经验地摆到你的面前;而"痛苦"更是她的"美杜莎眼睛"。我能把形而上学"本体"连同形而上学家的"头脑"一眼看成"石头",而她总能把解决痛苦的手段看成制造痛苦的手段,甚至连看来善良的愿望都难辞其咎。人太巧舌如簧了,能言善辩的赫尔墨斯也奈何不得。神除了诅咒,恐怕只有痛苦与苦难终能检验人的真伪。下面的现象直观就是被萌萌的"痛苦意向"一步一步逼显出来的。

　　其一,"力量"。为什么不说"化悲痛为智慧""化悲痛为德性",而说"化悲痛为力量"?背后的目的当然是对制造悲痛的力量"**复仇**"。结果仍然是力量决定强弱、力量决定胜败、力量决定主从的永恒轮回,痛苦仍在其中了。人们借口正义、进步为力量正名?可是,结果从来都是力量决定正义和进步的取向,还美其名为"自然法",痛苦也自然在其中了。所以,与其说力量消除悲痛,不如说力量制造悲痛,而且还是制造更大的悲痛,

"像资本的扩大再生产"。

其二，"**科学**"。追求力量的科学树起的旗帜哪里是人义论的，从来都是宇宙论的，所以科学只为科学不为人。表面上人驾驭科学，实际上科学驾驭人，因为人必须先行科学化了。所谓"从空想到科学"的马克思的"生产力决定生产关系"的历史唯物主义，白纸黑字写得再明确不过："人"归结为"生产力"的唯"物"。马克思丝毫没有料到自己会陷入"物"对"人"的反讽——"辩证"是假，"反讽"是真。

其三，"**知识**"。"力量""科学"构成"知识"的主体而排除其他的知识形态。但恰恰是这些"计算性"的即"力量化的知识"印证着"知识"的"原罪"：**不辨"善恶"、不知"羞愧"、不限"人性"**，致使"民主""人性""技术"成为西方思想的三根"骨刺"。这"知识"成为放逐的原因，同时又自命为救赎的原因："知识"的悖论注定了西方人的命运而不能自拔，直到科学走上物义论道路而彻底非人化。

这就是西方人选择的道路，并强加给全世界，迫使全人类承担西方人被诅咒的风险。西方人是自我承担，而东方人则是被迫承担。被启蒙的大部分知识分子自觉按殖民意识转化为自我承担，成为西方思想的东方领头羊。

西方知识是对象化的、物化的，归根结底是计算功利化的，因知识的"自我证成"特性，所以不反身、不反省地最终进化到非人属断绝之处。① 然而，羞愧是反省性的，引向人的心灵——"反身而诚"。羞愧产生在没有羞愧的地方。如一己之见而不知羞愧二字者，引出对不知羞愧的羞愧。

甲：我知道，个人遭遇的痛苦再大，也只是"切肤之痛"。而有一种痛苦，几乎是你感觉不到的，例如它隐藏到"知识"中，只要是西方的"知识"都当"真理"拿来掩盖自己的傀儡，连跟班、买办与臣服也变成了光荣；对于自己的文化、民族、土地与血遗忘了，却自诩为进步。学习总是尾随在西方遗留的思想中，永远摸不到原创的边际，居然也成为学问的楷模。所有这些都因"知识"的增长而掩盖了知识的羞愧。它使我有一种永远爬不起来的感觉在灵魂深处悲鸣！

乙：你知道，我拿什么来抵挡你眼神中**像叹息一样的羞愧**吗？

黑格尔讲希腊哲学有一个著名的典故：芝诺说，"阿基利斯追不上龟"；亚里士多德说，"追得上的，一步跨过去"。黑格尔赞，"亚里士多德说出了一切"。我是个没有时间的人，所以我最没有资格摆知识"龟步伐"的谱。我只有

①　所谓形而上学"反思"仍在对象化的自我证成中，以计算其"绝对性"为目的。批判形而上学的人，如尼采，又以强力意志取而代之，仍在计算中。归根到底没有人在灵魂中反身"致中和以诚"的余地——孰能"大而化之"者？绝非西方文化所能为。

走亚里士多德的"一步跨过去"。你看，亚里士多德是一步跨过柏拉图的，"实体"换"本相"。海德格尔一步跨过亚里士多德，"开端的裂隙"换"实体的偶性"。我也想一步跨过他们，从"阴影之谷"跨回"归根复命"的临界。其他的精雕细刻之类的技艺技术，本来就是"金苹果"的外包装，内囊是空的，亚里士多德与柏拉图一样，谁也掩饰不了。如果你要去学他们的技术，当然可以跟着精雕细刻。我的目的是回到自身求"极高明而道中庸"，有他们的"破绽"和"虚无"，还有"堆满头盖骨的战场"，足够了。

甲：这本来是一个直观的事实。但一回到现实中就变得无比缠绕。

兴趣在精雕细刻的技术上的，说你粗疏没有学术；相信形而上学的人，说你抓住破绽和虚无只是抓住转换的消逝环节，而真正的大厦你无缘也无能见到；相信科学是人类的进步和未来的人，说你的机器人不过是吓唬人的稻草人，杞人忧天；所有这些归根结底对西方迷信和崇拜的人，说你是狭隘民族主义和文化保守主义，中国只有跟着西方走才是唯一出路，跟平民主义也是跟，跟资产阶级民主也是跟，谁叫别人代表历史必然性与普世价值呢。哪里有你立足的余地？

乙：（沉默）看你要什么。尤其看你能把你的"要"纳入怎样的责任中。责任是可以整顿"要"的秩序与归属的。这不就是你要的**自由对责任的承担**吗？

（2005 年，整个笼罩在这种情绪之中。11 月，萌萌在海口家庭病房主持了三亚"现象学与分析哲学对话会"，最后一晚朋友们都回到了萌萌的家庭病房，给了她最后的慰藉与静谧。常青的生命永远高于灰色的理论！）

21 世纪伊始，"自由承担责任"是我们经常谈的话题之一。特别是施特劳斯进来之后，萌萌一年内出版了两辑《启示与理性》，三年后的病危中又出版了《启示与理性》第三辑《"古今之争"背后的"诸神之争"》。其实暗中想争的，无非一口气。

没想到，这一口气，突然断了……

世界依旧
破碎的仍然是我的衣衫 [1]

2013 年 6 月 5 日　深圳黄埔

---

[1] 结尾是萌萌的诗句，但不在计较的意义上。
更真实的是另一首诗：
我是穿过那片林子里来的
披着迷蒙的春雨
我还要回到那片林子里去
夜色比春雨更加迷蒙

阿姆斯特丹凋零的沉醉

在 Moenchengladbach 市博物馆附近一个 Pizza Hut 吃晚饭，今天只吃了一餐，不知为什么。吃完便上路。大约走了一个小时，20 点差 5 分进入荷兰。奇怪，快 22 点才到达阿姆斯特丹。日记就是这么记的。可能，我打瞌睡了。但记忆中可以搜索到从德国去荷兰的沿途高速公路上辉煌的灯光。Jie 提醒我们，所有高速公路以及 365 日通宵的电费都是德国人战后的赔偿。啊，对了，曾经路过一座小城，路边右侧可以看见整排的灰白色的崭新楼房中间，突然孤零零地耸立着一栋显然是战争中遭轰炸烧毁但没有倒掉的高层建筑，它倔强而孤傲地耸立着，简直就是一座黄里透黑的战争纪念碑！

我醒来的时候车已进入阿姆斯特丹街区，晕黄中透着水汽闪烁散发的光波映照着街道两边灰暗的建筑物如折叠式地晃动着，使人觉得好像在水中行走。来时沿途冷飕飕的感觉一下就缓解在夹壁狭促的温室效应中。难道阿姆斯特丹真的是欧洲颓废的欲望市场？连夜间的空气都是粉脂滑腻的。

下榻的是个式样别致的小旅舍，里面几乎每一点空间都利用着，但感觉上并不拥挤。比如进门绕过中间的"服务台兼酒吧"到背后另一侧，有一个木制的旋转楼梯，我们就住在二楼。放好行李，相约逛街。分成两组，一组明确表示直奔红灯区，雪儿也那么来劲；Jie 跟萌萌和我，想沿着运河到处看看。我把棕色的便帽和围巾全副武装起来。萌萌换了一件深蓝色的长呢大衣，颈上挽了一条谷黄、飙红、玄黑三色相间的细羊毛围巾，准备冷时作包头用。

荷兰地势低洼不平，海水倒灌进来形成了许多市内运河。虽然没有威尼斯水城之名，但河桥交错，也有可圈可点之处。"凋零的芙蓉"是安徒生笔下的威尼斯，阿姆斯特丹或许只能叫"留得残荷听雨声"的"残败的荷叶"了。走着走着，过桥眼看就是红灯区。再弯道走走吧。大都是一些冷清破败的巷道，连一间像样的咖啡店都没有。是有点饿了，其实更想进到咖啡店中去感受一下阿姆斯特丹古老而颓败的陈香——没有，简直没有情调。走出巷子就是桥——"咦，条条道路通罗马！"——Jie 故作惊讶地说，朝我挤了挤眼。

我说："我们可能选错了方向，过了红灯区，那边，景况或许要好些。"

萌萌："那就过吧！"

Jie："真有爬雪山过草地的悲壮。"

萌萌用围巾把头包起来，Jie 和我走在两边。忽然像走进了集市，不堪拥挤。弯弯曲曲的街道上满是看"西洋镜"的人。记得小时候，挨近春节了，冬天长江边风很大，"江汉关"高大的石墙墩内侧可以挡风。有一个老头用支架摆了一个长方形箱子在面前，箱子的外侧有一排安着玻璃的孔，总有五六个之多。箱子上竖起一块牌，上面写着"西洋镜"三个字。老头反复拉着非常简易的风琴，固定几个音，刺耳又很疲软，听起来怪怪的。有人要看了，他就放下风琴，去转动一个手柄，边摇边说些古怪的名字，今天当然知道是那些风景图片的地名之类。完后，有人要加看"真正的西洋景"，需再多付一倍的钱。我每次路过总觉得奇怪，终于忍不住加看了一次"真正的西洋景"——原来是光着身子的男女洋人"做那个事"的图画，又夸张又丑恶，看得人心慌慌的！

30 多年过去了，今天真的跑到西洋来看"西洋镜"，远比图画中的文明。无非是橱窗中穿着"三点式"的"应召女"。有坐着的，有站着的，也还有侧身半躺着的。看的人多了，橱窗中的"应召女"即便做一些姿势，丝毫也没有挑逗的意味，只有少数"应召女"大胆地把腿翘起来又慢慢放到二腿上，比《本能》中的换腿动作平实多了。完全是"摆出来的"公平交易。白种人、黑种人、黄种人，都有。橱窗灯光多呈暗红色、暗紫色或暗橘黄色，不近看几乎看不清面孔。旁边有一个很小的侧门，通用悬垂的布帘子遮掩着，掀开即可进去，用不着敲门开门之类的麻烦。有的人，掀着帘子又不进去，不知道站在门口跟里面的人说些什么——讨价还价吧。

倒是有些"性用具"橱窗，灯光雪亮得耀眼，有极强的刺激性。当时心想，怎么回事呢？活生生的人站在眼前，平淡无奇；一堆符号样的工具，却能浮想联翩。特别是女同性恋用具，古怪之极。

我们就这样"走马观花"地出了红灯区，就像出了超市，不过如此，没有踩着"地雷"，没有任何新奇与惊讶，更没有儿时那种"心慌慌"的恐惧。

荷兰皇家博物馆最值得看的当然是伦勃朗画展。要体会古典主义油画的奥妙，莫过于光，而要体会光的奥妙，又莫过于伦勃朗了。有两幅"警长与随从"油画（原名忘了叫什么），一幅是平光，一幅是聚光，感觉效果大不一样。我特意让萌萌坐在两者前的一张长凳上，连画一起拍了。可惜，日本傻瓜照相机，除了记录这件事，毫无艺术趣味。后来萌萌笑我："既没照到画，也没照到人，就像我日记中的两个字：'来了，看了'。"这就是傻瓜照相机的傻瓜之处！

看完下到一楼，沿着博物馆高大空旷、阴冷幽暗的过道往后面走。过道中间，有四个人吹着铜管乐，即便空无一人，而且穿堂风不近人情地肆虐，音乐家们照样演奏着，仿佛它本身就是穿堂风的呜呜。走出来，看见一个外廊高高的石磴上爬上去一个人，他脸上涂得全白，戴着白色的荆冠，穿着白色的长袍，手平伸向前上倾，手里托着一只鸽子，鸽子并不飞，还一个劲地埋头啄食他手上的什么东西。定格姿势后，他的伙伴们照了一张相走了。留下他站着，一动不动，像一尊雕塑。我也不走，想看他能坚持多久，手举着托着挺累人的。

　　Jie 说："走吧，他有本事一站两个小时，你可没这个时间。老外有的是这个傻劲。"是呀，后来在巴黎到处都能看到这种一厢情愿的"行为艺术"，傻劲吗？还是献身艺术的信念、自我表现的欲望？有的在面前摆了一个帽子或别的什么，过路的人也偶尔有丢几个分币的。大多数则纯粹是自娱。不，未必，他或许是一面镜子呢？他也可以看见路过他的人闪过的古怪的念头。也就是说，他设置的一道风景不也恰好映照出看或不看他的人的心的风景吗？比如我。连那些好端端的墙上胡乱涂鸦的符号，不也让我徒生自我盲目的评价吗？或许，一个毫无意义的事件检验的或激发的就是人们习惯意义的癖好吧！谁嘲弄谁呢？

　　走过很大的一片空地，确切地说，不是空地，但我记不清楚上面有什么东西，反正不是广场，对面就是音乐大厦。萌萌事先得知今晚有音乐会。但是票卖完了。看我们失望的样子，卖票的女士说，晚上可能有退票，要我们提前来等。

　　在海牙城饭店吃完面后，照样分头行动，Jie 陪萌萌和我去等音乐会的票。其实今晚有小厅的音乐会，也有大厅的音乐会，大厅音乐会有票。我对萌萌说，小厅是瑞士皇家室内乐队演奏的鲍罗丁弦乐四重奏，值得听，要听就听好的，一般演奏哪里都听得到。只要有诚心就有缘分。在阿姆斯特丹音乐厅前等飞票本身就是一种经验。

　　站在我前面的有三个人，后面又来了五六个人，还有一位老太太。看来，至少得 12 张票。我一人排队，萌萌坐在靠窗的椅上，她的挎包太沉。Jie 就到大厅外面去碰运气了。

7 点 30 分，快开演了，售票的女士突然通知我们，凡排队的 12 位，可以给我们机动票，让我们进去自己寻找空位。太好了，居然有这样可爱的变通办法。

小演奏厅其实坐得满满的，外围是环形的休息室，两边墙壁上挂满了欧洲古典音乐家的画像。还有人在喝水抽烟。大概是萌萌太打眼的缘故吧，她今天穿的是蜡染薄袄外罩烟灰色人字呢半长大衣，米色条裤，红围巾，茶色眼镜，一对雪白的圆耳巴。很快，一位女士上前招呼萌萌，Jie 赶紧翻译，原来，第二排有三个留座的空位，正好让我们三人填补：14、15、16。

圆形的穹顶，看得见金碧辉煌的天使画。大约直 20 排横 30 座的空间，也都黄墙红幔，热烈奢华。聚光灯照明的舞台上，四名音乐家已经到位，正在和弦。拉大提琴的是女的，黄发白裙，眼睫毛几乎遮盖了眼帘，和眉毛连起来形成黑屏，使晶亮的大眼睛显得格外闪烁。其他三位是男的，第一小提琴手非常年轻而英俊，黑礼服过于紧身，以致他不得不时常伸直拿弓的右手再放回到弦上，尽管姿势优美，仍显得紧张而做作。

没想到小音乐厅的音响效果如此清晰，连中提琴低音区弓在指板上的摩擦都听得真切而温柔。大提琴太美了，这女人简直是匍匐在她的琴身上，脸紧紧地贴在琴的上沿，不是眼睛，而是耳朵看着弓在弦上缓缓地划过，仿佛那像蓝飘带飘逸的音在向它倾诉着永恒的爱恋。她的眼睛是闭着的，长睫毛投下的阴影让鼻和唇像神灯样的迷幻。如果小提琴再明亮些、再激越些，把诉说变成咏叹，这个四重奏就能进入维也纳的音乐殿堂与勃拉姆斯弦乐四重奏媲美。我在当天的日记中这样记录着：

> 演奏的默契与和谐是无可挑剔的。在大提琴的演奏者身上，你可以感觉到整个乐曲的节奏与情绪。小提琴似乎被激情（紧张）控制着，但我总觉得他没有让沉重的"如歌的行板"三次重复的动机留出可以喘息的空隙，因而使沉重有余灵性不足了。

中场休息。

Jie 先出去为我们两人拍照。我半天没动，萌萌在一旁小声说："那女人拉着你的身体吗？连我都感觉到你的颤动。"

我看着 Jie 拍照，下意识地摸自己的包——没有，问萌萌："相机在你那里。"萌萌突然倒吸一口气，"呀"的一声，虽然极轻，却惊恐万状："丢在大厅里了！"

我们赶忙下到一楼大厅，萌萌边走边说："难怪有一个年轻人拿着相机到我面前问，我没听懂，也没注意。就在你说有机动票的时候。"

Jie 说："有眉目就好办。"他到管理处说明情况，那位女售票员过来安慰地说："没错，刚才有一位先生来这里说明情况了，相机在他那里。这是他留下的地址和电话。要你们明天上午到海牙车站给他打电话与他联系。"

　　啊，太感谢了！这是个太可爱的城市！萌萌松了一口气，她说："重要的还不是相机，而是相机包里的那些胶卷。"

　　Jie 说："你是贵人！你是贵人！贵人自有天助！"

　　但转身又对我说："还是由你保管一切重要的东西。贵人多忘事！"

　　萌萌看着我们："先生们，你们不想喝点什么？"

　　等我们三人回到休息室，人们开始进场了。我们各人赶紧去要了杯咖啡，萌萌喝了一口，对 Jie："你说呢，有我的'力神'好喝吗？"

　　Jie："我发誓，天下的咖啡，包括牙买加的蓝山，绝对没有你的'力神'好喝。"

　　奇怪，下半场平淡无奇，但仍然谢幕再三。

　　退出演奏厅，我好像才注意周围观看的人群，都是一些穿着讲究、举止文雅的绅士淑女。今天和昨天判若两重天，阿姆斯特丹原来是这样美丽迷人！

　　第三天早上，9：30 向海牙出发，路线临时更动，雪儿他们非常感谢萌萌把相机丢了，要不然，不会绕道海牙。已经 10 点钟了，阿姆斯特丹的街道还沉睡在宁静之中。这座古老的城市昨晚周末通宵未眠？

　　11 点多钟到达海牙车站中心大厦，旁边是巴比伦宾馆。一接通电话，那头好心的海牙人马上说"十分钟到"。

　　非常准时，来的是夫妇俩，一眼就认出了萌萌。他夫人对萌萌说："我还从来没有见过这样漂亮的中国女人。"她先生介绍说他夫人在海牙国际法庭工作。

　　萌萌当即从手上退下三个楠木手镯套在海牙女法官的手上。

萌萌不由分说的诚恳使得女法官只好用拥抱来回答。

　　这个美好的历史场面当然拍下来了。

　　　　　　　　　　　　　　　2009 年 3 月 1 日

什么是萌萌所关心的理论问题?

陈家琪 [1]

今天下午这个房间弥漫着悲哀的但又让人怀念的气息。刚才大家看了萌萌的照片,对有些人来说,好像在看一个电影明星的生活照。但是我们不要忘记她的思想和来由。我准备谈一些比较坚硬的理论问题,改变一下这种气氛和印象。

今天回头去看,20世纪80年代的中国,我们武汉几个人的共同特点还是愤世嫉俗、忧国忧民。今天也许觉得好笑,但这是"文革"年代遗留给我们的心理疾病,没有办法改变。可惜这一点没有引起多少人注意。如何为这种愤世嫉俗、忧国忧民的心理状态找到一种拉开了距离的表达方式,或者说,如何找到一种主观化的形式,使对外在事物的关注成为内在的思想经历,这是一个问题。也许有人以为这是一种现象学的路子,但现象学在胡塞尔那里关注的是内在意识如何超越自身切中外在对象。这是以二元论为前提的。萌萌并不关心这个问题,她关心的只是内在经

---

① 作者单位: 同济大学人文学院。

历的表达问题，就是说，如何表达这种主观化了的形式。没有表达，一切都谈不上。萌萌最大的一个问题意识，或者说，我们在这一点上是共同的，就是要把一个貌似理论，比如现象学的问题还原为对我们自己而言的根本问题。对你来说，问题到底是什么？不要单纯讲某某的理论，先说对你来说，有没有困扰的问题，什么是你的问题，然后马上就面临你的文字怎么表达的问题，因为不表达出来，你就不知道什么才是你的问题。于是寻求表达或表达方式就成了根本性的问题。在这上面，我们几个人有各自的不同特点，有不同的追求和成长方式。

志扬当时一直把这作为一个哲学问题来讨论，来追问，其中涉及存在与非存在、历史与事件、语言显现的二重性和两不性的悖论，就是任何正面的表达一定有它的意图、界限，在这界限的外面，否定的一面是我们大家都意识不到的。志扬反复以哲学的话语来强调这一点。我想说明经验是如何成为经验的，通过回忆、描述，找到另一种新颖的话语方式，以非哲学的方式表达哲学问题，这种话语方式本身就构成了我们的经验。萌萌则是要强化一些词语，使这些词语不断地增值，于是就把一种问题意识引入人们习以为常了的表达习惯中。我一定要强调的是，萌萌对一些个别的词语非常关注，比如大家刚才看到的她用沙哑的声音念的"命运""坠落"，包括"渴了""饿了"，她想赋予这些一般的词语特别的含义。我印象很深的一件事：最初认识她的时候，大概是 1980 年左右，她跟我讲她的硕士论文，关于莎士比亚的哈姆雷特。她非常注意"延宕"这个词，关于哈姆雷特的迟疑不

决。然后讲到易卜生。在易卜生的剧里面，我现在印象很深的写
在一个小本子上的一句话就是，我忘记是讲佩尔金特还是罗斯莫
庄了，涉及萌萌对遗传的思考。她总在想某种遗传性的东西起着
决定性作用。这是很实在的东西，她不把它仅仅看成是一些词
语，这是一方面。另一方面是如何表达，这是一个感受和体验，
表达方式的问题。这里有一个矛盾：你深切感受到的个别词语的
意味一放进某种表达式里，就失去了它的独立性。还有一个矛盾
就是康德式的道德完美和言行无法一致。我们没有办法做到言行
一致，谁都无法做到，但萌萌心中一直有一个康德式的道德完美
的形象，我觉得这一点在她身上是很明显的。这两个困惑：一个
是一定要把词语当成实在的东西，同时又不愿把实在的东西虚无
化、语言化，这是很难说清楚的一个外问题，甚至难以用语言来
表达。怎么样形成自己的风格，让风格自身隐喻地、象征地把那
个东西显现出来，这是一个她所追求的目标。再一个就是道德完
美与无法言行一致的困惑。就此而言，她对自己很不满意，常发
一些莫名其妙的脾气。但这就是她的为人与为文的特点。我刚才
说了，我当时是想用非哲学的语言把那种理论化了的、坚硬无比
的东西化解，让文字在回忆、记忆、叙事中变得亲切，同时又不
失哲学意味和哲学问题，比如实在论的问题、历史观的问题等
等。志扬发现了意图自身的悖论，而萌萌更重视的是那样一些词
语的实在。比如周国平的女儿姐姐所说的那个"疼"字。她反复
强调的就是这个"疼"字对姐姐意味着什么，对我们意味着什
么，我们能体会到姐姐的这个"疼"字到底是什么意思吗？她想

把它变成自己的真实感受。她很重视这样的一些词，我自己觉得
这是她身上的一些困惑。而这些困惑应该说是属于真正的哲学问
题，就是说人的自我意识不是自身塑造的，而是借助外物而返回
到它自身的。在返回自身中你怎样解决这样的表达问题，你表达
的是实在的东西还是仅仅是你个人的情绪性问题。情绪肯定是真
实的，但是萌萌生活在这种巨大的矛盾与困惑当中，特别是类似
康德的那种道德完美和无法做到言行一致的矛盾状态，一直纠缠
着她。而我们每个人其实都在纠缠着，只是我们没有意识到它，
或者说我们回避了它、掩饰了它。而萌萌必须去直面它。1998
年 10 月 11 日，在四川师范大学开现象学与历史哲学讨论会。历
史是一种实在的东西吗? 它和意识中的时间是什么关系? 或者
说，对历史的意识和现象学之间是一种什么样的关系? 在讲到这
个问题的时候，我记录下了我们几个人的发言。当时志扬提供的
论文题目叫作《表现与揭示》，实际上和泰勒讲黑格尔的意思大
致上差不多，就是黑格尔讲实在主义，同时也是表现主义。实际
上对历史是表现自身还是靠我们去揭示它的本质，一直是一个问
题。具体到我们自身，我们自己是在表现历史还是在揭示历史?
我当时就借用了这个题目作了一个发言，代表我们三个人。实际
上也想讲出我们几个人共同的意思。"我看见太阳从东方升起"，
把"我"隐去就成了"太阳从东方升起"。于是这就成了事实，
具有客观性。萌萌就是想强化"我看见"中的"我"，于是那种
事实的客观性反倒成了偶发的、虚构的东西，而"我"则具有了
一种不可遏制的无限增殖的可能。当然这个发言由于只有 15 分

钟，我发言后有人问我怎么时间把握得这么好，在这么短时间内就把三个人的思想表达出来了？这是因为不仅仅是那一天的发言，实际上我们想了很久，就是我们这些人到底与其他人的区别在哪里，而这一点到今天我们能不能想清楚，能不能找到一种语言表达出来，仍然是一个问题。所以一直到今天，刚才我们开这个会，我自己觉得萌萌她还在，而且她很愿意继续与我们讨论这样一个问题。这个问题正是因为它是很困惑人的，说不太清楚的，所以很吸引人。而它吸引人是因为它关乎我们自己正在生成的、生长的新的表达方式。强化的吸引人的力量到底来自哪里，什么东西构成了我们的经验？这个问题我想会伴随我们的一生。在这个意义上，萌萌的问题也会伴随我们的一生。我就说这些，谢谢大家！

我和萌萌

萧　帆[①]

　　我和萌萌的相遇，是在 1965 年 9 月，我从武昌实验中学初中毕业后分配到武汉师范学院附属中学读高一，与萌萌同班。那年萌萌 16 岁，我 15 岁。

　　武汉师院附中坐落在武昌郊外一个叫作徐家棚的地方。20世纪 60 年代的徐家棚远不似如今这样高楼林立、商贾云集，那时这里满是开着白色黄色小花的菜地和稀疏散布的片片农舍，以及不时可以听到青蛙歌唱的大小水塘。此处据说因清末一户徐姓人家筑棚栖居而得名，到 20 世纪 60 年代已形成一条小街。小街尽头，是武昌火车北站。翻过车站天桥再走几步就是徐家棚码头。站在码头边上，东去的长江便横亘在眼前。

　　我进入武师附中时情绪低落。武昌实验中学是省重点学校，我因为政治表现不好，毕业时被转到武师附中。初到新校，我很

不习惯，加上我有严重的口吃毛病，上课发言常引得同学们哄堂大笑，就更不合群了。下课后我多半选择留在教室里看小说，不去理会窗外的喧闹。

课间留在教室看书的人寥寥无几，萌萌便是其中一个。

萌萌是我们班乃至全校引人注目的人物。倒不主要因为她相貌出众，也不因为她是校长的女儿，而是因为她学习优秀和多才多艺。萌萌的数学和外语都很好，特别是语文，永远是全班第一。她的作文经常被老师拿出来当作范文，还张贴在学校文学墙报上。萌萌能歌善舞。她领衔的孔雀舞，在武昌区中小学和武师全院引起过轰动，她那孔雀公主的优美形象，很多年后还被人们津津乐道。萌萌的乒乓球也打得很好。她曾代表附中参加武昌区的乒乓球比赛，名列前茅。只要她去操场上打乒乓球，男生们就会排队争抢着和她对打。萌萌特别喜欢诗朗诵。附中和师院组织的联欢晚会上，萌萌的诗朗诵常常是最受欢迎的节目。有一次在全校的文艺演出晚会上，她一袭白衣，黑色布鞋，站在露天舞台中央，眼望天际的星空，朗声诵读：

> 假如现在呵，
>
> 我还不曾
>
> 不曾在人世上出生，
>
> 假如让我呵，
>
> 再一次开始
>
> 开始我生命的航程——

在这广大的世界上呵，

哪里是我

最迷恋的地方？

哪条道路呵

能引我走上

最壮丽的人生？

……①

台下 1000 多人鸦雀无声，直到萌萌谢幕时才响起热烈的掌声。

萌萌身边总有一群快乐的女生，她们像鸟儿一样飞出飞进，伴随着欢快的笑声。但我也常常发现她待在教室里静静地看书，偶尔抬起头，出神地望着窗外。这种时候，她的表情深不可测，高雅而又忧郁。

男生们背地里都称她"校花"，她在男生面前则是一副彬彬有礼却又凛然不可侵犯的样子，即便是班上比较轻佻的男生，也不敢在她面前造次。

萌萌是班上极少数从不笑话我口吃的人之一。有一次老师让我回答问题，我站起来满脸憋得通红说不出话，在一片哄笑声中，只听萌萌高声喊道："别笑了！有什么好笑的！"这让我第一次注意到萌萌。

虽然我感激萌萌，却从未和她说过话。我在班上本来就落落

---

① 　贺敬之：《雷锋之歌》。

寡合；再说一个出身不好的结结巴巴的小个子男生，与一个出身名门才貌出众的公主，原本是没什么交道好打的。那时，我暗恋的是班上一位平民知识分子家庭出身的女生，一个朴实单纯性格温柔的女孩。

如果不是母亲让我去向她打听一个人，我和萌萌今生就会失之交臂。

那是我转到附中的第二年，1966 年 3 月，我母亲抗战时期在重庆读中学的同学们筹备聚会，组织者让我母亲设法找到当年的同班同学曾小吟。母亲打听了一圈没有结果。当她知道鲁校长的女儿与我同班后，就把这个任务交给了我。

母亲告诉我，抗战时期她逃难到重庆，在一所女子中学读书，曾小吟是同窗好友。小吟经常谈起她的哥哥曾卓，说是个了不起的诗人。曾卓也来学校看望过妹妹，一副不修边幅的样子，谈笑风生。小吟还说她哥哥爱上了一位大美女，是中央大学的高才生，叫鲁开先。不过母亲当时既不知道曾卓是中共地下党，也没有见过鲁开先。武汉解放初期，母亲在二十一中学教书，校长正是鲁开先。鲁校长有时把她的两个女儿放在学校附设的托儿所里，曾卓经常在下班时来接女儿。那时他是武汉市委宣传处和《长江日报》的负责人，有几次坐着黑色的小汽车来，还有司机跟随，这在当时算是身份显赫的标志了。鲁校长有一次找到我母亲说：你认识曾小吟吧，她说你是她最好的同学，怎么没听你说起过？我母亲只是点点头，笑而不语。1955 年，曾卓被毛主席点名打成了**胡风反革命集团**骨干分子，抓起来了，听说被关在牢里，又听说被投入劳改农场。不久，鲁开先也离开了二十一中学，后来听说她与曾卓离了婚，和武汉师范学院的李院长结了婚。

现在，母亲当然不能去找鲁开先打听曾卓的妹妹，这肯定会给鲁校长带来政治上的麻烦，而且也打听不出结果。既然儿子与曾卓的女儿同班，就让孩子去问问吧。

这是我第一次听说萌萌的家世。我没有想到，在萌萌那个光环笼罩的家庭背后，还有一个悲惨破碎的家庭；而这个高傲的贵族公主，竟然有一个令人生畏的"反革命"父亲。我对萌萌眼神中隐隐流露出的那种抑郁和忧伤，似乎明白了一些。

一连几天，我不知道该如何向萌萌开口。

我写好一张纸条："我想知道你姑妈曾小吟的地址"，等到放学的时候，教室里没什么人了，走到萌萌跟前递过去。

萌萌看了一眼纸条，抬起头来，盯着我这个从未接触过的同学，吃惊地问：

"你怎么知道我的小吟姑妈？"

我结巴着说不出话。见我窘迫的样子，萌萌的脸色缓和下来，我这才说清了事情原委。

萌萌望着我，好一会才轻声地说：

"那你，也知道我爸爸了？"

我点点头。萌萌沉默着，咬着嘴唇不说话。为了打破尴尬的局面，我笨拙地说了一句自以为是宽慰她的话：

"我看你还是蛮快活的。"

萌萌微微摇着头：

"那只是一面。"

我又傻乎乎地接着说了一句：

"嗯，那你就是双重性格了。"

萌萌愠怒地望着我追问道：

"你什么意思？"

我冲口而出说了一句千不该万不该的话：

"你生活在……双重的……环境中。"

"你怎么能这样说！"

萌萌的眼泪终于克制不住了，抽泣着跑出了教室。

我后悔自己的愚蠢，办砸了事情，回家后也不敢告诉母亲。

第二天，我怀着忐忑的心情不时偷看一下萌萌。但她与平时一样，课间依然看她的书，全然不望我一眼。

放学时，我正思忖着如何向萌萌道歉，她却走到我面前：

"你能陪我走走吗？"

我忙不迭地收拾好书包，和她一起走出教室，推上自行车，陪她走上学校后面那条通向师院的林荫小道。

师院附中与师院之间相隔约三里路，有一条林荫小道相连。初春的季节，林荫道两旁高大的梧桐树已长出嫩黄的树叶，夕阳透过摇曳的树枝，映照在萌萌的脸上，变幻而神秘。我们两个静静地走着，只有自行车轧着砂石路面的声音和我们的脚步声，沙沙作响。

我鼓起勇气向萌萌道歉：

"我昨天不该那样说……"

萌萌轻轻地说：

"你没有说错。"

过了一会她问我："你是怎么知道的？"

我结巴着把母亲说的话告诉了她。

萌萌沉默了一会，告诉我，爸爸已经从农场回来了，现在安排在武汉话剧院工作，前两年武汉上演的话剧《江姐》，编剧就是爸爸，但是不能用他现在的名字，只能用以前的名字曾庆冠，一般人都不晓得是谁。

我告诉萌萌，我去省图书馆查阅了当年批判"胡风反革命集团"的报纸，上面说她爸爸是冒充的共产党，武汉解放时从地下钻出来代表共产党接管了国民党的《大刚报》。到底是怎么回事？

萌萌告诉我，爸爸 14 岁的时候就参加了武汉民族解放先锋队，16 岁时加入共产党，一直从事地下工作和抗日救亡活动。武汉解放时，他是武汉市委宣传处处长，是组织上派他去《大刚报》工作的。爸爸是武汉人，长期待在武汉，入党介绍人和派他去《大刚报》的人都在。爸爸是搞文艺的，他写的东西都在那里，怎么会是冒充的呢。

她顿了一下说，你看的那些我也看过了，那是人民日报的《编者按》说的。听说这个《编者按》是毛主席写的。

说到这里，萌萌沉默了。

是啊，毛主席说的话，谁敢说错啊！毛主席定的案，怎么翻得了呢！

我也沉默了。

过了一会萌萌说：

"爸爸现在也有家庭了。她姓薛，薛阿姨。那边也有我的弟弟妹妹。"

我不知道说什么好，萌萌又说：

"你说的不错，我是有两个家，我夹在中间，两边都是都不是。"

萌萌停下来，把头埋在树干上，低低地饮泣，双肩微微颤抖。

我不知道该怎么安慰她，小心翼翼地问：

"你爸爸的……家，在哪里？"

"汉口，从徐家棚过江就是。"

"你去……看过他吗？"

"去过。但是，这边，我妈妈，那边，薛阿姨，我……"

我冒冒失失地说：

"要是我，才不管呢，想去就去，自己的爸爸嘛！"

萌萌转过身，瞧我一副英雄气概，不禁破涕而笑。

仿佛堤坝决了个口子，萌萌边走边讲，讲她的爸爸、妈妈，她小时候的故事，还有后来的薛阿姨……

看得出来，这些都是萌萌憋了很久、从来没有对别人讲过的话。想想也是，在学校里，人们并不知道、萌萌也不想让人知道她有一个人人避之唯恐不及的父亲；而在师院这边家里，她显然不能提及爸爸；去汉口那边爸爸家里，则要面对敏感的薛阿姨。对于一个深爱父亲而又十分敏感的女儿，这种无处表露也无法表露、无处言说也无法言说的处境和心境，其抑郁与痛苦可想而知。

　　我们走进师院，走到她家附近，又折回林荫小道，就这样边走边讲，也不知在林荫小道上走了多少个来回。天早已黑下来了，一弯月牙不知什么时候已升上树梢，月光下一切都变得朦朦胧胧，萌萌的脸庞却显得轻松明朗了。

　　当师院的熄灯号响起时，我俩才意识到已经不停地走了四个多小时，腿也酸了，肚子也饿了。我把萌萌送到她家门口，萌萌从书包里掏出纸笔写下曾小吟的地址递给我，没有挥手，也没说再见，我们相视一笑就分手了。

　　回到家里我向妈妈交了差，还忍不住讲了萌萌的故事，母亲唏嘘不已。

　　第二天放学时，我和萌萌不约而同地早早收拾书包，不约而同地走出教室，一起踏上了那条林荫小道。交谈的话题仍然是她的童年和爸爸，萌萌的心情却比昨天轻松了许多。太阳快要落山的时候，我们在路边的石头上坐下来，萌萌看着草地上点缀的野花，小心摘下一朵紫花地丁，夹进书本，调皮地说，小时候爸爸有一次把她夹在书里的小花弄丢了，给她摘来一朵同样的，她还是不依，非要原来那一朵不可。我笑道：其实你那朵每天都不是原来的了。萌萌想想，也笑了。

　　这是我第一次看到萌萌流露她那完美主义的情愫。这种与生俱来的追求完美，在后来漫长的艰难岁月里，救了她，也害了她。

　　接下来的日子里，一到放学我和萌萌都会自然而然地一起走向那条林荫小道，或来回散步，或找个僻静的地方坐下，总要谈到天黑甚至熄灯号响起后，我才送她回去。交谈的内容，也从她的童年和家庭，谈到我的童年和家庭，谈到各自的兴趣，爱好，和阅读。我们饶有兴趣地听对方讲述自己，也为发现共同的爱好而欣喜。萌萌的语速很快，急促且呈跳跃式，毫无掩饰地倾诉；而我的一两句插话，有时也能博得她的会心一笑。

萌萌记忆中的童年是短暂的，遥远而破碎。

她和爸爸妈妈住在汉口江汉村的一栋小洋楼里，她家住在楼上，楼下住着《长江日报》的陆伯伯。

妈妈很忙，早出晚归，爸爸每天接送她去幼儿园，幼儿园就在洞庭街上，很大，有很多小朋友。

回家的路上比在幼儿园还快活，她教爸爸唱儿歌，爸爸教她念童谣，还在路上躲猫猫，抓住了爸爸就要爸爸抱，有一回遇到一个编织草花草虫的人，爸爸给她买了一个草蚱蜢，她怕蚱蜢，爸爸就换了一只草蝴蝶，拿在手上晃晃悠悠和真的一样。

还有一次迟到了，她怎么也不肯走进幼儿园，爸爸就带着她在街上逛，江边有杂耍的，围着很多人，爸爸抱起她看，舞枪弄棒的，她吓得不敢睁开眼睛，爸爸却看得津津有味。

爸爸和她一起趴在客厅地板上开小火车，还给她买过一个很大的洋娃娃，那种随着身体的仰卧会眨眼睛的布娃娃，睡觉时放在枕头边上。

爸爸教她念诗，念很多诗，还记得其中一首："生活像一只小船，航行在漫长的黑河。没有桨也没有舵，命运贴着大的漩涡"，后来知道是爸爸14岁写的。

爸爸还教她看地图，告诉她哪里是大陆哪里是海洋，哪里是高山哪里是沙漠，还告诉她中国原来像一片海棠叶，又怎么变成了一只大公鸡。

爸爸还会变魔术，伸出一根手指头，蒙上小手帕，说一声变，揭开手帕，变成两根手指头。她不满地嚷嚷这不是魔术，爸爸哈哈大笑。

后来，有一天晚上她被吵醒，看见爸爸被两个人带着走下楼去，妈妈在收拾东西，家里乱七八糟的。这大概就是萌萌童年记忆的最后定格。后来她知道那一天是 1955 年 5 月 16 日，武汉解放六周年。

爸爸再没有回来。快乐消失了，温馨的家破碎了，萌萌的童年也随之结束。

后来妈妈也带她去中山公园转悠，她说"我要玩嘛"，妈妈说这不是在玩吗？她说"这不是玩"。妈妈让她和小朋友一起玩跷跷板，坐滑梯，她还是说"我要玩嘛"，妈妈说这不是玩吗？她还是说"这不是玩"。

萌萌现在的一位学生听到这个故事后以为，这显示童年萌萌已经表现出对于抽象概念的领悟；我却想起萌萌自己讲过的一个让人揪心的故事。一位名叫灵子的两岁女孩身患绝症，不知道如何表达那种钻心的疼痛，只能不停地呼叫："磕着了！磕着了！"因为在她稚嫩的记忆中，每当额头磕着而疼痛时，妈妈便一边揉着她的额头一边说"啊灵子磕着了，灵子磕着了"。

如同在灵子那里疼痛的感觉是与"磕着了"相联系一样，在童年萌萌那里，快乐的感觉是与爸爸联系在一起的。爸爸不见了，快乐也就没有了。没有了快乐的"玩"，无论什么样的玩都不是"玩"。

无怪乎后来萌萌在以灵子的"磕着了"为例论及语言问题时笔锋一转，很自然地提到了她自己的"玩"字问题，并由"玩"之不可得直接转向"无家的恐惧"：

> 不是我痴迷着语言问题，而是我像灵子一样与生俱来就困惑在无法表达的表达之中。还是刚学着说话，我就和一个"玩"字纠缠不清。我一次又一次地固执地找寻那个叫作"玩"的玩，可是没多久，我已失去向大人索要玩的任性，而是每天每天独自面对黄昏的灯光恐惧。我宁可躺在草地上看黑夜的天空，也不愿走过别人家那一排排透出灯光的窗口，回到有如洞穴的大门。甚或，我宁肯坐在家的门口，坐在门栏上，让没有灯光映衬的家的黑影，将我和比我更年幼的妹妹紧缩的身躯覆盖成黑暗的风景。①

童年萌萌向大人索要的，不是"玩"而是快乐，是爸爸和温馨的家。"玩"，是她无法表达的表达。

成年后的萌萌用字极为精细，她常常为了一个更准确的表达而反复思忖。从她在上文中使用"大人"这个笼统的表达，可以

---

① 萌萌，《萌萌文集》，张志扬编，上海：上海译文出版社，2007年，第491页。

发现她在写下这个字眼时，依然处于无法表达的表达之中；但我明白这一次她并不是因为困惑。

关于萌萌的少年时代，我听她讲得也不多。回避有时候也是一种疗伤。

在汉口读小学的时候，她去得最多的是一位远房的姑奶奶家。萌萌在武汉的亲戚很多，爸爸这一边有爷爷、奶奶和叔叔、姑妈；妈妈这一边有外公和舅舅。但是萌萌喜欢去这位姑奶奶家。姑奶奶叫曾敏琉，是曾卓父亲的堂妹，碰巧也是我母亲的小学同事，个子矮小，性格爽朗，说起话来嗓门洪亮。她终生未嫁，抱养了一男一女两个孩子，住在民族路上一条小巷子里。一个冬天的晚上，也许是不愿走进有如洞穴的家门，年幼的萌萌在昏暗的路灯下沿着小巷去找姑奶奶。寒风在古旧狭窄的巷子里穿行，两边的楼门早已紧闭，路灯下摇晃的树影令白天熟悉的小巷变得诡异而陌生。萌萌在纵横交错的巷子里走迷了路，找来找去总是回到原来的地方。凛冽的寒风中开始飘起雪花，小巷里渺无人迹。冻得受不了的萌萌只得扯起稚嫩的嗓子沿街叫喊："姑奶奶你在哪里？我是萌萌！"等到姑奶奶跑出来搂住她时，萌萌终于号啕大哭起来。第二天鲁校长找到姑奶奶家领走萌萌时，免不了责怪萌萌几句，性格直率的姑奶奶嘟囔道：爹不亲娘不疼的造孽①娃，不到我这来，你让她上哪里去！

---

① 即佛语"造业"，原指妨碍修行的业障行为，民间演变为"可怜"之意。武汉方言中此处"孽"读 yé，与"业"同音不同调；也可能就是"造业"的地方读法。

　　另一次迷路是因为去找爸爸。大概是小学四年级暑假里的某一天，萌萌听说爸爸在郊区花山公社的乡下劳动改造，就牵上妹妹去找爸爸。萌萌不知道花山在哪里，也不知道爸爸在哪个生产队，她一路走一路问，下了这辆公共汽车又爬上那辆公共汽车，跑了几十里路来到花山，才发现到处都是农田，一簇簇农舍散落在农田的边缘。萌萌牵着妹妹在烈日下一家一家地问着同样的话："你知道我爸爸在哪里吗？他叫曾卓"，得到的都是诧异的眼光和摇头。天色渐晚，姐妹俩又累又饿又渴，萌萌找不着回家的路，妹妹坐在地上哭着不走。萌萌也想坐在地上，也想大哭一场；但她不能，只能牵着妹妹朝远处有路灯的方向走去，任泪水在脸上流淌。终于到家后，妈妈看着姐妹俩疲惫不堪的样子问怎么这么晚才回，萌萌没有回答，妈妈也不再问了。

　　童年萌萌也经常和小伙伴们在一起。萌萌的小学同学们深情地回忆和她一起玩耍的情景："唱歌，跳舞，排小话剧，跳皮筋，捉迷藏，堆雪人……那时我们的心与童话般的世界融为一体，自由自在，无忧无虑。"

　　这些小姐妹们不知道的是，与伙伴们在一起玩耍，只是转移和掩盖了萌萌的忧虑；这忧虑潜沉到更深的心底，将爱与怕、期盼与失望、执着与迷茫，糅合在一起，变成最坚硬也最脆弱的心结，即便身边最亲近的人也难以察觉和触摸。

　　而阅读不是。在阅读中萌萌为故事所吸引，与书中人物的悲欢离合交融在一起，为书中人物的命运欢笑和哭泣，这欢笑与哭泣是为书中人也是为自己；重要的是这种哭泣是无须掩饰的，对己对人都无须掩饰。她可以放心痛快地流泪，于是心中的块垒得以宣泄、消融。

自从家庭遭逢突变后，六岁的萌萌就开始沉浸在书籍里。在那条林荫小道上，我惊诧她怎么读了那么多书，而且记忆力那么好。她向我谈《安娜·卡列尼娜》《猎人笔记》《红与黑》《哈姆雷特》《德伯家的苔丝》《雷雨》《白夜》《家·春·秋》《热爱生命》《呼啸山庄》《爱的教育》《老人与海》《汤姆叔叔的小屋》《热爱生命》……还向我朗诵雪莱、拜伦、泰戈尔的诗。萌萌特别喜欢巴乌斯托夫斯基的《金蔷薇》，能够大段背诵其中的句子，这时候她仿佛变成了那个渴望得到能带来幸福的金蔷薇花的巴黎女孩，或是那个听到为她谱写的乐曲而泪流满面的挪威少女。有一次在谈到普希金时，萌萌情不自禁地喃喃自语："幸福消失了，可它曾是那样地挨近……"我接着念道："我不想取悦骄狂的世人，只希望博得朋友的欣赏。但愿我能写出更好的诗，献给你——和你的灵魂一样……"萌萌惊讶道：你也读过《欧根·奥涅金》？其实我是偶然翻过，只记得开头这几句。我喜欢看冒险、科幻和侦探小说以及人物传记。我向萌萌讲《八十天环游地球》《血字的研究》《基督山伯爵》和阿蒙德森的探险故事，萌萌听得很入神，时而紧张时而叹息，时而又开心地笑起来，稚气的神情又回到她的脸上。

萌萌对我的童年也很感兴趣。我告诉她，上幼儿园时妈妈带我去中山公园儿童游乐场，我吵着要登摩天轮，那摩天轮其实不到两层楼高，当摩天轮转起来后，许多孩子都大叫害怕，嚷着要下来，我也很害怕，也想叫喊要下来，喊出来的却是"我要屙尿"！小学一年级上图画课时，老师要我们画轮船，别人画的轮船烟囱都是向后冒烟，我偏偏画个朝前冒烟，老师说我画错了，我辩解说我开的是顺风船。萌萌听罢笑得前仰后合，直说我从小就狡猾。

我问萌萌为什么不是团员，她说团干部多次要她写入团申请书，她不想写；她喜欢自由，也看不惯有些人假积极。我说我倒是想入，但是入不上。

我读初中时，正是开始贯彻阶级路线的时候，学生的家庭出身成了敏感的政治问题。我祖父是旧时代的律师，父亲在新中国成立前是工程师，抗战时在重庆主持修建过防空洞，据说还是中尉衔。有一次航空学校来学校招生，我和同寝室的小曹兴冲冲地报了名，面试和体检都通过了，结果却被刷下来。曹的父亲是武汉大学颇有名气的历史教授，"反右"运动中因接受采访说了几句话被打成"右派"。我们俩跑去问班主任李老师为什么把我们刷下来，李老师支吾着把我们搪塞过去。40多年后，已是美国著名科学家的曹对我感慨道：那时我们真是太天真了。

最不可思议的是小於和小石，他俩是我们班上最优秀的学生，中考的成绩是全市第一和第二，就因为一个家庭成分是地主另一个的父亲是右派，我校不予录取，其他学校看到这样成绩的学生母校居然不要，也不敢录取，竟致落榜。后来他们报名去新疆建设兵团了，从此命运完全改变。

那时学校里盛行思想汇报，我不甘落后也不时向团组织递交这类材料，解剖自己争取进步。我祖父是典型的旧式知识分子，清高傲骨，经常向我讲述"君子固穷""君子不党""慈航普度""天下大同"等，我把这些都写进了思想汇报。有一年春节一位客人送来一盒点心，客人走后妈妈打开一看，里面竟然放了一叠钱，妈妈随即把点心盒关上不准我们吃。听说后来退还了。我把这件事也汇报了。后来一连两个星期爸爸都没能回家。第三个星期爸爸回家后单独问我，我就把思想汇报的事说了。爸爸听罢什么也没说，但他那失望悲凉和无奈的神情，我终生难忘。我这才知道是我害了爸爸。我不由得想起《牛虻》，想起了亚瑟向神父的忏悔。初中升高中时，我理所当然地没有被母校录取，被分配到武师附中应该算是幸运的。

萌萌告诉我，她爸爸和胡风其实没有多少接触，只是有过几次通信，一两次见面，谈的都是关于文学方面的。她爸爸还说从来没有听说胡风有个什么组织，更谈不上加入。我说我也看了批判"胡风反革命集团"的那些材料，都是一些私人通信，而且都是摘录其中一些片言只语，看不到完整的原文。

我说我看过一些《"右派"言论集》，什么"政治设计院""轮流坐庄"和"海德公园"，虽然言辞尖锐，但也有道理。为什么一边说言者无罪闻者足戒，一边又把别人一棍子打死呢。我爸爸有个老同学张伯伯，极有才华，只是人太耿直，经常跟科长顶嘴，反右运动中就被打成"右派"，下放到石灰窑劳动，结果被工地上的卡车轧死了。还听妈妈说过，她学校一个很受学生欢迎的老师，在"大鸣大放"中什么话也没说，只是在别人给学校领导提意见的时候翘了一下大拇指，也打成了"右派"，被开除公职，扫大街糊口。萌萌沉思良久，念道：

> 但灵魂是能禁锢的吗？
> 梦想是能监视的吗？
> 我磨我的短剑，
> 写我的诗篇。

我吃惊地问这是谁写的，萌萌低声说：爸爸。

41 年后我重返那条林荫小道。昔日幽静的小径早已变成繁闹的小街，武汉师院早已改成湖北大学，临近学校的道路两旁，各种小吃店、街饮店和网吧鳞次栉比，衣着时尚的男女大学生们或成群或结伴地出出进进，一片欢笑。唯有高大的梧桐树依然耸立在那里；默默注视孤独的游子归来。我站在梧桐树下凝视天空，喧闹声渐渐消退，耳边响起当年萌萌朗诵《一篮枞果》时那深情的低语：

> 你为什么要谢谢我呢？
> 我不知道……为了你没有忘记我。为了你的好心。为了你告诉我生活能够而且也应该是多么美好。

就在这条林荫小道上，我们每天送走晚霞和落日，愉快地交谈了许多许多。但是说到眼前，常常陷入沉默。除了爸爸这个沉重的话题，萌萌心中还有别的抑郁。有一天，萌萌忍不住告诉我，初三时有个高三的男生喜欢上她，给她写过几封情书。这事不久就被大人知道了，然后这个男生毕业时高考成绩很好，却没有一所大学录取他，他被下放到沔阳乡下当农民去了。"我偷看过妈妈的工作笔记本，高考之前就决定了"，萌萌低低地补充了一句，就再也不肯说什么了。我为这位男生的遭遇不平，也突然明白了，为什么萌萌常常让我先骑上自行车去林荫小道，找一处僻静的地方等着她。过了两天，萌萌问我能不能给这位男生的同班好友送一封信去，这个好友就在武汉师院读书，但是她不能去找。于是我与这位男生的好友共同承担起信使的任务，直到两个月之后"文革"爆发，学校停课闹革命。

那时，"文化大革命"风暴来临的征兆已经显现。4月，报纸上出现批判《燕山夜话》和《三家村札记》的文章。5月上旬，姚文元的文章发表，邓拓、吴晗、廖沫沙被公开点名，被称为"反党反人民反社会主义"的"三家村黑店"。武汉文艺界也掀起批判资产阶级文艺路线的热潮。

萌萌担心爸爸的处境，问我能不能陪她去看看爸爸，我不假思索地同意了，我早就想见见这位"离经叛道"的神秘人物了。我们商量好，下个星期天一起过江去曾卓家。

恰在此时发生了一个插曲。

萌萌经常很晚回家的情况引起了她家里的注意；再说我们俩在那条林荫小道上散步也不可能不被认识萌萌的人看到。一天下午，团组织干部找我谈话，提醒我的家庭出身，要注意改造自己的思想，不要去腐蚀革命干部的子女。

我感觉自尊心受到了伤害，也能猜度出这个警告是来自于哪里。一连两天放学后我骑上自行车径直回家，不再去那条林荫小道。

第三天放学后我刚推出自行车，萌萌就拦住我，要我到林荫小道去等她。

我在通常碰头的那个僻静之处等候萌萌，她来了之后第一句话就问我："你是不是后悔了？不想陪我去爸爸家了？"

我沉默不语。

"没想到你是个胆小鬼。"

我忍不住把团干部找我谈话的事情说了出来。萌萌顿了一会，高声说："为什么要这样？为什么不直接找我？"然后望着我的眼睛问：

"你怕不怕？"

"我有什么好怕的，只是不想……"

萌萌打断了我：

"我也不怕，我们又没做什么见不得人的事！"

第二天下课铃刚响，萌萌就走到我面前，朗声对我说："萧铁人，我找你有点事。"然后在众目睽睽之下和我一起走出教室。

在林荫小道上，我埋怨萌萌不该这么做。她却说："我没做错什么，我们是光明正大的。要是他们一说我们就不来往了，那不正好被他们说中了吗？"

　　我说:"我们不是要去你爸爸家吗,这几天就不要碰头了,别因小失大。星期天早上八点钟我在徐家棚码头等你。"

　　星期天一大早我就骑上自行车来到徐家棚码头,不一会萌萌也到了。从徐家棚码头过江,上岸便是粤汉码头,萌萌的爸爸就住在附近的蔡锷路上,以前法租界的一个弄堂里。一踏上蔡锷路萌萌就有些忐忑,犹豫着说现在去太早了吧。附近有家解放电影院,我提议去看场电影,但萌萌没有心情。我们漫无目标地走着,走到岳飞街"美的"冷饮店,我们进去买了两瓶汽水坐下。萌萌说她喜欢吃冰淇淋,我又给她买了一杯冰淇淋。我和萌萌东扯西拉,但她始终心不在焉。坐了一会,萌萌说,不去了吧,下次再去吧。我说已经来了干吗不去,你不去我还想去呢。想了一会,我又说,要不等到中午吃饭的时候去,情况不对我们就走。听了这话萌萌才定下心来。

　　12点钟左右,我和萌萌敲开了她爸爸曾卓的家门。给我们开门的是薛阿姨,她显然颇感意外,随即热情地招呼我们进门。我们进得客厅,只见曾卓和三个孩子围坐在饭桌边吃饭。我观察曾卓的表情,那是一种有些慌乱的惊喜。他忙不迭地招呼萌萌"快来吃饭快来吃饭",招呼孩子们"快叫姐姐快叫姐姐",慌忙中又加上一句"快叫叔叔快叫叔叔",于是孩子们就对着我"叔叔、叔叔"地叫起来,弄得我满脸通红。萌萌见状大笑,忙道:"这是我的同班同学,叫萧铁人,比我还小呢!"众人听罢又是一阵大笑。初进门时隐隐的不自然气氛一扫而空,大家围坐在桌边吃了一顿愉快的中饭。

曾卓给我的印象，完全不是想象的那样。我以为会见到一位严肃抑郁的长者，但眼前这位头发蓬乱不修边幅的父辈，更像是一个多年不见的老朋友，开朗而随和，一举一动很顾及旁人的感受。虽然瘦削的双颊和满脸的皱纹印证着曾经的苦难和折磨；可一旦笑起来，所有的皱纹都舒展开来，和身旁喧闹的孩子们一样快活。只有壁上那幅列宾的油画《意外归来》，暗示出这个家庭有过的遭遇。

饭桌上曾卓不时询问我的情况，还说些笑话，却很少谈到自己，也不问萌萌什么。我感到他是在努力营造轻松愉快的气氛，同时也在避免什么。后来我才知道，那时曾伯伯的处境已经再度恶化，根据上面的指示话剧院不让他写作了，安排他去打杂扫地。屋里不时发出笑声，薛阿姨也不停地给我们夹菜，只有萌萌那略显拘谨的神情，让我感觉到她和我一样，是这个家庭的客人。

饭后，薛阿姨起身去厨房收拾，又回过头来说，你们聊你们聊。屋里的空气变得有点沉闷和尴尬。我见曾卓的嘴角动了动，欲言又止，就说："曾伯伯，我想借两本书看看，可以吗？"曾伯伯连声说可以可以，转身进到里间去找书。我暗示萌萌起身告辞。薛阿姨热情地把我们送到门口，曾卓赶出来递给我两本书，我们就道别离开了。

一走到街上，萌萌就抑制不住地长长舒了一口气，兴奋地说："让你来对了！让你来对了！"又情不自禁地挽着我的手说："你看出来了吗，爸爸很高兴！他真的很高兴！"

　　第一次被萌萌挽手，而且是在大街上，我心跳加快，步态与萌萌也不合拍。萌萌却毫无察觉，继续叙说着刚才在爸爸家的情景，回忆着每一个细节，直到我俩不知不觉走进粤汉码头旁边的滨江公园，看到三三两两的情侣们也挽手并肩而行时，萌萌才下意识地把手抽回。

　　午后的阳光下，我们在江边的沙滩上边走边谈。看到有年轻的父母带着孩子荡秋千，萌萌也跑过去荡起来，欢快的笑声随着秋千在空中飘荡。这是我结识萌萌以来第一次看到她如此快活，如此轻松。

　　天色渐晚的时候，我们又登上了过江轮渡。我们靠在船舷上，望着对岸闪烁的灯光，任江风吹拂，十分惬意。我掏出曾伯伯借给我的书，一本是我看过的《高老头》，另一本《凯旋门》没看过。萌萌说，你很机灵啊。我说，还不是看到你爸爸那个样子，我才赶紧打了个圆场。萌萌说，有你在真的不一样，薛阿姨好像很喜欢你。又说，我知道，你还为我们下一次再去找了个理由是不是？我俩相视而笑起来。我和萌萌商量好，下个星期天就去她爸爸家还书。

　　上岸之后，我送萌萌回家，她轻快地跳上自行车后座，一路上很自然地搂着我的腰。我尽量拣僻静的道路，沿着车辆厂后面的田间小路向师院三区小门骑行，晚风夹着油菜花香阵阵拂面而来。分手时，我说这个星期就别再见面了，你早点回去，免得影响星期天去你爸爸家。说完我忽然觉得有点怅惘，也从萌萌的眼光中发现了一丝失落的神情。

接连两天，放学后我蹬上自行车就会不知不觉地拐向那条林荫小道，然后才猛然醒悟，黯然折回。回到家里老是心神不宁，看不进书。分离的寂寞让我感觉到了萌萌在心里的位置。

没想到，几天以后，萌萌的继父李院长突然到我家去了。

那天放学后我回到家里，母亲见到我，一脸愠怒地把我叫到她房间，劈头就问："上个星期天你和鲁校长的姑娘到哪里去了？"

我猝不及防，默不作声。

"是不是去找曾卓了？"

"是的。"

"为什么要去他那里？是不是他姑娘要你去的？"

"是我自己要去的，"我马上又补充道，"我去借两本书看。"

"哪里借不到书？你老实说是怎么回事？"

自从我和萌萌频繁接触以后，我就没在母亲面前再提过萌萌。事已至此，我干脆把萌萌与两边家庭的关系和她有多长时间没有见到爸爸的情况，统统倒了出来。

母亲听罢长叹口气，然后告诉我，今天中午李院长突然驱车来到我家，还挂着一根文明杖，自我介绍是萌萌的父亲。母亲请他坐，他也不坐，开口就说我不好好学习，道德败坏。还以教训的口气指责我父母没有管教好孩子，说现在阶级斗争错综复杂，纵容孩子犯政治错误，父母是要负责的。末了，他用文明杖点着地板说："你们要好好管束孩子，他再去找我们的女儿，学校是要处分的！"我母亲忍不住回敬了一句："请你们管好自己的孩子吧！"

　　母亲流着泪说，她还从来没被人这样教训过。母亲说，我们家是平民老百姓，你爷爷和你爸爸一辈子都很清高，从不趋炎附势；再说曾卓现在这个样子，你们两个跑去不是也给他添麻烦吗？总而言之就是不让我再去找萌萌了。

　　几天来和萌萌相望不能相见的情形，已经让我难以忍受；而李院长的威胁则激起了我的反抗情绪。我不愿对母亲作出承诺，只能倔强地一言不发。

　　第二天中午，在学校食堂打饭时，我塞给萌萌一张纸条："放学后徐家棚江边堤上见"。等萌萌匆匆赶到后，我带萌萌走下江堤躲进江边的防波林里，把我妈说的情况告诉了她。萌萌愣住了，先是直呼不可能不可能，然后连说怎么是这样怎么是这样。我说，肯定是有人在船上看到我们了，告诉了你家里，你家里知道你爸爸住在粤汉码头那边。

　　我们并肩坐在一块石头上，望着江对岸，都说不出话来。事情到了这一步，我俩都明白，不仅不能再去曾伯伯家了，而且我们之间也不能再来往了：到处都有眼睛，到处都有人汇报，而且，萌萌要是再回去晚了在家里的日子也肯定不好过。

　　不觉天色就晚了，我说："你回家吧，他们也是为你好。"

　　突然，萌萌趴在我的肩上伤心地恸哭起来，那是一种再也抑制不住的绝望的哭泣，哭声从胸腔发出，抽泣而悲凉。

　　我一把把萌萌搂住，俯下身去吻那沾满泪水的眼睛，倔强地说："会有办法的，总会有办法的。"

　　萌萌低沉地说："我不想看到你也考不上大学……"

我笑道："你想得太远了，还有两年呢，天无绝人之路。"

过了一会，萌萌抬起头："只有一条路了，就看敢不敢。"

我说："有什么不敢的，你说吧。"

"我按时回家，晚上你到我家来。"

"这有什么不敢的，反正我家里也管不了我，就看你那边好不好办。"

"我的房间和他们是分开的。我事先把院子的门闩拉开，把我房间的窗户插销拔起来，到时候你翻窗户进来。"

爱情的火已经在心中点燃，冒险的刺激也令我兴奋，我不假思索地点点头，紧紧地拥抱萌萌，久久不肯分离。

第二天吃过晚饭后，我向母亲扯谎说去给同学补课，会很晚才回。母亲满腹狐疑，她了解我桀骜不驯的脾气，也绝对想不到我会去萌萌家自投罗网，勉强答应了。我蹬上自行车飞快地来到林荫小道，在那个熟悉的地方坐下来，等着师院的熄灯号响起。大约三个小时后，熄灯号终于响了，我来到萌萌家对面的小树林里，锁上自行车，盯着萌萌家的灯光，心里怦怦跳个不停。

直到隔壁左右的灯光都熄灭之后，萌萌家的灯光才开始熄了，先是萌萌的房间，然后是保姆房间，最后是鲁校长和李院长的房间，但院子大门上的那盏门灯始终可恶地亮着，仿佛在警告我这个胆大包天的闯入者。又过了约莫半个钟头，萌萌房间的灯光亮了两次，这是事先约定的信号。我迅即走向她家，推开虚掩的大门，蹑手蹑脚地走到萌萌的窗台下。还好，窗台不算高，我摸到窗户轻轻一推，窗扇吱的一声开了，惊得我一身冷汗。我也顾不了那多，翻身跳进房间，黑暗中立刻被萌萌抱住了。

　　我的心狂跳不已，也感到萌萌的心同样急促。待我慢慢平静下来，眼睛也逐渐习惯了黑暗之后，才发现这间屋子有一扇门与隔壁相通。萌萌示意那是大人的卧室，我大吃一惊，更不敢挪动脚步，老式的木地板一动就发出呀呀的响声，在寂静中特别刺耳。我们就这样相互搂着，一动不动，连大气也不敢出。不知道过了多久，我觉得隔壁房间似有动静，便急急要走，萌萌继续搂着我，好一会才慢慢松开，黑暗中闪烁的眼里不知是笑意还是泪光。我翻出窗口，走出院子，关上大门，骑上自行车飞奔回家。初夏的后半夜凉风习习，吹在我滚烫的脸上。

　　一连两天的晚上，我都是早早离家，在萌萌家外面守候到夜深人静，然后翻越窗户和她相拥，再难舍难分地离去，既不能说话也不敢久留，我却感到兴奋而又满足。47年后的此刻，写到这里尽管仍觉耳热心跳，但我并不为当年的疯狂和荒唐感到羞愧，却怀念那遥远的激情与纯真，那是我们一去不返的苦涩而浪漫的青春……

　　第三天，我发现萌萌家的大门推不开了，感到事情不妙。我眼睁睁看着萌萌房间的灯光亮了又熄，熄了又亮，心急如焚却毫无办法。过了好久，我似乎听到大门里面窸窣作响，估计是萌萌出来查看大门。又过了一会，萌萌房间的灯彻底熄灭了，我才悻悻离去。

　　我无精打采地推着自行车边走边想，一定是我们的举动又被萌萌家里发现了，在大门门闩上加了锁。但是，为什么既不训斥她又没有叫保卫部抓我呢？我似乎明白了大人们的复杂心态，不由得苦笑起来。

第二天在教室里，我看到萌萌眼睛红肿，情绪低沉，但我知道一定有几双眼睛在盯着我们，只好压下冲动。中午到食堂打饭时，萌萌从我身边走过塞给我一个纸团："大门加了锁，晚上有保卫部巡逻，千万别来！星期天下午两点钟在武昌电影院门口见。"

当我星期天如约赶到武昌电影院门口时，竟看到萌萌和我们的同班同学沈希平站在一起。沈希平一见到我就板起脸说："萧铁人啊萧铁人，你的胆子也太大了！"我不知所措，又结巴起来说不出话。萌萌连忙说："希平你莫把他吓到了。"然后转向我说："希平是我最好的朋友，我把我们的事情都跟她说了，我叫她到我家喊我一起看电影，这才出来的。"沈希平调皮地看着我，我也不好意思地笑了。沈希平又说："还站着干什么，还想让别人看见吗？"接着递给我电影票笑着说："还不带我们进去？一点绅士风度也没有！"

我和萌萌落座后，发现沈希平不在旁边。萌萌解释道："她的票和我们不在一起，我不是跟你说了吗，她是我最好的朋友。"她接着告诉我，李院长给学校保卫部打了电话，说是群众反映最近晚上有陌生人在家属区出没，怀疑是小偷，叫他们加强巡逻提高警惕。电影开始后，我和萌萌手握着手，头靠着头，静静地享受这也许是最后的相聚时光，那天的电影是什么，我一点也记不得了。

从电影院出来之后，沈希平提醒萌萌早点回去。看我们依依不舍的样子，她又说："我晓得你们的话总是说不完的，以后只好是我来当你们的通讯员了。"然后又认真地对我说："萌萌为你哭得多伤心啊，你要是对她不好，我可对你不客气！"

在后来的日子里，我和萌萌几乎每天都通过沈希平传递纸条，萌萌在纸条中经常摘录一些诗句，一些深情而又忧伤的诗句。

巨大的压力，监视的眼睛，看不见的鸿沟如同天河，把我和萌萌隔离开来。相望却不能相语，这样的日子对于两个处在热恋中的少男少女是那么难以煎熬。萌萌越来越抑郁了，我也越来越烦闷不安。我不知道这样的日子什么时候是个头，每天晚上躺在床上翻来覆去读着萌萌的来信，止不住潸然泪下。

萌萌去世后，我们当年的数学老师江志在纪念文章中谈到当时的情形说：

> 两个小才人，一经相识、相知，由于兴趣、爱好、见识相同，很快坠入爱河。任凭同学、学校、家长如何反对，都阻止不了他们感情的发展，真有一点现代版卓文君与司马相如的味道。真正同情他们的只有几个像我这样的青年教师。

我这才知道，在众多注视的眼睛中，也有友善的眼神投来。

如果不是那场暴风骤雨的来临，我的命运多半会和那位曾经爱上萌萌的高三男生一样，与萌萌天各一方。但"文化大革命"说来就来，鲁校长和李院长的命运一夜之间改变了，我和萌萌的命运也改变了。

《情绪与语式》对哲学问题的开掘

张志林 [①]

萌萌所撰《情绪与语式》一文至少在下述三个方面有可能开掘出新的哲学问题，进而对于深化和拓展哲学探究具有启发意义：

首先，萌萌本人将她对情绪 – 语式问题的探索定位于行进在**现象学进路之上**。据此，她认为在现象学的意义上，情绪直接就是意向和反思的**直观**，它应**还原**至身体的偶在性这一可能意义之原发场域，而不能像海德格尔和舍勒那样把情绪仅仅抽象还原为意识层面的情绪 – 存在（海德格尔）或情绪 – 上帝（舍勒）的意向相关性。基于这一定位，方能领会萌萌所关注的核心问题和她所提示的运思路向：

> 在"身体的偶在性"的前提下关注"情绪""感觉""初始经验"，特别是它们挣脱"时间"同一性的反差现象——"期待"与"错位"，为的是寻求这样一种可能："初始经验

① 作者单位：复旦大学哲学学院。

的生成如何可能""初始经验的语言化如何可能",也就是"公共语言的个人表达如何可能"。由此,在"语言"的维度上,有:"断裂""无语""转换"。这语言维度上关注语言表达生成性的"断裂""无语""转换",同"时间"维度上挣脱时间同一性(过去现在未来一体)的"期待""错位",同样处在一种偶在的关联中。(摘自《情绪与语式》一文)

或许可以说,梅洛·庞蒂对现象学的突出贡献之一是:以现象学的还原精神,将海德格尔所说的"在世存在"落实到"身体"这一意义原发的境域结构之中,并以"身体图式"或"处境的空间性"来强调身体具有场域式的"共有"特征,进而凸显出身体和情绪均具有原初的身-心统一性。

以此为参照,便可作出这样的评说:萌萌也像梅洛·庞蒂那样从"在世存在"的意义上来理解身体和情绪,但她以如下的阐述而区别于梅洛·庞蒂,从而有可能为**身体现象学**和**情绪现象学**开掘出一个全新的问题域:(1)萌萌始终坚持身体的偶在性,因而似乎可说她强调的不是身体的"处境的空间性",而是"处境的时间性";(2)正因如此,萌萌并不看重身体的"共有"特征和身-心的原初统一性,而是特地借鉴卢曼的表达方式,把身体在身-心断裂这一直观意义上的偶在性叫作"集中的悖论";(3)于是,情绪挣脱时间同一性的反差现象——"期待"和"错位"——就顺理成章地成了萌萌着力探索的新问题,而她本人思考这一问题却是由"公共语言的个人表达如何可能"

这一基本哲学问题所引发的;(4)萌萌最终揭示出时间维度上的
"期待""错位"与语言维度上的"断裂""无语""转换"之间的
偶在关联。

以上所述即为本文所说萌萌关于情绪－语式的探索对深化、
拓展哲学研究的第一点启发。如果说这一启发主要是为**现象学**
提供了一组新的哲学问题和一个初步的研究纲领,那么就可以
说第二点启发是针对当今**分析哲学**中关于"身－心问题"的研
究而言的。

众所周知,**身－心问题**其实是贯穿整个哲学史的一个基本
问题,如今却是分析哲学传统中**心灵哲学**这一分支领域的核心主
题。分析哲学家通常认为,"心灵哲学关注的是心理现象的本质,
以及这些心理现象在有关世界的系统化描述中具有什么地位之类
的一般性问题"。(Georges Rey , 1997, *Contemporary Philosophy
of Mind*, p.1)这里所说的"本质"问题是存在论或形而上学问
题,而"地位"问题则是解释问题,二者皆关乎身－心问题。
在分析哲学领域,目前对身－心问题的研究显示出这样一种趋
势:首先将"身"主要定位于物理对象——躯体,特别是定位
于人的大脑,同时将"心"浓缩为心理属性或功能,然后考虑
"心"与躯体或大脑的关系(于是以认知科学为代表的经验研究
开始切入这一哲学问题)。从哲学角度看,就存在论或形而上学
的研究路向而言,主要有三种方案:还原论、二元论和消除论;
而解释路向着重考虑的则是心理属性或心理概念对于我们认识世
界具有什么样的作用之类问题。

　　凭借萌萌对情绪－语式的探索，似可看出上述研究路向的局限性：（i）一旦把"身"仅仅看成是物质性的存在对象（躯体或大脑），就不可能开显出"在世存在"意义上的"身体的偶在性"视域；（ii）将"心"浓缩为知识论意义上的"心智"，显然难以直观和反思到情绪所本有的原发意义的偶在性结构和功能，更别说情绪对于时间同一性的挣脱了；（iii）受制于上述两点，无论是坚持还原论，还是主张二元论，抑或坚持消除论，均在狭窄的心理－物理同一性所划定的圈子里打转，是无法理解身－心断裂的直观意义的，当然也就不可能领会萌萌所说的身体乃是一个"集中的悖论"之深意了；（iv）上述所谓解释问题当然涉及语言，特别是涉及心理语词/语句与物理语词/语句之间的关系，但诸如此类的关系完全不同于萌萌所说的情绪－语式关系，因而由后者所揭示出的一系列问题必将成为今日主流心灵哲学的盲点。鉴于上述情形，或许可以说萌萌的探索正在逼迫我们思考这样的问题：如何改进现有的心灵哲学，以便在一种更加广阔的视域中更加深入地探寻身－心问题的奥秘？

　　最后，如果可以说**整个哲学**都在不同的意义上反思**言－思－在**的关系，那么萌萌着意探寻的那种情绪－语式的偶在性关联，势必启发我们考虑如下一个关乎全部哲学的**基本关系**：无论是作为"言"之生成性的"语式"，还是作为"思"之境域性的"情绪"，它们都是人"在"世界之中的存在样态，三者共处于偶在性的关系之中。据此，方可考虑一个关乎全部哲学的**基本问题**：原初的"言""思""在"之意义及其偶在性关联是如何生

发的？当然，还可以在萌萌的启发下进一步重提或重思如下目前
主要属于**语言哲学**的基本问题：语言表达思想、描述世界是如何
可能的？语言表达式（语词、语句、语式）如何可能具有指称、
意义和真值？特别是，语言表达式如何可能指称那些抽象对象，
表达其意义，描述其存在状态，并获得关于它们的知识？还有，
如萌萌所关心的问题：公共语言的个人表达是如何可能的？最
后，还可以借用海德格尔的话来提问：在何种意义上可以说语言
就是存在的家园？

身后功名慰寂寞

程　炼[1]

杜甫的名句"千秋万岁名，寂寞身后事"（《梦李白之二》）通常作如下解：纵使李白身后流芳万古，也无改或者补偿他身前的寂寞、困顿、不平和失意。这个意思可以从一个一般论题推导出来，即一个人不可能受益于（或受害于）他死后发生的事情。一个等价的说法是，一个人死后发生的事情，对死者而言，既不可能是好事，也不可能是坏事。[2]让我们把它称为"身后事无所谓论题"，或者简称为"无所谓论题"，把它的赞同者称为"无所谓论者"。如果一个人接受无所谓论题，那么他可以合理地想，我死后不管是洪水滔天、千夫所指还是万世敬仰，这些关我何事。从一个角度看，或许这是一种豁达、透悟、勘破俗羁的生死观，或用国人喜爱的字眼，是一种"境界"。或许，从另一个角

---

① 　作者单位：武汉大学哲学学院。

② 　帕特里奇（Ernest Partridge）在一篇很有影响的文章中说，"死者……没有任何利益，无法受害或得利"（Partridge 1981: 244）。古今伊壁鸠鲁分子甚至认为，连死亡对于死者而言都不可能是坏事。

度看，它是一种不负责任和推脱责任。写下上面诗句的杜甫是否接受无所谓论题，不是我在这里关心的问题。

无所谓论题，设若是对的，让我们的许多日常直觉、个人事务和社会实践变得难以理解。我们自然地认为，我们做的许多事情，不论是言语上的、态度上的还是行动上的，会惠及或伤及死者。倘若我们所做的一切对于死者是无所谓的，我们为什么有继承遗志之说？我们为什么要为某些死者沉冤昭雪？我们为什么要为某些死者树碑立传？我们为什么有坟前的忏悔、灵前的告慰？当然，这并不是说，这些直觉、实践和约俗的广泛存在证明了无所谓论题的不合理；也不是说，我们的这类习常行为是排他性地为死者着想，而不附带任何其他考虑。诚然，历史和现实中的很多追封修祠、旌忠彰烈可能完全是基于实用的社会政治考虑，如收买人心、统一思想，甚至基于更变态的考虑，如显示皇恩浩荡。即便如此，这些意图和做法的有效性在很大程度上依赖于人们普遍相信，死者配得上（例如）一场规格像样的追悼会、追思会或某个名誉称号，这些对死者是有所谓的。无论如何，这种信念的普遍性大体上是一个社会心理事实。无所谓论者显然不会耿直到否定这个事实。毋宁说，他们是在吁求一种转变、倡导一种启蒙：虽然人们直觉上普遍认为身后事可以对死者有所谓，但这个直觉是根据不足的（unwarranted）。

我想在一个不太强的意义上维护身后事对死者有所谓这个日常直觉的合理性。强的做法是，首先给出系统的、齐一的对何谓死者、何谓利害以及死者如何获益受害的说明，然后解释在什么意义上死者可以受益或受害，最后回应来自无所谓论者的可能反驳。我将要做的是，假设有所谓论题是合理的，即把它看作一个默认立场，然后思考和应对无所谓论者的最尖锐的反对理由。换言之，我只想表明，有所谓论者有充分的形而上学和价值论资源来应对反方的最尖锐挑战，但我只是借用这些资源而不想利用这里的篇幅来对它们做进一步的捍卫和整合工作，我不想提出一个可以演绎出有所谓论题的理论或准理论。由于没有现成的、各方共享的深层理论可用，这个问题上的讨论通常是片段性的、频繁诉诸直觉的，甚至大都是特设性的（ad hoc）。最后，我将讨论身后利害的程度问题。

　　无所谓论题的第一个有力度的挑战是所谓的无受体（No Subject）问题。直观上讲，一个人受益于或受害于某件事，意味着当这件事发生的时候，该人——利或害的受体的存在；但一个人死后就不再存在，不再存在的东西就是全然（simpliciter）不存在，因此死后的任何事情都不可能让死者受益或受害。用一句简单的话讲，由于死者不存在，死者的身后利益也不存在。总结而言，无所谓论题是下述三个前提的逻辑后承：（1）一件事 E 对一个人 S 是好事（或坏事），仅当 E 发生在 S 身上；（2）E 发生在 S 身上，仅当 E 发生时 S 存在；（3）当 S 死了或 S 死后，S 不存在。

　　尽管有所谓论者在思考这三个前提时可以有多种选项，我倾向于对（3）下手。在出手前，我想对（3）作个变形，看看会有什么样的后果。我只指出这个后果与我们的直觉不和谐，并不打算作更多的追究。如果（3）成立，那么（3'）似乎也成立：在 S 出生前，S 不存在。（3'）与上面的（1）和（2）逻辑地蕴含这个结论：一个人出生前发生的任何事情都不可能让这个人受益或受害。倘若这是对的，那些在孕育前禁烟禁酒进补（一个新近的更环保说法是"封山育林"）的男女们都是白忙乎。当然，如果把出生理解为临盆的话，（3'）的表述是有争议的。这样的表述就可以减少争议：在 S 被怀上之前，S 不存在。

（3）预设了一种特殊的关于时间的形而上学，被称为当下论（presentism）。根据当下论，某个特殊的时刻，即当下或此时，是在本体论上特殊的。存在于时间中的东西，无论是事件还是对象，只能存在于现在，过去和未来都不存在。当下是流动的——向未来运动，所以任何在当下存在的东西立即会消失（不考虑不在时间中存在的东西，如上帝、抽象对象）。死亡不可能发生在未来——如果我死在未来，这恰好说明我现在活着，因此死者要么在过去，因此不存在，要么死亡这件事正在发生。如果死亡恰好完成于现在，那么死者现在不存在。总之，根据当下论，死者不存在。

当下论被认为是最符合人们的常识和直觉的。"文化大革命"曾经发生在"当下"，但它已成过去并越来越远离现在。假若你现在发现满街的红卫兵、大字报、武斗、抄家、"……进行到底"样的标语，那要么你是在电影拍摄现场，要么正在爆发另一场"文化大革命"（如果还这样命名的话）。无论如何，原来那场"文化大革命"已经结束了、玩完了，全然不存在。今年 73 岁的张志扬的 90 岁生日庆典是未来事件（我希望如期举行并到场），无论规划得多好，现在还不是时候。设若你现在在某处看到一群人在"庆祝张志扬 90 岁生日"的横幅下搞活动，那要么是在拍电影，要么是另一个叫"张志扬"的人在庆生，要么是张志扬本人在假装过 90 岁生日，要么……总之，你现在吃不到那块蛋糕、喝不到那瓶好酒，因为它们不存在。非当下，不存在。

当下论有其自身的困难。常见的有这些：其一，我们搞不清楚当下或此刻到底持续多久，还是说它只是一个没有间距的"瞬间"。其二，如果当下在流动，它流动得多快？每秒钟走过一秒？花一天走过两个半天？其三，绝对的此刻或当下要求全域性的同时性，这明显与狭义相对论冲突。其四，如何确定时间流动的方向性？为什么时间只能朝未来跑？我列出这些困难，并非要证明当下论是错误的，尽管在我看来它的确如此。或许我们可以尝试一下别的立场。

与当下论相对立的是永恒论（eternalism）。根据永恒论，所有的时间点或段都同样"真实"，并不存在一个绝对的、运动中的现在。永恒论把时间当作另一个空间维度。我们通常认为，空间在本体论上是中立的，空间中的任何点或区域具有同样的实在性。我们把自己所在的地方称为"这里"或"此处"。三亚是这里，武汉挺远，北京更远，但我们并不认为它们的远近不同造成实在性上的不同。由于说话者所在的地点不同，他用的"这里"所指的地方就不同，但这并不意味着存在着某个地方，被称为"这里"，并且在运动或变化。空间中的位置并不运动，占据位置的物体可以运动，即改变所在的位置。也不存在一个绝对的、客观的此处，因为任何一个地方都可以被描述为"此处"，只要设想某个说话者在该处。永恒论者认为，这些关于空间的特点的刻画完全可以照搬到时间的特点上。"现在"指的是我们所处的时刻，过去指的是早于现在的时间，未来指的是晚于现在的时间。就像此处不运动一样，此时也不运动。因此，过去（以及过去的对象或事件）并没"消失"，未来（以及未来的对象或事件）都"已在那儿"（already there）。在这个框架中，"文化大革命"、现在正在举行的会议和张志扬 90 岁生日庆典在本体论上都同样真实。或许关于生日庆典应该多说两句。有人会问，这个庆典还没搞，怎么就真实了？说不定张志扬活不到那一天呢，或者即使活到那一天，组织上让他去写检查呢？这里需要做一个区分，就是把未来事实和我们关于这些事实的认知分开。张志扬的 90 岁生日庆典要么会举行，要么不会举行，到底哪一个是未来事实，我们目前的认知能力和已有信息大概无法给我们确定的答案，这是我们在认识论上的局限。但是，其中之一是未来事实却是无疑的；如果是前者，那么该庆典"已在那儿"。当下论者会说，我们现在吃不到那块蛋糕，因为它不存在；如果像永恒论者说的那样，蛋糕是真实的，我们怎么吃不到呢？回答很简单，就像我人在三亚吃不到在武汉的蛋糕一样，我在此刻（2013 年）吃不到2030 年的蛋糕，尽管武汉的蛋糕和 2030 年的蛋糕同样真实。

再补充一点。前面提到，当下论与我们的常识直觉符合得很好。其实，永恒论也可以从人们的日常实践中找到丰富的支持。

如果历史课老师问你："美国一共有多少位总统？"而你回答，
"那要看是否把不存在的总统也算进来"，你大概是被当下论搞昏
了头。对这些情形的恰当的解释是，所涉及的对象是被当作共存
于一个永恒的时空世界中的。这至少表明人们的日常直觉并不是
步调一致的。

有了上面的简述，我们可以轻松地对付无所谓论者的无受体
问题。[①] 假设张三生于 1900 年，死于 1980 年。我们说，1900 年
和 1980 年分别构成其生活的时间边界的始端和终端。时间边界
不难理解，仿照如何理解空间边界就行。再假设张三一生从未离
开过武汉，那么武汉构成了其生活的空间边界。将这个时间段和
这个空间段合在一起，他的生活就有了完整的、固定了的、封闭
的时空边界，它定义了他的生活疆域（life-span）。一个死者不
可能生活在他的生活疆域之外，因此，"生活在别处"充其量只
是一个修辞。张三不存在于 1900 年之前，也不存在于 1980 年之
后，但这并不意味着他全然不存在。一个类比是，他不在武汉之
外的地方，并不意味着他全然不存在。尽管已经死去，他作为一
个完整的四维时空对象，与我们共存于一个四维时空宇宙中。至
少到这一点上，我们可以这样回应无受体问题：1980 年以后发生
的事情可以发生在一位死于 1980 年的死者身上，就像武汉之外
的事情可以发生在这位从未离开过武汉的死者身上一样。

---

① 永恒论的形而上学在本文中不做进一步论证。当代使用永恒论来讨论死之恶以及
　身后利害的代表人物有席尔瓦斯坦（Harry Silverstein）和布拉德利（Ben Bradley），
　尽管前者使用"四维主义"的标签，见 Silverstein 1980、2000 和 Bradley 2010。

假定无受体问题解决了，下一个问题是如何理解"一个人死后发生的事情可以使他受益或受害"。这把我们引到无所谓论者的第二类挑战上。让我们称之为"逆向效应问题"。我们将看到，逆向效应问题是多侧面的。

首先思考逆向因果效应问题。直观上讲，一件事发生在一个人身上，不管是好是坏，意味着这件事对这人产生了影响，但这人的身后事不可能影响到他，因为晚发生的事情不可能对更早的事物产生因果效应。即使回避了无受体问题，有所谓论者要想坚持身后事可以惠及或伤及死者，必须相信逆向因果性（backward causation）是可能的，这么做，尽管在逻辑上不是不可以，却会承受极大的形而上学代价。这个论证可以粗略地看作依赖如下前提：（4）一件事 E 惠及或伤害一个人 S，仅当 E 对 S 产生了因果影响；（5）E 对 S 产生因果影响，仅当 E 不晚于 S 的时间边界的结束端；（6）如果 E 是 S 的身后事，那么 E 晚于 S 的时间边界的结束端。

对这个论证的评价远比看起来要困难得多。前提（6）在概念上为真，当然不会引起任何争议。（5）来自逆向因果性的不可能性：（5'）任何事件都不可能导致一个比该事件发生得更早的结果。（5'）并非毫无争议。争议的焦点之一是，它似乎排除了一切形式的时间旅行的可能性。看看这样一个简单的、逻辑上融贯的时间旅行故事：2000 年某日，喝了不少酒，某人进入一台返回过去的时间机器，机器的目的时是 1900 年；到达了 1900 年，他还没走出机舱门就一个跟跄跌倒了。许多人认为这个故事无逻辑矛盾，因而逆向因果性是可能的：2000 年喝多了导致 1900 年跌倒了。或许（5'）是成立的，但并非无条件成立。尽管有所谓论者可以通过拒绝（5'）来击破这个论证，我倾向于更厚道的做法，把目光放在（4）上。

如何诠释（4）？它的关键之处在于，要让一件事令某人受益或受害，这件事与这个人所获得的好处或坏处之间必须存在因果联系，换句话说，这件事因果地产生一个效应，该效应构成了或者就是对于这人的福利的增加或减少。但这碰到一些明显的反例。以一些涉及不幸的情形为例，在这些情形中，不幸不必按照因果方式来理解。哲学家罗素 4 岁丧父，成为孤儿（其母在他 2 岁时去世），被祖父母抚养。我们（并非不合理地）假定，设若罗素的父母没有早逝并把罗素养大成人，罗素的总体生活状况并不强于他实际在祖父母养育下的福祉水平。我们对此的直觉是，尽管罗素实际上过得不差，成为孤儿总是一个不幸。但我们并不认为罗素成为孤儿这个事件是他 4 岁丧父这个事件因果地引起的。成为孤儿与幼年失去父母之间的关系是逻辑的，非因果的，就像成为寡妇与失去丈夫的关系一样。尽管我们可以说苏格拉底的死使得或导致赞西佩变成寡妇，这里的"使得""导致"并不含有因果意味。

在另一类（4）的反例中，我们会发现，一些使人受益或受害的事情并不伴随出现在受体生活中的因果效应。在受益和受害方面各举一例。假定我的一位学生在应聘一个工作时，招聘方私下征求我的意见，我说了一些关于他的好话。假定我的推荐至少有助于学生的申请，而他实际上被录用了。再假定他一直不知我的推荐之事，并认为凭自己的履历和条件就可以得到这份工作。我相信我们的直觉是，我的推荐令学生受益，但很难在他的生活中辨别出我的推荐所引起的因果效应。最经典的反例是所谓的被蒙在鼓里的被背叛。妻子与人偷情，丈夫一无所知，夫妻二人的生活一仍如故，直到丈夫去世。毫无疑问，发现妻子的偷情行为会让丈夫受到伤害（如产生非常负面的情感和反应）；这个伤害当然可以看作一个因果过程的结局：从偷情之事实到事实的发现，再到特定负面后果。如果这个链条的中间环节不存在，那么，负面的情感和反应也就不存在。但是，偷情的事实总在那里，它没有产生特定的伤害（经由知情导致的伤害）并不表明它没有任何伤害，除非一切伤害都需要经由一个认知过程或者一个负面感觉才能实现。假定某人感染了某种损害了他的某个器官并摧毁了他的疼痛感的病毒，并且他对此感染毫无觉察和认识。我们依旧会说，他受害于一场疾病。设若他当时并没有被该种病毒感染，在其他情况不变的条件下，他的健康状况好于他实际被感染后的状况。这里的要点是，许多时候，我们关于一个人是否获利或受害于某件事的分析是基于对反事实情形的评价的，这件事是否在这个人身上产生了某些心理效应并不是分析的仅有依据。

　　接下来我们看逆向效应问题的另一例：逆向评价效应问题。古希腊有句格言，人还未到死，休说他幸福。直观上，死亡将一个人的生活做了个彻底了断，关于他这一生的利害得失的所有事实在他死亡那一刻被固定下来，他身后发生的事情无法改变这些既定事实，因而既不对他的福祉作出贡献，又不造成损害。这个论证依赖于这个前提：（7）一个时候发生的一件事，不可能影响对这个时候之前的事情的评价。

（7）似乎是错误的。1986 年墨西哥世界杯决赛的两个对手是阿根廷队与西德队。终场前两分钟马拉多纳助攻，布鲁查加射进一球，使得阿根廷队 3 比 2 领先。在剩下的时间里西德队大举反扑无果，阿根廷队赢得胜利。布鲁查加的进球是制胜球，这是一个很高的评价。但是，什么使得这个进球成为制胜球？答案是，要么阿根廷最后时刻的稳固防守，要么西德队最后时刻的进攻不力。无论是哪一个，它们都是布鲁查加进球之后的事情，但进球后发生的事情决定了对布鲁查加进球的评价——这个进球是致命一击之球、千金之球、冠军之球。大部分国人都同意李白是中国历史上最伟大的诗人（没有"之一"），但显然，李白之后的诗创作状况不仅影响了，甚至造就了这个评价。

从永恒论的角度解释（7）的错误会更加自然、易解。不仅后发生事件可以影响对更早人事的评价，遥远地方的事情也可以影响对自己周围事情的评价。如果世界上（其他地方）四分之三的人处在水深火热之中，那我们显得更加欣欣向荣，更配得上人类解放者的角色。甚至邻居家的打打杀杀，衬出了咱家的和和睦睦。把这些例子与前面的前提（4）对照，事情就更清楚了。隔空评价和逆时评价都不必有一个因果基础。许多事件的价值特性是关系性的，而非内在的。再思考一下布鲁查加的进球。或许，按照其内在特性，这个进球谈不上精彩，比如说，它不是连过数人的长途奔袭，不是华丽的倒挂金钩，不是石破天惊的远射，也不是直挂死角的直接任意球；但另一方面，它的致命一击和世界杯冠军球的地位与它的内在构成性特点没有联系，它甚至可以在内在特点上是平庸的，比如说，只是一个普通推射。它之成为致命一击和冠军球，取决于它与其他事情的关联——它发生在世界杯决赛中、发生在2比2的平分之后、在它之后再无进球等等，这些其他事情中的某一些发生在它之后。这种以后事定前事的评价关联是人类实践的一个常见的、不可忽视的特点。

清理了针对有所谓论题的上述主要障碍之后，让我们从正面上说明身后事如何让死者受益或受害。

无论我们如何努力做到平和、达观和超脱（像伊壁鸠鲁及其门徒教导的那样），死亡总是我们无法摆脱的关切。我们的必死性（mortality）是我们身上最具人性的部分，也是最不可锻塑的部分。所有的死者都是我们作为生者的先行者，如同海德格尔所说，我们都是往死里活（being unto death）。理解什么是死亡、死者处在什么样的状态，就是理解我们的命运和归宿。不少人试图从宗教那里找答案，因为所有宗教都或多或少地提示了某种超越死亡的前景。基于我的思想上的旨趣，我认为宗教提示的东西是多余的，甚至宗教本身就是多余的，至少就面对死亡的问题而言。如前所述，我的形而上学已经给了我某种意义上的不朽的前景——我作为一个时空团块，与其他类似的团块一起共存于同一个优美的四维世界中，关于我的事实是永恒不灭的。这并不是说，我应该对我的死毫不在意。假若我比实际死时晚一段时间死，属于我的那个团块就会比实际的要"大"一些。给定大出的部分是值得拥有的，我的死对于我是一个不幸。我不想询问我勾画的这种不朽与某些宗教提供的在天国中的不朽哪个更有吸引力，我只是觉得，换个地方过日子的图景扭曲了死亡的本性。死亡对我来说只是表明，我的时空边界到达了它的极限，用形象的话讲，我的团块停止"膨胀"。

我的时空边界一旦到达极限，可以构成我福祉的大部分内在善随之确定了。换言之，如果内在价值可以量化，那么在我死亡的那一刻，属于我的内在善总量就大体固定了。我死之后，不再有额外的痛苦和快乐，不再有额外的爱和恨，不再有额外的知识和洞见，不再有额外的品格和品位，不再有额外的劳动和成果，因为实现这些需要额外的时空，而我的死亡封闭了额外时空的可能性。因此，我身后发生的任何事情都不可能通过增加或减少这些范畴的内在善来让我受益或受害。但这并不意味着，划定我生活疆域的时空边界同样划定了我的福祉边界。死亡限定了我的肉体和心理生活的时空疆域，但并没有固定关于我过得好坏与否的全部事实。从这个角度看，我死后发生的事情的确可以影响我的福祉。我认为有三类影响到死者福祉的事情坐落在死者的时空边界之外。

第一类涉及死者生前的某些愿望或趣向（preference）。对愿望及其满足在一个人的福祉中的地位作出理论说明，需要极为细致和复杂的工作，这项任务在本文的范围之外。也许就目前的讨论而言，更一般的理论说明并非必要。如果我的所有欲望在我的时空边界之内都得到交代（被满足、不被满足或被取消），那么我的这个范畴上的内在善就完全固定了，它对我的时空疆域之外的事情无动于衷。但是，愿望不同于苦乐这些现象状态，许多愿望的满足在本质上与一个在时空中可以彻底分离的事态相联系。这意味着我生前的某个愿望是否得到满足，并不取决于发生在我的时空疆域之内的事情，或者对于我而言在认知上可通达的事情。设若我死于今天，死前我有两个愿望——明天太阳照样升起和中国足球队晋级 2022 年卡塔尔世界杯正赛。这两个事态，对我而言，前者是认知可通达的，后者则不是。如果它们都成立（就我的知识状况而言，我几乎肯定一个成立，一个不成立），我会受益。还有一些愿望甚至要求其满足只能出现在我死之后，例如我的某些遗愿。我们对生活中大量事例有相当接近的直觉。一位含辛茹苦的母亲临死前给远方上学的儿子寄去最后一点存款，希望帮助儿子顺利完成学业，但儿子弃学并把母亲的钱用于吸毒；尽管这位母亲到死不明底细，尽管儿子的弃学和吸毒发生在母亲死后，我们强烈感到，显著的伤害和不幸降临在这位母亲身上。与前面偷情妻子和未觉察的病毒感染的情形一样，这位母亲是否感受到伤害和不幸，完全无关紧要。

第二类涉及特殊的人际关系。一般性地定义人际关系在这里没有必要。我说的特殊人际关系指的是界定了重要他人（important others）的那些关系，例如，亲人、朋友、某类同事通常是重要他人的典型范畴。这些范畴之间不是泾渭分明的，例如，在中国，亲人很容易成为同事，亲上加亲，同事也可以成为亲人。感情上的或者血缘上的纽带是这种人际关系的基础，相关个人的成就、地位、所值（worth）则在本质上不是。所涉及的纽带是通过两个可以交叉的来源形成的：面对面的交往和共享的生活历史。关系方之间的相互惦记、思念、依恋、关切、渴望见面是这种关系的典型心理表现，尽管行为上的反应呈现并非千篇一律。纯粹的神交和网络交往由于其虚拟性而缺乏必要的心理基础和共享历史，因而被排除在外，追星族式的单向倾慕更不在其中。直观上，我死后有他人的惦记、怀念，对我总是好事，仿佛我还"活在"他们中间，尽管我不再可能回馈同样的情感。这类情感越强烈、持续得越久，对死者而言越是好事。死亡将生者与死者在时间维度上隔离开来，但这种时间上的隔离与空间上的永不重逢的离别并无本质区别。谁没有思念过远方的亲人或至交？谁会否认这类情感在人们据以生活的价值体系中的地位？正是它们部分地定义了我们的生活的意义。

　　第三类涉及一个人死后所受到的对待和承认。由于对待方式的不同，这里有不同类型的情形供我们探索。我死后可能有对我不公的事情发生。假定我身前洁身自好，死后有人编造材料说我贪污，这样我受到污蔑。这类情形涉及对死者的尊重。尊重是一项消极义务，只要求别做什么，不要求做什么。在这个意义上，尊重死者并不是施惠于他，而是让其免受不公的对待，因为这是他应得的。除此之外，因身前的事功，一个人死后常常会留下种种"痕迹"或成就，某种赋予死者身后名声的东西。名声依赖于社会承认，而承认是一项比尊重更积极的要求。名声有大小、有好坏、有传播范围。由于现实中的人们不是不出错的认识者，一个人取得的成就和得到的承认并非总是匹配；我们无法担保让每个人名副其实，因此欺世盗名的"成功"者和劳苦功高的"失败"者都不鲜见。一般而言，如果一个人的有价值的成果没有得到相称的承认，这对这个人而言总是一件令人惋惜的坏事。

弗雷格的情形在这里富有启发性。弗雷格是当代分析哲学之父，也是当代被最广泛阅读和研究的哲学家之一，但他在有生之年并没有得到、感受到像样的承认。我们今天阅读的弗雷格的《遗作》（*Posthumous Writings*, Blackwell 1979）的来源有一段传奇经历。弗雷格逝世前将未刊行手稿交给他的养子阿尔弗雷德，让他悉心保管。在给阿尔弗雷德的短笺中，弗雷格说，它们不全是金子，但里面有金子；弗雷格还相信，后世对这些著作的评价会远高于当时人们的看法。弗雷格卒于 1925 年，他的这些手稿后来被存放在明斯特大学图书馆的手稿部。然而，这批手稿没能躲过 1945 年盟军对明斯特城的轰炸，被摧毁殆尽。我们今天阅读的《遗作》则另有来历。20 世纪 30 年代中期，时为明斯特大学哲学系系主任的肖尔兹（H. Scholz）及其合作者计划从这些文稿信札中选编出版他们认为合适的部分。在准备出版的过程中，他们为原始手稿的大部分要件制作了打印本。打印本的绝大部分在肖尔兹的安排下幸运地得到保全，成为流通于今天的《遗作》的基础。设若肖尔兹并没有制作这份打印本，或者即使制作了仍被战争摧毁，20 年前逝世的弗雷格受到伤害了吗？我相信，大部分人会说这对弗雷格简直是一个灾难。

弗雷格已经赢得了不朽的地位。我们要谈论弗雷格的不朽，至少可以谈出三层意思。第一，如前面描述的永恒论所示，弗雷格一直"在那里"，一个时间维度上与我们所处的地方相隔离的区域。尽管在我看来是正确的，这层意思不是特别令我们兴奋，因为任何一个逝者都有这个意义上的不朽。第二，他似乎跟我们"在一起"，因为我们还在研读他的作品、吸收他的思想，并且我们信心十足地相信我们的子孙也会这么做。这个意思依然不是特别有吸引力，因为它里面的"在一起"只是一个比喻，严格讲，是错误的。死者不可能跟生者在一起。[①] 第三，尽管他已经死了，他仍在受惠于我们对他的景仰、研究和批判，他的利益中有一部分仍在"增长"，直到世界上不再有任何人对他的著作瞥上一眼（我相信在整个人类的时空区域中这不会发生）。这个意义上的不朽才是我认为最有吸引力和最有所值的，也是许多人孜孜以求的。如果你死后还想得好处，这个好处才是真正的，但是，你明白，这取决于你生活之树结出什么果实，以及在一个动荡莫测的世界中这些果实能否避开厄运。

以上三类情形是否穷尽了所有可能的身后利和身后害？虽然我倾向于肯定的回答，但在此不作说明。最后，我想追问一下这个问题：死者受益或受害的程度有多大？我的回答是悲观的。简

---

① 关于身后利益，亚里士多德的《尼可马克伦理学》中有一句常被引用的话："一般认为，一位死去的人能够经历好运和歹运——荣耀和耻辱、其子孙后代的繁荣和凋落，恰似他还活着但没有意识到或观察到正在发生的事情。"由于"恰似"（in exactly the same way as if）是一种比喻或类比，对这句话的诠释存在争议。

言之，无论死后发生什么事，死者的得利和受害是非常有限度的。我逐一分析上面的三类情形。

尽管我指出，许多愿望与其满足之间的时空区隔表明身后的事件可以惠及或伤及死者，但是，合理的愿望要求其满足条件在可控的时空区域之内。你不能以一些琐碎不堪、不着边际，或者其满足条件无法确定的事态作为你的遗愿的内容，如，你的亲属把你留下的鹅卵石每天擦拭一遍、你的子孙有朝一日把你的骨灰撒在木星上、普天下劳苦大众得解放，等等。因此，一个人死后，他生前留下的合理愿望既不会太多，其满足条件也不会太苛刻。假定一位母亲在遗愿中希望她的独生女在 30 岁前嫁出去。她的女儿 32 岁时嫁人大概不算让母亲失望。前面使用的儿子弃学吸毒的例子呢？我认为那位去世母亲受到非常实质性的伤害，但这个伤害远远比不上她的宝贝儿子的损失。总之，一个人死后不太长的时间之内，他的所有遗留下来的合理愿望都有了了断，在这之后，他的这部分福祉不再有增减了。每个人自问一下：我的曾祖父还有什么未了心愿？

再看看死者如何被生者思念。死后被重要的他人思念、追忆当然很好，但这类事情通常不会持续太久。原因有多种。首先，同类型的情感关系既不历时传递，也不共时传递，哪怕对生者之间而言。我关心张志林，张志林关心张志扬，仅有这两个事实并不保证我关心张志扬，我实际上关心张志扬依赖于独立的情感渠道。一个人死后，来自生者的怀念会越来越少，因为数量固定的生者也会逐渐凋零。其次，人类感情的脆弱性和不确定性也给身后的可能福祉带来威胁。生者之间的见异思迁、反目成仇并非稀罕，更何况死者与生者之间只存在单向的准情感关联。一个有趣的安慰是，死者永不背叛，这是他们可以被安全地投射感情的原因。总之，由于死者在感情方面是纯惰性的（idle），由于感情源头的逐渐枯竭，以及由于感情自身的不稳定性，一个人死后得到的忆念会越来越少，在不太长的时间内，他的这方面的福祉不再增加了。每个人自问一下：我去扫过曾祖母的墓吗？

最后一种身后利益似乎光明得多，因为它们既不依赖于生前有限度的愿望在死后的满足，也不依赖于过于局部的且逐渐衰退的感情投射，而是依赖于人类共享的对客观功业和成就的推崇和传播。李白、弗雷格在哪里在任何时候都受人爱戴，而你我死后大概最多只在各自村里被人念叨一阵子。但是，我要说，这种福利的前景可能比前两种还要暗淡。这种似乎最有所值的不朽，如果看作一种资源的话，大概是一切资源中分配得最不平等的。我们只记得田径场上跑得最快的人，跑得几乎一样快的其他人基本上隐于无形；这就是为什么人们说赢得十面奥运会银牌不如赢得一面金牌。其他领域也是如此。更暗淡的是，这种状况几乎无法改变。这背后也许有许多因素，决定性的因素是，我们的大脑容量只能让我们有选择地记忆。你可能了解极少数领域的许多人和事，你也可能了解许多领域的极少数人和事，但你不可能了解许多领域的许多人和事。给定我们在兴趣、职业、背景上的差异，我们共有的记忆中的人和事就寥寥无几。建立在功名上的不朽固然价值极高，得到它的机会却微乎其微，因此，这个范畴的身后福祉期望值不会很大。反过来讲，即使你在这个方面一无所获，你也没受到多大损失。

基于这些，我以两个概括来总结此文。其一，在非常健全的意义上，死者可以受益于或受害于身后事。有所谓论题不失其合理性，与之关联的日常直觉和社会实践亦如此。其二，一个人死后无论发生什么事，他都不太可能享有很大好处，也不太可能遭受很大坏处。因此，对死者福祉的考虑在人类道德生活中是次要的。一个认识不到这一点的文明是一个容易浪费资源的文明。这个结论可能在我的先行者墨子那里可以找到痕迹，但我不想在论证方式和理由上去沾墨子的光。

从《创世记》看犹太教的羞愧感与神法的关系

郑文龙[①]

八年前的一天，笔者与萌萌先生聚会时，她突然说："人是有可能死于羞愧的。"尽管当时没有机会进一步阐述其意义，但是每当想起她这句话时，依然有着一种莫名的震撼感：为何死于羞愧？

一　问题

如同萌萌一样，笔者一开始自然是从"个体经验"[②]出发去理解这"人是有可能死于羞愧的"。然而，稍微熟悉她思想的人都知道，即使是在常人看来的一些"个体经验"议题，萌萌都能将其背后更为深层次的问题提炼出来。譬如，从 20 世纪 80 年代以来耳熟能详的苦难问题，萌萌后来发现它已越来越私人化，从而沦为一个"个人的问题"，而这一发展使她感到"惊悚"。[③]同

样，萌萌提出"死于羞愧"后也没有自限于心理学与人类学的个体层面，而是将其拓展至"民族与命运"的政治哲学意义。及后，在其遗稿中看到以下感叹与考问：

> 在生存际遇的困境中死于羞愧，
> 在西方学术面前死于羞愧，
> 在自己的学术绝境中死于羞愧，
> 如何寻找自己的学术出路？[①]

"人是有可能死于羞愧的"：在技术理性和物质欲望占主导的今天的技术时代，思想者可能死于无思想的各种自设陷阱，我的经历与见闻提供了大量的实证性范例。我原来只想从个体经验出发研究它，也算对自己半个世纪以来经历的回想，后来发觉它隐含着"民族与命运"的政治哲学意义，因而它能提供另一种眼光看待今天世界格局中的所谓"现代性冲突、危机以及恐怖主义"。所以，这个命题绝非是外在的、抽象的一句美文字。[②]

然而，即使将问题意识提升至政治哲学层面，依然可问：为何死于羞愧？毕竟死亡是极端事件，无论是个人体验层面，还是城邦生活层面，它都意味着有限性的终结：个体生命的终结，城邦生活方式的终结。死亡始终是最为令人震撼的事件。讲究气节

---

① 　萌萌，《萌萌文集》，前揭，页 26。
② 　萌萌，《萌萌文集》，前揭，页 23。

的古代中国就有着不少因失节失德而愧疚至死的故事，希腊悲剧中也不乏因羞愧寻死的例子，而这些例子都以生命的终结达到教化的目的，并指明一种不被实现即意味死亡的生存方式。然而，即使常用羞辱（shaming）对手的方式来达到辩证目的的柏拉图，也从没借此逼对方死亡的意图。况且在柏拉图看来，羞愧和羞耻属于血气，在政治生活中是一把双刃剑，其结果难以预料。甚至在当今的西方政治理论里，从罗尔斯到努斯鲍姆（M. Nussbaum）[①]，都认为羞愧是导致自由民主社会失效的一种负面情绪。撇开象牙塔的哲人之见，即使从普通人的观感来理解，具有讽刺意味的是，在当今社会风气中，有羞愧感似乎已是一种值得称道的道德品质了。那么，为何羞愧？即使羞愧，为何还要死？

从 20 世纪 80 年代对西方思想的"倾听"，到 90 年代批判西方现代性从而惊见集体意识的"断裂"，再到新"千禧年"的民族思想与个人意识的"空白"，离世前的萌萌对民族思想及与其关联的个人学术出路忧心忡忡。如果结合她此前对西方思想的批判[②]，不难发现离世前的她对西方现代性的强势与中国学术自身的空白，已经有着一份迫切的危机感，否则她不会语出惊人："人是有可能死于羞愧的"。"羞愧"是因内在的罪咎而表之于外的情感，它预设了一个他者的观照存在。在萌萌的语境中，他

---

① John Rawls,《正义论》(A Theory of Justice, Cambridge, Mass.: Harvard University Press, 1971)。Martha Nussbaum,《躲避人性：厌恶，羞愧与法律》(Hiding from Humanity: Disgust, Shame, and the Law, Princeton: Princeton University Press, 2004)。
② 萌萌,《萌萌文集》，前揭。萌萌,《临界的倾听》，珠海：珠海出版社，1995 年。

者自然首先意味着西方现代性；它也可能预设另一个他者的缺席——自家的思想出路。而这个让萌萌"羞愧"的西方他者，其晚近的发展却已在探讨如何消解羞愧感。这是普世价值匡扶弱势群体的举措吗？无论如何，西方现代性已经从一开始倡导羞愧感发展到今天的祛羞愧感，甚至无羞愧感了。现代性的推手斯宾诺莎曾说过：

> 羞耻[①] 也正如怜悯一样，虽不是一种德性，但就其表示一个人因具有羞耻之情，而会产生过高尚生活的愿望而言，亦可说是善的，犹如就痛苦足以表示受伤部分还没有麻木而言，则痛苦也可说是善的。因此一个人对于他的行为感觉羞耻，虽在他是一种痛苦，但比起那毫无过高尚生活的愿望的无耻之人，究竟是圆满多了。[②]

斯宾若莎此话尽管否定启示与神迹，但可见现代性从一开始并不排斥羞愧感。斯宾诺莎试图用公民道德的羞愧感概念来代替传统犹太教的羞愧感。事实上，现代性需要羞愧感，因为任何时代的人类共同体都需要道德生活秩序，而羞愧感能帮助人们建立这种秩序。然而，如今的现代性似乎已不再需要羞愧了。

面对无羞的现代性，萌萌对羞愧的选择背后有着浓郁的危机

---

① 英文 shame，希伯来语 bosh，均有中文羞愧、羞耻、羞辱等意思，为了行文的统一性，本文一般使用中文"羞愧"一词。

② 斯宾诺莎，《伦理学》，贺麟译，北京：商务印书馆，1997 年，页 215。

意识：不仅羞愧，而且死于羞愧。这是对民族思想文化的危机意识，而这份意识发生在中国国力急速上升之际。萌萌的意图非常明显：置于死地而后生。似乎她要以"死"逼出"生"来。然而，学术界自身能否觉察这个"中国人问题"之重要性？^①是否意识到其迫切性，从而觉醒并意识到这是一个生死问题？

"羞愧"和"死"这两个意象，让人联想到《圣经》中的《创世记》。在《创世记》1—3章里，由于人对上帝的背叛，最终不仅使其羞愧不已，而且从此背负起死亡的命运——与上帝分离、脱离永生之界。犹太人的经历无疑可成为萌萌这一命题和"中国人问题"的参照，因为犹太人不仅能在千多年来没有国家的艰难处境中信守民族信仰，更重要的是：他们曾背弃过信仰，并在史无前例的浩劫后大规模地觉醒和愧疚。本文的目的在于从神学的角度探讨犹太教的羞愧观念与犹太民族信仰—神法的关系。

二　论题

犹太教是一种"罪/羞愧感文化"（guilt/shame culture）。简言之，这一文化形态的主要思想内容为：耶和华（Yahweh）^②是唯一的神，他在万民中拣选了犹太人作为其选民，并向他们传达

---

① 萌萌学术工作室主编，《"中国人问题"与"犹太人问题"》，《启示与理性》第五辑，北京：生活·读书·新知三联书店，2011年。

② "耶和华"是天主教的译法，按希伯来语应译为"雅威"。但是由于前者已广为中国读者所熟悉，故按约定俗成译为"耶和华"。

了其律法（广义上的《托拉》，Torah）；选民以及全人类能否得
到救赎，取决于他们是否心存敬畏地遵守神意（Providence）及
体现神意的《托拉》，违反神意与《托拉》即罪，有罪的人当羞
愧并忏悔以求救赎。羞愧，即因背叛上帝的罪而自觉自身欠缺、
不完满的情感意识。

由于一切的罪都是对耶和华上帝的冒犯，因而都是神学意义
上的罪。然而，毕竟律令（mitvot）分轻重，罪业所引发的羞愧
感也有轻重，其中最严重的罪莫过于从根本上否定传统犹太教的
核心信仰内容：上帝的意旨、权威及其存在，以及他施行的启示
与神迹。[①] 这种最严重的罪所引发的羞愧感自然也是最强烈的。
事实上，它是一种神学的羞愧感，因而不能被还原为道德意义上
的羞愧感。《希伯来圣经》（以下简称《圣经》）[②] 里有着形形色色
关于羞愧感的论述，其中不乏伦理—神教（ethical monotheism）
意义上的纯粹道德羞愧感，然而它们都是以上述最强烈的羞愧感
为其基础的，因为圣经道德以圣经的上帝信仰为前提，否定核心
信仰内容自然瓦解了作为一切道德羞愧感的前提，因此，针对核
心信仰内容的羞愧感才是犹太教羞愧观念的根本。

解经传统认为，《创世记》1—3 章中的羞愧感，直接针对
的是裸身（性/道德）。譬如，犹太教的沙迪亚《〈创世记〉评

---

① 亦即在《托拉》中宣示的创世、向摩西颁布神法、拣选以色列人为其选民，等等。
② 相当于基督教的《旧约》。由于犹太人否定基督教的耶稣为弥赛亚，否定基督教
  取代神学（replacement theology），认为《新约》已取代《旧约》的观点，因而称
  其圣书为《希伯来圣经》，以区别基督教的《旧约圣经》。

论》①，基督教的马丁·路德的《〈创世记〉评论》②。笔者则认为，羞愧感首要关联的是对上帝律令的背叛而不是"性／道德"，它涉及服从和不服从上帝律令的后果，而亚当与夏娃正是对不服从上帝的律令及其后果感到羞愧。

三　《创世记》1—3章：羞愧感的源起（genesis）

在《创世记》那个耳熟能详的人类始祖"堕落"的故事里，只有一处讨论到羞愧，而且是以缺席方式叙述的："当时夫妻二人，赤身露体，并不羞耻"（第1章25节）。③ 然而，即便在神圣的《摩西五书》里，这也是唯一提到 bosh（羞愧、羞耻、羞辱）一词的地方。从始祖被逐出伊甸园到上帝与亚伯拉罕立约之间的时段，是人类的堕落史，其中的索多玛被毁与大洪水故事也是众所周知的篇章。在这些关于上帝动怒以至人类一再被毁灭的叙事里，没有一个场景涉及羞愧。之后，在以色列人再三接受恩典后背叛上帝的事件中，摩西都没有对罪人用过这个词。但在《摩西五书》后的篇章里，bosh 及由此衍生的与羞愧有关的语词

---

① Saadiah Gaon，《〈创世记〉评论》（*Rabbi Saadiah Gaon's Commentary on the Book of Creation*, trans. by Michael Linetsky. Northvale: Jason Aronson Inc., 2002），页145—146、155—158。

② Martin Luther，《〈创世记〉评论》，（*A Critical and Devotional Commentary on Genesis*, Vol. I, trans. by John Nicholas Lenker, Minneapolis: Lutherans in All Lands Co., 1901），页221—223、254—264。

③ 见和合本《圣经》中的《创世记》，http://bible.kuanye.net/hhb/，2013-08-25登录。除个别例子外，本文所有《圣经》引文译文均源自中文和合本《圣经》。

却多达 167 处。①《创世记》（Bereshit）原文的意思即开端。那么，在开端篇首这段提及羞愧的经文里，对理解犹太教的羞愧观念有何重要性？要说明这点，不能仅仅局限于上述经文以及第 3 章 7 节关于裸身的记载，必须将这两处经文放回《创世记》篇首 1—3 章的整个创世背景中理解。

（一）两个创世叙事的原理：分离 / 区分

按常用的寓意解经法，《创世记》可分为两个创世叙事，分别是第 1 章 1 节至第 2 章 3 节、第 2 章 4 节至第 3 章 24 节。在前一个叙事中，六天创世又可分为两部分，即头三天（第 1 章 1—13 节）和后三天（第 1 章 14—31 节）。② 如同创世叙事一样，上帝造人也可分为两个不同的叙事，分别是第 1 章 26—31 节、第 2 章 4 节至第 3 章 24 节。羞愧感出现在第二个造人叙事里，因而有必要了解第一个创世叙事与第二个创世叙事和两个造人叙事的联系。具体而言，要了解从第一个创世叙事到第二个创世叙事的原理及其与两个造人叙事的关系。

按寓意解经法，前后两个创世叙事关注的不是物理时空意

---

① Johanna Stiebert，《希伯来圣经中羞愧感的构建：先知的贡献》(*The Construction of Shame in the Hebrew Bible: The Prophetic Contribution*, London: Sheffield Academic Press, 2002 ），页 48。

② Leo Strauss，《犹太哲学与现代性危机：现代犹太哲学论文与讲演》(*Jewish Philosophy and the Crisis of Modernity: Essays and Lectures in Modern Jewish Thought*, edited by Kenneth Hart Green, Albany: State University of New York Press, 1997 ），页 364。

义上的创世，而是理念（noetic）的创世。[1] 在此需要强调的是，区别于希腊思想对神话文本的非神话化寓意解释，犹太教《圣经》的创世寓意解释是以不否定创世神迹是历史事件为前提的。所以，菲洛在强调创世不在时间中发生的同时，指出造物的理念出自神智[2]，这意味着他不认同柏拉图《蒂迈欧篇》中关于造物主不是按其心智的理念而是按先在的理念来创世的思想。菲洛甚至认同历史中的创世，认为《圣经》的上帝创世理念一经确定，世界的物理秩序也同时被给定了。[3] 与深受希腊化思想影响的菲洛相比，施特劳斯就更为谨慎了，他也认为自己的《论〈创世记〉的解释》的寓意解经法是"知性的、理念的"（intellectual, noetic）。[4] 同样，为了给神迹保留地盘，施特劳斯在给出寓意解释的同时，总是很谦虚地对人的智力不能回答的问题给出不甚了了的答案："we do not know…"（"我们不知道……"），[5] "we are not told; hence we do not know"（"没有人告诉我们，因而我们不知道"）。[6] 犹太民族似乎对希腊的思维方法一直持有戒心。

---

① Philo of Alexandria,《论摩西的〈创世记〉》（*On the Creation of the Cosmos According to Moses*, introduction, translation and commentary by David Runia, Leiden: Brill, 2001），§13. 此处按原古本的国际标准码标注，如：§13, §16 等。
② Philo of Alexandria,《论摩西的〈创世记〉》，前揭，§16。
③ Philo of Alexandria,《论摩西的〈创世记〉》，前揭，§13, §15–27。
④ Leo Strauss,《犹太哲学与现代性危机：现代犹太哲学论文与讲演》，前揭，页367。
⑤ Leo Strauss,《犹太哲学与现代性危机：现代犹太哲学论文与讲演》，前揭，页360。
⑥ Leo Strauss,《犹太哲学与现代性危机：现代犹太哲学论文与讲演》，前揭，页360。

《创世记》第 1 章第 31 节是关于六天创世的故事，也是全书最让人费解的部分，如何解释一直众说纷纭。本文选取施特劳斯的解释，因为相对于笔者手上的其他评论，如沙迪亚[①]、路德[②]、菲洛[③]、冯·拉德[④]、萨克斯[⑤]、夏代尔[⑥]，施特劳斯的解释比较切合本论题的意旨，同时也有助于理清经文叙述的疑难，即如何将羞愧感与第一个创世叙事里的两个创世序列联系起来。传统的自由意志僭越上帝所定界限的说法，可以解释罪的缘起，却难以解答羞愧与背叛的关系。在这点上，施特劳斯的解释提供了连接点。

施特劳斯在《论〈创世记〉的解释》中[⑦]，以有限的篇幅阐述了创世的思想。文章虽短，但涉及的问题却是历来都不能回避的。首先，施特劳斯认为第一个创世叙事里有着两个相连但又不同的部分，即从天到人的过程。其中的第一部分（头三天）以天为重心，第二部分（后三天）则将重心挪到地／人，从叙事的顺

①　Saadiah Gaon，《〈创世记〉评论》，前揭。

②　Martin Luther，《〈创世记〉评论》，前揭。

③　Philo of Alexandria，《论摩西的〈创世记〉》，前揭。

④　Gerhard von Rad，《〈创世记〉评论》（ *Genesis: A Commentary*, revised edition, trans. by John H. Marks, Philadelphia: Westminster Press, 1972 ）。

⑤　Robert Sacks，《狮子与驴子:〈创世记〉评论》（ *The Lion and the Ass: A Commentary on the Book of Genesis [Chapters 1-10]* ），http://archive.org/stream/RobertSacks ACommentaryOnTheBookOfGenesis/Robert-Sacks-A-Commentary-on-the-Book-of-Genesis_djvu.txt，2013-08-25 登录。

⑥　Shadal，《创世记》（ *The Book of Genesis*, trans. by Daniel A. Klein, Northvale: Jason Aronson Inc, 1998 ）。

⑦　Leo Strauss，《犹太哲学与现代性危机: 现代犹太哲学论文与讲演》，前揭，页 359—376。

序即能得出此判断。其次，施特劳斯认为第一个创世叙事显示的是一个"永久给定的整体"（the permanently given whole），这一整体不为历史变化所动，人在任何时地都能理解这个整体被创造的意义。就造人叙事而言，施特劳斯则认为它所反映的意义在于表达了人在这一整体中的基本处境（"man's fundamental situation within the whole"），展示了人之为人的处境问题，而这一处境也是不为历史变动而变化的，这同样是人在任何时地都能理解的（这点与菲洛的主张相同），因为它是"前科学的"和"前神话的"①。对此，施特劳斯还提到，从字义上看，创世是形成（formation），而不是无中生有，"受造物"并非百分百源自创造主。②

　　这个创造"给定的整体"的叙事对人有什么意义？施特劳斯认为，它透露了世界结构以及人处境的基本原理。在头三天的创世叙事里，创造万物的原理是"分离/区分"（separation/distinction），即分离和区分可分离与区分之物以区分不同的类，使万物各从其类。既然创世叙事描述的是同一个永久给定整体的形成，因而头三天叙事里的"分离/区分"原理，自然也是后三天创世叙事的原理。然而，后三天叙事进一步推演了"分离/区分"原理，因为后三天的受造物（如第四天的日月星辰）不仅

---

① Leo Strauss，《犹太哲学与现代性危机：现代犹太哲学论文与讲演》，前揭，页361、367—368。
② Leo Strauss，《犹太哲学与现代性危机：现代犹太哲学论文与讲演》，前揭，页362—363。

可以与其他的类分离 / 区分开来，而且还可以在各自的轨迹上活动，从而较之头三天的光、海、地、植物，具有更高级的"分离 / 区分"程度。施特劳斯称之为 local motion，笔者将其译为"自身所属范围内的移动"。在造了日月星辰这些象征着更高级"分离/区分"原理的受造物后，上帝造了生命（第五天海、空中的生物和第六天地上的生物），生命较之于第四天的日月星辰，又有更高的"分离 / 区分"程度。因为天体只能按既定轨迹活动，植物只能扎根于地上才能向上生长，与此相比，生命（生物）的移动幅度和范围则更大更广，因为它们可在其所属的海、空或大地自由活动。最后，在第六天上帝创造了人，人象征着最高级的"分离 / 区分"原理，因为人是按上帝的"形象"被造的（第 1 章27 节），这神圣的品质将人与万物分离 / 区分开来。接着，施特劳斯进一步认为，头三天的创世序列里只有植物才用上"创造"（bara、making，亦即经文中译为"结果子"的"结"）一词，因而后三天创世序列中与植物对应的人明显地也有着创造能力，而且在受造物中人的创造能力是最高的。[1] 但是，施特劳斯没有进一步解释使人有着最高"分离 / 区分"程度的上帝"形象"与人的最高创造能力有着什么关系。由于其文中"分离 / 区分""形象"与创造能力这三项规定是紧密地放在一起的[2]，有理由相

---

[1] Leo Strauss，《犹太哲学与现代性危机：现代犹太哲学论文与讲演》，前揭，页 362—366。

[2] Leo Strauss，《犹太哲学与现代性危机：现代犹太哲学论文与讲演》，前揭，页 366。

信，施特劳斯认为上帝的"形象"不仅使人在受造物中有着最高的"分离／区分"程度，同时也使人获得了受造物中最高的创造能力。

在创造能力与"分离／区分"原理的关系上，在第一个创世叙事里，创造即分离／区分万物。换句话说，上帝通过形成不同的受造物来区分不同受造物的类型。星体与有生命的受造物本身体现了更高级的"分离／区分"原理，因为它不仅被分离／区分，而且它自身也能分离／区分。譬如星体在各自的轨道上运行，走兽在不同的生物圈中活动。然而，日、月、星辰不能有更进一步的分离／区分，不能像有生命的受造物那样"滋生繁多"（第1章22节），而地上的兽鸟鱼虫能繁衍。也就是说，有生命的受造物之所以有着更高的"分离／区分"程度，不仅在于它们能在所属的空间范围内移动，还在于它们能通过繁衍"分离／造出"更多的同类。譬如，母鹿通过分娩造出小鹿并将小鹿与自身分离／区分开来。因而，对有生命的受造物而言，它们的"繁衍／造出"体现着六天创世的"分离／区分"原理。相对于星体，它们体现着更高的"分离／区分"原理：它们不仅与其他类区分开来，而且在自身的类中也继续"分离／区分"。至于叙述有生命受造物的第1章20—22节，为何没有用上第1章11节描述植物的"创造"（bara）一词，原因不明。将创造视为体现"分离／区分"原理的一个高级的面向，应是可靠的做法。

在受造"形象"与禀赋的关系上，与海里的鱼、空中的鸟、地上的昆虫野兽一样，人也在一定范围内自由活动和繁衍生育。

那么，是什么使人体现出最高的"分离／区分"原理？笔者认为关键在于创造，正是这种创造的能力，体现了"像"上帝一样的"分离／区分"级别。按上帝"形象"受造的人，之所以有比万物更高的"分离／区分"能力——创造能力，是由于他在分有上帝"形象"的同时，也被赋予和分有了部分"像"上帝那样的创造力。即上帝在按自己的"形象"造人时，也按自己的禀赋给予人类似的秉性。虽然人也如同地上的走兽一样，体现了"分离／区分"的原理，但人的移动幅度属于最高级别，施特劳斯将这一特质称为"自由"①。尽管在论述"自由"活动能力时，施特劳斯没有将其与上帝的"形象"联系起来，但结合他此前认为上帝的"形象"使人体现着"最高的分离／区分程度"的论述 ②，笔者认为：携带上帝的"形象"，意味着人在万物中可以"像"上帝那样，有着比一般生物之移动更可贵的自由——创造。正是这种创造能力，为人的外形与上帝"形象"之间的隐喻，提供了解释：使人的创造较其他生物有着更高"分离／区分"程度的，正是上帝把自己的"形象"复制于人这种生命体时，一并赋予了其可贵的自由。这种自由，使人不再囿于一般生物体的自身限制，而有一颗可"像"上帝那样自由创造的大脑和心灵，创造由此成为人的秉性和宿命。

---

① Leo Strauss，《犹太哲学与现代性危机：现代犹太哲学论文与讲演》，前揭，页371。

② Leo Strauss，《犹太哲学与现代性危机：现代犹太哲学论文与讲演》，前揭，页371。

　　创造意味着自由，上帝创世体现了他的自由。然而，创造不仅意味着自由，还预设了分离／区分"好坏的知识－善恶的知识"（knowledge of good and evil）的能力：没有相应的知识，人就不能行使其自由。"认识"在希伯来语（yd'）中，不仅有一般意义上的认识含义，也有据此认识而行之能力的意思。[①] 换句话说，人会自主寻找区分善（好）、恶（坏）的知识来有所作为——创造。因而，第一个创世叙事除了描述上帝的形象外，还叙述了人是如何按上帝的"样式"（likeness）受造的（第 1 章 26 节）：人不仅分有像（like）上帝那样的自由创造能力，还具有像上帝那样区分善恶的能力，但因其只是"像"，故在本质上区别于上帝。结果是，人总想趋同于上帝却又永远不能成为上帝。这里有一个前提：人不知其本身在善恶上是个"模糊的受造物"（ambiguous creature），因为在众多地上的受造物中，他是唯一一个上帝没有用"好"（good）这个词来形容的，因此他的自由创造能力以及自由区分善恶的能力本身，就具有非善非恶、可善可恶的本性。[②] 用施特劳斯的话说，人是"一个能够将自身与其路途——正确的路途（way）分离的存在者"。[③] 正确的路途是什么？是神

---

① Gerhard von Rad,《〈创世记〉评论》，前揭，页 89。

② Leo Strauss,《犹太哲学与现代性危机：现代犹太哲学论文与讲演》，前揭，页 371。

③ Leo Strauss,《犹太哲学与现代性危机：现代犹太哲学论文与讲演》，前揭，页 366。

法[1]，也就是服从上帝而不是人自己及其自主的知识。人本身不自知其自身不是好的，甚至是可好可不好的，更不自知由此品性所进行的创造将可能让自己误入歧途：想把"像"上帝的自己真的当作上帝。人所体现的最高"分离/区分"程度，会使人依其自由去追求自己认定的好坏，从而选择与上帝分离，因而，人使用其自由所区分的善恶是否能与上帝区分的善恶一致，始终是未知之数。换句话说，人是否能自主地服从上帝对好坏的区分，是人之为人基本处境的一个面向；而后第二个造人叙事要展示的，是这一处境的另一个面向。正是后者带出了人为其自主知识而羞愧的场景，从而下开人类应羞愧于没有服从上帝的处境。

（二）人的原初状态：没有羞愧

在第二个创世叙事（第2章4节—第3章24节）中，人基本处境的另一个面向，施特劳斯称其为"原初状态"（original state/condition）。[2] 按笔者的理解，上帝用这个设计来针对前一个叙事，其目的是保护人因其具有"分离/区分"的创造能力而陷于可善可恶的模糊性和脱离正途、与上帝分离的危险。

第二个造人叙事提醒人，除了上帝的"形象"和"样式"外，人还具有泥土性："永恒主上帝用地上的尘土塑造了人[3]"

---

[1]　Leo Strauss,《犹太哲学与现代性危机：现代犹太哲学论文与讲演》，前揭，页112。

[2]　Leo Strauss,《犹太哲学与现代性危机：现代犹太哲学论文与讲演》，前揭，页372。

[3]　此处的"人"或可译为"亚当"。

（第 2 章 7 节）。[1] 施特劳斯认为，第二个造人叙事以泥土造人，意味着人具有相对于前述上帝的"形象"和"样式"较低的品质。[2] 显示了第二造人叙事的用意在于提示人：人有较低的属地属性，因而人之名亚当（Adam），取自于大地（Adamah）之名。然而，施特劳斯似乎故意忽视接下来经文中上帝吹气为人的论述："将生气吹进他的鼻孔里，那人就成了一个有生命的活人"（第 2 章 7 节）。此处，不能确定"生气"的确切意思，如同不能百分之百地确定"形象"与"样式"的意义；也无法肯定这是否就是许多神学家所认为的"灵"[3]。但是，如果将这里的"生命"与第 2 章 17 节违反神律的后果——"死"对比起来看的话，"气"是人区别于死亡的要素，而死亡或更确切地说可朽性，即是后来人被上帝逐出原初状态的结果。如是，可以据此认为生命即原初状态，而"生气"则代表了原初状态中生命不朽的本源。既然这"气"来自上帝，那么第二个关于造人的叙事，是否不仅说明人有较低的属性，但同时也因人按上帝"形象"受造而具备来自上帝的品质？施特劳斯没有讲，但笔者相信这个推论与第一个造人叙事讲的人的神圣性相呼应，但又不减人的泥土气息。

　　此外，这里存在一个如何理解泥土性的寓意问题。一如施特

---

① 此处译文据《创世记》，吕振中《圣经》译本，http://bible.kuanye.net/lzz/，2013–08–25 登录。
② Leo Strauss，《犹太哲学与现代性危机：现代犹太哲学论文与讲演》，前揭，页 372。
③ 拉德与萨克斯就拒绝认为"气"即灵。见 Gerhard von Rad，《〈创世记〉评论》，前揭；Robert Sacks，《狮子与驴子：〈创世记〉评论》，前揭。

劳斯所指，泥土意味着较低的品质。然而，它的寓意应远不止于此。施特劳斯没有给予进一步的提示，但是结合他在《论〈创世记〉的解释》中，将六天创世中的"天"解读为希腊哲学的象征，并指出其意为《创世记》的作者摩西对哲学的贬低时，该如何理解与天相对的"地"之寓意？如果结合后续经文的记载，似乎《创世记》的反哲学倾向会得到进一步强化——上帝对伊甸园的安排似乎暗示人不需要哲学，更不需要在"天"的光照下寻找明晰（evident）的知识以满足日常需要。在伊甸园的"原初状态"中，大地引申出人之为人的基本生存环节：食物和性。在上帝对伊甸园的设计中，只要人服从上帝的安排，既不与上帝分离，也不与大地分离，人就无须对这两个环节有所操心、有所创造，自然就不需要自由行事，更不需要自由背后所需具备的自主知识——哲学。

大地如何引申出人之为人的属地本性——食物和性？又如何因人的属地本性而不需寻求自主知识？首先，经文第 2 章 9 节提到伊甸园里有着各种树，树上长着可供人食用的果子，而这些果树都出自土地，其中包括生命树和知识树。各种果树为人提供了食物，这意味着人的生活需要都能得到满足。相对于后来人被上帝逐出伊甸园后需要劳作才能糊口，有理由肯定在原初状态中人不需劳作，因为根本不存在匮乏。其次，经文没有提到上帝禁止人吃生命树之果，因而可以推论人是可以吃生命树果实的，结合经文"现在恐怕他伸手又摘生命树的果子吃，就永远活着"（第 3 章 22 节）来看，生命树具有让人永生的功能，也就是说"原初状态"的人是不朽的。既然不朽，那么就没有生育的必要，尽管人还是需要生育的，因为上帝说"要生养众多，遍满地面，治理这地"，这时人的生育有着为上帝统治大地万物的自然天意。相对于此后上帝对夏娃生育"必多受苦楚"的惩罚，可知即使人在"原初状态"需要生育，也不存在苦楚。此外，经文说"当时夫妻二人，赤身露体，并不羞耻"（第 2 章 25 节）。后人并不知道为何"并不羞耻"，而只知道"并不羞耻"正是人的"原初状态"。如果考虑到这段经文出现在夏娃源自"亚当/大地"（Adam/Adamah）的肋骨，那么男女的二元性可以说已统合于大地这一寓意中：男女都源于大地。因而，第一个叙事中的人之"分离/区分"倾向受制于大地这一本源，所以经文说"人要离开父母，与妻子连合，二人成为一体"。如是可以推论，人之所以不需为裸身而感到羞愧，其原因在于：即使人（亚当）"独居不好"而需要配偶辅助他①，也不需要"分离/区分"的知识，更不需要眼睛"明亮"起来，将人与配偶分离/区分。因为人贪恋的欲望首先源于视觉，欲望起即对欲求的对象有所区分，于是人认识和体会（yd'）到对象物能满足自己的欲望。然而，在"原初状态"中，人的欲望都已得到恰当的安排，不需为食物劳苦，也不需为生育受尽痛楚，因而人不需要知道哪些对他是好（善）的、哪些是坏（恶）的，也就不需要明亮的眼睛，自然不

---

① 中译之"配偶"，原意即为"辅助人"，参 Robert Sacks，《狮子与驴子:〈创世记〉评论》，前揭，页 55。

会生发额外的欲望，也不用与配偶分离 / 区分，更不会"看"到
人是"赤身露体"的，也就没有裸身的羞愧。至此可知，在上帝
创造的"原初状态"中，人的属地本性（食物和性）都处于完美
（perfection）的状态。因为有着生命树的滋养，人不必恐惧死亡，
不会面临匮乏；人也不必为繁衍而受苦楚，因为人是永生的；人
更不必为"赤身露体"而羞愧，因为人不必"看见"。这一切都
源于人之属地的本性——那个"原初状态"。它将永续，只要人
遏制自身"分离 / 区分"的本性而不与大地分离。与大地同根同
源的设置源于上帝的创造，因而，不与大地分离即不与造物主分
离。做到这点，自然就不会有匮乏和羞愧。

　　"羞愧"是第一个造人叙事中唯一提及的人之为人的情感。
匮乏导致死亡，但死亡不是情感，对死亡的恐惧才是人的情感。
经文没有提到对死亡的恐惧，而只直接提到"死"（第 2 章 17
节）。唯有羞愧感被经文提及，而且是以其缺席的方式出现的
（"并不羞耻"），其重要性可想而知。但是，如果将羞愧与"赤身
露体"按日常人伦关系来解读，便走入了传统解经家将羞愧直接
与裸身驳接的路数①，忽略羞愧感与大地的"原初状态"对"分
离 / 区分"的制约以及与六天创世原理的关系，进而忽视羞愧针
对的其实是对上帝园子的设计和对上帝的背叛，甚至可能引起普
通读者的困惑，误以为日常人伦关系是违背上帝旨意的后果。事

---

① 　譬如，Saadiah Gaon，《〈创世记〉评注》，前揭，页 221—223、254—264 ; Martin
　　Luther,《〈创世记〉评论》，前揭，页 145—146、155—158。

实上,《创世记》的作者是在讲一种人之为人的基本状态,其中"羞愧"在字义上确实首先与裸身对应,但其寓意则强调与大地的原初关系,上帝在创世安排背后所确立的对神意的服从以及不服从神意所引起的后果。实际上,第二个造人叙事想表达的是,上帝置人于原初状态下以保护人不至于陷入"分离/区分"和创造本性所带来的危险。因为按此创造本性,人必无限希冀自由以及自由背后所需要的自主知识,否则就很难理解为何"原初状态"中的园子里也有知识树。须知知识树也源自大地,而它的出场又将人们带回六天创世过程,同时也带出上帝创世以及第二个创世叙事中的主题:在被造的世界('olam)中,人之为人的基本处境永恒地[①]充满着张力,上帝在这张力中考问人的自由意志。

(三)知识树

与生命树和人一样,知识树同样源自大地——它也是属地的。地是人之为人处境的根源,与天相对。《创世记》的作者以此回应了他在第一个创世叙事已留下的永恒张力:人是受造的,高贵如上帝的"形象";为此人总想"像"上帝那样自由自主地创造,从而与大地分离/区分,与上帝分离/区分。在伊甸园的"原初状态"中,上帝在让人不必为生存操劳之余,却又种植了知识树,树上的果子正是人为生存自主创造所需的知识。就人的基本处境而言,源自大地的知识树本身是否可善可恶,难以

---

① 希伯来语 'olam(世界)有永恒之意。见 Leo Strauss,《犹太哲学与现代性危机:现代犹太哲学论文与讲演》,前揭,页368。

判别，但可确定的是：知识树因为一个神意的禁令而被定性为恶的。

施特劳斯以知识树代表希腊哲学，并将其与《圣经》神学的基本原理对峙。言下之意是：《创世记》的作者对希腊哲学并不陌生，并将其统合进神启的知识下。笔者对此没有异议，但想指出一点，即施特劳斯似乎有意无意间没有交代上文提到的希伯来语 yd' 是兼具知识与体验含义的概念，即认识、知道相当于体知（experiencing knowing）。此外，他也没有提到 yd' 所指的体知必须具备行、造（bara, making）的能力。事实上，希伯来意义上的知识并不是纯粹的知识，它包含体验和知而行/造（bara）之意，而这层意思更符合六天创世的叙事。知识并不脱离"行/创造"（bara），这层意思更符合六天创世叙事，因为创造（bara, making）并不仅仅是理念的创造，也是事件的创造。指出知识含有体验性的行，并不是要否定施特劳斯将"天"和知识树归为希腊哲学的象征，毕竟希腊哲学并不仅仅有 theoria（沉思，认识，观照，看），而且有 praxis（行）的层面。此外，在《创世记》成书时期，犹太人已确实在巴比伦了解了世俗的哲学观念。然而，笔者更倾向于将其扩及一切自主知识，其中包括希腊哲学，因为在这本倡导神主的圣书之外，与它对应的是一切人的自主"知识/行"。同时，将此放回施特劳斯对六天创世原理的探讨似乎更为恰当。

在第一个创世叙事里，人对追求的自由使其有认知自主知识的本性，否则无法认识事物并对其分离/区分，更谈不上创造。

而在第二个创世叙事里，《创世记》的作者直接点出了这一危险。尽管上帝为人类设计了一个完美的"原初状态"，然而，上帝按照其创世原理，给予人类一个按其本性追求"像"上帝那样认识与行事的选择机会：他在园子里栽种了知识树。至于他为何这样做，有着各种各样的神义论解释，但是这些神义论的解释都是人智力的产物，最终都是徒劳的。因为《创世记》本身已给出了解释：他如此创世、如此造人、如此试探了！是必然还是偶然？答案不是人智所能企及的。但是，知识树本身对应了六天创世原理，也是人之为人的基本处境：人总希望"像"上帝那样自由地去创造，并将自身与大地和上帝分离／区分开来，为此人自然也想获得神所具有的关于整体（整全）的知识。所以园子一经创造，知识树已在那儿了，而且，它所象征的知识与上帝所拥有的知识相似，所以上帝才会说："那人已经与我们相似，能知道善恶"（第 3 章 22 节）。然而，却有一个律令将人的知识与上帝的知识永远区分开："只是分别善恶树上的果子，你不可吃，因为你吃的日子必定死"（第 2 章 17 节）。死亡将人永远定位在有限性上，并使其所能获得的知识永远无法企及整体。只有上帝才是无限和永生的，只有上帝才能知晓整体！

（四）律令——"你应当……"

至此可发现创世叙事充满着张力，不禁问：为何创世？为何如此创世？为何上帝创世伊始即以"分离／区分"原理让万物各从其类，让万物各在其类中再作出更细致的分离／区分？为何使万物源于大地但又赋予其与大地分离／区分的本性？为何给予人万物无法企及的崇高性的同时，又让他具有泥土气息？为何给予人命名万物、驾驭万物与自然的能力的同时，不忘提醒他与万物同根同源于大地？为何赋予人上帝的"形象"，却同时让人仅具有其"样式"？为何给予人伊甸园的无忧生活时，栽种了那棵能让人可能变得跟上帝相似却从此烦恼丛生的知识树？最后，为何让人不必为人与人之间的分离／区分而羞愧时，埋下日后不得不为此生存处境、为与上帝的分离／区分而羞愧？

人无从回答这些问题。聪明如犹太人在编纂这本记事时，即使已看出其充满张力的荒诞不经甚至自相矛盾，却依然如实地记下这些话——这是上帝对以色列人的启示。但可以确定的是，上帝曾尝试突破整个创世的张力："只是分别善恶树上的果子，你不可吃"（第2章17节）。通过这个禁律，上帝让人类服从，以期摆脱其分离／区分的本性并与上帝和解。通过这个禁律，上帝禁止人让眼睛"明亮"。上帝试图以他旋风中的声音止息他创世的张力，他要求人聆听从而过一种服从的生活，终止自由的生活。[1]

这令人疑窦丛生：为何栽种，为何禁止——即使他清楚地知道，他赋予人的自由本性最终将使人不得不感到羞愧？然而，人之为人的生活没有因这个神律而终止。相反，《创世记》第3章1—6节记载了人选择追求能让一切都变得明确的知识，最终选择了背叛。

---

[1]   Leo Strauss,《犹太哲学与现代性危机：现代犹太哲学论文与讲演》，前揭，页373。

正是背叛神律的情景揭示了人之为人基本处境的最后一个环节：堕落。

（五）背叛、裸身与羞愧

人类的生活是在亚当与夏娃的背叛下开启的：人有着两个创世叙事中赋予的神性，但同时又因为急于完完全全变成神，而使自己脱离了神性、踏入人性——在必死的有限性与永生的无限性之间，选择了前者。背叛情景造成了人之为人的基本状态及其叙事。背叛后，人过着自由的生活，其具体生存情景记载在《创世记》的第 3 章 14—24 节里，处于"原初状态"的对立面：人变得有朽，不得不为食物和生育操劳并寻求知识，同时对裸身于他人明亮的眼睛一事感到羞耻。"他们二人的眼睛就明亮了，才知道自己是赤身露体，便拿无花果的叶子，为自己编作裙子"（第 3 章 7 节）。施特劳斯认为这一处境正是所有人都能把握的"人类生活"（human life）。[1] 然而，他并没有多着墨于背叛后这一处境，更没有提及羞愧究竟是怎么回事。因为他在《论〈创世记〉的解释》一开头已说，他是作为一个政治科学家而不是圣经学者阐述《创世记》1—3 章思想的，所以满足于将《圣经》的服从生活与希腊哲学的自由生活完全对峙起来，并断言二者不可能融通。[2]

对于背叛后的情景，乍看之下似乎都能理解，因为食物、性

---

[1]　Leo Strauss,《犹太哲学与现代性危机：现代犹太哲学论文与讲演》，前揭，页 371。

[2]　Leo Strauss,《犹太哲学与现代性危机：现代犹太哲学论文与讲演》，前揭，页 372—375。

以及死亡正是世人的基本生存命题，但羞愧呢？难道它不涉及服从生活与自由生活的对峙？裸身与羞愧这个基本的社会风俗不是充斥于《创世记》成书时的地中海世界吗？[①] 难道《创世记》中羞愧的含义仅限于挪亚因其裸身让儿子含看到而恼羞成怒的日常伦理教诲吗？如是，它与亚里士多德[②] 以及斯宾诺莎[③] 从德行角度论述羞愧有何区别？既然背叛神律让人眼睛明亮从而对裸身感到羞愧，那么这不恰是人们日常伦理中一个习以为常的教诲吗？难道背叛得不对？难道《圣经》的上帝如此超越善恶？如是，他的善恶知识又与人何干？

　　诚然，有关羞愧的经文字义解释离不开肉身的裸露，但是如果止步于此的话，就如许多解经家那样一步跳到结论：人本可不必为裸身而感到羞愧，只要他不背叛上帝。仅此而已。随便翻开一本《圣经》的启导本，都会看到类似的解释。[④] 但是在人类的情感中上帝为何唯独提到羞愧感？为何它的出现甚至先于上帝对蛇、亚当和夏娃的惩罚，先于亚当与夏娃被逐出伊甸园后的人类生活 (第 3 章 14—21 节)？为解决这些疑问，笔者认为这个问题至关重要：为何背叛的情景是以知识树与羞愧感确立起来的？

　　如果将施特劳斯对创世原理的解读引申至羞愧感的做法是妥

① Johs Pedersen，《以色列：它的生命与文化》(*Israel: Its Life and Culture*, Vol. I, London: Oxford University Press, 1959)，页 213—244。

② Aristotles，《尼可马克伦理学》(*Nicomachean Ethics*, trans. by Robert C. Bartlett and Susan D. Collins. Chicago: University of Chicago Press, 2011)，1128b10—21。

③ 斯宾诺莎，《伦理学》，前揭，页 215。

④ 譬如，《圣经启导本》，增订新版，香港：海天书楼，2008 年，页 39。

当的，那么，除了字义上与日常道德有关之外，羞愧出现的寓意
在于：真正让人羞愧的，是人为追求自主知识而背叛神律的行为
本身，而不是裸身。因为正是人所追求的自主知识导致眼睛明
亮，从他人的裸身中看到堕落后的人类生活处境：人必与上帝、
他人和万物分离／区分，人将否定上帝，必将他人、自然当作自
己欲望的对象并予以驾驭。正是这一后果使人一生无止境地追逐
而蒙羞。归根结底，人是对背叛神律而不是裸身感到羞愧。不要
忘了，即便堕落，人还存有创世时被赋予的神性品质，正是这一
品质让人意识到原初与上帝分离的羞愧，这种羞愧在被逐出"原
初状态"前就已先行显露出来。如果人不是在被逐出前，就表达
出已对日后按自主知识安排的生活感到羞愧，那么如何理解《创
世记》后述各种因违背上帝旨意或没能捍卫自己信仰而感到羞愧
的论述？如果羞愧的寓意首先针对裸身，为何背叛后的经文"他
们二人的眼睛就明亮了，才知道自己是赤身露体，便拿无花果的
叶子，为自己编作裙子"中，反倒没有出现"羞愧"之意？在这
里，为何作者吝于用"羞愧"一词？为何反而在第一个创世叙事
中，在尚不存在羞愧的情况下用上"羞愧"一词？菲洛曾说摩西
"不会用上任何多余的词"。① 如果菲洛是对的，那么摩西对上述
两个情景中"羞愧"一词的用与不用，必有深意。所以，如果第
二个创世叙事中没有出现的"羞愧"所对应的仅仅是裸身，那么

---

① 转引自 Adam Kamesar 主编，《剑桥菲洛指南》(*Cambridge Companion to Philo*，Cambridge University Press, 2009)，页 81。

如何理解犹太殉道者敢于为捍卫信仰而献出性命的原因？他们是否在回应背叛前"原初状态"对羞愧的定义——裸身——"并不羞耻"的隐喻？答案是否在于，犹太教伦理认为信徒为捍卫信仰而被公然羞辱是殉道的表现，以此出场的羞辱反倒不被视为羞耻？答案是否也在于，在罗马皇帝哈德利安、天主教廷、宗教大法官、希特勒们的眼中，犹太人背叛民族信仰，并不羞耻，这种"不羞耻"在同胞眼中却被视作奇耻大辱？如同《创世记》其他晦涩的描述一样，作者在关于羞愧叙事中留下了一个深刻的寓意：人必须对自主知识的追求感到羞愧，对其背叛上帝而感到羞愧，否则他必将继续与上帝、他人、大地万物分离。这一思想贯穿《创世记》之后各章大量针对违背上帝旨意或没能捍卫信仰而产生羞愧感的论述中。[①]

四　羞愧、忏悔与回归

即使经历过罗马皇帝的屠戮和基督教国家的宗教法庭的烧杀后，犹太民族信仰依然挺立千年，令人敬佩。但具有讽刺意味的是，在罗马与基督教接连压迫的中世纪结束后，不少犹太人反倒在讲究宗教宽容的现代性面前自愿放弃信仰、俯首称臣。现代性的到来成功地动摇了千年的持守。自近代以来，不少犹太人或改良或叛教，其中有着不少现代性的重量级推手，如斯宾诺莎、海涅、马克思、弗洛伊德等。这些为现代性出谋划策的犹太人，都

---

① Johanna Stiebert，《希伯来圣经中羞愧感的构建：先知的贡献》，前揭，页87—164。

在有意无意间宣布了古老的犹太教不合时宜。也许他们认为，民族信仰虽被搁置，但是他们依然能以一个现代犹太人甚至是纯粹的现代人身份无愧地存续于世。然而，让他们始料不及的是，正是这个身份将他们的同胞送进了集中营。尽管纳粹的出现是否与现代性有必然关系是一个极具争议性的问题，但是可以肯定的是，这些犹太人所追求进步、开明的现代性，没能保护他们免于灭族的劫难。从斯宾诺莎开始一心向往西方现代性，到劫后余生复归传统，犹太人的经历值得任何一个不得不活在现代性中、有反思能力的民族借鉴。

战后的大屠杀文学中有这样一个令人纠结的主题：犹太幸存者为自己还活着而羞愧与咎罪，更令人揪心的是写出这些作品的幸存者中，不乏最终因羞愧而死的自杀者。列维（Primo Levi）[①]、贝特尔海姆（Bruno Bettelheim）[②]和阿梅里（Jean Amery）[③]的死，让所有经历过 20 世纪形形色色浩劫的幸存者战栗，继而反思这些浩劫与现代性的关系。这些犹太幸存者的笔下充斥着对难友的愧疚，因为至少后者带着意义殉道而死，幸存者则不得不在战后依然羞愧地过着 Muselmann——集中营里那些失去生存意志的行

---

① Primo Levi，《奥斯维辛的幸存者：纳粹对人性的侵犯》（*Survival in Auschwitz: the Nazi Assault on Humanity*, trans. by Stuart Woolf, New York: Simon & Schuster, 1996）；《被淹死的人与获救的人》（*The Drowned and the Saved*, trans. by Raymond Rosenthal, New York: Vintage International, 1989）。

② Bruno Bettelheim，《生存与其他散文》（*Surviving and Other Essays,* New York: Knopf, 1979）。

③ Jean Amery，《在心灵极致之处》（*At the Mind's Limits*, trans. by Sidney Rosenfeld and Stella P. Rosenfeld, New York: Schocken Books, 1990）。

尸走肉的生活。相对于战前卡夫卡笔下刻画犹太人那种莫名的羞愧和像狗一样的死亡，幸存者的羞愧更具悲剧性——没能找到支撑他们活下去的理由。正是针对这些战后犹太人的生存困扰，以色列的国家理由——另一幸存者法肯海姆（Emil Fackenheim）强烈地呼吁，有必要在迈蒙尼德（Maimonides）从《托拉》整理出的 613 条摩西律令上，增加一条新律令："禁止大屠杀后的犹太人给予希特勒身后的胜利"。[1]

对幸存的犹太人而言，希特勒不能再威胁到他们肉身的存在，因而能蔑视希特勒、不予其身后胜利的唯一之途，即在于恢复民族信仰，因为正是民族信仰给予了犹太人以及以色列国生存的根本规定。只有守着它，犹太人才算真正战胜了希特勒。犹太人需要忏悔并回归那原初的羞愧：羞愧于不服从那个"禁止"/"你应当……"（Thou shalt……）。

五　结语

《圣经》中使用的"虔敬"与"低微"几乎是同义词。[2]《创世记》里背叛后出现的羞愧，既出于虔敬心但也不无低微之意。对经历了百年屈辱的国人来说，什么才算得上羞愧不用赘言。在按现代性的标准赶超世界列强方面，今天国人正将当下时髦的

---

① Emil Fackenheim，《修补世界：大屠杀后犹太思想的基础》（ *To Mend the World*: *Foundations of Post-Holocaust Jewish Thought*, Bloomington: Indiana University Press, 1994），页 299。

② Leo Strauss，《犹太哲学与现代性危机：现代犹太哲学论文与讲演》，前揭，页 108。

"the West and the rest"（西方与其余的文明）^① 偷偷地改写为"the rest is indeed the West"（其余的文明实际上已经是西方式的文明）。除了西方式的自由民主与法治外，是否正按照西方现代性的科学与技术理性来实现"更强的"却是"更低的"政治梦想？是否正像西方那样否定了"更高的"因而是"更弱的"^② 文明与政治理想？甚至对此不自知地高喊着拒斥西方现代性的同时，以西方同样强势的姿态论证着古代"更高的"文明如何也可以构建"更强的"现代性。^③ 满脑子现代性思维而不自知的国人，在现代经历了数次劫难后，有几人能像萌萌那样愿意低微地感到羞愧？在综合国力急剧上升之际"死于羞愧"？她那"死于羞愧"的"语式"背后不正意味着"更高"标准的缺失？今天，或许可以做到船坚炮利甚至动力横绝天下，然而是否仅仅止于"更强的"而意识不到没有"更高的"批判性标准？这个"更强的"是否最终一如西方世界那样变得更为恐怖？萌萌"死于羞愧"的语式，实际上涉及政治哲学中的"恐怖主义"问题。人们对她留下的片言只语难以进行过多的猜测，但是笔者相信她可能指明了探寻西方现代性问题的一种问题意识：服膺于否定启示以及任何

---

① Niall Ferguson，《文明：西方与其他》(*Civilization: The West and the Rest*, London: Penguin, 2011)。

② Leo Strauss，《犹太哲学与现代性危机：现代犹太哲学论文与讲演》，前揭，页330。

③ Tu Weiming 主编，《东亚现代性的儒家传统：四小龙与日本的道德教育与经济文化》(*Confucian Traditions in East Asian Modernity: Moral Education and Economic Culture in Japan and the Four Mini-dragons*, Cambridge, Mass.: Harvard University Press, 1996)。

"更高"文明标准的西方现代性的国家，无论在安排灵魂的生活方式以及国际秩序上，所展示出来的是否为更多的恐怖？

以犹太人的羞愧感观照萌萌的问题意识，以"犹太人问题"映照"中国人问题"，既不意味着现代犹太人已毫无例外地忏悔回归并一劳永逸地解决了"犹太人问题"，也不是指明犹太人的民族神可以位移为国人的民族信仰对象。就前者而言，施特劳斯《为什么我们仍然是犹太人？》讲演后，台下犹太同胞们的质疑已说明问题依然存在：跟不跟神走？此外，以色列国的法律中除了家事法，人们又能从哪里找到神法的踪影？就后者而言，国人近代以来一味寻觅导致西方现代性成功背后的"犹太－基督教"成分，这一理解现代性的进路早已为萌萌与张志扬共同提出的"诸神之争"所质疑。[1] 以《创世记》的羞愧感观照萌萌的问题意识，其意义在于看出现代犹太教依然存在"犹太人问题"，而且随着现代性的推进，这份问题意识并没有被磨灭，而中国国人呢：跟不跟西方走？

在开端之开端处[2]，犹太教已经指明了日后现代性所导致大规模叛教的出路，中土之道是否也在开端之开端处为今日国人有所准备呢？

---

[1]   萌萌主编，《"古今之争"背后的"诸神之争"》，上海：上海三联书店，2006年。

[2]   "开端之开端"指《创世记》的篇首部分，"创世记"（bereshit）原文的意思即"开端"。

回忆和感悟：纪念萌萌

张文涛 [1]

我与萌萌只有一面之缘。

萌萌应该不知道我，虽然我早就知道她。所以那一次，我只是作为一个远处的旁观者，见到了她。

昨天陈家琪老师谈到"峨眉的大佛哭了"，他说的那个经历我知道，是在 1998 年 10 月。1998 年 10 月 10 日至 12 日，"海南三剑客"——张志扬、陈家琪、萌萌——到成都参加当年的全国现代外国哲学学会的年会，而那个时候我在成都，在四川师范大学读研究生二年级，那次年会正是在四川师范大学召开的。那次年会的主题是历史哲学。这次来之前，我专门去翻找我 15 年前读书时的笔记，还真找到了，上面记着那次大会的长长的题目，"历史哲学与社会主义精神文明建设研讨会"。除了张老师他们海南三剑客，那次还有很多著名学者参会，所以，对于那个时候刚刚有点喜欢上哲学的我来说，机会是非常难得的。

---

① 作者单位：重庆大学人文高等研究院。

10 号下午，轮到海南三剑客发言了，我记得非常清楚，是陈家琪老师代表他们三个人发的言。他一上去就表示了不满，说我们是三个人，凭什么让我做代表发言呢，三个人只给我们一个的时间。那次张老师提交的会议论文是《表现与揭示——历史哲学的方法论前提》，陈老师的是《现代性是一个时代概念吗？》，萌萌老师的则是《时间和意义：重负、轻负、感受的生成性——个人进入历史之可能性》。这次来之前我还特地翻箱倒柜地去找那次开会的论文，结果冥冥之中似乎有天意一样，张老师、陈老师的都没找到，恰恰萌萌的那篇我找到了，搁了 15 年，纸张早已发黄，一闻全是霉味。

当时我读张老师的东西稍微多一点，对萌萌老师的关注不太多。但是，正是在这次会议快结束的一个场景上，萌萌给我留下了异常深刻的印象。当时萌萌的出现非常出乎意料，可能跟大家比如昨天回忆初见萌萌时她的美丽、优雅的形象不太一样。具体是什么情况呢？那个会本来是"历史哲学与社会主义精神文明建设研讨会"，当时川师负责组织这个会的人叫骆天银，此人属于比较传统比较左一点的。但与会学者们在这次会上大谈什么呢，大谈"现代性""历史与个人""波德莱尔""福柯""布迪厄""什么是启蒙"……以海南三剑客为代表的学者、思想者们，都在试图寻找突破历史唯物主义、历史理性主义框架的历史哲学之可能性，尤其强调个体性的理念。可想而知，他们的文章与会议的题目形成了一种很大的张力。到会议做总结的时候，主持者骆天银已经明显感受到了压力——他讲的那一套历史唯物主义、历史理性主义显然大家都已经不买账了。所以，他就作了一些辩护。骆具体讲了些什么记不清楚了，只记得他谈到了对"意识形态"的辩护问题。

正在这个时候，忽然，他对面远处的一个角落里，有一个女的，"噌"地一下站起来，用手直接指着他，大声而急促地说："你说的意识形态是不对的！马克思恩格斯在《德意志意识形态》里面讲得非常清楚，意识形态就是虚假意识，虚伪意识！"

这个女人就是萌萌。她说完这句话后，满脸通红，异常激动，虽然她随后就坐下了，但会场氛围顿时变得剑拔弩张，火药味非常浓。会场一阵安静和尴尬之后，还是继续了，记得后来，接着往下讲的骆居然哭了，流下了不知道是真诚还是虚假的眼泪。

这就是萌萌留给我的唯一一面的印象。那时的我还不能理解，她为什么会那么激动以至于失态。现在我大致懂了，萌萌的激动背后是一种无畏的勇敢，为的是捍卫被意识形态抽去的个体生命的真实或对个体生命感觉的真实表达。后来我好像曾在哪里看到过有人用"侠女"一词来描述萌萌，我想，她正是一个思想上的侠女，维护着一种在她看来的思想上的"正直"或"正义"。所以我见到的是萌萌的这一面。我对她的这一面印象太深，直到现在，我一想到她，脑海里出现的还是那个形象，"噌"地一下就站起来，然后用手指着人大声地说，语速急促而满脸通红。她的这一面可能很难得示人吧，但恰恰被我看到了。

所以，我对萌萌的《时间和意义》这篇文章印象很深，但是，后来当我无数次想进入这篇文章，我发现我进不去。我到今天也没有完全进去。这涉及一个什么问题呢？不仅是这篇文章，我发现萌萌的很多文章我都进不去。不过昨天我听曲春景老师的发言后，明白了一些道理。就是说，萌萌的文本我之所以进不去，在于它有非常丰富的东西，充满了个人性的东西——**探索性的，实验性的，未完成性的**（正如刚才王鸿生老师所言）。因此，这些文本表征的背后，是一种挣扎。昨天我听到曲老师描述的她和萌萌她俩闺蜜之间的谈话，萌萌给她透露的一些个人内心的困境、内心的东西，我现在觉得这些东西在萌萌的文本上面是有症候的。所以我觉得萌萌的文本，读起来非常地不明快，不流畅，不像张志扬老师有时候会有那种单刀直入的说法。所以我觉得读萌萌的文本有很多的障碍。但这恰恰反过来表明了萌萌非常看重的一个东西，就是**生成性**，思想和文本的生成性。我相信，她的表述就是一种探索，她在里面不断地在寻找着思想的突破口，这就是生成性。本来我想就这个问题多谈几句的，萌萌这个关于"时间和意义"的文本也是我比较感兴趣的一个文本，但时间有限，而且这里我也不是在作一个完全学术性的发言，所以这个文本我就先不说了。

接下来，我想再谈一个这两天我非常有感触的问题。

这个问题实际上来自昨天一开始进入会场就有的一个感受，看到"萌萌灵在"四个字、为萌萌默哀而产生的一个感受。接下来，程炼老师的文章引出了"死亡"的问题。本来，死亡是我在读柏拉图的文本时会经常碰到的一个问题。但是，这两天因为在这个会场上所看到、听到的一些东西，忽然让我对柏拉图笔下的一些困惑已久的文本段落，产生了一些感想。所以，虽然我这个发言是在讲"我们和萌萌的情谊与缘分"，虽然我跟萌萌谈不上什么情谊，但由于这些感想，我和她有了一些思想上的缘分。所以我想把我的感受和大家分享一下。

我们大概都知道，柏拉图在两个很重要的地方谈到过"不死"的问题，一个我们都知道是在《斐多》里面，苏格拉底就要死了，却在拼命地论证"不死"，灵魂不死。那么苏格拉底这个时候讲的不死相当于昨天程炼老师讲的"实体"意义上的不死。但是，还有一个地方，我一直没有搞明白。这就是在《会饮》里面，有一个女人，**第俄提玛**——恰恰是一个女人，我们要注意——她跟苏格拉底讲，什么是爱欲，什么是哲学。但这个地方对爱欲的理解非常特殊。为什么呢？第俄提玛告诉苏格拉底，爱欲就是爱欲不死，爱欲就是对不死的欲望。这个跟我们一般会想爱欲是对智慧的欲望，是不一样的。这个地方，第俄提玛讲的爱欲不是对智慧的欲望，而是对不死、对不朽的欲望。那么，每个有爱欲的人，都会欲求不死，如何欲求不死呢，不同的人会有不同的方式。我们可以通过身体，也可以通过灵魂。通过身体，这就是通过生殖、繁殖，通过传宗接代，我们这个共同体实现了不死。而通过灵魂的话，有的人就是通过建功立业，正如我们古人讲的立德、立功，从而达到不死，即英名永垂不朽。但是，第俄提玛还讲到一种通过灵魂来达到不死的方法，这就是通过对智慧的追求来达到不死。怎么达到呢，通过文字，说得简单一点，就是通过写东西，来达到不死或不朽——通过作诗，或者通过写其他类型的文字作品。通过这种方式得到灵魂的不死，与苏格拉底在《斐多》里面通过论证来得到灵魂的不死，是完全不一样的。

长久以来，我一直搞不清楚，两种方式的根本差别是什么，搞不清楚我究竟应该相信哪一种方式。但是，这两天我忽然有一个感悟，我觉得苏格拉底在《斐多》里面的论证是骗人的。真正达到不死的方式可能是第俄提玛这个女人告诉苏格拉底的。也就是说，真正的不死，尤其对我们搞哲学的人来说，可能只有通过灵魂的生殖的方式达到。灵魂生殖出来的东西，只能是文字。而让我忽然对此很有感悟的，是我这两天因为这个会而翻读到的萌萌的一段文字。这是志扬老师为他编的《萌萌文集》写"编者导言"在写到临近结尾的时候，引的萌萌未刊笔记中的一段话。读萌萌的这段文字，令我感触万分，我也感觉，萌萌是完全明白我这里讲的这个问题的，虽然她不一定读《会饮》或《斐多》。

我想给大家念一下萌萌这段在我看来非常重要的文字，同时分享一下我阅读时的感想。

她说：

我视为生命的文字为何离我而去？

之所以要这样提问，是感受着"父啊，你为何弃我而去"的悲伤气氛。

　　什么气氛呢？死亡。这是耶稣在十字架上，面对着自己即将到来的死亡。这个时候他并不知道他是会永生的，他要死了。萌萌继续说：

　　　　因为我把文字看作更高的生命体。时间纯洁是肉体，而文字是灵魂。

　　我想，笔记中的这几句话，已经完全进入第俄提玛告诉苏格拉底时的那种氛围里面去了。萌萌可能靠着自己的领悟，已经完全明白了，个体的不死，只能通过文字，通过作为灵魂的记录和载体的文字，来实现。但是，这个问题她解决了吗？我觉得，她知道问题之所在，但是，怎么样通过文字来达到灵魂的不死，她自己能不能做到，对此，笔记后面的部分显示着她是在挣扎。接下来的文字，显示了萌萌非常深的一个自我反思，显示的是一个个体思想者对自己的才性、才能的一个深刻反思。她讲到了自己在学术关口上的转变：

　　　　时间纯洁仍可以纠缠，文字却事实上淡出了。这是因为我把文字看得太高而出手力不从心所致。但这还是表面的原因。更深的危机在于，我早就处在学术生命的关口上。原来我凭着思维的直观和跳跃的语言很快就进入了你的独特的学术地位，下面紧接着的应该是理论的铺陈和思维的缜密来展开它，因而需要开阔的阅读和深入的思考。然而，它既违反我的天性，又恰逢世俗事务的分割，于是阻断在自己的断口上，也因此掩盖在表面事务的承担上了。其实，即使我有充分的时间，深入也是艰难的……如果当处关口之时，我能及时哲学思考或视野转向小枫说的文学评论如《爱与死》和哲学随笔转向，情况可能要好得多。但我太爱哲学了，为哲学殉情以至于此。①

违反什么天性呢？萌萌的天性是诗性的，她是从文学进入学术道路的。"又恰逢世俗事务的分割"，萌萌做很多俗事是与她的天性相违背的，但出于责任，她又不得不担起很多俗务，"于是阻断在自己的断口上"。如果回到最初的文学的、诗歌的、感性的、女人的角度，她可能会好得多，但是，她仍然选择了理性的、男人的、哲学的方向往前走，于是，最终的结果便是——"我太爱哲学了，为哲学殉情以至于此"。为哲学殉情是什么意思呢？"哲学"一词是阴性的，这里就像是在讲一个男人为女人殉情一样，一个男性哲人为一个女性的哲学情人殉情。

我们读前面，看到萌萌似乎领会了文字是灵魂，个体对不死的寻求只能通过文字来进行——文字不死灵魂便不死。可是最后能不能达到呢？很难讲。萌萌最后只说的是"我……为哲学殉情以至于此"。所以，读萌萌这个地方的文字我能够感受到她内心

---

① 以上转引自张志扬"编者导言"，见张志扬编，《萌萌文集》，上海：上海译文出版社，2007年，页30。

的挣扎，但是，我个人觉得，这种挣扎，可能对于她解决自己对死的焦虑，以至于启发我们来领会如何克服对死的焦虑的问题，可能是更加富有意义的。这让我愈加确信，灵魂不死的问题，绝对不可能通过《斐多》中苏格拉底的那种方式，即通过逻辑的、逻各斯的、论证的方式来解决。这就是我这两天感受非常深的一点。

我觉得，在这个地方，我必须感谢萌萌。

2013 年 7 月 8 日于海南尖峰岭

【附】

对萌萌问题的一点理解

——在萌萌逝世三周年纪念会上的发言

一　萌萌的问题

如昨天陈家琪老师说的，萌萌的一个核心问题（也是他们三人的共同的问题），可以说是"如何把对外在社会、历史的思考，转化为一种内在的、个人经验的真实"。我对萌萌的阅读极不系统，也很浅（非常惭愧），但对这一点我还是大致能够感受得到的。借用张志扬老师的概括，萌萌对个人真实性的寻求，可以说体现在两个方面，一是"在公共语言中寻找个人表达的可能性"，一是"在历史中寻找个人进入历史的意义及其可能"，"这二者几乎是同步进行的，而且都以个体经验为出发点"。

现在在这里，我更愿意强调后一个方面的意义。在 1998 年成都的历史哲学会议上，萌萌提交的文章就是《时间和意义——重负、轻负、感受的生成性》，里面正是对后一个方面的集中表达。四个小节的标题分别是："个人进入历史的可能""时间形态同意义关联的区分""对苦难的担当造成时间维度的转换""意义临界的转换和转换中的生成"。萌萌在这里的思考在我读来是非常艰涩的，远没有后来的关于克利－本雅明的论述来得明快。而关于克利－本雅明的解读，是萌萌最后发表的系统成形的文字之一。

萌萌在论述克利－本雅明的《新天使》时，说："如果我是这样一个冷峻的历史主义者……那么，即便我像克利、本雅明看见了同样的景象，也产生不出《新天使》般的'立意'与'取向'。只有真正能'背负人类苦难'的人，并把人类的苦难当作'不能背叛的承诺'的人，才会把苦难建立为'意象性的质'，再由它来'综合而同构'此意象性的'关联域'。于是，看来'末世论'恰恰是一种能够将'苦难'与'进步'统摄起来的视角。"

当时我读萌萌这篇文章的第一感觉就是，现象学根本无法"托住"萌萌的问题，虽然萌萌在这里不断"运用"现象学的术语来思考或表述苦难，但是，萌萌的问题已经无法用现象学来"框住"。萌萌的分析看起来是对现象学的"运用"，但是（至少在我看来），这种"运用"其实更是一种坚硬的批判或者质疑，如张志扬老师（在《萌萌的问题意识》里）说的，"质疑'意象性'为何缺席了苦难的意义"——在这个意义上，我理解了昨天小枫老师"萌萌三年祭"里说到的，他和萌萌后来达成的两个共识的其中一个：了结或者说清算现象学、解释学的账（第二个是回到 20 世纪 80 年代的想法：理解那种通过文学方式表达出来的、出自土地的感觉）。

二　个人与历史的苦难

无论是个人还是历史，无论是语言哲学，还是现象学，在萌萌的这些论题、方法背后，都有一个异常突兀而坚硬的语词和体验，这就是"苦难"。在萌萌一生的哲学思考中，"苦难"既是背景，也是主题，更是经验。正如昨天小枫老师的"祭词"里说的，萌萌这一代人，都来自"土地的深处"，有出自土地的感觉，而关键之处在于，这土地是经历过苦难、"文革"苦难耕耘的土地。

在我看来，苦难经验、苦难经验经由语言的真实表达、个体苦难与历史意义的关联，成为萌萌思考个人真实性的最后凭靠。在苦难中，个体的命运与历史或民族的命运纠结在一起，萌萌的思考始终未能摆脱这一纠结。不仅如此，这种纠结无法摆脱，在我看来，也让萌萌难以反过来重新、真正有效地理解历史，或者说，重新、真正有效地思考一个民族的土地的历史命运。这不是对萌萌的一个批评，而是想表达一个遗憾，对萌萌过早离世的遗憾，因为在我看来，萌萌后来的思考，已经明显开始有一个重心的转移，从个体到历史，或者说到我们这个民族的未来命运。这不仅体现在萌萌《复活历史灰烬的活火》《记忆中"曾经"的承诺》中，更体现在她主编《启示与理性》，尤其是手订第4辑之"哲学与政治的共契"这一举措之中。

三　死于"羞愧"的可能

我听小枫老师说过，他自己的感觉，其实至今仍停留在 20 世纪 80 年代。我想，我虽然没听萌萌这么说过，但从她的文字来看，毫无疑问，她仍然如此。我想，80 年代的感觉的意思是说，对个人、民族、历史、命运的思考，对"土地"及其"苦难"的思考，是萌萌思想热情的最为真实的落脚之处，也是构成她遗留下来的精神遗产中最为坚实的内核。像陈家琪老师昨天说的，用什么理论并不重要，更重要的是问题是什么。

在我看来，理论并不重要，还有一个重大的原因，我们今天的理论太多了，尤其是有太多掩盖问题的理论、制造第二洞穴的理论（用施特劳斯的话说）。即便是哲学，比起很多理论来更为直面问题的哲学，也容易掩盖问题。但在萌萌这里，在萌萌的哲学思考中，问题从未消失过，尽管在我看来也不是没有出现过危险，但这危险反过来也已经构成了一种可供反思的宝贵经验和思想财富。

今天我们来纪念萌萌，同时也是一种自我提醒——向作为青年学人的我自己和我的同代人，提醒注意萌萌这样的、活在我们同时代的思想家，及其思想遗产。与国外学界相比，我们国内学界非常不好的一点就是，极不看重，甚至故意轻视同时代的思想家，仿佛随便一个洋人学者都显得比国内的学者、思想者厉害。我们似乎非常羞愧于讨论、引用、依靠我们同时代思想家的思想财富，却显得毫不羞愧于向洋人如此行为。我想，如果长此以往，借用萌萌的话说，最终，我们这个民族，尤其是我们这个民族中的思考者，也是可能死于这种"羞愧"的。

谢谢大家。

2009 年 7 月 4 日深夜于海大

斯文不丧

——简论汉语之为思考的语言

娄　林①

《汉语作为民族语言表达如何可能——当代中国学术的文化自主性》是萌萌晚年的一次会议发言，它凸显了萌萌对语言问题关注的"转向"。我之所以要探讨萌萌对"汉语"问题的"新思考"，是因为这个问题如今极为迫切——其严峻程度日甚一日，但也正因为这个缘故，我们更加坚决地踏上萌萌和她这一代中"伟大而敏感"者走过或正在行走的道路。但在进入主要论题之前，有必要总体分析一下萌萌对语言问题的思索。

语言一直是萌萌关注的核心问题之一，直到生命的暮年，她在笔记中记录"四个命题"时，还写下"语言的身体性及其自我救治"（编者导言，页23）；②她又说，"我视文字为生命"（同上，页30）。一般来说，"语言"和"文字"在萌萌笔下区别并不明显，尤其是当她提出"汉语作为民族语言表达如何可能"的论题

①　作者单位：中国人民大学文学院。
②　见《萌萌文集》，张志扬选编，上海：上海译文出版社，2007年。

时，这一点就更加清晰。①

　　按照张志扬老师的说法，萌萌一生关注"三大论域"（前言，页 32—33）：经验的持续生成和追问；经验自身的意义索引；经验如何向语言转化。"在体"的生活经验一直是萌萌的首要的关注，但经验必定进入语言，或者直接与语言相关，语言问题成为萌萌思考的问题，这本身就是她的初始经验，正如其论文《语言问题何以对我成为问题》的副标题所示："我的初始经验的记忆和描述"，或者进一步说：

> 我关注语言问题，更多不是学术的趣味，而是生存的需要，因为归根结底，人只有靠语言自我造型、绵延，自我显露、遮蔽，在语言中寻找进入语言的可能。（页 117）

　　萌萌对语言问题的体悟和切入有两种表达方式，其一自然就是对语言问题本身的思考；其二，她通过自己精致的文字表达，丰富了现代汉语，尤其她的诗歌和关于女人的细腻书写。就第二点而言，文字的韵味当然是以思想的分量为支柱，否则就会流于浮华，但是"文质彬彬，然后君子"。按照张志扬老师的分类，这类华彩文章称为"随笔"，信笔而来，却又浸透着思者的疼痛、

---

① 比语言和文字外延更广的是"表达"："我关注表达，在这里表达较之一般意义上的语言更带私人性，它不仅仅是文字，还有声音，是在文字中缠绕不去，使文字不至于沦为工具间隔着文字的声音"（《我读女人》，页 407—408），这里可以大致看出，语言和文字大体相同的内涵。

爱和生命。我这里主要探讨的还是第一点。纵观萌萌的论文，她对语言问题的细致分析大要有二：

第一，公共语言的个人表达，或者说，一个个体通过公共语言的表达如何可能；第二，在西方话语面前，汉语作为一种民族语言的表达何以可能（页153以下），如果泛泛言之，第二点可以称之为"萌萌的转向"——当然，这并不是裂变，而是萌萌根据自己的问题意识，敏感地捕捉到"汉语"思想的脉动——如果我们必须说"汉语"的话。后一点是本篇论文主要讨论的内容，但在进入这个论题之前，有必要简述一下萌萌在第一个层面上的思考。

论文《语言问题何以对我成为问题》《断裂的可隐匿的声音》和《情绪与语式》主要论及了第一点，而巧合的是，张志扬老师在编辑《萌萌文集》时，这三篇恰恰构成了"哲学研究"类的前三篇论文，或许，在萌萌的思考视域里，语言问题首先是先在的——而不是"先验的"（页111），而且是倾注了她最多的思考。第二点并不是突然出现在萌萌的视野里，事实上，从一开始，她就说过，"也许，我们天生是为意义而活的一代人"（页114），我们"这一代人的思考似乎天生地担负着个人遭遇与民族复兴不可分割的某种命运样的东西"（页155），所以，对语言进行"纯粹哲学"的探讨，并不是萌萌的思考方式，她探究语言与个体之间根本的相关性问题，进而又切入语言与共同体之间的关联，萌萌最后所捕捉到的，恰是今天很多学者避而不谈，甚至不敢或无力触及的问题。

萌萌关注语言问题，并非出自形而上学的兴趣，而是由于自我的经验和记忆。"我们是有着苦难记忆的一代人……苦难是生长着的。它不满足于铺陈的、传统意义上的'客观的'描述，它渴望捕捉问题、生发意义的表达，而难以表达的、欲说无言的苦难，本身就是痛苦，是个人精神性的苦难"（页119）。对萌萌来说，语言作为表达，要传达出他们那一代人的苦难记忆，也就是说，传达出人在世界之中的存在和存在感，但是，这种传达并不容易，甚至传达本身就是一种痛苦。萌萌在这里透显了自己关注语言问题的"端倪"（页118）。这种对原初"端倪"的形式和其中相关性的探究，是现象学式的，是抛弃"二元论"的方式（页124）。在这个意义上，萌萌的思考天然就具有现象学的敏感，假如不用"现象学"这个概念，我们可以说，萌萌的步伐从来没有离开过脚下的大地。

《情绪与语式》最集中地体现了萌萌早期对语言的现象学反思。萌萌对情绪意向传统的相关并无兴趣——诸如"情绪－存在"或"情绪－上帝"这样的意向关联，因为这种关联取消了偶在的情绪意向本身，个人的情绪和语言将因此而荡然无存，所以，她的论文主要勾勒情绪和语言的关联的中介形式：语式。随后对海德格尔、舍勒和利科分析，所提供的是一种"可参照的理解"——就海德格尔和舍勒而言，为萌萌的分析提供了一种传统的"同一性"分析之外的情绪或情感的意向性和存在整体之间的关系，而利科则提供了情绪－无语之间关联的分析参照。情绪与语式之间的关联最终具有三种可能：**自在性、自居性和相关**

性。第一种还是进入情绪－语式关联的准备，第二种则是"对象或他在的占有"，某种程度上是以切断关联的方式而呈现了两者的关联，第三种更切中萌萌的原初关注语言问题的思索，因为它才"保留了中介的位置"，因为它既克服了自在这种"意向性情绪"的散漫，也克服了自居性的独断。我们可以说，萌萌对情绪与语式之间关系的思考，对语言的表达和语言同偶在和作为一个整体的世界之间的关系作了非常充分的预备性思考，由此而形成了萌萌本人的哲思语言和诗歌语言。

萌萌提出"汉语作为民族语言表达如何可能"的问题，是在2005 年 11 月的学术会议上。[①] 她的问题已经意味着是一种转向，从"80 年代以来对语言问题的热情关注"转向"汉语表达的困境"（页 153）。本来，这种转向似乎与"纯粹"的哲学研究并无关涉，但是，所有的哲学思考都要以某种语言表达。而当我们天然地开始以汉语开始表达的时候，突然发现，西方以英语为代表的语言作为强势语言，迫使世界其他语言接受其主导地位，从而挤压了汉语和汉语的思想表达。这只是问题的开始。

根据萌萌的分析，"汉语作为民族语言表达如何可能"之所以构成问题，原因有二：第一，汉语作为民族语言，不单纯是工

---

① http://www.opentimes.cn/bencandy.php?fid=177&aid=1422。如今 10 年过去了，中国学术界变得更加疯狂，当年还有这样的会议，如今各大高校（尤其是所谓重点高校）与国际的接轨已经接近疯癫——甚至于外国大学都可以在中国开设分校，这已经不是学术自主的问题，而是教育自主权的问题。

具语言，而是与民族生活密切相关的、具有丰富的内容；也就是说，当我们开始学会思考的时候，汉语已经天然地成为思考者的表达语言，而其表达或思考的内容，同时与我们作为中国人的生活息息相关。

第二，中国人并不能生活在一个封闭的圈子之中，世界文明的交融碰撞是当今中国人生活的实际场域，所以，在面向整个世界时，中国人必须同世界交流。我们需要注意的是，萌萌说的是，同世界交流需要用汉语，而不是当下学术界那样以"英语"同世界交流。作为中国人，我们的汉语和我们的传统，以及我们对世界有自己的看法，共同构成了"汉语作为一种思考语言"的出发点。

萌萌关于"语言"的两种思考路向，个体经验的语言可能和作为民族思考语言的汉语如何可能之间具有明显的关联：在诸种文明和语言并存的世界，中国作为其中一员，其语言如何能够进入世界的整体交流之中？这和个人语言表达的形成结构具有非常类似的相似性，在这个意义上，似乎与柏拉图在《王制》中所用的灵魂和城邦相对应。但是，这只有在个体灵魂和一个城邦之间才有这种对应，现实的世界并不是一个城邦，而是诸国林立。

萌萌思考的根本之处是她自愿栖身其中的"我们"，这是他们这一代人的使命，他们不能像今天某些轻浮的学人——无论他们年轻还是年长——那样，渴望摆脱与共同体之间的血肉关联。

但是，二者表面的相似掩藏了一个根本的区别：在世界的诸种语言表达之中，实际上只是一种语言（西方话语）因其强力而成为"世界语言"，这就是说，世界诸国之间并不存在真正的"情绪－语式"这样的结构，而只有赤裸裸的等级，在现存的秩序里，居于顶端的只有西方一种语言。这就意味着，当我们推进萌萌的问题"汉语作为民族语言表达如何可能"时，首先必须作一番彻底的清理，去触及问题更深或者更浅的根基——政治哲学的根基。

当萌萌从哲学问题转向政治哲学问题的时候，原先的哲学思考框架似乎不再有效。萌萌也意识到这一点，所以她明确指出，西方语言作为主流话语，挤压了汉语的空间。但正是这一点，从根本上区别于萌萌起初对个人语言问题的思考，因为并不存在什么公共的世界文明，而只有一种统治文明以及顺从这种统治的次级文化或依附性的文化。所以，我们可以这样推进萌萌的问题：如果汉语要进入世界，必须接受自己作为次级文化的地位，否则，根本进不了这个世界；或者，汉语必须能够摆脱所谓"世界"和"世界文明"之类的话语和这一类话语所构建的言语结构，重新回到中国人自己的生活和话语。这是首先需要清理的工作，"它本来就是清扫地基的工作，清扫西方的意识形态马厩，总得有人做清洁工对不对，有什么可声张的呢。萌萌做的同样如此"（前言，页21）。

我们首先需要清理一些不伦不类的概念——尤其是因为羼杂了大量现代意识形态而形成的不伦不类的概念，比如汉语。所谓汉语，顾名思义，似乎就是汉族人所说的语言。现代汉语，就是现代汉族人所说的语言。但在文言里，"语"本是口语交谈之意，比如《论语》之"语"就是孔子与弟子或时人的交谈，古代以文字传诸后世的经典，很少以"语"命名——我们翻翻经史子集的篇目就能有所了然。现代汉语形成于白话文运动和新文化运动，也就是以口语和文字之间的对应为基本要素，这是一个新的"构造"，更极端的构造甚至要求清除文字字形和口语的对应，转而使用拉丁化字母。①1923 年，钱玄同在《国语月刊》第一卷《汉字改革专号》上发表著名的《汉字革命》："我敢大胆宣言：汉字不革命，则教育决不能普及，国语决不能统一，国语的文学决不能发展，全世界的人们公有的新道理、新学问、新知识决不能很便利、很自由地用国语写出。何以故？因汉字难识、难记、难写故；因僵死的汉字不足以表示活泼泼的国语故；因汉字不是表示语音的利器故；因有汉字作梗，则新学、新理的原字难以输入于国语故。"白话文的根本在于传播"新学新理"，但这些革命者没有明白的是，所谓新学新理，只是一些现代民主和现代民族的概念挪用罢了。白话文的根本目的在于开启民智，若不使用口语语言，民智则难开。但我们后观历史，革命的成功是因民智的开启吗？而以口头语言替代文言书写，更是思想品性的下降。民族之

---

① 1918 年，钱玄同在《新青年》4 卷 4 期上发表《中国今后的文字问题》中赞成吴稚晖提出的办法：限制汉字字数，夹用世界语，逐渐废除汉字。而陈独秀虽赞成废除汉字，但需要渐进图之，他不赞成废除汉语，认为"惟有先废汉文，且存汉语，而改用罗马字母书之"。如今想来，不禁令人后怕。

说就更为现代，"汉族"并不是一个真正的种族，这与中华的传统相悖，华夷之辨的根本是礼乐文明，而不是人类学意义上的民族。

在中国思想的痕迹里，白话文运动所塑造的现代汉语表面上对平等和民主的吁求，只是对西方现代思想的简单接受，并将中国传统的文言书写扫出历史舞台。但是，这样的做法却没有摆脱文言书写背后的真实理据：文字是有等级的。如前所引钱玄同鸿文，表音文字才是更高等级的文字，"汉语"充其量只能成为一个过渡的阶段。于是，让中国人深感屈辱的是，这一次站在等级上端的，变成了西洋文字。直到今天，我们仍旧活在这样的等级阴影里——我们看看英语在今天教育和评价体系中的位置就能有所体会。但更重要的是，我们几乎所有人文思考的话语、概念乃至行文方式都在一点一点地以"现代汉语"进行对西文的翻译，换言之，我们几乎在自觉地殖民化。

所以，我们谈"汉语作为民族语言"的时候，首先就落入一个陷阱：我们谈论这个与我们民族性命攸关的大问题时，使用的"语言"和对问题思考的方式，几乎都是异己的。假如我们放弃这些异己的东西，竟然不能思考。如萌萌所言，我们这样一支"尾随的军队"究竟要尾随到什么时候（《我的窗外没有风景》，页51）？那么，停止吧。

萌萌就"汉语作为民族语言表达如何可能"所提出的问题，我们可以视为理解当今中国思想的一个契机，她当时的焦虑和忧心，似乎仍在向我们发问：我们该怎么办？如果借用孔子的"文质彬彬"来说，我们如何才能够以我们本来具有的典雅之"文"
传达出思考之"质"？

　　一言以蔽之，古典语文和古典教育。我们必须重新树立文字
的等级，文言中的高贵与美好绝非庸俗的现代汉语可比。但是，
现代的污染已经无处不在，我们首先要理解何谓古典语文。

　　古典语文和流行的古典语言学判然有别：前者是以古典语言
为基础而浸染于古典文明之中，后者则是现代语言学的分支之
一，研究古典语言和方言乃至只有一个部落的人所使用的语言研
究之间没有本质的区别。明乎此，我们才能够理解，古典语文的
根本目的，并不是要对这种语言本身进行科学式的研究，而是在
掌握此种语言的精妙基础之上，对这种文明根基的原初文本有切
身的体会和感受，而不仅仅是"客观的研究"。

　　古典语文学和现代古典学之间的区别。后者是今日西方大学
古典学系的主要面目。现代古典学的根本前提建立在现代正当性
的基础上，在现代人自以为是的前提下，对古代文化作博物馆式
的探究，其立论根基有三：一曰实证主义，以出土文物和古典文
本对举，甚至以前者而否定后者；二曰相对主义，希腊拉丁当然
是古典文明，但是只要在时间上属于现代之前的一切文本和考古
材料都是他们研究的范围；三曰历史主义，认为古典文本只具有
历史的相对价值，也就是在当时的历史情境下的意义，在今日之
世界，只具有偶尔的点缀意义。

　　第三个需要注意的问题是，古典语文和现代语言之间的关

系。严格说来，古典语言都是死语言，所以，古典语言的进入总是以现代语言本身为入口的。我们以尼采的叙述为例，在《论我们教育机构的未来》中，尼采说，现代语言的教育是古典语言的"入门向导"，具有"秘教的价值"，一切古典语文的教育都有一个自然的起点，即在使用母语时认真严格的习惯，为了养成这种习惯，只有很少的人能够走上正确的道路，大多数人必须需要监管，而监管的真正监护人就是经典的作家，如歌德的作品。但是，这一切只是一个起点。由此，我们可以知道，古典语文学的前提事实上不是语言问题，而是必须通过对现代语文经典的研习而养成的"古典语文式"的学习和理解习惯。

但二者之间更天然具有一种划分的意义。所有的现代语言都是从民间口语发展而出，也就是说天然具有常人的性质，只有在经典作家创造出经典文本之后，才能够形成现代语文，从语言到语文的转变。但是，现代经典仍然是现代经典。我们回到文言和白话文，文言的精妙之处在于，它天然地在人们之间作了一个少数人与多数人的划分，只有这样才能保持文字高贵的品性。尼采念兹在兹地返回古希腊经典，事实上就是要确立这样一种少数人的价值，而这种少数人的教育，我们就可以称之为古典教育。

古典教育必须以古典语文学为前提，也就是说通过严格的语文训练而涵养其能力与德性；语文学本身的语言训练，可谓枯燥，但是这恰恰能够成为砥砺品性的良好实践，通过古典语言的语法研习，让古典学者能够形成自我约束和服从的德性——总是你服从古典语言和文本，而不是它们服从你；其次，通过古典语文学而习得良好阅读的能力。这是尼采一以贯之的要求，这一点非常重要，因为最伟大的思想总是通过文本流传于世，如果不具备良好的阅读能力，根本不可能进入这样的思想世界。只有这些长年累积的练习，一个学习古典语文的人，才最终破茧而出，拥有良好而健康的品位。这个时候，古典教育获得了真正的开端。记住，这还只是开端。

这个开端之后，我们唯有深悟古典文本中所蕴含的"文"与"质"，才能够面对各种各样生存的或存在问题的立身和表达根基。文言书写的复活似乎不再可能——我当然希望有这样的一天，但是，古代经典的存在，对古代经典的学习，至少可以让我们脱离俗言庸事，既养育自身的美德，也学会恰当的表达。

通往"存在"的想象与回忆

——献给素未谋面的萌萌

曹　聪 [1]

> 所谓遗忘就是知识离去了，温习就是用新的记忆来取代已经离去的，由此葆有知识，使它显得还是原来的样子，凡会死的，都是靠这种方式来保存自己，不是像神们那样，总是同一个自己，而是离去的、老朽的让位给新来的、年轻的，如此不断代谢。
>
> ——柏拉图《会饮》

> 有一种遗忘，它不是真的消失，而是一种潜抑即更深的存在。
>
> ——萌萌《升腾与坠落》

萌萌的写作，首先遭遇着她自己的生命与存在。几乎所有写作都来自一种诉求——她的生命渴望表达自身。她书写着自己的

生命，也在用自己的生命书写存在，于是，她的生命与写作无法分割，同时，这种写作真诚地直显她的存在。对于言说与存在之间若隐若现的关系，萌萌有一种近乎本能的敏感，她似乎天生就知道要从逻各斯把握诸存在者的真实。作为一个天生就容易被问题找上门并缠绕住的思想者，她的写作总是起始于与自己生命休戚相关的体验。

萌萌不仅对自己生命体验背后隐藏的存在有着本能的敏感，她还善于用一种旁观者的目光，将自己的个体生命体验疏离为更深的存在，并且审视它，从而在这种审视中，紧紧抓住流动的生命背后潜抑的"存在"。在萌萌的代表作《升腾与坠落》中，有一篇《回忆、想象应直面瞬息》，这篇箴言式的诗意写作近乎直观地表达了思着的存在者接近存在的两条路径，萌萌用一种近乎直观的方式体认到，回忆与遗忘通往那个关乎"存在"的瞬息——萌萌称之为"瞬息"，她用一种诗意的箴言体将这个"瞬息"一端连着想象，一端连着回忆，瞬息的背后，实际上是"存在"。尽管她热爱充满创造力的想象，但也注意到带有模仿性的回忆。回忆，正是对过去发生的事情与习得的知识的一种模仿性重构。这篇作品的第一个字是第一人称"我"，并且"我"将在随后的思考中不断闪现。萌萌为自己的这篇作品加上了序号，将之分为 36 个小节，在前 4 个小节中，大量的"我"喷涌而出。

在《回忆、想象应直面瞬息》的第一句话中，萌萌就迫不及待地吐露：

　　我害怕自己的想象，它一次次把我拖到疯狂的边缘。（1）

　　萌萌同时体认到"想象"带来一种向上的、朝向光明的创造力。但"想象"自身具有的疯狂同时也让她畏惧。

　　我从无边的黑暗走来，向无边的黑暗走去，只有想象投射给我一片光明。（2）

　　想象带给我多少创造的快乐，也带给我多少濒于绝望的痛苦。（3）

　　于是，她希望净化这种想象——而不是取消想象。她同时意识到，这种想象尤其属于女人，它辉煌而富有创造力，但是，有时会将这样善于想象的女人引入一种悲剧的命运之中。萌萌需要寻找葆有想象，并使之净化，最终能让想象带来的牵引力不至于让人（尤其是女人）完全脱离大地，萌萌敏锐地看到，脱离存在的想象会变得轻浮而漫无目的。但是，她同样清醒地懂得，自己与想象之间纠缠的命运，想象完全内在于她的生命。于是在第4节中，她特意提到一位朋友，提到安娜·卡列尼娜之死。与朋友交谈安娜的致命想象，强化了这个印象——接下来对想象的考问与审查脱胎自"我"——特别是作为女人的"我"的生命体验。在第8节中，萌萌给出了自己接下来严肃对待的问题：

问题在于，保留想象，又不脱离真实的大地。（8）

第9节只有一句宣言，宣誓"我"与想象的关系，"我"对"想象"直接呼告：

想象，我用整颗心承担着你。（9）

之后，"我"开始隐藏起自身，萌萌开始以一种疏离的姿态审查想象，"我"只是偶尔地闪现。这是一种思想者的能力，萌萌之思来自自己的生命体验，生命中遭遇的绝望与狂喜是她思考的起点，但是，由于萌萌是一位真正的思想者，真正的思想者不会沉溺于自己遭遇的绝望与狂喜，而是会与之保持距离，否则，她的生命体验将就此止步，无法抵达"存在"。同时，正是由于这句呼告，"我"的整颗心都承担着"你"，那么，接下来对"想象"的审查，同时也是对"我"的审查，萌萌开始书写自身。阅读萌萌这种特殊书写形式时，必须记住萌萌自身生命体验与她的存在之思之间的关联。

于是萌萌接着说：

想象如果离开生存之根，就会漂浮得漫无边际。（10）

她明确将"想象"的根基定为生存，这个生存，在最表面的意义上，是人之一般性存在，到后面，萌萌会将这个生存扩展至哲学意义上的存在（to on），而人之存在与哲学本体论意义上的存在，在萌萌这里是合一的，她的形而上学探究不是一种本体论（ontology）癖好，而是由对人之存在问题自然萌发的好奇所指引的探究。意识到"想象"与生存（或者说存在）之间关系的萌萌接着要求"想象"必须具有思的能力，"想象"不是一种悬浮在语言表面的朦胧情调，仅仅制造令人迷醉的氛围，它必须能够穿透语言的表层，从根基处——存在——拔地而起。

　　萌萌意识到，根基性的"存在"幽微而又混沌，于是，她没有试图直接澄清"存在"，她依旧借助思考"想象"来抵达"存在"。从第 13 小节起，萌萌开始界定"想象"。她用"想象"勾连"先验"与"经验"两端，用萌萌的话说，想象的两头是想象的先验与真实的人、真实的生活。这表明萌萌思考的独特性，她既非理性主义者，亦非经验主义者，虽然在她那里，思之起点是鲜活的人与生命。由于思之起点是人与人生，要进行关于"想象"的思考，就要先讨论人与生活的真实。人与生活之真实状态的根本特征在于其不完满性或限度——只有属神的，才是完满的，人充其量只能努力超越自身的限度向完满的神性上升，也就是追求卓越，但绝不可能彻底克服这种不完满性。因此萌萌认为这种不完满性分为"有欠缺"与"错位"两种状况（第 14 小节），进而讨论这两种不完满性对人生的影响。

　　如前所述，倘若仅仅是欠缺，这还意味着许诺存在一种高于人的完满存在，也就是说，存在美好。可是，萌萌希望追问，若是根本就错位了该怎么办？这一追问类似于尼采表达的赫拉克勒斯面对流变时的追问——若是存在的一切终将逝去，人之存在的合理性何在？萌萌想知道，面对最终极的绝望，还有什么可以支撑人的存在？

她发现，当一切都无法支撑人之存在时，生命本身还原至原初的混沌，还原为其自身，那么，能够支撑生命的，唯有生命自身。存在自身是存在之根。因此，必须进入其自身，进入指向自身且仅仅依据自身的东西，即柏拉图所说的 αὐτὸ καθ' αὐτὸ①。萌萌用了这个重复性的自我指称（self-predicative），**生命就是生命**（第14小节）。可以说，在某种意义上，萌萌这里的"生命"与"样式""存在""自然""上帝""我"这些语词一样，成为哲学的核心概念。萌萌要做的不是对象化地思考生命，相反，她就是"我"，就是"我的生命"，同时，她要思考生命自身。

萌萌试图在"常态生活的断裂处"寻找新的地平线（第15小节），因为，只有在这时，人才可以进入真实的内心体验之中（第22小节）。在萌萌看来，人进入这种断裂处靠的是"梦想"，于是，她开始界定"梦想"，或者说，她开始谈论"梦想"之于"生命"的意义。"梦想"朝向一种明确的目的性，它关乎的是非时间性的当下。在萌萌看来，线性的时间，也就是常识意义上的时间，意味着方向性，意味着先后关系，而这种先后关系孕育了逻辑上

———————

① αὐτὸ καθ' αὐτὸ 是柏拉图对话中的一个关键词，通常用来描述"样式"，即 εἶδος。柏拉图用这个描述是为了表明，"样式"与其分有它的东西（也就是我们的世界中的东西）分离，它仅仅由其自身激发。同时 κατὰ 还包含"与……一致"（in accord with）的意思，于是 αὐτὸ καθ' αὐτὸ 表明"样式"仅仅与其自身一致。这个关键词通常翻译成"在其自身之中且为了其自身"（in and for itself）。

的因果。她试图在时间中寻找超时间的东西，对她而言，也就是说在常态生活中寻找断裂。她看到，"混沌""重复""瞬息"都超越时间，或者说无时间性（第 18、19、20 小节）。萌萌没有选择"混沌"与"重复"，她说，想象是为了进入"瞬息"，她要通过直面瞬息，从而敞开生存的深层空间，从而让想象重构起整全，也就是说，重新建造意义。因为她看到，"瞬息"朝向永恒。

　　"瞬息"是什么？它与"存在"有着怎样的隐秘联系？柏拉图在《帕默尼德》中曾将"瞬息"（τὸ ἐξαίφνης，156d3）这样一个临界的时刻作为"样式"的栖身所。这个超时间的临界时刻，既捕捉到"存在"又松开"存在"。"瞬息"这个概念让我们思考非时间性的样式与时间性的事物间密切关系的方式。样式并非时间中的存在，它恰恰没有时间限定，这并不等于说样式存在于一个时间之外的隔绝世界。相反，由于样式被置于"瞬息"之中，它就等于内在于时间中的某个绝对核心之中。由于"在其自身之中与指向其自身"并不关心时间的限定，样式就是永恒不变的呈现，这种不变的呈现令事物拥有了自身的时间延续性，这样一来就令事物首先成为其所是。于是，样式的超越性促使其内在性成为可能：因为样式就其本质而言并不同于事物，它就适合作为事物的内在根据。这也正是萌萌选择"瞬息"而非"混沌"或"重复"的原因。"瞬息"的超时间性达成了一种超越而又内在于时间与生命的状态，否则，"生命"将只是其本身，而无法达到萌萌所说的"深层空间"。萌萌认为，"想象－超出－瞬息"勾连起时间与空间，用萌萌的话说，建立起了超越而又内在生命的"旋风中心"。

由此，萌萌从常态生活的断裂处纵身一跃，进入存在。

于是，她开始讨论"回忆"与"遗忘"。在第 30 小节，萌萌说：

> 人的回忆，这种既属于精神又属于物质的现象，是较之人之遭遇更为神秘的。人不断地积累着记忆，也不断地遗忘，谁又能说清，回忆，在什么时候，在什么地方，以什么为契机，怎样地发生。

回忆与遗忘伴生，而遗忘直接关乎人的生存。对萌萌来说，遗忘象征着死，也就是消逝，而回忆则与新生相关。在第 32 节，萌萌提出"一种遗忘"与"真正的回忆"，她说：

> 有一种遗忘，它不是真的消失，而是一种潜抑即更深的存在。真正的回忆正是从这种遗忘中生长起来的。

在这里，萌萌正式将回忆确立为从存在中生长出来的东西。根据女先知第俄提玛在《会饮》中向苏格拉底传授的爱欲的教诲，生成就意味着不断由年轻的接替年老的，生成接替保全了我们作为类的"存在"，个体生命虽然在时间的流淌中从年轻走向衰老，直到逐渐失去身体的各个部分，在变"老旧"的过程中，不断成为"新"的个体，最终逃不过放开"存在"——也就是《帕默尼德》中所说的"消逝"；但是，正是由于年轻的对年老的不断地接替，我们作为类的"人"又可以总是"存在"（《会饮》207d）。正是在这个意义上，萌萌说，象征着消逝的遗忘是"一种潜抑即更深的存在"。

在柏拉图那里，好的记忆力通常被视作爱智者必需的能力，甚至是爱智者的天性。例如，在《王制》486c–e，苏格拉底强调"健忘的灵魂不能算作真正哲人的天性"，哲人必须有好记忆力。[①]遗忘意味记忆在时间中的流逝，我们还记得在蒂迈欧讲的那个创世神话中，时间是永恒者的摹本，可时间又是流逝的，它与天体一样存在生成与消逝，时间当中的存在者本身同样有变化（《蒂迈欧》38a 以下）。柏拉图对话中"遗忘"的戏剧情节（如《帕默尼德》开头讲述者克法洛斯故意遗忘安提丰的姓名）提醒我们，我们看到的所有戏剧情节与人物对话都发生在时间的流动中，尽管通过言说，即逻各斯呈现的一切显得凝固不动，我们所见证的柏拉图对话，既超越时间，又不可避免地留下时间的印记。逻各斯勾连了属人的与永恒的，从而担负起人类接近不朽的重任。敏锐的萌萌同样洞见到瞬息、时间与回忆的形而上学意义，她看到：

> 说不定在哪个瞬息，回忆就会打断表层的时间锁链，在常态生活的断裂处涌流出来……（32）

同时，她认为：

[①]　柏拉图多次强调，好记忆是变得哲学化的一个重要先决条件，例如《王制》535c，以及《书简七》341d、344a1。

回忆或想象，只有在这里（当下、此时、瞬息）才能获得它的形而上学意义。（35）

萌萌要净化她的想象，那几乎要将她拖至疯狂边缘的想象，回忆这种非创造性的东西充当了净化剂，为了不脱离大地，回忆在这里成为一种平衡性的力量，回忆背后隐藏着某种计算性理智，一种对萌萌来说稍显僵硬的逻辑力量，但是，在萌萌创造性的生命中，这种力量同样不可或缺，这就是她选择让回忆与她用全部生命承载的想象共同面对"瞬息"的原因所在。反过来，在萌萌这里，获得了形而上学意义的回忆或想象的目的仍然在于为人之存在赋予意义，形而上学意义服务于生命。她所珍视的，仍然是生命与生命的体验。比起一种哲学理论或体系，对萌萌来说，更重要的是生命本身，生命之流远比任何一种理论来得精彩。因此，她最后说：

体验，是把生命整个地投入生命之流中达到时间的历时性与共时性的统一。
是生命的直觉。
是历史意义的生命形式。

萌萌用她的生命本身整个地投入了最具诗意，也最具哲学天赋的人生。

坚持守望那片隐秘的空白

——萌萌在文学艺术中"临界倾听"的指向

周　洁[①]

在《夜行的驿车》中，康·帕乌斯托夫斯基的安徒生利用暗沉的夜色创造了一系列令人沉迷的童话，这些童话本身蕴藏的美激励着人们，为了身处困境的爱人，可以"不远万里，越过白雪皑皑的群山，穿过滴水全无的沙漠"[②]，前去安慰对方；为了祝福旅途中萍水相逢的姑娘们，安徒生变身为预言师，大胆地为姑娘们憧憬的未来祈祷；童话境界也赋予了安徒生无穷的创造力，让守林人七岁的女儿在雨后树林中长出的蘑菇下面"发现""地精"赠送给她的礼物……但是，为了让世人经童话的滋养心灵才"不会那样容易变得冷酷无情"而终生进行童话创作的诗人，却无力在现实中享受童话，哪怕是一场短暂的爱情。因为他担心生活中爱的光亮会让多彩的童话黯然失色。在为了更大的爱而逃离埃列娜·葛维乔里的暮色中，他听到"维罗纳全城响彻晚祷的钟声"。

①　作者单位：海南大学人文传播学院。
②　康·帕乌斯托夫斯基，《金蔷薇》，戴骢译，上海：上海译文出版社，2007年，页192。

这钟声是帕乌斯托夫斯基为不幸诗人的祈祷，也是对这个苦难世界的脆弱祝福。

康·帕乌斯托夫斯基把安徒生的童话活动安排在暗沉的夜晚，连烛光也没有，只有微弱的星光如天使的声音，在提醒、激励、陪伴着诗人。没有白天光亮的干扰和迷惑，诗人可以在黑夜里安静地沉思与创作，在微弱星光的指引下观看世界，体察人世间的泪水和欢笑、苦难与希望，看清道路的险阻艰难，并以童话创作来回应。

在此，康·帕乌斯托夫斯基并没有迷信光的力量，让光明战胜黑暗，用五彩斑斓的光充实世界，让太阳给他的诗人引路。相反，他的诗人置身于夜色，巨大厚重的黑暗包裹了整个世界，只有微弱的星光在悄悄闪烁，显现着夜色那暗沉的背景，仿佛在暗示，正是借助黑夜的庇护，这微弱的星光才得以闪烁并显示自身的限度。换句话说，世界置身于黑暗之中，只有诗投射给人一片光明；黑暗是光明的限度，如果没有黑暗，或者光明完全征服黑暗，那么这个世界将会在纯粹的光明中被平均掉、被遮蔽掉而失去自身。在这个意义上，**黑暗是光明的限度即庇护；黑夜是白天的断裂与守护；而诗是黑暗的断裂、生成与转换的空间**。失去了对黑夜的守候与看护，就会失去诗的生成空间。没有看守黑夜的诗人，黑暗就仅仅是黑暗，难以在断裂中生成与转换，世界将永远冰冷。因此，**诗人是这个世界的寒冬守夜人**。

熟悉并喜欢帕乌斯托夫斯基的中国思者萌萌谙熟这种关

系①，并以"听"的方式来接近和参与这种关系。她在一系列文字中显示光明与黑暗之间的共生及生成与转换，让黑暗成为光明的限度与持守，光明也得以在黑暗的庇护中成为温暖人而不是焚化人的高温，人也因此成为有缺欠的生命存在，并在光明与黑暗的共生中意识到自己的缺欠而趋向完满，获得自身的超越性生存。因为现代人在技术理性的概念思维的黑夜中待得太久，心灵困倦得已经麻木，需要一块自由的空间来喘息疗伤。这种意识的生产过程是一种返乡归根的过程。它并非完全来自远方的逼近或激发，更多的是来自脚下土地的眷恋与热爱的孕生。

　　也许是出于与自己土地的关系，萌萌化用了中国绘画艺术中的一个词——"空白"，用它来阐发文学艺术创作中意义的生成与转化，表达自己倾听文学艺术作品时心灵与心灵相遇、相撞激发出来的瞬间情绪及其指引，理解生存中的人的意义的核心所在。尽管这个词早已广为人知，是人们理解中国画的关键所在，但这个词现在因萌萌而获得了新的意义，它既是萌萌临界倾听的指向，也是萌萌临界的界面所在。从某种意义上说，"空白"这个词语已经在萌萌的临界倾听中显示着康·帕乌斯托夫斯基的安徒生童话创作活动的处境及其深刻复杂的意义。与其相关的是倾听时显现出来的"断裂"。

　　从现有的资料来看，萌萌对"空白"的沉思并没有形成一个

---

① 萌萌在写作中多次请出帕乌斯托夫斯基，如在《临界的倾听》中，在清理中文著作的《失去的和得到的》与《谁来救治人生的残缺》这两篇文章中，她都情不自禁地引出帕乌斯托夫斯基的《金蔷薇》，足见其喜欢的程度。

专门的研究主题，而是散见在不同时期的文学评论和美术评论中。这些评论或随笔更多的是想表达她的"听"与"断裂"的感受与经验，尤其是"听"的经验。这从她早期著作的命名中就可以看得出来，如《临界的倾听》《断裂的声音》等。无论听的是诗、散文、小说还是美术作品，她往往都指向一种对惯常的断裂及其后的不确定性、生成性、丰富性与神秘性。她在这种临界的倾听中捕捉到的断裂的神秘性常常令其惊讶不已、欣喜不已。但无论听的对象是什么，它几乎都无一例外地指向一处隐秘的空白，这空白不是虚无，更不是可以让人随意涂画的"白板"（像某些轻浮的想象那样），而是对惯常的中断，对确定的否定，对无限的限定和对有限的超越，是一处神秘的生成空间，作者和读者在此相遇，相互激发，使作品的意义空间无限拓展。如果再往前推进一步，那么在某种意义上，这处"空白"就不仅在文学艺术的创作和阅读中，更在个体生命、族群生存乃至人类的存在中，有其孕生自由的意义，**是疲惫心灵最后的自留地，是长年漂泊历尽沧桑之后决定返乡的游子可以走回的土地**。尽管它是那样的隐秘和不确定。

要想真正理解"空白"在萌萌那里的意义，及其自身显示着的意义空间，必须搞清楚它在萌萌思想中的位置及其限度。

那么，萌萌到底在何处，又是以何种方式获得这个临界的界面及其指向的？它有几个层面？是否有度？

一

　　萌萌的阅读兴趣较为广泛，从她的文字类型来看，主要有哲学、神学（宗教）、文学、历史、美术、电影等，都有文字留下来。从形式上看，有的是规范的学术论文，有的是随笔，有的是评论，还有的是读书笔记。我把它们都看成是萌萌同各类灵魂真诚交往的真实记录。"空白"主要出现在美术评论中，最初是强调艺术创作要留有余地，不要占有所有的空间。进一步的延伸是文学艺术的意义空间在作者与读者相互激发中的自然敞开。它源自于"断裂"。

　　萌萌在断裂处寻找和期待的空白来自听。严格来说，她的"听"绝非日常意义的对声音的感受，也不是指对别人的虚心接纳，而是在一种临界状态中神－人相遇时的处境。对于有过这种临界经验的人来说，"'听'是一种接纳、开启，在许多人的生命中，它或许是比'看''说''写'更原始的经验，虽然只有到'写'，听的接纳与敞开的边缘性，才还原到自在的生成状态"。①单就人的功能而言，听就比看更本原。人在娘胎里不能看，却可以听，既听来自母亲慈爱激奋的爱抚与喃喃低语，也听来自母亲周遭闹市的喧嚣嘈杂、夜深时的静谧清闲，还可以听遥远或近旁的神秘。

　　看比听更加直观，也因此成为更受人类接受和器重的认识方

---

① 萌萌，《临界的倾听》，珠海：珠海出版社，1995 年，页 39。

式和经验方式。这种直接的、一览无余的经验方式一度让西方的形而上学家们兴奋不已，以为可以借此占有存在、把握世界、创造历史，凭借它，人取代上帝的时刻似乎已经指日可待。形而上学的自信来自于希腊的"理性之光"。已有哲学家指出，"希腊哲学乃至西方形而上学是倾向于有显无的'光'的哲学"。[①] 因而"希腊理性"历来被称之为"自然之光"[②]。在柏拉图那里，光有两重功能，一是万物显现的来源，由于光的作用，万物得以进入人类的视野，成就了人类的观看。因此，光是看的前提，没有光，世界将处于黑暗中而隐于无。二是人类认识世界万物真理的来源。[③] 如果说第一层意义上的光是自然之光的话，那么第二层意义上的光就是理性之光，他给予人认识万物把握真理的能力，使人有机会"看到"原本隐藏在万物背后的"真理"。借助于光的这一层功用，人似乎就能窥探世界的秘密，或者说，凭借理性的能力，人就能叩开世界万物紧闭的大门，让其自动显现在拥有理性之人的面前。它暗含的认识逻辑是，假使今天认识不了，明天一定能认识得了，总之，让人"看不见"的东西是不存在的，一切都只是时间问题。[④] 希腊的努斯理性至此已经开始出现了技

① 张志扬，《偶在论谱系》，上海：复旦大学出版社，2010 年，页 87。
② 张志扬，《偶在论谱系》，上海：复旦大学出版社，2010 年，页 87。
③ 柏拉图，《理想国》，郭斌和、张竹明译，北京：商务印书馆，1995 年，页 276。
④ 张志扬先生在《西学中的夜行——隐匿在开端中的破裂》第六章"'光'与'死'"中明确指出，被西方后世形而上学家们看成是"阳光化"产物的希腊哲学，事实上是"隐匿了阴影之谷"的幻象，开端处的裂隙与奠基处的深渊时时刻刻都在显示着"阳光下的阴影"。(张志扬，《西学中的夜行——隐匿在开端中的破裂》，上海：华东师范大学出版社，2010 年，页 115—121)

术理性的倾向。这一倾向经近代西方启蒙运动的狂热改造，彻底遮蔽了它努斯理性的神性维度，断掉了它与神秘的关联，世界的深度结构在近现代启蒙理性即技术理性肆无忌惮的"光照"之下，成为"显白"的平面模式——一切事物都会在理性的光照之下现身，没有例外。

处身于现代性困境中的萌萌对现代启蒙理性单向度的认识模式对深度模式的遮蔽有深刻的体会。在文学艺术创作中有着独特地位的情绪、情感、感觉等因素，或因其不确定而被确定的技术理性当作错误或不可靠因素排除掉，最终窒息艺术的生命。因为

> 技术理性的发展，却给感觉带来了愈来愈严重的两难困境，即感觉的直接性被它自己的延伸物——电子计算机、电脑或政治的、伦理的、功利的思想构架替代了；感觉的随意性和自在性也被它自己唤醒的技术理性在定向伸展中造成阻隔，感觉就这样在确定性的框架中窒息着它的活的生命。这是现代文明带来的一个具有普遍性的问题。①

这一问题的实质是，阳光之下的观看使世界平面化、确定化，而独立于看的"听"不仅可以从根本上揭示"看"的平面化而显示世界的丰富性和不确定性，从而与看构成独立互补。这在

---

① 萌萌，《临界的倾听》，前揭，页123—124。

文学艺术领域里愈发明显，因为"文学艺术愈来愈倾向于在有限的、确定的表达中牵引出更内在的、更丰富的、无法言说的东西"①。这种"更内在的、更丰富的、无法言说的东西"无法通过看来获得，只能在"听"中达到或接近。因此，萌萌无论是在文学中还是在艺术中，都强调听胜过看，试图用听来弥补看的不足，还原被看所遮蔽了的不可言说的神秘性。有趣的是，在进行这一工作时，萌萌选中的不是一个听觉性的词语而是一个视觉性词语——"空白"，一个传统中国画的专有名词。其目的很明显，即用听的经验来还原看本身应有的深度与广度，将观看本身的经验引向无法言说也无法确定的神秘区域，在丰富看的经验之时，显现人自身经验的限度所在，尤其是经验向文字转换之时。

从直观上看，空白最初是视觉中的空无之处，是事物的退场或隐匿时的状态。表面上，它显示着画面上画家有意留出的想象空间，是画面中不着笔墨之处，使之与笔墨刻画之处虚实相生、有无相成，给观者以无限联想的空间。从深层上看，空白是中国人独特经验方式的语言表达，目标指向"弦外之音""言外之意"。这大大小小、形式各异的空白成了中国画家追求"象外之象"的秘密蹊径，其空灵玄妙之境也成历代画家与诗人竞相追逐的目标，它以看指引着、显示着听，召唤着神秘领域，构成了中国人的独有经验。简言之，空白之境是中国人精神结构的一部分。

———————

① 萌萌，《临界的倾听》，前揭，页 123—124。

　　但自近代以来，在西方列强用他们的坚船利炮打开中国的国门，强行推行他们的商品之时，也将他们的文化带到了中国的土地上。随着中国在军事、政治、经济上的一败再败，中国人才不得不面对西方的"真理"，欲习之而图强。问题是，随着"西学东渐"的进行及"全球化"浪潮的推行，源自希腊理性的技术理性之经验方式几乎也成了现代人最主要的（如果不是唯一的话）经验方式，其具体表现是欲将整个世界置于"光"之下，以看超越甚至取代听。听面临着被迫逐渐从中国人的经验方式中抽身隐退的窘境。空白被逐渐填满各种东西以便具体着、"丰富着"观看的内容，从而挤压甚至是敉平听的空间。萌萌对此心如明镜且满怀警惕。对她而言，一旦感觉的直接性被电脑等延伸物所替代，感觉的随意性和自在性被它自己唤醒的技术智能、思想概念所吞噬，那么感觉的对象愈丰富，感觉本身就愈有一种失落感、无家可归感。因为读者绝非现代传播学所设定的"受众"，只会被动地接受作者安排的观看，而是同作者一起进入作品，丰富作品的同道人。为此，萌萌直陈：

　　我真想大声地呼喊：不要忘了我（读者），不要把我置于单纯接受的被动地位，更不要仅仅把我当作一个受教育者。对于时代精神的反省，使我站在和你同行的精神高度。你的线、形、光、色呼唤着我的感觉，我将我的体验、感受、生活积累整个地投入你的作品，丰富着你的创造。只有在这被读者多角度、多层次丰富的创造中，你的作品才可能达到真正的完整。①

此处呼吁的是对作品的想象空间的释放，是对空白的保留。

根据萌萌，能够展现作者和读者不仅是同步的，而且是互补的，正是作品中的空白。而"所谓空白，就是潜藏在作品可说性下面的不可言说的'黑洞'。它是收摄和释放想象之精灵的神奇的土地，是心灵自由喘息的空间"。②

也就是说，空白是一处隐秘而奇特的空间，作者与读者在此达到相互交流、共同促进，在丰富作品意义的同时，升华作者与读者的品位与境界。空白的存在赋予作品多种可能性并诱发着多种可能性。失去了空白，就意味着作品失去了生命力的搏动。

需要再次强调的是，空白绝非什么都没有的空无，更不仅是技法上的留空。这种人为的技术设计留下的只会是具体的、确定的、有限的意义，而非丰富的想象关联。对读者来说情况亦是如此。如果读者在面对作品时看不到或领会不到它独有的空白，那么，读者将会感受不到潜藏在作品可说性下面不可言说的"黑洞"，那收摄和释放想象之灵魂的神奇土地，那心灵自由喘息的空间。这空间里或许会安放着作者与读者共同的梦想，在两心相遇时强烈地激起了读者的生活体验与生命理解，提示着作品的空白，丰富着、拓展着作品的内涵。作者和读者也在此过程中相互

----

① 萌萌，《临界的倾听》，前揭，页160。
② 萌萌，《临界的倾听》，前揭，页171。

补充彼此的经验。

尽管空白理论的讨论都集中在文学艺术评论中，但萌萌的真正关注却不止于文学艺术的表达及其限度，而是现代性背景下的人的经验及其限度，尤其是现代中国人本有与应有的经验结构。这直接关系到中国人对生命与世界的理解，对自身文化与命运的理解与选择。那是现代中国人历尽沧桑、久经磨难后，可以静静地舔伤的园地，是灵魂在历经麻木、堵塞之后的喘息之地。中国人或可在此处归根复命走回自己。

二

根据萌萌论述的显现，那释放想象的精灵的土地、让灵魂自由喘息的空间，并非一块现成存在的神奇之地，人只要虔诚寻求、悉心照料就能让其驻守在自己的生存之中；亦非传统中的一块护身符，我们只要回头伸手就可轻易得到。毋宁说它是日常沉沦的偶然中断、是被技术理性传统发明的种种概念层层包裹下的突然缺口、是惯常经验的断裂……之后，涌现出来神秘的生成状态。因此，空白背后的断裂是萌萌力求思想临界的学术突破，既有语言界面上的无语，也有电影阅读中的脱落，还有情绪上的无聊。

别以为萌萌对断裂的把握也是一种概念意义上的规定和演绎，相反，它恰恰是打破概念语言及其血脉相连的演绎思维的产物。她的问题并非源自某个传统的继承，也非来自某位思想家的启发，而是长期身陷概念逻辑思维的深渊，猛然觉醒后自觉突围的思想探险。

形而上学对人的固置是如此长效隐蔽地深入人的生存，深深地裹挟着人，几乎成了人无法选择的存在方式。萌萌禁不住地感叹：

> 人们已经为语言构造了那么多的逻辑框架，它们早已转化为日常语言的各种形态，乃至无意识的语言形态。经验是不待说了，甚至情绪、感觉，甚至想象，都可能隐含着逻辑的前提和根据，以致任何人一爪落网，就不免全身被缚。①

"一爪落网，全身被缚"生动地描述着萌萌当时处身的艰难及其奋力挣扎力争突围的困境。在这种处境中，人早已被先验的语言存在所淹没，是一种地地道道的"被抛"状态：被抛入语言之中、习俗之中，被生存的政治平均化。凡不被平均化的人都会面临成为"人民公敌"的危险。海德格尔在《存在与时间》中曾将这种生存中的平均化描述为"沉沦"，通过"闲谈""好奇""两可"来达到平均化。在此结构中，处在语言中的闲谈就是要通过一些具体的、个别的现象来通向一个普遍的现象，即意图以日常的个别来达到一般，把握真理。但其实质却是一种常识的传播，是对真正的思、深思的遮蔽。只有超出沉沦的一般状态才有可能回到思或沉思的状态中来。在海德格尔那里，走出沉沦

---

① 萌萌，《断裂的声音》，上海：上海人民出版社，1996年，页185。

的途径是先行平均化，在沉沦中一般化后再走出来，其存在方式是"畏"与"死"。畏指向的不是具体的事物，而是存在的境遇。它是对知识的平均化的动摇，是对常识结构的瓦解，因而是对常识化的不满。死则是人直面虚无的处境。正是这种情绪使人从坚硬的平均化即沉沦中解脱出来。畏与死是海德格尔借以挣脱平均化、常识化的坚硬的束缚而思想临界的表现。

尽管海德格尔是西方少数具有临界思想的哲学家，其运思的深度世所罕见[①]，但他毕竟生于西方形而上学传统、长于西方形而上学传统，无法找到真正从形而上学坚硬包裹中脱身的解救之道。因此，即便他"懂得黑暗、星光，仍然止不住全身浸透在纯粹光明中的向往，黑暗终究还不过是光明的一个逻辑陪衬而已"[②]，其生前拟就却要求死后才能发表的著作《只还有一个神能救度我们》就是最好的注解。

置身于东方传统的思想家萌萌在经历了早期虔诚地跟随、"沉沦"之后，深刻地体验到西方意识形态话语对思想的窒息。她深知海德格尔式的临界思想对打破自己及其民族盲目跟随"真理"行为的重要性，但同时也很清醒，如果没能找到一条真正属于自己的思想道路，就不可能最终挣脱"一爪落网，全身被缚"

---

① 正因为如此，张志扬先生将海德格尔称为西方哲学史上的"白乌鸦"，以显示自诩为普遍真理代表的西方形而上学的自身反讽（张志扬，《偶在论谱系》，前揭，页5—6）；列奥·施特劳斯将海德格尔称为"我们时代唯一的大思想家"，尽管这是一个"大麻烦"（列奥·施特劳斯，《古典政治理性主义的重生》，潘戈编，郭振华译，北京：华夏出版社，2011年，页74）。

② 张志扬，《偶在论谱系》，前揭，页38。

的命运。因此，当她戳破"纯粹光明"的幻象而深深地沉入黑暗之后，她找到的不再是海德格尔的畏与死，而是东方自己的"倾听""断裂"与"空白"，力图借此真正走出被缚状态。分两层。

其一，在个人的思想层面上，在多年的跟随后猛然出现的无聊情绪是来自深处的神秘隐喻，显示着思想者对坚固思想惯性的断裂。这断裂是平时坚不可摧的信仰的动摇与缺口，因着这一断裂与缺口，个人在无期待的无语中进入临界状态，为被日常层层压迫的灵魂找到一块喘息的空间。

其二，在民族文化传统层面上，因着这一个人、一批人的"不知所措"的断裂而停止跟随的惯性，走穿西方自诩为"真理"的意识形态，为自己的民族文化重新走回自己创造条件。

先来看看第一个层面。

为了找到适合自己的突围道路，萌萌打破常规，不是从概念的分析入手，而是从文学艺术的阅读入手，在小说、美术或电影中直接聆听那有广延的、直观的空间性无语表达出来的语言的缺口。

对萌萌来说，日常生活已成一种光亮的生活，一切都清清楚楚明明白白无可置疑，连期待也是如此。"这光亮就是日常生活里我们有意识使用的语言。它用明朗、透亮的意识呈现着使用者的无意识"。[①] 但日常生活应该还有一种期待不是光亮，它非但"不是光亮，恰恰相反，它是光亮中划破光亮的黑暗"[②]。

萌萌显然是在寻找一种破除这所谓"光亮"的意识形态思维方式的路径，松动一下固定化、规范化、程序化的生活形态，还生命以鲜活。因此，她所谓的"光亮""黑暗"等都是隐喻的意义上使用的。此前，"光"在历史上就已经被意识形态化，被人们固执地认定为人类追求的终极目标，是人类的理想境地，是人间天堂的象征，是人摆脱贫困祛除邪恶进入幸福的终极庇护。而黑暗则正相反，是人坠入万丈深渊、进入万劫不复境地的罪恶时代，是一种看不到希望的生活。白与黑的界限是如此分明。在这种思维里，即便光明真的需要黑暗，那也只是光自己显现的需要，黑暗终是光明的陪衬，以至于辩证法手里的"光明"与"黑暗"之间的转换也不过是"光战胜黑暗"的终极"白色神话"。[③]具体到生存上来，在物质上追求丰富奢华的排场表现，在精神上明确自己的地位和观念，在追求所谓的个性中惊人的同质化，以至于人们在表达某种情绪时的表情、动作等情感方式都如出一辙，如同经历了同等训练一般，仿佛一切都是单面的、确定的和透明的。

萌萌以她特有的敏锐体察着现代生活的同质化，并力图打开

① 萌萌，《断裂的声音》，前揭，页140。
② 萌萌，《断裂的声音》，前揭，页140。
③ 参见张志扬先生《偶在论谱系》第一章、第三章关于"光"的相关论述（张志扬，《偶在论谱系》，前揭，页42、87）。

一个缺口，让窒息的灵魂寻找一块可以喘息的土地。为了最大限度地完成这几乎不可完成的任务，萌萌没有沿用单一的哲学分析方法，直接切入问题并进行分析解构，而是继续从日常生活、文学阅读、电影阅读和哲学思考寻找到突破口。最集中的成果是《无语——穿透无聊的期待》和《断裂的可隐匿的声音》。在这两篇论文的探索中，她以迂回的方式显现了现代单一的、同质化的生存中隐藏着的秘密缺口，寻找着意义重新生成的空白之地。

在这里，最突出也最出色的是对《去年在马里昂巴德》的阅读经验。正是在这里，萌萌看到了"断裂"与"无语"，并显示了其后的"空白"。

这部电影的主角有三个：A、X、M。A 是一年轻女性，M 是她丈夫或男伴，X 则是一位 A 没任何印象却又一个劲地提示他们去年在一个叫马里昂巴德的地方相遇并相约一起私奔的青年男子。他们与一群衣着富贵的男女同在一处不知名但各项设施都相当完备的度假村或高档酒店里。在电影中，X 一再让 A 相信他们真的认识并曾相约出走，使劲劝她履行私奔的诺言。最后，A 好像真的相信 X 的说法而一道出走了。于是，许多评论都将这部电影描述为一个关于"劝说"的电影。

而萌萌关注的则是，就背景而言，电影的场景是一个巨大、富丽堂皇而又阴森可怖的国际性宫殿，住户们彬彬有礼、极其富有，同时无所事事，成天都在听音乐或玩各种游戏。这种生活已经不是衣食无忧，简直是奢华至极，不仅是物质上而且也包括文化上的——各种智力游戏与高雅的音乐会。但是"这里创造者的生气都已被创造物吞噬，生动的东西都已经被吞噬"。"这里内在性仿佛被一个咒语封闭在了迷宫深处，整个气氛都透射着这咒语的不可解脱的僵死和坚硬"。[①] 在金碧辉煌的外表下面是一个早已窒息的没有生气的生活。M 的存在已经成为一种先在的观念在决定着 A 的意识，成了 A 无法摆脱的影子。对 A 来说，生活已然是一座无形的监狱。于是才有 X 的出现。或者说，X 是 A 恍然中一个隐约的莫名的期待。如果生活真的完满，就不会有 X 的出现，X 本身就是完满生活幻象下的一个裂口。

　　事实上，《去年在马里昂巴德》是一个巨大的象征。它提出的问题在于，战后欧美发达国家正处在"黄金时期"，经济空前繁荣，物质极其丰富，人们非常自由；但这是不是人们期待中的幸福时代？如果是，那么 A 的恐惧与迷茫来自哪里？她为什么把"无"当成"有"？如果不是，那么人类的发展方向又在哪里？换句话说，西方在 20 世纪中后叶，物质高度发达，人们试图重建生活。由于战争的原因，人们一度怀疑理性、怀疑上帝，生活的根基已经被毁掉。被毁掉的生活（精神）还能够重新建立起来吗？开始繁荣起来的物质生活是否就是我们所需要的？如果是，X 就不存在；如果 A 感觉到空洞，X 就会随时出现。A 一旦有空虚，无法满足自己，又不知道这一空虚到底是什么，连贯的生活就脱节了。这就是断裂。

　　在此断裂中，日常的、沉沦的时间和空间的绵延的假象，

---

① 萌萌，《断裂的声音》，前揭，页 163。

让人感觉到真实的时间，即每一个时间瞬息都是缺口。萌萌
写道：

> 只有常态生活的断裂，文明累积起来的、包裹着人的、
> 层层外在的社会关系在断裂中脱落，内心的时间节奏和外
> 在的时间节奏骤然脱节，人真实地直面自己，在回忆、想
> 象、期待中逗留于自己心灵空间，时间，才挣脱过去的因循
> 惯性、将来的虚幻性和现在的遮蔽性的常态，进入当下、此
> 时、瞬息。①

觉察生活的缺口导致的断裂与脱落，是萌萌追寻的可以喘息
的空间。因为，"常态生活出现裂口，带给人一种真实的可能性，
打开人们从未直面过的心灵空间，这心灵的空间连接着走向世界
的新的道路"。②

三

第二个层面是更加复杂、更加艰难，也是更加隐秘的一个
维度。

如果说，断裂的第一个层面的意义在于沉入黑暗中倾听日常
沉沦的坚硬的外壳下的裂口，为自己走出惯常思维包裹着窒息着

---

① 萌萌，《断裂的声音》，前揭，页85。
② 萌萌，《断裂的声音》，前揭，页86。

的生活寻找一条新通道；那么，第二层意义则是思考近代以来，因为屡战屡败而将西方技术理性文化及其创造的概念知识当成"普世真理"，进而盲目跟随直至完全迷失，忘了回家的路；以及在"诸神之争"中如何思考自己民族传统在世界文化类型中的地位问题。尽管这些行为可以看成是少数清醒者对现代性背景下的全局思索，可能只是少数人关心的事，却事关一个民族、一个传统和一个时代。但这一层面的运思是萌萌作为时代的思想家自我担当的思想行为，绝非思想家个人在自身的思想突围中仅限个人个体性的喃喃低语。

在探索第一个层面时留下的关键词是"倾听""断裂"与"空白"，第二个层面探索的关键词就应该是"中断""渊薮"与"羞愧"。它们构成了萌萌临界倾听与自我审视的界面，是夜行中的路标。

要想真正理解萌萌在这一层面的运思的方向所指，就必须突破她在第一个层面运思时的指向的限制，弄清她在个体经验的表达背后的真实用心，否则，就会得出这样的结论：萌萌的努力只是"个体经验及其限度的表达何以可能"的个人思想自救的哲学行为，与时代和民族传统无关。换句话说，由于萌萌的界限意识极强，时时警惕思想的僭越，因此，她在积累问题时，总是小心翼翼地处理界限问题，并一直尝试着走到边缘而临界；况且她的问题多来自现实的个体经历，从早期的"时间"与"纯洁"到后来的"经验"与"情绪"，都源自自身的生存经验，一生都在思考它们在向语言转换时的得与失，再加上她最具思想力度与时代担当的未完遗稿尚未刊行，所有这些都加深一般读者印象，即萌萌是因着个体的问题而自我表达的个体性思想家。

但事实果真如此吗？

早在 20 世纪 90 年代刚上海南岛主编"告别二十世纪哲学随笔丛书"时，就已经在《总序》中明确宣告：

> 告别二十世纪，在我或我们的理解中，即回答对于一代甚至几代中国人说来——这个世纪意味着什么。
>
> 换一个角度说，要摆脱中国文化重复的困境，方式之一，就是要沉淀一些问题，找到这些问题的界限，使我们有可能面对将来。否则我们即使在物理时间中进入二十一世纪，实际仍生活在二十世纪，甚至更久远的时候，就像许多中国人一直生活在传统阴影中一样。[1]

如此直陈无异于这样地宣告，作为当代思想家，自己关注和研究的问题不仅是相关于自己，更相关于一代甚至几代中国人的生存；中国思想家如果真的是思想家，那么他们就必须主动担当建构中国现代哲学的大任，完成中国学术与思想的现代转型，走出一条真正属于自己的道路，使中国文化区别于其他文化类型而独立互补地存在着，在中国人的历史性生存中塑造着中国人，使

---

[1] 萌萌，《告别二十世纪哲学随笔丛书总序》，《告别二十世纪哲学随笔丛书》，上海：上海人民出版社，1996 年，页 2。

中国人在世界历史中显现自己的差异性生存方式。

　　此宣告提出来的第一个问题可以看成是萌萌代表丛书作者们的誓言，即不随波逐流地追随"热点"问题，而是沉入真正的问题中去，用心积累各自的问题，形成自己独特的问题意识与表达，从而摆脱中国学界长期以来的跟随状态，为我们走回自己做好准备。第二个问题是直面"中国现代哲学"难题，它事关第一个问题是否成立。如果中国人没有能力建构自己的现代哲学，那么中国人就只有继续跟随的命运。在跟随中丢掉自己而成为西方主人的跟班和奴仆。谁叫人家一直在"进步"而你却一味地"落后"？这几乎是一个施特劳斯式的问题：做还是不做中国人？做一个什么样的中国人？

　　这不是萌萌后来才生发的某种"救亡"意识，而是她长期以来的问题意识，早已成为她生命的一部分，她也一直在践行，只是别人不在意。在《在逻辑与想象的背后》一文中，她在与朋友交流写作经验时，不断地区别"情绪"与"情感"，强调情绪直接关联着作品的"生成性空白"，"空白"才是确定与不确定、言说与不可言说、表达与不可表达的生动转换的深层空间。这里的经验交流对话似乎只是两位要好朋友间坦诚的心灵对话，没有什么宏大主题，都是随时可以花出去的"小零钱"而非"大钞票"。但在讨论行将结束时，她突然冒出一句：

　　　　我常想，即使顷刻间把西方世界的精神财富一起堆到我们面前，中国人，也能在这块土地上，凭借独特经历带来的情绪、感觉，走出一条自己的思路。[1]

最后是以一句没有注明出处的话来结束这篇文章："'挖掘日常经验的复杂性，用复杂性代替晦涩。'"[2]

上述文字的写作时间是 1987 年春天。那时候，中国学术界在历经长时间的人为压制后突然解禁，各路人马携着种种激情与怨愤聚集在一起，以学术的名义进行群体性情绪发泄之时，萌萌拒绝一切名利诱惑[3]，深深地沉入自己的问题之中，默默地进行学术积累。这种不事张扬的学术探索是两方面的。一方面是自己的学术实践中沉淀一些真正的问题，并形成自己的表达，认清自己的限度，走到问题的边缘而临界。这需要在日常的学术训练中培养内在的穿透力而不是获取外在的名利，需要拥有前所未有的开阔视野和深刻的反省精神。另一方面是**自觉地以身作则，将自己的学术实践铺陈在民族文化的背景中，探索中国文化如何在现代条件下以差异的方式自我保存，为现代中国人既走出传统的封闭又不会迷失自己的"返乡之旅"做准备。**

因此，上述文中突然冒出的表面看似突兀的话语并非无心的

---

[1]   萌萌，《临界的倾听》，前揭，页 127—128。

[2]   萌萌，《临界的倾听》，前揭，页 129。

[3]   张志扬先生在《萌萌文集》"编者导言"：《维纳斯断臂之谜——萌萌的问题意识》以实例说过，"萌萌既不利用父辈平反后的优势发表自己的诗作，也不利用学界朋友的众势发表对自己的评论，两者本来都是轻而易举的事，可她连想一想都十分难为情地回避甚至阻止了"（张志扬，《维纳斯断臂之谜——萌萌的问题意识》，《萌萌文集》，上海：上海译文出版社，2007 年，页 11）。

套话，而是内心中深藏着的学者使命担当的不经意的显露。一方面是加强自己的学术积累，以经验的方式形成自己的问题意识。另一方面是创办《启示与理性》开辟学术战地，实践中国学术走回自己的信念。于前者，重要的是发现并"挖掘日常经验的复杂性，用复杂性代替晦涩"，而不是用晦涩来显示自己有"真学问"。于后者，是用自己的学术探索走出"人是可能死于羞愧"的困境。

在《启示与理性》第三辑《"古今之争"背后的"诸神之争"》"编者前言"中，萌萌呼吁停止尾随别人的学术意图再次摆到桌面上来：

> 一百多年来，被西学笼罩的中国学术，颇有点类似这支"溃逃的军队"，不过方向有点变，"溃逃"变成了"尾随"（"精神被押"？"精神被俘"？）——我们是一支如此"尾随的军队"。于是问题式寓言换成："一支尾随的军队是怎么停下来的？""尾随"比"溃逃"更难摆脱"胜利者"强力的震慑。因而长期以来，不知是该问："这支尾随的军队有停下的意志吗？"如果连停下来的"意志"都没有，更从何谈起停下来的"能力"？——还是该问："这支尾随的军队有停下来的能力吗？"如果连停下来的"意志"都没有，更从何谈起停下来的"能力"？[①]

[①]　萌萌，《"古今之争"背后的"诸神之争"·编者前言》，《启示与理性》第三辑，上海：上海三联书店、华东师范大学出版社，2006年，页1。

至此，萌萌在文学艺术中倾听的"断裂"厘清了两个界限：

第一，它是针对个体生命反省长期沉沦于日常惯性中找到的缺口，是走出普遍化、平均化的抽象，走回自己的一条必经之路，它相关于个体。

第二，它是对现代世界"技术-欲望-大众化"同质倾向的拒绝，是争取汉语文化在"诸神世界"中保持差异性存在的学术努力，它相关于一个民族文化。

"断裂"在此也指示了两种境地：缺口与中断。目的都是为了走回自己时有一块心灵可以自由喘息的土地。

没有这些清理，就没有回家的路。萌萌是我们回家的探路人。探路人的任务首先是要弄清整个世界的局面，真正认清自己，找到家乡的真正定位，我们才可以开始上路。在此意义上，美术评论《黄河，你走向哪里》既是问路也是上路。萌萌在这篇文章中将尚扬的画画称之为"还乡"，而"我们不是旁观者，从来都不是"。① "倾听""断裂""空白"，以及后来的"人是可能死于羞愧的"可以看作萌萌还乡的足迹与路标。

萌萌最后以自己的生命践行守住了那一直苦苦寻找的空白，既在一生艰辛求索而淡泊名利，也在一生付出后，以"人是可能死于羞愧"的绝唱在这个时代的苦难的坚硬中开辟出一块可供心

---

① 萌萌，《临界的倾听》，前揭，页199。

灵自由喘息的空间。

这样的探索"当然是一种夜行"[①]。萌萌自行选择沉入深深的黑暗之中，因古老土地上的"知其白，守其黑"而临界，却不得不清醒地意识到这种处境的艰难与孤苦。因此才有"我从无边的黑暗起来，向无边的黑暗走去，只有想象投射给我一片光明"[②]这样的叹息。也正是有萌萌这样知道黑暗、守住黑暗的人，才会有世界真正的光明与温暖。

在我们启动返乡步伐的时候，不经意间会发现，不知何时起萌萌已经成为我们这个时代黑夜时刻自觉担当的守夜人。

---

① 萌萌，《告别二十世纪哲学随笔丛书总序》，《告别二十世纪哲学随笔丛书》，前揭，页1。
② 萌萌，《断裂的声音》，前揭，页94。

如何"拯救复仇"？

——一次亲近萌萌的尝试

前　奏

1987 年，由"哲学与文学国际协会（IAPL）"在美国堪萨斯大学召开了一次尼采研讨会；三年后，考布（Clayton Koelb）将此次会议论文编辑出版，书名《作为后现代主义者的尼采——赞成和反对的论文集》。寇眉（Rebecca Comay）《拯救性的复仇——尼采、本雅明、海德格尔与记忆的政治》一文，被编排在这部文集首个主题"后现代的多种视角"第一篇。[②]

21 世纪伊始，为纪念 100 年前逝世的德国哲人尼采，中国

---

② 　Rebecca Comay，《拯救性的复仇——尼采、本雅明、海德格尔与记忆的政治》（Redeeming Revenge: Nietzsche, Benjamin, Heidegger and the Politics of Memory），见 Clayton Koelb 编，*Nietzsche as Postmodernist: Essays Pro and Contra,* Albany: State University of New York，1990 年，页 21—38。寇眉标题"拯救性的复仇"，其中"拯救性的"属动词"拯救（redeem）"的分词形式，还可译作"拯救着的""正在拯救的"，作形容词使用以修饰名词"复仇（revenge）"，为着揭示"复仇"自身拥有的"拯救性"；"复仇"与"拯救"的主从关系显而易见。

学者薛晓源、金惠敏主编并出版了"尼采百年解读系列"丛书，其中《尼采的幽灵——西方后现代语境中的尼采》收录了寇眉这篇文章——在从现代英语到现代汉语的转换、生成中，译者郭军将主标题处理为"拯救复仇"。①

2002 年末，萌萌"刚写完本雅明《论历史的概念》的阐释"，"不久便读到吕贝卡·寇眉的《拯救复仇》"，"喜欢至极"！于是，"便迅速做了这个为求自己理解的笔记"；但此后，"这一份思考搁了近两年"，2004 年 10 月 14 日才以《记忆中"曾经"的承诺》方式"完成"。如萌萌"记忆"中的文字所述，"搁了近两年""这一份思考"的断续，恰与标题中"曾经的承诺"相关！②

在此纯属围绕寇眉原文、郭军译文与萌萌解读文的直观描述中，带出了我的第一个"惊讶"：从"拯救性的复仇"到"拯救复仇"，直到"记忆中'曾经'的承诺"，在经过郭军译文的中介、过渡之后，萌萌的解读文从寇眉原文中生发出了哪些属于她

---

① 吕贝卡·寇眉，《拯救复仇——尼采、本雅明、海德格尔和记忆的政治》，郭军译，见《尼采的幽灵——西方后现代语境中的尼采》，汪民安、陈永国编，北京：社会科学文献出版社，2001 年，页 345—366。相比起寇眉原文标题"拯救性的复仇"，郭军的译名"拯救复仇"则要不确定得多；它除了拥有原文中"复仇"与"拯救"确定的主从关系，还可以表示"拯救"与"复仇"的主从关系；我宁愿把这看作译者郭军有意为之，为了敞开寇眉原文可理解的意义空间，期望它在汉语思想中自行生发。为简略起见，如无特殊必要，以下正文均省略副标题，分别以《拯救性的复仇》和《拯救复仇》指称寇眉原文和郭军译文。

② 本文凡没有特别说明的引文，均引自萌萌的《记忆中"曾经"的承诺》，见张志扬编：《萌萌文集》，上海：上海译文出版社，2007 年，页 246—262。

独特眼光的思想"踪迹"或"结晶"？ [①] 例如，明显可以直观到，萌萌有意搁置了中英文编者共同赋予寇眉原文的"后现代"视角，这是为什么呢？

　　基于我自身阅读经验的参照，与这个偏重于"思想／精神"层面的"惊讶"相比，萌萌遭遇《拯救复仇》"喜欢至极"的"情绪"和"体验"所激发的"惊讶"则更加切身也更源初、浓郁深厚而且持久；在《记忆中"曾经"的承诺》"题记"，萌萌对此"喜欢至极"作出了两点融合"身体性"与"思想性"的说明：一是"它的文字缠绕难懂激起了我的兴趣"，二是"它从尼采、海德格尔和本雅明比较的角度所揭示的问题锋芒所向具有特别的挑战性"。两者之间以"不仅……而且"句式呈现的意义递进，则显露在随后对"曾经的承诺"这一"搁了近两年"的"专题"之断续的补充说明中："可能吕贝卡·寇眉的文章虽一边激起了强烈的认同感，一边却尖锐地推进了问题使我的落脚点漂移起来以致长时间难于落笔。这次因一个问题的触动，我重新翻出笔记，也只能加做这一个引言式的'题记'和'局部问题展示'补充前后"。对我而言，这段带有说明性质的"记事"文字，读来格外沉痛：一方面，不仅因为它可以看作一个典型案例，显示

---

① 在《记忆中"曾经"的承诺》文中，没有任何信息可以说明萌萌参照过这篇文章的英语原文，考虑到萌萌对待学问的严谨态度——例如阐释本雅明《论历史的概念》时，萌萌就同时参照了两种英译、两种主要从英文而来的中译、两种从德文而来的中译——可以合理地推断，萌萌《记忆中"曾经"的承诺》基本来自于郭军译文的"中介"，因而它很大程度上依凭于萌萌对汉语自身的听－读－写能力。基于此，本文在引用寇眉原文的时候，也尽量采用郭军译文。

出萌萌放弃身为女性、作为诗人更容易"确立"自身的"文学 /
诗学""天赋"，非要跻身于"哲学"的思想丛林承受问题追逼和
考问之苦以"安身立命"的自觉选择；更因为它尤其通过"文字
缠绕难懂""具有特别的挑战性"的"问题锋芒所向"以及"尖
锐地推进了问题"但"使我的落脚点漂移起来""以致长时间难
于落笔"，既表露了对男性同样"繁难"的"思想"以及"在思
想中推进问题"的"实事"，更表达了面对这"实事"坚毅果敢、
毫无退缩的自觉担当——它是萌萌一生"身体性"与"思想性"
命运的共同缩影和写照！另一方面，则因为萌萌"肉体生命"在
2006 年 8 月 12 日突然"坠落"这个"可怕的偶发事件"，遗留
在萌萌文字中的"思想"以及"在思想中推进的问题"便共同构
成着"思者"萌萌的生死之"谜"，自然而然召唤着蒙萌萌所惠
之我同样以"思想"以及"在思想中推进问题"的方式努力"亲
近"萌萌仍然温存的"思想生命"，聆听她、感知她、复活她如
同昨日……

　　单从标题即可看出，面对寇眉《拯救性的复仇——尼采、本
雅明、海德格尔与记忆的政治》殊非易事，除了要处理尼采、本
雅明、海德格尔三人在"拯救"与"复仇"问题上的学理差异之
外，还要有对"记忆的政治"的现实关切，由此才能进入"尼
采、本雅明、海德格尔"与"记忆的政治"的转换生成中；但本
文重点在于对照萌萌《记忆中"曾经"的承诺》与寇眉《拯救
性的复仇——尼采、本雅明、海德格尔与记忆的政治》，通过追
寻"萌萌的解读文从寇眉原文中生发出了哪些属于她独特眼光的

思想'踪迹'或'结晶'",意图在萌萌遗留的文字"碎片"和"谜"① 中"还原"并"复活"中国当代"思者"萌萌的"思想"及其"在思想中推进的问题",因此自然而然把寇眉与她笔下解读的"尼采、本雅明、海德格尔"一起作为萌萌思想"生发"和"论辩"的"他者"以供参照,为突出"论辩"双方的差异而以"如何'拯救复仇'?"的问题明确之;这个选题自身的难度可想而知,我只能尽力为之并把它作为"一次亲近萌萌的尝试",算是在萌萌七周年祭日对她给予"惠赠"的"再次领受"。

一　尼采的"复仇"变奏曲

萌萌《记忆中"曾经"的承诺》由"题记""摘要"(包括2002 年 12 月笔记中的"'引子'句解"与 2004 年"因篇幅限制"对原笔记"简约"的"问题注疏")"局部问题展示"三部分组成,如果说其文体形式最明显特色是"残缺"的话,那么,寇眉《拯救性的复仇》同样三部分的"内容构造"看起来则要"奇特"得多:它首先从尼采《查拉图斯特拉如是说》和本雅明《历史哲学论纲》各引了一段文字,作为文前"导语";随后的"序言"始于"开门见山"的自我陈述,"我立论的结构稍有迂回,正文内容是间接的。我打算做两件事,也即打算实现两个回归",接下来

---

① 以"这次因一个问题的触动,我重新翻出笔记,也只能加做这一个引言式的'题记'和'局部问题展示'补充前后"为例,萌萌遗留文字中的"碎片"和"谜",不仅表现在《记忆中"曾经"的承诺》这篇文章由"题记""摘要"和"局部问题展示"组成的"残缺""形式"上,也保持在"这次因一个问题的触动"中的"问题""内容"随其"触动人"的"坠落"一起进入的"沉默"中。

的叙述"点到为止"地说明这"两个回归"，**"首先，打算让尼采回归海德格尔——取道于本雅明……第二，打算让尼采回归他自身"**，"序言"重点则放在说明"这个迂回思路""困难并且远非显而易见"的五个"基本理由"上；[①]"正文"由六个小节构成，在内容上既承接"序言"但与其重点说明的"五个基本理由"并没有直接对应关系，这六小节"标题"的缺失更增加了理解上的困难。

在这个简短的"形式"素描中，萌萌的解读文与寇眉原文的"相关性"，也仅仅体现于《记忆中"曾经"的承诺》"摘要"中——从 2002 年 12 月笔记拎出的 9 条"论纲"，作为《拯救复仇》的"'引子'句解"，而 2004 年"简约"的六个"问题注疏"则与《拯救复仇》六小节"正文"两相对应。

要想找到这两篇文章的共同"入口"，恐怕首先还要从寇眉原文寻求突破。

前文已经提过，"复仇"是寇眉原文标题的"主词"，无疑也是寇眉全文最重要的"关键词"；以之作为"突破口"，应当不会"误入歧途"——而且，寇眉文前"导语"所引第一段文字，几乎可看作对"复仇"的"意义"限定和"问题"提出，全文如下：

　　　　"曾经"——这是对意志的切齿之恨和最隐秘的忧

---

① Rebecca Comay，《拯救性的复仇——尼采、本雅明、海德格尔与记忆的政治》，前揭，页 21。重点系原文作者添加。

郁的称呼……意志对时间及其"曾经"的恶意（ill will /
Widerwille），这一点，的确只有这一点，才是复仇（Rache）
之所是……

　　当我教导你们，"意志是个创造者。"我引领你们离开这
一切。所有"曾经"都是一个碎片，一个谜，一种可怕的偶
发事件——直至创造性的意志对它说，"但是我曾经意愿它
如此。"直至创造性的意志对它说，"但我现在意愿它如此；
因此我将意愿它如此。"

　　但是意志已经如是说了吗？而这事将会（will）何时发
生呢？意志已经摆脱了自己的愚蠢的羁绊吗？意志已经成
为它自己的救赎者和快乐使者了吗？它已经废忘（verlernt）
复仇精神以及全部切齿之恨吗？还有，谁教过它与时间和解
以及比一切和解更高的东西？ ①

　　　　　　　　——尼采,《查拉图斯特拉如是说》"论救赎"

　　如果考虑到，在"序言"一开始，寇眉就自我陈述全文"打
算实现两个回归"的"意图"均与尼采相关——严格说来，是与
尼采在这段文字中论述的"复仇"相关——尤其是第二个回归，
"打算让尼采回归他自身"，才是寇眉真正的"意图"所在，与之
相比，"借助于本雅明""让尼采回归海德格尔"，这"第一个回

---

① 　经查证，寇眉此处采用的是 R. J. Hollingdale 于 1961 年出版的英译；出于郭军译
　　文对萌萌解读文的中介作用，我在"重译"这段英文的时候尽量克制自己以对应
　　于郭军译文，但两种中译文字差别已经很显眼了。

归""意图"仅仅是"第二个回归"道路上"迂回曲折"的"中介"；那么，寇眉整篇论文，就可看作对尼采这段关乎"复仇"文字的疏解；而整篇论文的"迂回思路"，则可视为寇眉精心构思的一部"交响乐"，它的"主旋律"就是尼采这段有关"复仇"的文字，取道本雅明让尼采首先回归海德格尔继而回到他自身，则分别是"主旋律"的"变调"和"复调"。

"复仇"与"曾经"相关！"复仇"是与"曾经"密切相关的"意志"！

几乎可以断言，这段文字深藏着尼采哲学矛盾、复杂、混乱、模糊、挣扎、冲突的全部奥秘，而体现在"忧郁"与"快乐"情绪色调中的否定与肯定、消极与积极、悲观与乐观恰是尼采身陷"意志""悖论"而不自知却要让"意志"挣扎而出的思想命运；寇眉敏锐地抓住了这一点并将其作为《拯救性的复仇》的"基本情调"，它尤其体现在寇眉对尼采"Widerwille"的理解和转换中：

> 但是从非形而上学的意义上思考意志自己的 Widerwille（反抗意志）会是怎样的呢？那将是不把 Widerwille 看作"恶意（ill will）"或"坏心（bad ill）"——不是看作豪林戴尔所译的"反感"或"深恶痛绝"——而是看作与现实，并因此而最终与自己格格不入的反抗意志。不是惩罚，而是反抗：一种对现状，也就是对自己的反抗；一种超越了惩罚的愤怒，一种超越了复仇的复仇，一种超越了悲痛之情

的感伤。①

寇眉不能接受豪林戴尔对 Widerwille 作出的"恶意（ill will）"理解，而要以"反抗意志"取而代之并"让尼采回归他自身"，这是为什么呢？豪林戴尔所译的"反感"或"深恶痛绝"何以招致寇眉的"反感"或"深恶痛绝"？

因为，如此"意志"造成的"复仇"态度，"暴露了一种在历史的'曾经'面前行动能力的丧失"。寇眉对此"复仇""意志"作出了三方面的揭示，萌萌将其复述如下：

（1）"曾经"外在为一种僵死不变的历史前提，使现在成为一种完全被动接受的结果，于是，主体在这种形而上学决定面前只剩下道德责任心理默默承受；（2）"曾经"又从僵死的过去转化为寓言的来世，奖赏和惩罚就在其中，现实人生遭到否定，其静态的肯定仅在于，对最后审判的永恒时间的听从；（3）"曾经"的历史是一堆"碎片、谜和可怕的偶发事件"，意志既不能将它拉入或"浓缩为"整一的创作冲动，只好闪避它，或满足于原子主义或分散，结果是对破碎的膜拜。

---

① 吕贝卡·寇眉，《拯救复仇》，郭军译，前揭，页364。略有改动。这段文字已接近全文的尾声，因而它直陈着寇眉的思想意图。

换言之，如此"意志"的"反感"恰是"意志""无力"的表征，以至于连有"洁癖"的萌萌都重复使用"后宫太监"表示莫大的讥讽；寇眉要回归的"反抗意志"，正是令尼采几乎着迷到疯狂的"权力意志（die Wille zur Macht）"。

寇眉以此转换"复仇"为"拯救性的复仇"，但却要"取道于本雅明"。

二 "拯救性的复仇"：寇眉底本雅明

进入寇眉底本雅明之前，不得不先简单勾勒寇眉底海德格尔。

种种迹象表明，[①] 海德格尔自身的思想关切，并不是寇眉的关注重点，至少不是《拯救性的复仇》这篇文章的关注重点。对海德格尔，寇眉采取的是"拿来主义"做法，因为他对"形而上学"具有"颠覆性"的做法，让寇眉寻求"记忆的政治"的"反抗意志"更有激情。

> 尼采要克服向"曾经"复仇的形而上学精神——肯定在短暂生命的永恒回归过程中时间那璀璨的一刹那——的努力是失败的。他认为失败的原因在于，尼采自己对永恒的理解归根结底还是把时间的狂喜形态一概归入现时的标准"同

---

① 比如，寇眉坦言，"无论海德格尔的思想路线有何转折和曲折，都不是我现在所关注的。眼下的议题是时间"；再比如，一种对海德格尔底尼采解读带有批判性的"常识"而缺乏"深思"的"意见"，同样保留在寇眉论述《谁是尼采的查拉图斯特拉》的文字中，"现在来细究海德格尔由于对尼采的文本未能吃透而可能或不可能产生的各种误读是不合时宜的"。

一", 因而使他自己无意中陷入了把时间看作一系列静止的
此时此刻的构想, 陷入了这种构想总是涵盖的主体性的形而
上学, 因而也就陷入了形而上学随时可能带来的专断政治,
结果为对地球的现世统治铺垫了道路, 地球将以大众科技的
无限加剧增长而告终。最后, 尼采被迫——"非凡地"——
屈从于他全力以赴的复仇精神。①

应该说, 寇眉这番对《谁是尼采的查拉图斯特拉》的复述是
相对客观的, 但在随后的思考中, 海德格尔引发了寇眉一个问题
两个不同层面的关注:

海德格尔批判性地揭示, "形而上学"以永恒的"现时"作
为"同一""时间"的"标准", 它所导致的"专断政治", 极大
程度取得了寇眉的认同, 以至于在随后的第三小节中, 寇眉不
厌其烦地拎出尼采种种文字, 分别从生理(残疾)、认识论(压
抑)、体制(机械化)、经济(追求投入产出高效益的"现代科技
装置")、文化(商品化)、意识形态("历史进步"的表面信仰与
屈从"历史权威"的实质)这六个角度, 作为"形而上学"造成
"专断统治"的"恐怖"证据!② 就寇眉关注的"复仇"问题而
言, 形而上学化的时间造成了"曾经"的"冻结", 以至于"意
志"面对"冻结了的曾经"只能"反感""丧失行动能力", 这种

---

① 吕贝卡·寇眉,《拯救复仇》, 前揭, 页351—352。
② 悲哀而又真实, 这一切今天已经成了"全球化"实质上是"西方化"带给全人类
的"现代化"命运!

"复仇"被寇眉称作"形而上学的复仇"，也是对"复仇"的"官方""专制"界定，"标志着一种不宽容或对时间以及时间光阴的'恶意'，一种因果报应和等价交换的奴隶经济，表明了以最卑下的形式存在的反应行动"。[①]

但另一方面，寇眉又不能接受海德格尔给尼采"挂上了西方最后一位形而上学者的标签"，因为"在 1874 年，尼采就以先见之明看到了这种［形而上学］复仇的政治后果"[②]，不仅看到了，"回归他自身"的"尼采"还试图以"反抗意志（Widerwille）"转换"意志"的消极无能为积极的"权力意志"，转变"形而上学复仇"为"后形而上学复仇"或"非形而上学复仇"[③]（亦即萌萌明确提出的"政治哲学复仇"）！

以至于，就寇眉的问题关切而言，海德格尔意义仅仅在于，启明了走出形而上学的问题意识；但令人惊讶的是，它所导致的问题意向和层次的转换，竟然是从"走出复仇的拯救"走向"对复仇进行拯救"！[④]

---

① 吕贝卡·寇眉，《拯救复仇》，前揭，页 349。
② 吕贝卡·寇眉，《拯救复仇》，前揭，页 356。
③ 如寇眉所说，"后 / 非形而上学复仇"，即"对复仇不从反应的定义上思考……即超越惩罚和等价交换的逻辑以及总是伴随这种逻辑的来世思想……对复仇不作物态式思考……即超越一个等价交换社会的原子分裂性破碎，直到回归的永恒性最终去掉基督教世界用永恒世界来安抚的特征，直到专断的意志受到遏制，而这种遏制却不是仅仅对欲望的克制"，吕贝卡·寇眉，《拯救复仇》，郭军译，前揭，页 351。
④ 作为萌萌弟子之一，至少明确地知晓海德格尔之于她的思想意义；寇眉在这个问题上的"得失"，已经显示于《记忆中"曾经"的承诺》"题记"中萌萌对她与寇眉各自"问题意识"的区分里。

于是有"拯救性的复仇"。

但"取道于"本雅明。

巧合的是，寇眉关注的也是本雅明的《历史哲学论纲》[1]；每一个敢于在思想丛林中探险的求索者，都知道这个发生于思想长征途中的"偶发事件"有多么重要：这当然是一场遭遇战。尽管在起初，你根本无法判断对方是敌是友，战斗力如何，战况将如何，战斗结果又会如何，但作为"同道中人"的事实自然会让这场"遭遇战"生发出多多少少、或浅或深的"意义"。即便在直面寇眉"文字缠绕难懂""问题锋芒"的"挑战"之后，"我的落脚点漂移起来以致长时间难于下笔"，仍然毫不掩饰自己"喜欢至极"的真情，萌萌是个当之无愧、品格高洁的"思想斗士"！[2]

作为文前"导语"的第二段文字，寇眉引自本雅明的《历史哲学论纲》第 12：

> 历史知识的主体不是全人类或某些人，而是战斗着的被压迫阶级。在马克思的著作中，这个阶级作为最后的被奴役阶级而出现，作为以摆脱践踏的（untrodden）世代人名义正在完成解放任务的复仇着的阶级而出现……社会民主派曾

---

[1]　按萌萌提示，本雅明《论历史的概念》（*Ueber den Begriff der Geschichte*）有两个英译本，寇眉采用的英译，标题恰是不同于德语原文的《历史哲学论纲》（*Theses on the Philosophy of History*），本文皆从寇眉原文。

[2]　对照现实，萌萌愈加可贵，因而萌萌的突然"坠落"也让有幸与她结缘的人更加"痛惜"。

认为，把未来世代人的拯救者这一角色，指派给工人阶级是合适的，但要以砍断工人阶级拥有最强大力量的肌腱方式。这一训练让工人阶级既废忘（verlernen）了其仇恨，也废忘了其牺牲精神，因为滋养这两者的是受奴役的祖先形象，而不是翻身解放的后代子孙们这一理想。[①]

寇眉《拯救性的复仇》"正文"六节内容中，第4节所占篇幅最长，重点解读本雅明，同样可看作对这段"导语"的"义疏"。

本雅明曾经身兼"犹太主义（神学）"与"马克思历史唯物主义（哲学）"于一任，但1940年，"在他的最后，也是最令人费解的文本中"，本雅明恰恰对自身的"马克思历史唯物主义"进行了最残酷的清算。

有意思的是，寇眉对本雅明的解读，一开始就摆出了《历史哲学论纲》的现实政治背景，"被占领的巴黎""斯大林 – 希特勒合约""莫斯科大清洗""人民阵线瓦解""法西斯主义在西欧蔓延，而左派号召无产阶级奋起反抗的努力失败后"，其中尤其是《苏德互不侵犯条约》的签订——它标志着也拆穿了"社会主义民主假面""进化论马克思主义谎言"[②]——无疑也摧毁了无数"马克思主义者"曾经虔诚的现实政治理想。

---

① Rebecca Comay，《拯救性的复仇——尼采、本雅明、海德格尔与记忆的政治》，前揭，页21。

② 就现实政治而言，它也反映着奴隶翻身做主人后继续奴役别人这一人类历史上屡见不鲜的"主奴辩证法"。

更有意思的是，寇眉底本雅明解读，重点却在于让"黑格尔式将来完成时（the Hegelian future perfect）"回归"历史唯物主义""未完成将来时（a future imperfect）"，或者说，让本雅明从"进化论马克思主义"面相回归"犹太人的弥赛亚主义"真相。①

"黑格尔式将来完成时"：按照黑格尔"历史"与"逻辑"统一的"辩证法"，时间中曾经、现在、未来这三个维度，对应着"绝对精神"肯定、否定、否定之否定（自在、自为、自在自为）的运动；作为"曾经""现在"既"对立"又"统一"的矛盾产物，"未来"实际是比把"曾经""现在"扬弃于自身更高者，而且，这个涵括"历史"与"逻辑"辩证统一的"未来"，比"曾经""现在"有着更高的"现实性"因而也必定会"实现"；黑格尔因此让哲学史终结于他的"绝对精神"，让世界史终结于"普鲁士王国"。②然而，在寇眉看来，这样的历史"进化论"，是以"许诺""未来""乌托邦"的方式，来"利诱""收买"面对"曾经"的"复仇"，是用"未来"的"许诺"同"曾经"的"苦难"做交易；它仍然遵循着海德格尔揭示的"形而上学时间"，即同质化、物化曾经、未来于永恒的"现在"中。

"历史唯物主义式未完成将来时"："曾经已经是将来的时间

① 启蒙理性促成的"进化论信念"（哲学），与犹太人的"弥赛亚信仰"（神学），岂不是马克思本人同样拥有的两种面相？

② 在寇眉看来，既然"对黑格尔来说"历史会"终结"，那么"任何复仇最终都将会是难以想象的，但仅仅是因为各种欠负的账务（the accounts）将会全都已经关闭。"

（What was to have been the future）"，作为"一种极端的未完成将来时"，"它将永远不可能已经变成现在时；一种刻板地偏执于自己无法'已经是'，并以这种失败的形式而存在的将来"，"它是一种极端有限的将来时，把自己作为过去未完成之物的将来完成时（the will-have-been of what was-not-to-be）来记忆：这种将来时，它仅有的一刻正铭记遭背叛、被弃绝的希望底消逝了的那一刻"，"因此它的在场正是其放弃的不在场，它的可能性正是其不可能性：它的自我显露正是因为它之前无法显现遗留下的缺口"。[1] 也许是考虑到这段文字实在难以索解，寇眉随即提及本雅明论述普鲁斯特时捕捉住"太迟了"的"时间之结构特征"[2]，于是，"时间感"因此完全改变，"回忆变成了对从一开始就从未发生过的事情的概述。时间变成了永远满足不了的缺乏的深渊。欲望变成了既无法怀旧也无法接受未来安慰的焦躁"[3]；对结构主义与后现代主义（亦可看作"后结构主义"或"解构主义"）略有所知的敏锐读者，大概已经从这些话语中嗅出了"结构主义"与"后现代"气息，与寇眉此处的思想意图一样，"结构主义"与"后现代主义"都是带着批驳"形而上学""专断"的标记而

---

① Rebecca Comay，《拯救性的复仇——尼采、本雅明、海德格尔与记忆的政治》，前揭，页32。

② 对此"太迟了"，萌萌的阅读理解几乎完全是"日常式的"，也几乎全然是"个体性的"，因而迥异于寇眉依托于"犹太人弥赛亚主义"的"弥撒式理解"。尤其可对参萌萌《记忆中"曾经"的承诺》与张志扬《维纳斯断臂之谜——萌萌的问题意识》，均见于张志扬编：《萌萌文集》，前揭，页259与页12—13。

③ 吕贝卡·寇眉，《拯救复仇》，郭军译，前揭，页360。

出场的，值得一提的是，在现代西方哲学的思想地图上，它尤其表现为法国哲学对德国哲学"重压"之下的"反抗"——普鲁斯特不就是开创了所谓"意识流"的法国人吗？就时间论题而言，"后现代主义"可以一词概括："[时间]碎片化"——尤其反抗在德国人黑格尔、马克思达到顶峰的"进化论时间"。考布将寇眉此文编排在"后现代的多种视角"第一篇，并没有看走眼！

问题在于，"[时间]碎片化"之后，如何能够将"复仇"变成"拯救性的"呢？

寇眉借助的是本雅明"犹太人的弥赛亚主义"面相，真正的"拯救"显然不是"官方的"或"形而上学的"时间，不是将一切时间同质化、均平化、物化因而"纯粹算账和交换的时间"——它所提供的"拯救"只能是可以计算，并且等价交换甚至在讨价还价中能够"偿还""交易""妥协"的谈判式"和解"，基督教凭借许诺"来世"或"天堂"的"拯救"同样如此！真正的"拯救"，"唯一可能的拯救就是再作任何拯救都已为时太晚的拯救"，这是"犹太人的弥赛亚主义式拯救"！寇眉引用卡夫卡的描述：

> 弥赛亚只在已经不再需要他的时候到来；他将在他已到达的第二天来到；他将到来，但不是在末日，而是在末日的第二天。[1]

---

① 吕贝卡·寇眉，《拯救复仇》，郭军译，前揭，页362。

"［时间］碎片化"之后，要想不完全坠入"永远满足不了的缺乏的深渊"或彻底的虚无，"拯救性的复仇"，只能是"反抗意志"或"意志"的"反抗"了！[①] 除了紧紧抓住如"救命稻草"般的"反抗"，"生没有活（das Leben lebt nicht）"的生命还有什么理由苟存于世呢？

在全文最后，寇眉聚焦于"反抗意志（Widerwille）"——"对意志脱离权力的诡计而成为纯粹反抗的中心的那一刻的思考"——"让尼采回归他自身"，实际是让尼采的"权力意志"进入"权力"与"意志"的不妥协、不求和解的"分裂"中，让"（权力）意志"来反抗"权力（意志）"。

但凭什么可以说，"成为纯粹反抗的中心"的"反抗意志"又不会陷入"权力"的"诡计""魔窟"因而成为"权力"的"同谋"或"膜拜者"呢？

或者说，如果西方的寇眉知晓中国人萌萌以"政治哲学复仇"概括她的"拯救性复仇"，会像萌萌那样"严肃以待"地应对"问题锋芒"之"尖锐"的"挑战"最后还坦言"喜欢至极"吗？在这场中西遭遇战中，谁才会"笑到最后"呢？

---

① 寇眉引用本雅明《历史哲学论纲》第 12 为文前"导语"，突出了"被压迫阶级""最后的被奴役阶级"的担纲者"工人阶级"：当"工人阶级"将视觉焦点由面对"曾经"的"复仇"转向面朝"未来"的"解放"，则恰恰"砍断了工人阶级拥有最强大力量的肌腱"，是丧失"拯救性的复仇"或"反抗意志"的表现。

三 "曾经的索引卡"：萌萌底本雅明

尽管萌萌对寇眉《拯救性的复仇》"喜欢至极"，但在《记忆中"曾经"的承诺》"题记"，萌萌就清晰地区分了自己与寇眉的"差异"：

> 同样困扰着我的是"曾经"与"承诺"——"复仇"与"拯救"如何相关特别是如何转换的"记忆的政治"，亦即"曾经"与"承诺"——"复仇"与"拯救"，作为"记忆的政治"是如何相关、如何转换的。就我个人最初的问题意识而言一般是指向前者："曾经"与"承诺"的"记忆"如何走出"过去时"而面对当下，本雅明的"救赎"对我仅是一个世俗化或存在论化的借贷范畴。然而在吕贝卡·寇眉那里，一切都因"复仇"而尖锐起来，换句话说，作者更特殊地倾向于"复仇"与"拯救"的"记忆的政治"。

这个区分，实际上未经点明地质疑寇眉："拯救性的复仇"能"走出'过去时'而面对当下"吗？"复仇"的情愫与意志，真的能生发出"拯救性"吗？

在"局部问题展示"第 2 节，当萌萌第一次将这个质疑明确地表达出来时，她的质疑对象已经远不只是寇眉这个人了：

> 每一种存在都有其合理性，因而每一种存在都是事实。

但是，并不是每一种存在都是自己截止下来承担起来哪怕微弱的救赎力量，而不再传递挑起怨恨或复仇的火种。为什么做不到……"权力意志"就是"生存意志"的最高形式……

西方哲学把它证明为普世真理（普适真理），因为，任何西方的理性都当然具有普世真理（普适真理）。

生存竞争就这样变成了生存游戏，非西方人要生存就不得不进入这场游戏接过它的游戏规则……

"为什么做不到"，这一问题构成审视尼采、海德格尔、本雅明及其解释者寇眉的问题背景。

几乎在《拯救性的复仇》每一页文字，都可以读出寇眉的"复仇"，读出寇眉对"政治现实"饱满而高涨的激情；但我们翻遍《拯救性的复仇》，都找不出寇眉对萌萌上述既不"缠绕"又不"难懂"的文字所描述的那一种"政治现实"的关切，自诩为"普世真理（普适真理）"的"西方哲学"或"西方的理性"岂不是一个莫大的反讽？将"全球化"的"种子"以政治、经济、军事、文化、科技、宗教等诸多层面的"权力意志"播撒到"全世界"的"西方"，眼里何曾有真正作为"西方""他者"的"东方"？就此直观到的事实和现象而言，几乎可以完全肯定，萌萌的问题视域远远超出了寇眉！

我当然可以补充说：Sorry! Ladies and gentlemen，请千万不要拿"奴隶"的"酸葡萄心理"来质疑我！被尼采无情嘲讽过的

"奴隶们"，如何说得出"每一种存在都有其合理性，因而每一种存在都是事实。但是，并不是每一种存在都是自己截止下来承担起来哪怕微弱的救赎力量，而不再传递挑起怨恨或复仇的火种"？无论怎样"显白""隐微"，能从中挖掘出"怨恨"或"仇恨"吗？

如坦言对寇眉《拯救性的复仇》的"喜欢至极"一样，萌萌毫不掩饰地把"自己截止下来承担起来哪怕微弱的救赎力量，而不再传递挑起怨恨或复仇的火种"受到本雅明激发的"事实""显白"在《复活历史灰烬的活火》中！此外，《复活历史灰烬的活火》如《记忆中"曾经"的承诺》"题记"所作说明一样，"今天看来，它或许不失为一份真实的'曾经的承诺'"。否则，萌萌为何非要在《记忆中"曾经"的承诺》"题记"，老实交代"本雅明的'救赎'对我仅是一个世俗化或存在论化的借贷范畴"？此处的"世俗化或存在论化"，萌萌已经将其显明于随后的比喻性区分中，"作为读者的我在'日常'中，作者却在'弥撒'里……我本能地想把'弥撒'还原到'日常'，并用汉语言陈述出来"；按照萌萌对本雅明"索引卡"的理解，"借贷范畴""实际是一张'欠债单'，不'还清'是不能也不得'救赎'的"①，萌萌从本雅明《历史哲学论纲》听写出的"曾经的索引卡"，已经跳出了"复仇"对"思想"的羁绊；倘若我们非要对萌萌的这个"思想"来历进行追根溯源的话，起码可以返回到

---

①   萌萌，《复活历史灰烬的活火——"曾经"中蕴含的微弱的"弥赛亚力量"》，见张志扬编，《萌萌文集》，上海：上海译文出版社，2007年，页211。

1994 年 6 月完成的《为诗而受难的意义——"七月派"诗人的理想主义分析》，要说"怨恨"或"仇恨"甚至"复仇"，那可至少是父女两代人、前后几十年的哪！ [1]

　　仍有一个关于本雅明的"事实"，不妨拎出来作为萌萌与寇眉思想"差异"的"标记"：本雅明死了。本雅明是自杀身死的！本雅明 1940 年自杀的时间恰恰在他完成《历史哲学论纲》之后不久！萌萌和寇眉都注意到这个与现实政治关系密切的"历史事实"，而且将它纳入自己的"思想事实"中：

　　寇眉——"对本雅明来说，在 1940 年，在他自己不合时宜的自杀的前夕"，对此"不合时宜"的"死亡"，阐发"哲学本身不合时宜的生命"并解读阿多诺"生没有活"的时候，寇眉有这样的说明，"'生没有活'。这种死是作为所有时间的不合时宜性，粉碎了所有肯定的时刻，限制了所有意志的所有胜利"[2]；本雅明 1940 年"自杀身亡"的历史事实，树立在寇眉"取道于"他并且寻找到"反抗意志"作为"拯救性的复仇"的"思想事实"面前，真实得多像坟头的纪念碑。

　　萌萌——"据说，他自杀并非蓄谋已久的自愿行为，而几乎纯粹是时间的差错造成的'倒运'所招致的绝望，或许，本雅明像茨威格，是'格外焦急的人'"，"事实上，本雅明一生受挫以至最后自杀的生命，也变成了灰烬，残酷地印证着'驼背侏儒'

---

[1]　萌萌，《为诗而受难的意义——"七月派"诗人的理想主义分析》，《萌萌文集》，页 129—146。有充分证据表明，撰写此文时，萌萌并未接触本雅明。

[2]　吕贝卡·寇眉，《拯救复仇》，郭军译，前揭，页 362。

的恶作剧，他的性急使他等不到最后成为‘赢家’了”；①“难怪本雅明选择自杀。他对‘复仇’与‘拯救’的‘记忆政治’绝望了”。②这个叙述顺序基本对应于时间，因而反映着“搁了近两年”之后，“萌萌底本雅明”的转换生成——由最初不确定的“或许”；到“变成了灰烬”的确定“事实”，然而这“历史灰烬”有可能“复活”为“活火”，因为“‘曾经’中蕴含的微弱的‘弥赛亚力量’”；最后确定为本雅明“对‘复仇’与‘拯救’的‘记忆政治’绝望了”。这意味着，萌萌已经走出了本雅明，但我们却再也无法聆听萌萌亲自用她独有的语言、语气、语调传达给我们她走出本雅明之后的“记忆中‘曾经’的承诺”“教诲”了，我把它看作汉语学界的莫大遗憾。

没有人能取代独一无二的萌萌！

即便如此，接受过萌萌“曾经的索引卡”的我自己，仍必须“尝试”着“亲近”“复活”她的“思想生命”。

余音：“记忆中‘曾经’的承诺”尝试性素描

在“曾经”中燃烧的“索引卡”——它“记载”着也“结晶”着每个人身上带着的“微弱的弥赛亚力量”——正是它的累积与传递——“薪尽火传”，人类最终的救赎才得以实现。③

---

① 这两处文字各出现在《复活历史灰烬的活火》的首尾，前揭，页203、236。
② 这两句话也几乎出现在《记忆中“曾经”的承诺》的结尾，前揭，页260—261。
③ 萌萌，《复活历史灰烬的活火》，前揭，页236。重点系萌萌添加。

即便 2002 年 3 月最初把受本雅明激发而产生的思想付诸文字的时候，萌萌从本雅明那里听写出的也不过是"**微弱的弥赛亚力量**"，而且，萌萌让这"**微弱的弥赛亚力量**"从"犹太人"走向"全人类"，走向了"每个人"。

"拯救全人类"，曾经是许多人共同的理想。

亲历过这一"理想"在残酷的"现实政治"中破灭的本雅明，因为"对'复仇'与'拯救'的'记忆政治'绝望了"而"自杀身亡"；

同样在残酷的"现实政治"中，遭受过身体与思想双重磨难的萌萌，却果敢而坚定地选择了在反省自身、直面问题残酷的"思想"战场上继续战斗，为了"人类最终的救赎""得以实现"——萌萌没有因为"现实政治"中的遭遇，而把"曾经""真诚"的"承诺"如"脏水"般泼弃——她在对"命运"的自觉承担中挺立为真正的"自由人"！

但我们仍需询问：萌萌，你是怎样做到的呢？

"文革"后 20 世纪 80 年代的"思想解放"，中国大陆成千上万的"知识青年"，纷纷加入清理"文革"中"形而上学专制"的"热潮"，因此促成"阶级压迫"下"个人"意识的觉醒，但萌萌和她的同伴们提出的问题却是"个人真实性及其限度"——从"个人主义""自由主义"泛滥到猖獗的"现在"回顾"曾经"，这个命题中的"及其限度"有着极其重要的"思想"和"现实"意义。萌萌对寇眉《拯救性的复仇》中"后现代视角"的"警惕"，实际上早在 20 世纪 80 年代初就已经生根。

中国需要造山运动，需要一个一个平凡的个体拔地而起。

承受着因袭的负担，才有拔地而起，这是中国一代追求者的悲剧。

尽管萌萌记录这两句话的具体时间目前无法查证，但它第一次公开出版也不过是在 1989 年的《升腾与坠落》中。[①] 它对"平凡的个体"的召唤，对当今汉语学界流行的"政治哲学"热潮，仍然是一服十分有效的"清醒剂"。

问题在于"平凡的个体"如何"拔地而起"？

"形而上学"有着"绝对主义"与"相对主义"或"虚无主义"的"双重面相"，在应对其双重夹击的思想困境中，萌萌和她的战友们，借助在西方内部力图"将形而上学带向边缘"的海德格尔，在现代中国哲学思想中，创造性地"命名"了"悖论相关"的"偶在论"思想，因而使得"要么绝对，要么虚无"的西方形而上学"绝处逢生"地焕发了生机，更使得在"形而上学""权力意志"面前几乎彻底丧失民族自信力的中国文化获得了"归根复命"的"曙光"。

有一事实值得注意。寇眉《拯救性的复仇》明确提到洛维特，他的《世界历史与救赎历史——历史哲学的神学前提》对

[①] 萌萌，《应提升到精神的精神现象》第 13，见《升腾与坠落》，上海：上海人民出版社，1989 年，页 151。是这则随感的最后一条。

萌萌的思想历程有着重要意义：完成于 1999 年的《时间和意义——重负、轻负、感受的生成性》，萌萌曾经凭借洛维特的思想资源，寻求"个人进入历史的可能"，而《世界历史与救赎历史》在中国大陆公开出版，则是三年后的事；[①] 洛维特列举西方思想中三种主要时间观：古希腊－古罗马的轮回说、基督教末世论、近现代历史进化论，除开前两者共同构成对"历史进化论"的清理贴合"文革"后反省"马克思主义"的普遍诉求这个与现实政治相关的原因，从耶稣基督被钉上十字架的"受难"这个"中心事件"中，萌萌敏锐地抓住了能够让时间从过去、现在、未来线性"流逝"的"平面"进入"立体"，从一维进入多维时间，亦即时间空间化，如此让"瞬间的永恒"拥有可能！[②] 我想强调的"事实"是，萌萌《记忆中"曾经"的承诺》几乎连一次都没有提到洛维特，而这篇文章的完成时间距离《时间和意义》不到五年；不难想象，尼采的"永恒轮回"、本雅明的"犹太主义"和"马克思历史唯物主义"，如若用萌萌已经熟悉的洛维特资源来处理，那该多么轻省。

　　这个事实说明，萌萌从不迷信任何习得的"理论"或"主义"，更不会轻易拿各种"概念"来炫耀自身的"学力"；萌萌有自己的问题关切，更有着一个真正"思者"的强大坚守和

---

① 卡尔·洛维特，《世界历史与救赎历史——历史哲学的神学前提》，李秋零、田薇译，北京：生活·读书·新知三联书店，2002 年。
② 萌萌，《时间和意义——重负、轻负、感受的生成性》，见张志扬编，《萌萌文集》，上海：上海译文出版社，2007 年，页 173—190。

自信：

> 我常想，即使顷刻间把西方世界的精神财富一起堆到我
> 们的面前，中国人，也能在这块土地上，凭借独特经历带来
> 的情绪、感觉，走出一条自己的思路。
>
> 这种情绪和感觉不仅应该有对现实生活的覆盖面，而且
> 应该有穿透力。正因为这样，我们才前所未有地需要广阔的
> 视野和深刻的反省精神。

这段文字同样写在《应提升到精神的精神现象》中，是这
则随感第一条。倘若我们将这则随感录的首尾内容，与萌萌遗
留而未完成的文字《人是可能死于羞愧的》两相对照，一个真
正审慎、节制"思者"的强大或自信与弱小或谦卑恰反映着
"思想"自身的"悖论相关"——这，正是"偶在论"思想的真
正力度所在。

1996 年，萌萌《断裂的声音》出版，如标题所示，这本书
处理的思想问题是："时间"的"断裂"以及在这"断裂"中
"涌动"的"生成"。

然而，萌萌对这"断裂时间"（亦即"瞬息"）的把捉，正是
"凭借独特［生命］经历带来的情绪、感觉"。[1]

---

[1]　有萌萌自己的文字为证，也有同代人"回忆"的文字"参证"，如张志扬《维纳
斯断臂之谜》"描述几个故事"，见张志扬编，《萌萌文集》，上海：上海译文出版
社，2007 年，页 12—13。

但"独特〔生命〕经历带来的情绪、感觉"，要想超出单纯的"情绪"与"感觉"，还要凭借于"思想"及其与"思想"中"他者"的相互砥砺和激发；据说，当20世纪80年代将萨特引入汉语学界并引发热潮的时候，萌萌和她的朋友们就开始关注"时间"和"语言"问题；于是，海德格尔《存在与时间》[1]的翻译出版适逢其时，以"现在"为中心的"形而上学"时间受到海德格尔"解构"，正在其中。

当众人置身于《存在与时间》热潮的时候，萌萌和她的朋友们则关注起海德格尔《存在与时间》的中断以及解释学中断，这恰是从"时间"转向"空间"，告别"此在"中心而关注"大地"与"天空"，关注"地天人神"；从语言的显隐二重性、有／无的"悖论相关"开发出"瞬息"的生机。

我目前所能找到萌萌明确提出"瞬息"的文字《回忆、想象应直面瞬息》，也刊载于1989年出版的《升腾与坠落》，没有任何信息可以显示，它跟海德格尔有直接关联；但让人"惊讶"的是，其中很多充满"诗""思"色彩的文字，与15年后完成的《记忆中"曾经"的承诺》相比，无论从何种角度探测均毫不逊色；萌萌的文字告诉我们，"瞬间的永恒"不仅是"可能的"，而且，它就那样真实地存在着。

最后，我只想提及，探问过"个人的真实性及其限度"的萌

---

[1]　海德格尔，《存在与时间》，陈嘉映、王庆节译，北京：生活·读书·新知三联书店，1987年。

萌，从来就不曾以"原子""碎片"的"个人"存在过；无论何时何地，遭遇何种经历，萌萌从未离弃过这片生养我们的共同的"热土"，从未离弃过那些让我们有所"欠负"同时又有所"承诺"的这片土地上的"炎黄子孙们"。①

---

① 萌萌《记忆中"曾经"的承诺》结束于——"西方独断历史的时代结束了。可以这样说吗？"

苦月亮之谜

——萌萌祭、时光祭

一　浮世深隔的怆然，之于女人

想要亲近萌萌之"思想"与"情绪"，却要不断慰藉自己得直面这近30年来人生经历之惨白：没有苦难历程，没有思辨经验，亦更无勇气放弃"女人"之"身体性"和与生俱来的诗人天赋去面临"自然本质还原体"在"社会化概念"下的层层考验，以及个体与个体间差异之下高处不胜寒的那种孤独和落寞感，是普遍的、广大的女性所不堪承担重负的磨折。这世间的女子，单从女人的角度看萌萌，很难再有谁可以成为她了。

我印象中的她，是朴素色彩里面最高贵的一朵百合，飘着袭人的香，绽着沁人的灵光。倘若她沉默，她就如金湖里的朗月，皎娆冷冽，遥不可及；思考中的她便像是智慧女神一样，有着不可捉摸的神秘，目光深含着一眼窥透一切的聪睿与犀利。倘若她行动或者言语，她便如少女般的明艳可人，生动快乐；她长在水边，入诗入画如春天一般；忧伤的时候她犹如四季女神那样，是躲在森林深处与世隔绝孤独宁静的仙子……

七年时间转瞬即逝。长久以来虽与她接触仅仅"三面之缘",却总也难以置信,她离开了我们所共同生活着的这个世界。这样一个奇迹般的伟大女性,突然陨落,叫人难以相信上苍的公平……

每个清明节将至之时,熙明便会同我说,凯迪我想你能陪我一起去看望萌萌老师,她也一定很想你的。我总是顿时就有那种泪水想要夺眶而出的冲动,这种难以名状也难以自我控制的情愫,大概恰恰就在萌萌老师所讲的"情绪"范畴。

以往从不会去剖析并且尝试拆解自己的这些对生活微小而又简单的触动。我自认只有在创作的时候那些触动才是有用的,也许我们常常称作"灵感"的那些东西,就正是如此。亦如同这平淡无奇生活中人们一瞬间所有过的转瞬即逝的小小情愫或者触动:你微微地察觉它,你疑惑和猜测着那是什么的时候,似有若无的这一秒钟甚至半秒钟,就伴随着它一同消逝掉了。但是它蕴含着庞大惊人的能量和意义:对于引发我们触动的那些人或者事情来讲。

在"当下(此时、瞬息)"它们发出的那些声音其实是那么微弱,纤若游丝;你思路上不经意的那零点一秒钟的游离,也许就错过了它。遇到萌萌老师,我才明白"自然时间""均匀地流逝",我们的"心理时间"倘若没有做好准备,便错过甚至失去了它的生命价值——"差之毫厘,失之千里"。

追寻价值,取得意义。将取之不竭的"心理时间"向外转化为"自然时间"来弥补我们存在着、"存在性"的空白。因此——我明白萌萌之于熙明以及他所从事的思想学术之业的意义，也之于我此生身为一个女人有幸遇到"萌萌"所能所不能的事之意义。任何一个女人，遇到她，都该重新思考，身为一个女人的价值和意义；任何一个遇到她的男人，也都应该重新思考自己生命的源头将如何保有并定位自己的人生价值取向；萌萌说"哲学总在回答人是什么"，任何一个人，遇到她，都是应该要深思"什么时候平凡的个体能站起来，自己走呢？"的问题的。我读"萌萌"，才逐渐明了，这问题其实是不应该限定于性别、种族、年龄之差异的。

但是八年前我读"萌萌"，却并未真正明了现如今之明了。一个人，在"自然时间"中沉沦、迷惘、惆怅、看到死亡切近，总是无力挣脱；然而求生的、向上的意识却是在"心理时间"中不断期望着获得拯救。在"心理时间"中，不断地、无限地分解，拆卸自己灵魂的所有意识、记忆、情绪，甚至微小的感受，去舍本逐末地挖掘和提炼那些罪和苦难，再逐一将这散碎的自己拼合组织，期待得到一个完整无瑕的自己，从而能拯救更多需要拯救的个体，需要承受多少疑惑并且不解甚至不屑的目光？一次又一次甚至是无限的，一次比一次零碎，一次比一次血肉模糊。更甚于她这样一个"把虚荣和高贵，矫饰和诚恳，混杂和单纯，脆弱和坚强集于一身"的独特女性！

她身上凝聚着的也许是一个时代，抑或一种使命。她是一个女人，更是一个伟大的人。虽然她"常常自嘲地想我只是一个女人而已"，却是多少男人女人都必须仰视的"女人"。

二 一个羞于启齿的"理想"

女人是母性的，母性意味着原初的混沌。

女人是生殖的，生殖意味着从原初混沌的破裂处挤压出新的生命。

萌萌老师写在她《断裂的声音·上篇》"女人"。

我却感性地想到中国古典神话中的人类之父"盘古开天辟地"的"天地"：

"天地混沌如鸡子，盘古生其中，万八千岁，天地开辟，阳清为天，阴浊为地。"

盘古本也生于天地，毋宁说，天地乃为盘古之母，她孕育了盘古。但在这混沌之中是否也有自然之力，即是孕育盘古一万八千年的混沌所赋予他"思"与"追寻"的能力。

这里，思不是思辨，即不是反思、后思、深思，亦即不是一种达到客体反观自身的认识方式。一旦变为这种认识方式，思就在思的单一的间接性中失去了混沌也失去了生命的张力。

思，毋宁说是把自己和世界、把人和宇宙作为一个整体来体验着的领悟。它是沉入的混沌，一切越出的可能性都纠结在那里。

在那里，新的生命正在悄无声息聚集中聆听着命运的召唤。[①]

"萌萌"曾经、一直都是我的一个理想，或许也会是很多想要脱逃出女性本身命定命运之女人的理想吧。但是从人类之始说起，说我读"萌萌"，偶尔的；也是从"自然时间"将自己引入"心理时间的"罅隙里；我读萌萌，我着迷了。我沉入某一刻的混沌，可以单一纯然脱逃出"理性"而直接的"思"，那是生命本身原始的能力。我找到了这能力。这是我们原本具有，却总是被忽略掉的一种天赋。

盘古就是这样开辟天地的。他为此感到自己存在的圆满和成就。若不然怎会在他精疲力竭于"顶天立地"的生命将逝之时，决定将身体留给天地？他创造了一个崭新的世界。这世界是人类语言即将开始的介质，期待某一项工程的再度分娩，出现声音。盘古保有了这自然本真的热爱和生命本身就具备的延续性：他的精元化作了世界上的天地万物，"人"是这所有工程的核心——"分布元气，乃孕中和，是为人也"。天地乃为万物之母，包括盘古。天地分裂，诞生出盘古。这对应了"女人"之生殖的特性。天地本是母性的，女人之本乃是自然之本。

三　不合时宜（逻辑）的"分裂"

萌萌老师说，语言就是表达，是思成形结胎的生命形式。

---

① 萌萌，《女人》，载《断裂的声音》，上海：上海人民出版社，1996年，页14。

　　我深有感触人类这万物之灵长优于其他生物的超能力，可以让自己的一切真实地袒露在生活面前，从而找到一些契合的方式告别"个体"本身的孤独和单一。

　　从这一个意义上来讲，语言本是可以让我们生活得更愉快的一种能力。然而在"社会化概念"下，你却要追寻，倾其所有。凭你是男人或是女人。因着个体之"差异"，个体之独特性，这原本明净单纯的自然，却变得复杂冗琐起来。

　　你看见光明，看见色彩，看见一个奇迹般的魔法世界。这一切，是激发人类情绪的原因吗？任一切新颖的、奇妙的、丰富多彩的、难以磨灭的艺术形态在"情绪"的激发下层出不穷：诗歌、绘画、音乐、雕塑、小说、戏剧、曲艺、建筑甚至手工创造等等，随着人类社会不断向前推进，人类情绪也愈发鼎盛并且激发更加丰硕也更加复杂的"情绪"出来。打从人类繁衍第一代子孙，打从为了生存茹毛饮血争夺第一件猎物，打从人类需要温暖和光明钻木取火；打从第一个象形符号被刻上甲骨，打从仓颉造字的第一个日出；打从人类社会第一个部落的诞生，打从世界上的第一次战争爆发……

　　我读"萌萌"，才意识到"情绪"。

　　"情绪"带给生命之"存在性"和存在下去，要更好地发生发展下去的重要价值和决定性意义。

　　按照上古神话所指示：母性分裂出的男性创造着世界，他们越出了混沌，故而不再同女人一样单一直接地"思"。曾经有一段时间，我笃定自己本不应生为一个女子的。从我的童年记忆开始，我便常常觉得自己思考问题像个男孩那样。记忆是个玄妙的东西，它在事实面前呈现了太多太多的假设，可以分裂地多极地命定自己过去的命运。于是在我回忆自己的记忆之时就常常分不清那个记忆该不该是这个样子的。我常常怀疑自己的记忆，却又热衷于自己的回忆。直至我听到萌萌老师说"一个真正的回忆，意味着常态生活的断裂，意味着临近深渊的边缘状态"[1]，才释然。倘若记忆清晰，倘若回忆是个绝对的答案，那我的人生将只停留在那个临近深渊的边界，无力跨过前面的崖岸。

任何一个人，在记忆面前，尤其是刻骨铭心的那些记忆面前，都像是细小的蒲草，寸步难移，前方却遥不可及。你有时候只想停在记忆里，忘记了人生之时间的有限。明天是什么样子，你怎能知道？大概过了很久很久，"自然时间"流逝了，"心理时间"还停留在某一个时刻，那个时刻分岔了。你想过对一个事实之记忆的太多太多的可能，比如经历过的高考也许只是因为填错了一个志愿，从此命运便天壤之别；比如在青春的时候遇到一个人，就改变了你的人生价值取向；比如一个微乎其微的决定，让你丧失掉巨额的项目。每个抉择你命运的时刻都是千钧一发的考验，若是未偿所愿一定终生难忘，那是我们时间里的"断裂"。

于是在些许沉寂以及更沉寂的时刻里，我们经常会梦见历历

---

[1]　萌萌，《爱与死，或被死亡惊醒的爱的回忆》，载《萌萌文集》，上海：上海译文出版社，2007年，页273。

往事，却又总也难以看得清楚故事里面主人公们的面容，那表情清浅，有时形影模糊，你却能深刻记得抑或清晰地知道梦中人是那个影响你命运走向的种因。萌萌老师说：梦总是和时间关联着。一种梦，可以换一个别名，即梦幻。

是在萌萌老师去世之初，我记得熙明多次同我谈及：我梦见萌萌老师了，她还是那么美丽，那么亲切，仿佛她从来没有害过那场病一样地对我们说："会好的，一切都会好起来的，我们都会好的……"很长一段时间，有一到两年的时间里面，他这样的梦都在重复。以至于我也会梦见他在梦中牵我的手出现在萌萌老师面前。这是我们的一个理想，我期待着他牵我的手站在美丽的萌萌老师面前，看见萌萌老师眼睛里流露出对我们的祝福以至于在我心里她那像神般温柔慈悲的情愫都那么地精细可察！那一刻，我终于还愿了……"萌萌"不仅仅是一个传统意义上的"意象"，亦不是普通人们更深远的风景。"萌萌"意味着她该"意味"的一个"存在"。至此，这"存在"之突然的陨落将给未来世界创造怎样的"存在"，谁又能轻易知晓呢？

在我心里，她的确就是那样的人。在我心里，那的确是一个畅往了很久很久的畅往。可是那的确将是不再可能发生的事实了。那将成为我此生永远的畅往了。我的"梦"随着萌萌老师离开这个让她爱恨交缠亦犹有不舍的世界之时随即陷入了无休止的"梦幻"：抑或有一天，她又一身素衣，香襟飘曳地站在了大自然里，思索着人生思索着更为广阔的世界将走向如何……她在黑暗里行走，靠着那些纯粹而丰硕的想象，却不断地为我们建设完成着一个光明的世界。我想，在我 18 岁的时候遇到她，我的人生定不是现在这样了。一个青春酸涩的少女怎能读得懂"萌萌"？但在我，28 岁的时候能读到"萌萌"，那也已是莫大之幸运了。"萌萌"是一个"时代"。这一个"时代"，是所有女人倾向于作为"月亮"要假借"太阳"才会发光的时代，也许这个时代终会过去，就像她短暂而辉煌的生命一样，会过去。但在时代之中绽放出的光彩，将会永远地留在历史中，时间越久远，这光彩就越璀璨。这是我粗浅的理解，确也是我敞开心扉对"萌萌"涌起的真实礼赞！

> 一种梦毋宁说就是真实本身，它被遮盖着，非要用梦的形式才能将遮盖物去掉，那遮盖物原本就是被日常语言前置的、导致人们丧失当下感觉的一种物化形态。只有去掉这遮盖物，在日常语言断裂的边缘，尖锐着的、自我感觉着的感觉方式才可能真的显示出来。它同时也是无限延续的时间的因果链的断裂。在这种断裂中，梦生成着，成为比事实更持久的真实。[1]

我们无限重复的梦，终于"成为比事实更持久的真实"了。"萌萌"活在她为我们在这阴晦孤冷的世上建造的美丽花园里，她跟上帝站在更接近的位置上，指引我们向前。

---

[1]　萌萌，《我读女人》，载《萌萌文集》，前揭，页 423。

四　你最想从"萌萌"这里拿走什么

"女人真应该让青春像回忆一样在自己身上永驻。它有过，它不再消失。"①

我说这些年里，我们能从镜子里发现自己形容的改变，却再也没能遇到旧时光了。恐慌的衰老，恐慌的遗忘，恐慌的难以遗忘，在这无情的岁月里都微不足道起来，你能挽留得住的东西唯有记忆，在这记忆里痛苦以及想要摆脱那痛苦之痛；在记忆里尝试着变换许多种某一故事结局的可能性；分裂的假定，自己的命运从此在另一时空里有了不一样的光彩。于是"不再痛"之痛成为一个"意义"，也成为时间在你生命经验中的一处标志。倏忽间回到这个轮回的世界里时，便始终要努力地面对不愿意相信的必须相信：时间其实已经过去很久了。这某种意义上已然成为，一个"概念"上不被救赎的救赎，但在时间面前，女人的倔强无济于事。你越是用公主式的美丽拒绝衰老，衰老反而更残酷地噬咬你。那又怎样，至少你不愿低头，在时间面前，巨人依旧保持生长；女人依旧不改初衷。它们之间，永远"应该"对等。

这"应该"，就像萌萌老师说"女人真应该让青春像回忆一样在自己身上永驻"。我们多么为之感到自豪：萌萌老师，她是个女人，一个美丽的女人，一个"拥有女人天性同时，又拥有男人的视野和反省能力的女人"；一个拒绝衰老，终于在岁月中

---

① 萌萌，《女人是男人心中袒露的秘密》，载《萌萌文集》，前揭，页6。

"永恒不老"的女人。尽管她"注定了承受撕裂肌体的痛苦"，却是女人们乃至人们一个完整的朴素的强大的耀眼的恒星一般永远闪耀的"意象"。而多数的女人在时间的激流中，某一个角度上，都只能是一句诗抑或一幅画或者一部感人至深的故事吧。她们在这诗句在这画幅在这故事中退化了原该深谙的真实，却转向对这自然真实的陌生和焦虑。

> 人一生中总有一个这样的时刻，什么都不想再说，不想再想，只希望能静静地面对自己内心的一点真实——这真实不是什么，不是任何能把自己以"什么"的形式交出去的东西，毋宁说，它什么都不是。[1]

这真实原是人最初所具有的天性。女人更是具有这天性。

无论是被文明矫饰层层包裹起来的斯特里克兰德太太，无论是在纯粹的被动中散发着原始的单一气息的爱塔，无论是展示着女人特有心理时空感觉所带来的迷人悲剧性的勃朗什，还是那无数作为爱和美的化身而存在的女人，都不是我。

我是夏娃和亚当的纯洁的女儿。你们的意志破坏了我的原始性，却把我提高到一个更丰富的层次。从此在绵延的岁

---

[1]　萌萌，《语言的问题何以对我成为问题》，载《萌萌文集》，前揭，页119。

月中，我艰难地走向丰富，同时更艰难地走向单纯；在丰富
中寻找我的失落了的单纯的梦。①

这就是"萌萌"。"只有我自己知道，我因此承受了多少苦
难"，她说。

苦于表达是多于垂死的苦痛。有多少人是要不断经历这苦痛
的：语言在现实面前，显得那么苍白无力。苦得没有力气呼吸那
黑暗里星星点点微弱的渺小的自己的记忆。记忆的庞大已然占据
你当下的"苦于表达"，于是你幻想着要是能回到这些经历之前
的空白里，你就可以清白宁静起来。寻常的苦难尚且如此，那灵
魂中悲喜拼死搏斗的切肤之痛，又是如何？所以，"萌萌"承受
过的巨大苦难，当是只有她自己才明了的。

苦难之发源，源于最初的清白宁静陡然被破坏；经过"自然
时间"为"心理时间"设置的一个个无限等待之没有结局的等
待、对"超过绝望之无望"仍然抱有最终也许仍然要失望的希
望；直到最后万念俱灰抑或释然地放弃。萌萌老师在自己深沉的
苦难里发问："人能守住一个等待吗？"而对于真正的个体来说
个体之差异，这问题将成为人生存的悖论——

"自然时间"当中我们是回不去那个原点的。"心理时间"已
经不再纯洁。

———————

① 萌萌，《女人是男人心中袒露的秘密》，载《萌萌文集》，前揭，页 4。

想起《父与女》①里一个画面，在时间和梦交错的那一刹那，我们终又回到原来的那个地方去，回到那个"心理时间"一直尚未离开的时空，如同我们在自然时间里也一直停留在那里从未曾离开、世界尚未曾有过丝毫改变一样地，我们就在那里等到了我们所期待着的结局之等待……

这一处时间的断裂因为它的时间性，其声音不可隐匿地成为"心理时间"当中永无止息的回声。

时间的起因是最原初的地方。有多少人都在梦想着回去。但是只有少数人，穷尽一生地追求寻找回去的方法和路途。"萌萌"会是这少数人的指引吧。至少在我这样的人群里，有过对原初之自己"真实"的沉入与迷恋。

> 毫无疑问的是，人的生存性就是时间性。然而如果没有时间的中断，人就无法体验时间，就像没有生命的边缘状态人无法体验生命一样。而真正的回忆，正是一种时间的中断。②

萌萌老师安慰了我这未偿所愿的回忆之痛苦。但分裂的苦意味着你曾经的那些"苦"能算数吗？我像一株小草，借着萌萌老师初初投射过来的一丝光在黑暗里变得隐晦和不安起来。从前对

---

① 《父与女》，荷兰著名动画短片，获安锡（Annecy）、奥斯卡等动画大奖。
② 萌萌，《爱与死，或被死亡惊醒的爱的回忆》，载《萌萌文集》，前揭，页275。

人生宁谧之守护也曾想是进入这个世界之前难以剥除的怯懦。但在忽然明白那些寂寥的每个瞬间都将是我们日后用来祭奠抑或反观雕琢自己人生的宝贵回眸之时，才是真正的醒转了。

这世间所有的词汇原初的生产与存在都是为情绪做准备的，就意味着自然本身所具有的"情绪性"是思索者的苦难。反观期待解除这天生的罪责，本身就是一种自我绑缚。在坚固的俗世渊源里，一次次尝试挣脱……

前几天看 Night Wish 音乐剧 *Imaginaerum*，亦体验着这"时间的间断"。这电影更加形象地把间断的时间跳跃性地编排在一起，并时时让你虚空却饱满的记忆置于命运的临界点上。我想起小时候坐在父亲的老式自行车上，感受着他的呼吸和吟诵毛泽东诗词时的那声调。他教我背诵着这第一首影响我一生的诗词《沁园春·雪》。在很多年以后我依然记得这画面，画面里的"我"，不是一个梳着长长羊角辫的小女孩，而是个俏皮又略带深沉的男孩子，依附在父亲深深的温暖的怀抱里……他给了我太多太多童年记忆，幸或不幸都将刻骨铭心。可这一个画面却每次总是第一个涌现在脑海里。

倘若画面转换，他教我吟哦的不是《沁园春·雪》，而是别的任何一首诗，也许"我"亦不是现在的我。

"人的遭遇是神秘的。无数的因素推动着人的思维、感觉和行动。谁能说清，在现实给定性的向度上，具体的、个别的人和事，为什么是这样，而不是那样。"萌萌老师的提问契合了我们的寻求。她随即就给出我们一个回答，她说欧茨懂得这神秘。欧茨曾在《卡夫卡的天堂》一文中借卡夫卡的话描述这神秘：在现实生活中，神秘并不隐藏在背景中："恰恰相反！它直瞪瞪地看着你。正因为它显而易见，我们才视而不见。"①

人们常常地忽略掉生活中最显而易见的那些真实，那些不可假设的命运。这命运或许成就了你。也或者在另一个可能性上成就了别人。那看似的不应该或者应该，恰恰就是命定了的真实。你无力抗拒。以前我感性地称"它"为宿命。

在发生的那一刻，它可能有着某种外在原因的引发，但更直接的，却总是蕴藏在人的生存状态里的情绪被整个翻腾起来所导致的，并不具有特别的时间意义。它作为个人的事件，使真实的个人从他人的语境中脱落，成为可能。②

记忆是个玄妙的东西，时间的间断造成了人们当下会有的迷茫与无力感。有很多的时刻，我们的记忆是那样被回想起来的："生存状态里的情绪被整个翻腾起来所导致的"。事实上，萌萌老师说，它"并不具有特别的时间意义"。萌萌老师给了我多大的启示，以至于让我真正开始反观我近30年都未曾认真反省过我本来"能"或者是"应该"成为一个怎样的人！我就那样地过了我人生的那么多年，在一宗宗绵延不绝的经历里，我从来都正式

---

① 萌萌，《爱与死，或被死亡惊醒的爱的回忆》，页 271—272。
② 萌萌，《语言问题何以对我成为问题》，载《萌萌文集》，前揭，页 120。

地忽略掉"它作为个人的事件，使真实的个人从他人的语境中脱落"的事实。

我的所有的记忆，作为一个女人的本真以及曾经不觉自己是个女性的记忆像是被砍伐的蒺藜，曾经长在荒僻的山坳里，无人触及，而突然就从生长的梦境中被带回旷阔的大地。这当是萌萌老师所启示我的我之命运本该由"本真之我"所主宰"成为可能"的完全可能，那并不十分靠得住的"整个被翻腾起来的情绪"，却在某一处的时间之断裂里"脱落"了。使我长久地认为并且深信不疑那就是我真实的记忆。即便这记忆的不确定性仍然存在，但它的确对我以及我"心理时间"中的空白发生了作用——

我真的想不起是在什么时候我第一次回忆起那个画面的了。但是意识里清楚地认定，就是那个隐隐约约好像还不怎么真实的记忆主宰了我那么多年的思维方式。作为一个个体经验放大，瞬时的某一情绪是难以克制的，或者说，从这一情绪转为另一情绪是艰难的。

很多的时候，我们会落入自设的情绪陷阱，难以自拔，却忽略当下发生着的情绪会对未来造成如何的影响。

我回到作为一个女人的真实，终于能够并不陷落于那样懵懂的记忆，转眼就可以回到如何讲述都觉得不堪的"青春"。那不堪的属于每个人的青春，最需要反省以自省更长远的人生：在这个只有两性相互纠缠又相互依托的世上。你最想从"萌萌"这里拿走什么？这个到处充满着谜面的世界又给过她什么呢？

五　苦月亮教人窒息的"谜"

敏感的女人沦陷在想象里。"男人和女人相互纠缠的命运。"

《苦月亮》^①对我来说，一直是个谜。是我那么多年里所有认识到的两性抑或人性谜语之中最难最苦涩的一个谜，一个暗哑幽怨两极相噬的谜。在我随手翻开萌萌老师的著作经常跳脱出来的那些字眼里都透露着这个一直困惑着我的谜。倘若那轮苦透了的月亮依然真实，它即便不发出光亮，也是存在于尚未知晓的谜。谜，意味着等待被揭晓，而能不能被揭晓依然尚未知晓。罗曼·波兰斯基给我们这样一个谜，萌萌老师给了我们无数个相关的谜。那么多难解又苦涩的谜，难免不使一个敏感清灵的女性分裂破碎。那么多的谜，都是她耗尽毕生精力需要去解决的问题，在漫长的"心理时间"当中你发觉，你会被这谜搅得神志不清：到底是因为男人的自负还是因为女人本身的软弱？造成那深不见底的时空罅隙——两性间分裂之"断裂"；到底是因为两性间本就势均力敌，相悖相依的矛盾无以化解，还是所谓情爱本就没有一个得以平衡的支点——男人和女人纠缠的命运（日常生活悲剧）已成定局，倘若如此我们还要继续吗？我只是一个寻常女人，一个问题就将我置于惶惑和苦痛当中。痛苦的因由在于：我知道一定有那个谜底，但却找不到它。寻找它的人步入险境，面临破碎。即便破碎，也忠于破碎。萌萌老师曾经之破碎，一定是

---

① 中文片名《苦月亮》，原片名 *Bitter Moon*，罗曼·波兰斯基 1992 年执导的电影。

个完美的隐喻吧。

至于她如何成为完美的"隐喻"，有太多太多的话想说，身为一个只能聆听她文字教诲的学生，一个通常带着很多问题想要接近并且进入"哲学"，却又怀揣着"怕"在"浅尝微涉"之后对"思"之沉重若即若离的女性学生，就暂且收起更多心有不安的表达吧。"萌萌"在我未来的人生岁月里，亦会是张志扬老师在《萌萌文集》的导言中所述的那个象征："维纳斯断臂之谜"——"真实、残缺与想象"。

"萌萌"本身对我们而言，就是一个谜。显现的，孤独的，不易猜透的谜。

没有读到她的时候没办法理解熙明曾经对我讲的话。我追问他为何从没能写出一篇纪念萌萌老师的文章，他沉默良久，说："'萌萌'之于我，不是只言片语的表达。在我没有准备好之前该如何下笔呢？"

此节作为生者对她的"纪念日"，七年时间，她依然鲜活。那些曾经与她朝夕相处的人们得到过她多少的光亮和温暖我不知道。但是那三个短浅的照面，她的一切都已深刻地烙印在了我的心里，亦不能只言片语表达……留待日后再慢慢倾诉。

后记——礼致

这篇纪念的文章完全是偶然来的，跟学术没有关系。我以女人的经验与直觉去感受萌萌老师，蒙受她遗世之文字的教诲，感觉到莫大的幸运和激情。动笔较晚，但是也基本上表达出了对萌萌老师以及她思想学术"懵懂"却依恋的情感。在她面前，无疑我还是个孩子，一个愿意倾听她甚至向她学习并且期望沿着她的足迹找回"自己"的孩子。我什么都没有，就只有一个孩子在"母亲"面前的坦诚和安心。

以此纪念缅怀"萌萌"老师逝世七周年，凯迪敬上！

温暖的现象学

——一个以萌萌思想为线索的考察

王凌云 [①]

温暖永远是比光亮更基本的需要。

——萌萌《升腾与坠落》

世界是一团永恒的活火,在一定的
分寸上燃烧,在一定的分寸上熄灭。

——赫拉克利特《残篇》

引言:温暖作为人间的条件

每个人都能经验到温暖,并且总是渴望着温暖。人在温暖的母体中孕育出生,因而一直保留着对原初温暖的至深记忆;而自从他/她来到这个共同的世界,温暖也一直构成人的基本需要。人之所以愿意生活在洞穴中,是因为洞内比洞外更能向人提供一种稳定的温暖氛围。洞外的世界,无论是清晰朗照还是黑暗昏

---

① 作者单位:云南大学哲学系。

沉，无论是风雪交加还是雨云密布，都是无视人的承受力和要求的，常常炎热灼人或寒冷刺骨。而洞穴内的火光始终被控制在一定的界限或分寸之内，不灼伤人，也足够抵御寒冷。进一步说，作为原始洞穴的变形物，家与城邦也都向人允诺着温暖——我们之所以将某一场所或共同空间理解为能庇护自身的"家园"，是我们在其中感受到某种温暖气息，甚至仅仅想象这一"家园"就能让我们觉得温暖。在此意义上，我们可以说，温暖构成了人在世界中生存，亦即"人间"的条件。

本文试图理解"温暖"经验的结构，理解包含在"温暖"经验之中的个体与他人、与共同体、与神的关联方式及其历史性的意蕴。需要说明的是，这一主题以及整个相关思考的主要线索都来自于萌萌。正是萌萌，这位思想家以女性所特有的敏锐，向我们提示出"温暖永远是比光亮更基本的需要"。在这一洞见中既包含着对"光的形而上学"的质疑，也包含着向比"光"更本源的原初经验回溯的要求。萌萌对"温暖"经验的先行思考，伴随着她的言说方式，对本文构成了一种决定性的指引。本文中的尝试或许可以看作萌萌思想的一种延伸，一条被她首先开启的道路指引着她的学生继续在其上行走。因此，这里的思考也是一种感谢和回忆：感谢她对我、对我们的赠予，同时回忆她给我、给我们的温暖。

一　个体的寒冷与温暖

萌萌是在什么样的情境和思想背景中提出"温暖"这个主题

词的？她为什么会想到用这个词来对抗或平衡西方思想所认为的
人对光、对理性的需要？

如果单纯从文本线索来考察，我们可以看到，"温暖"在萌
萌著作中的首次出现大约是在1989年出版的《升腾与坠落》一
书中。在"爱原本是平凡的梦想"的小标题下，"温暖"这个词
以这样一种方式出现在该部分第34条中：

> 意志即走向他人和世界的力量。它意味着用各种方式，
> 直接或间接地，扩大自己的空间和视野，意味着在悄无声息
> 的孤独中仍然给他人光和温暖。[①]

接下来的第35条则说：

> 天堂和地狱都藏在我的心中。
> 炼狱即是延伸着爱和温暖的渴望。我的人生之途即炼狱
> 之途。[②]

我们看到，第34条的基本背景是现代思想对爱、冷漠与意
志之关系的讨论。萌萌在这里参照的是罗洛·梅的《爱与意志》
一书中的相关内容，但是作了她自己的引申和改造。罗洛·梅的

[①]　萌萌，《升腾与坠落》，上海：上海人民出版社，1989年，页72。
[②]　萌萌，《升腾与坠落》，上海：上海人民出版社，1989年，页72。

著作从精神视野上受到现代生命哲学和存在主义的支配，这种哲学从本质上说强调意志、情感和情绪在个体生命中的首要位置。萌萌在接受这一哲学的同时，却将强调的重心悄悄地从**"获得本真性的自身"**变成了**"走向他人和世界"**，变成了"对他人的给予"。第 35 条是对但丁《神曲》的化用。但丁的天主教信仰支配着其对灵魂 – 世界之秩序的理解，在《神曲》中，"炼狱"乃是生前有罪的个体在其中忏悔罪过、洗涤灵魂的领域。萌萌在这里借用了但丁的灵魂图景，将人生理解为"炼狱之途"，但又将这一图景内在化，将"爱和温暖"作为人生的根本渴望。从第 34 条出发，我们可以说，萌萌对"温暖"的思考一开始就是伦理性的，这种思考将人与"他人"的关系作为首要的问题域。而从第 35 条出发，我们则似乎可以看到宗教性的动机在萌萌思想中的位置，"温暖"这个词被置于神与人、爱与罪的相关性之中。

　　萌萌对"温暖"的思考因而具有伦理和神学的双重维度，但我们不应忽视这种思考的时代和个体处境。在上面的引文中，一个值得注意的词是"孤独"，它指向的是现代世界中个体的生存境况。正因为现代人的生命是孤独的，他 / 她是在一个寒冷或冷漠的世界中，所以才有必要提出"温暖"来应对现代的基本问题。萌萌之所以会思考个体的寒冷与温暖的问题，是在她所处的那一历史处境中，作为个体的人、作为个体的思想者感到寒冷。不过，我们也要看到，即使现代思想意识到了"爱"（自我与他人的联结）的重要性，由于其思考方式仍然囿于**个体性和主观性**这一现代视野之中，因而仍然只能诉诸个体意志的决断来解决问题，没有能提出重建良好的伦理－政治共同体的要求。萌萌在这里的思考虽然也是诉诸个体性的，但已经包含着**走出单纯的个体性、走向他人和更广大的共同世界**的契机了。

在个体性的精神视野中，萌萌发现，温暖具有以下的现象学结构和特征。首先，对温暖的经验先于对光的经验："温暖永远是比光亮更基本的需要。即使是从智力的黑暗进入智力的光明中，温暖也是不可缺少的。只要有了温暖，就可能在理解中转向光源，转向太阳。"[①] 这里包含着萌萌对"光的形而上学"或强调认知的意识哲学的批判。正如巴什拉在《空间的诗学》中看到的，以"光"为出发点、强调"自我"与"世界"的分立的意识形而上学并非原初经验的哲学，因为这种意识形而上学略过了一些更本源的前提：存在原本就是幸福，人的存在被置于一种幸福和温暖之中。意识形而上学从光、从人与世界的对峙开始，而没有从温暖和幸福的原现象开始。实际的情形是：我们的真实生命，总是"在封闭中、受保护中开始，在家宅的温暖怀抱中开始的"[②]。生命（作为胎儿）最初经验不到任何光亮，但肯定需要并能经验到温暖。母体和家的温暖是任何"自我"形成、存在和生长的根源和条件。因此，意识哲学（其极端变体就是所谓的"存在主义"）对"自我"的分析并不本源，我们还必须回溯到真正的原初经验中。

---

① 萌萌，《升腾与坠落》，前揭，页135。
② 巴什拉，《空间的诗学》，张逸婧译，上海：上海译文出版社，2009年，页5。

另一方面，黑暗可以是温暖的，光却可能非常寒冷。即使温暖与光明并存，这光明也常常是作为温暖的派生物或伴随物出现的。温暖作为一种原初经验构成了我们转向光的条件，也就是说，火的温暖使得任何一种理性的观看态度成为可能。这里我们可以进一步引申出，理性是以人在共同体中的温暖经验为前提的。从这一前提出发，萌萌看到了一种虚假的、外在的理性或"光"对生命的损害，因为这种光不包含生命所要求的温度，它要么寒冷、要么灼人。"没有温暖的光是虚假的、外在的。温暖才直接和生命相联系。"[1]萌萌在这里显然是在批判近代以来的技术理性的"光"的无度和外在性质，这种理性之光在照耀世界的同时，却没有能够让人感受到温暖，相反却在摧毁一切温暖的可能性。

其次，萌萌看到，温暖在生命中总是由"他人"带来，这个他人可以是亲人，也可以是朋友：

　　人可以在黑暗中行走，哪怕走得艰难；却不能没有温暖。

　　当一位朋友说，他宁愿温暖人，却不去照亮人时，他既给了人温暖，也给了人光亮。[2]

---

[1]　萌萌，《升腾与坠落》，前揭，页136。
[2]　萌萌，《升腾与坠落》，前揭，页136。

萌萌对温暖的集中讨论出现在《升腾与坠落》中"在悲剧性的日常生活里"这一标题之下，令人惊奇的是，这一部分的许多片段里都有"朋友"一词。萌萌是在告诉我们，人对温暖的经验本质上是需要友爱的吗？在这里，萌萌进一步发现了温暖的相互性："许多年来，我依傍着温暖走去，常常不知道是我给了别人，还是别人给了我。或许温暖同光明不一样，在人与人之间，温暖永远是相互的。"[1]温暖具有一种在彼此之间来回往复流动的性质，以至于给予温暖的人同时也被这温暖所温暖。"光"作为启蒙之光，总是单向地从一个人（教师、知识人）投向另一个人（学生、大众），而温暖则在人与人之间相互给予、相互传递，将人们连成一个共同体。同时，与光对事物的暴力性显现不同，温暖总是携带着某种对个体进行庇护的大地性："曾有多少时候，我想远远地避开世界的喧腾，紧缩在温暖而湿润的泥土中，深深地埋藏起来。"[2]考虑到古典传统中"大地"与"家"的关联，同时考虑到萌萌对《培尔·金特》的解释，我们似乎可以说，萌萌在此将温暖的空间置于"家"这一大地性的共同体之中，这一共同体是男人和女人之间的爱构成的。

如果我们联系萌萌对"情绪"的思考，就能看到，萌萌所说的"温暖"其实是一种氛围、一种渗透着情绪的整体性的感觉。"氛围，所谓一定环境中给人某种强烈感觉的精神表现或景象。

---

[1] 萌萌，《升腾与坠落》，前揭，页136。
[2] 萌萌，《升腾与坠落》，前揭，页137。

它具有关系性，是被对象感染着的，因而它是一种从深层透射出来的整体感觉，是一种笼罩着的东西。"[1] 氛围既不是一个空间中的客观物理状态，也不仅仅是一种内在心理感受或体验。作为感觉体验的"暖"或"不冷不热"只是局部性的知觉，并不触及我们的生命整体（尤其是不能触及精神）；而在"温暖"经验中，我们是处身于世界之中，我们已经一向在"外面"了，温暖是世界或生活空间的一种"基本情调"（grounding-attunement）或氛围，我们自身的身体和精神生命都受到这种情调或氛围的塑造和调校。因此，萌萌对"氛围"的理解可以帮助我们进行一种对实事的划分和限定：作为**物理状态**的"低温"与"高温"，作为**心理体验**（感觉）的"冷"和"暖"，作为**世界之基本情调或氛围**的"寒冷"与"温暖"。前二者分别是物理学和心理学的研究领域，而现象学关心的是第三种意义上的寒冷与温暖，这一层面的寒冷与温暖才与我们的真实生命息息相关。

二　温暖与神

萌萌在理解"温暖"时谈到了其起源或"光源"的问题。她用柏拉图的方式将这一"光源"称为"太阳"。"太阳"提供的热量使生命得以存在和生长，因此"太阳"是温暖的本源。在派生的意义上，我们也可以说"太阳"发出的光使得灵魂或

---

[1]　萌萌，《升腾与堕落》，前揭，页155。

眼睛得以看见。[①]由于"太阳"在古典传统中总是与"善"或"神"相关，萌萌对温暖之源的思考就促使我们去理解温暖与神之间的关系。

我们知道，至少有三种理解神的方式：作为一个民族共同体的伦理生活中的诸种根本力量、尺度或法则的神（神话意义上的"诸神"）；作为启示宗教所信仰的人格化的唯一神（启示意义上的"上帝"）；哲学家依据理性神学所理解的神（帕斯卡尔所说的"哲学家的神"）。显然，"哲学家的神"是不哭、不笑也不能给普通人以温暖的，只有前两个层面的神才可能与温暖相关。

萌萌在其思想的前期阶段（2000 年以前）受到现代哲学中的基督教因素的深刻影响，因而她对"神"或"神性"的理解在这一时期多少带有现代基督教神学的气质。在《神性与自我救治——在期待的门槛上》一文中，萌萌将"神性"理解为一方面是个体自律的限定，另一方面又打开了一种超验的相关维度。萌萌对薇依的阅读抓住了"期待""不幸"和"挚爱"（Agape）这三个主题词，并对它们作了现象学的理解，也就是将"挚爱"理解为"神性"与人之间的**先天相关性**。这种相关的先天性就在于，挚爱的相关性不是世俗生活中爱与被爱的偶然关联，而是"爱即被爱""给予即是被给予"的必然关联。在挚爱中的人，他／她在爱神的同时，觉得自己对神的爱就是神对他／她的爱的显现。同时，这种相关并不指向同一，而是指向悖论："真正的挚爱不是

———————————

① 柏拉图，《理想国》，508A–509B。

什么爱什么，而是在挚爱的相关性中同时瓦解爱和被爱的实体性所指，即爱者和被爱者都是非实体性的。只有在这样的相关性中，个人才可能成其为个人。"[①] 这是对现象学原理的绝妙运用。我们知道，在海德格尔那里，"此在"与"世界"并不是先在的两个实体（仿佛先有了这两项，然后才产生出"此在在世界之中"的相关性），而是都要在"操心"的先天相关性中相互构成。对萌萌来说，"神性"不是一个先就在那里的实体，挚爱也不是一种使个体与上帝同一或合一的力量，相反，这种相关性毋宁说同时是一种区分或差异化的运作：在这种相关性中，神性永远保持其非实体化的神秘性，它意味着人与神的绝对的但又是亲密的区分，这种区分也就是对人的限度的提示。

如果我们把对不幸和受苦的救治理解为一种温暖的形式的话，那么，在萌萌对薇依的解读中，一切温暖从根本上说都是由"神性"的挚爱或人与神的相关性带来的。每个人的生命由于其残缺都具有不幸的性质，不幸作为一种本体论的规定，它是"生活的彻底否定，是一种仅次于死亡的东西"。有两种不幸，一种是灵魂的彻底损害、成为不幸的同谋，人由此陷落在过去时之中；另一种不幸则将自身理解为挚爱的显现（"我的不幸是上帝爱我的一种方式，因为我在不幸中还能够爱，这种能力就是上帝爱我的明证"），因而具有一种朝向上帝的升腾的姿态：

---

① 　萌萌，《情绪与语式》，北京：社会科学文献出版社，2001 年，页 117。

当不幸倾空自己成为接纳上帝挚爱的赐福的不幸时，这不幸在这一刻已摆脱了时间的羁绊成为无时间的、非实体的，它的命名，无论是不幸还是痛苦，也都可能成为非实指性的中介概念。亦即，它总是在转换中的。[①]

挚爱给出了不幸灵魂的自我救治的可能性，因而，可以说挚爱向人提示出温暖的存在。但是，这种温暖并不能简单地表述为"神爱我"或"神温暖我"，而是具有某种**可逆性或自我相关性**的结构。爱上帝就是上帝爱我的实现，上帝在"我"对上帝的爱中爱上帝自身（"三位一体"就是上帝的三个位格之间的爱），不幸在倾空自身的同时接纳了上帝的自身倾空。甚至他人对我的爱、他人给我的温暖也经过了上帝之挚爱的转换，正如萌萌引用薇依所说的：

> 在真正的爱之中，并不是我们以上帝的名义去爱不幸者，而是上帝降临于我们之中去爱不幸者。当我们处于不幸者之中时，正是上帝降临我们之中，去爱那些欲对我们行善的人。同情和感激降自上帝，当这两者相互注视时，上帝便在它们目光相遇处显灵。不幸者和他人以上帝为起点，并通过上帝而相爱，但这并不是为了上帝；他们为了爱对方而相爱。

---

① 萌萌，《情绪与语式》，前揭，页113。

这是某种不可能的事情。因此，只有通过上帝才可实现。[①]

上帝作为一种悖论性的挚爱而带给人以温暖，萌萌的这一理解是通过一个超验的维度的引入而获得的。我们可以问的是：这一超验性的维度是否只可能具有基督教神学中的那一形态呢？或者，这一维度仍然具有其他的、可能是更为本源的形态？对我们来说，作为民族共同体之本源和尺度的神，或者比基督教神学中的上帝更接近和切合于这里所说的温暖经验。

萌萌在谈到温暖的时候常常会提到"朋友"这个词。温暖固然可以是由朋友或亲人带来，但朋友、亲人仍然首先需要共处于一个共同的空间中，并被这空间的生命或精神纽带联结。构成一个共同空间之纽带的"水""气"或"火"，是一切温暖的本源。已经被联结起来的人们之间才能相互赠予温暖。对人类历史中绝大多数的生活空间而言，这一纽带的基本象是"火"。正如古朗士在《古代城市》中所说的，整个古希腊罗马的家与城的空间都是以"圣火"为其核心的。[②]火打开了一个共同空间，又作为纽带和"秩序之神"维系着这一空间；火使得人与人相互看见，又将人与他人、生者与死者连成一个整体，使人们能够分享许多事情和事物。古人在坛火或祭火中看到了一种庇护性的力量，一个以种种礼物滋养和温暖人类的神。言谈的逻各斯（logos）也是这

① 萌萌，《情绪与语式》，北京：社会科学文献出版社，2001年，页115。
② 古朗士，《古代城市》，吴晓群译，上海：上海人民出版社，2006年，页50—58。

"火"的一种模拟物，因为逻各斯就是将人们联结在一起、使之活在一个共同世界中的"本源"。只要这"火"燃烧，一个民族、一个家庭的共同世界就开启或存在着。因此，赫拉克利特将这一原初的伦理－政治经验浓缩在如下的箴言之中："世界是一团永恒的活火，在一定的分寸上燃烧，在一定的分寸上熄灭。"

在中国古典世界的共同空间中，共同体纽带的基本象除了"火"之外，"水"和"气"也具有重要性。"暖"（煖、煨）主要是对"火"的经验，而"温"（溫）则主要是对"水"的经验。正如在母体中，将胎儿包裹的羊水带给人最初的温暖那样，"水"作为共同空间的纽带具有一种原初的庇护和孕育力量。从字义上说，"温"这个汉字所道说的是"水"之分寸与德性。而无论是"火"还是"水"，最终来说都是"气"之运行。在中国的"风教"传统中，气之温煦和暖构成了教化空间的基本氛围。我们可以认为，**"火"作为共同体之纽带乃是"阳神"之象，而"水"作为共同体之纽带则是"阴神"之象**。由此，中国思想将"温暖"（溫煖）合称，就是将阴阳并济作为这一经验的完整本源。

温暖来自于构成共同体的生命和精神纽带，而"爱"则是这纽带的实质。对我们华夏民族来说，温暖的本源是**"仁爱"**，仁爱乃是家－国－天下的政治共同体的纽带。基督教的挚爱（Agape）与希腊的爱欲（Eros）一样，都很容易失去自身的分寸或中道（苏格拉底的哲学之爱中包含着对爱欲的中道性的限制），变成一种狂热无度的献身或者攫取。近代以来所谓的"爱情"则是炽热的，它也不知道分寸为何物。这些爱的类型都必须受到节制，才能转化为在人与人之间起联结作用的"温暖之爱"，否则会变成一种疯狂的、怪异的东西。（求知欲作为爱欲的一种类型就是一个例子，它非常容易过度。）受到节制的爱就是"仁"。仁爱的特性就在于其中自然携带的分寸感。我们可以在"温暖"的汉字本义中看到对分寸感和节制之德性的要求："温"既是指水体或气候意义上的冷与热之间的中道，也指性情意义上的冷与热之间的中道，"温良恭俭让"是五种基本的德性准则；"暖"（煖、煗）与"火"相关，也是指一种在冷与热之间的"柔和"的氛围。**温暖是一种最具有分寸的现象，它与每个人的体温和生命感受的限定结构（"人之自然"）直接相关**。温暖的基本象之一，是一团在某种分寸中燃烧的"活火"。由于仁爱是一种温克、温文的爱，它将热情克制在一定的范围之内，使之不会灼伤他人。这样看来，"温暖"作为一种由中道构成的生活空间的氛围，与我们华夏民族具有更亲近的关联。

温暖既然与民族共同体的神性纽带相关，那么，在现代世界的寒冷中，要使个体重返温暖经验，就必须重建这种纽带，也就是重建良好的伦理－政治秩序，首要的是重建良好的灵魂秩序。在某种意义上，萌萌主编《启示与理性》辑刊的意图，就是在过多地诉诸"个体""生存""意志"和"情绪"的现代思想语境中，重新引入对共同体、对政治和伦理生活的思考维度。萌萌在做的事情，是向汉语思想提供这样一个契机：**回到古典，回到共同体**。

三 温暖与历史

对温暖和寒冷的经验是一种历史性的经验。每个民族共同体在其特定的历史处境和栖居定向中，对温暖和寒冷的经验是不同的。洞穴中的温暖不同于家宅中的温暖，帐篷中的温暖也不同于船舰中的温暖。温暖和寒冷在历史中发生着流变，规定着不同民族对世界和生命的特殊感受方式。但是，现代世界作为一种从总体上说给人以寒冷或冷漠之感的历史情境，其寒冷性具有大体上相同的来源。这一来源就是**现代性对各民族原有传统的连根拔除**，亦即对共同体之神性纽带的瓦解（相当于把每个民族的"祭火"扑灭）。现代历史中的寒冷是由灵魂失序和政治失序造成的，其主要的方面在于共同体的解体和个体的原子化。而在观念层面，现代以来的历史观对苦难的真实存在的消解使得个体无法感受到历史叙事与自身的相关性。可以说，人不仅被剥夺了与共同体的联系，也被剥夺了与历史或历史叙事的联系。

萌萌对历史的思考是从她自己的丰厚的生命经历出发（她曾深深地介入许多历史事件之中，并具有对苦难和创伤的独特理解），同时参照对西方思想家的阅读进行的，其主要关切在于**历史中的苦难与意义的关系**问题。在《时间和意义》一文中，萌萌通过参照洛维特对几种时间观或历史观的区分，提出了"个人进入历史的可能"这一问题。萌萌认为，历史神学和历史哲学对历史意义的设定，消解了苦难的事实性存在，将其变成目的论或历史必然性的一个环节。这样一来，个体的真实性在历史叙事中就被完全抹掉了，成了无，他/她会在没有自己身影的历史荒原上感到寒冷和冰凉。另一些人则可能会主动地将自己的苦难与某种预设的意义关联起来，重负就变成了"轻省的重负"，这种使苦难获得意义的方式固然崇高，却同时带有自欺性质。因此，只有当历史目的论的必然因果链条发生中断，从而敞开了一个不确定的意义可能性的空间时，真实个体的苦难的意义生成才成为可能，苦难和重负才不会变成"轻省的重负"，而是变成"轻负"。[①] 这才是与真实个体相关的历史，而不是被种种宏大叙事覆盖了的、思辨的历史。个体的感受性的真实，他/她的身位在历史中感觉到的寒冷和温暖，是历史中的意义生成的必要尺度，它们不能被那些预设历史意义的叙事轻易打发。

　　这里要着重考察的是萌萌对本雅明的阅读。在《复活历史灰烬的活火》一文中，萌萌对本雅明《论历史的概念》一文进行了逐节解释。这一解释的要点在于本雅明所说的"曾经"中蕴藏着的"微弱的弥赛亚力量"。对本雅明来说，历史主义的进步论是对历史中曾经发生的苦难经验的遗忘，而在本雅明的"历史天使"的眼中，历史却是一系列的、"把废墟堆到废墟上"的灾难。在末世论视野里，世界历史作为灾难的历史最终也是救赎的历史，因为每一时代中发生的苦难经验，都在被压迫者身上积累起了微弱的"弥赛亚力量"，它们都是"欠负记载的索引卡"，最终有一天会结账，也就是被压迫者最终会获得解放。"一种历史

---

① 萌萌，《情绪与语式》，前揭，页100—105。

属于不断失败的被统治阶级的历史，他们总是像不成熟的孩子遭到'驼背侏儒'恶作剧而不断受挫那样，但归根结底他们一定是'最终的赢家'，因为他们身上带着欠负'曾经'的'索引卡'而必须完成偿还欠负即实现救赎的弥赛亚使命。"[①] 这里对历史或时间的理解方式与通行的历史主义（包括历史唯物主义）不同，因为本雅明把历史主义因果链条中的"当下"翻转成了弥赛亚末世论整体时间分割而成的"碎片"，它是一种滞留的、永不过去的时间，打破了历史的连续性。

在萌萌对《论历史的概念》的解说中，有一个问题与本文的主题相关。萌萌敏锐地注意到，本雅明与列奥·施特劳斯这两位犹太思想家在"弥赛亚主义"的历史担当者的问题上有分歧。前者让"卑贱者"担当，历史成了被压迫者的自我解放的运动；后者则让"高贵者"担当，历史中的良好秩序是由对"善"具有理解的政治家和哲学家通过立法来实现的。那么，究竟该如何解释和解决历史中的罪恶与苦难问题呢？如何才能使人世重新变成温暖的场所，而不只是被灾难和恶的狂风席卷的废墟？柏拉图式的回答是：通过完整的教育来重建灵魂中的秩序，继而重建政治共同体，这一重建的主要担当者是哲学家和政治家。本雅明并不信任这一回答，他选择的是马克思式的回答。我们可以问的是：被压迫者真的能够很好地运用在全部过去中积累起来的"欠账索引

---

① 萌萌，《复活历史灰烬的活火》，载萌萌编，《"古今之争"背后的"诸神之争"》，《启示与理性》第三辑，上海：上海三联书店、华东师大出版社，2006 年，页 194。

卡"吗？如果他们与统治者一样是灵魂败坏的人，他们靠什么去兑现自己身上的"弥赛亚力量"？

我们可以发现，在真实的历史中，对过去的苦难经验的遗忘，不只是发生在由压迫者书写的历史中，而同样也发生在被压迫者那里。当奴役或压迫他们的方式发生改变，变成隐性或相对柔和时，他们遗忘起自己祖先受过的苦难来，很可能比压迫者更快。被压迫者，正如薇依所看到的那样，经常因自身的不幸而变成灵魂彻底毁损的人，这些人成为自身不幸的同谋，并不断制造出新的不幸。人由于长久地被寒冷摧残，最终成为寒冷本身的一部分，甚至不再能感受到寒冷。同情这些人的不幸是一回事，而把历史救赎的重任放在他们身上则是另一回事。温暖的共同空间不可能由那些已经被寒冷彻底摧毁的人来重建。

历史中的苦难，尤其是现代中国历史中的苦难，构成了我们今天的思想所要面对和回应的基本经验。这些经验确实不应该被我们遗忘。但我们也不应该在对苦难的怨恨或复仇心态中生活，而是应该积极寻求解决当下的苦难和不幸的途径。诉诸被压迫者的复仇或自我解放，这一途径已经被证明是成问题的。但这些失败和挫折也构成了一种值得记住的经验。无论如何，过去时代的经验在历史中燃烧成了灰烬，萌萌在自己的书写中也像本雅明一样，试图复活或重温这些灰烬中曾经燃烧的活火，保留我们对历史经验的忠实记忆。对这些苦难、不幸、失败、挫折的记忆，使我们在重建新的共同体时，不会重蹈覆辙。不过，还有**另一种记忆**：即使是在最黑暗的时代，人对世界的经验也不可能是完全寒冷的，总会有一些良善纯真的人存在于世界上，他／她们的生活、事功、言辞和思想因其美好而被人们记住，从而成为人类记忆中最珍贵和温暖的部分。

结语：记忆与温暖

阅读常常是一种回忆，它让我们回想起某些面容、某些话语和场景。这些话语和场景在阅读中一一生动起来，仿佛往昔在当前重现，但又带着此时此地的氛围和情绪的印迹。言辞是一种很奇妙的东西，一句话，甚至一个词，就能让另一个人感到温暖。甚至当这个人不再存在于世上，他／她也能通过文字向我们说话。

书写也常常是一种回忆。例如此刻，我在这里写下的这篇文章，不仅是在回忆一个人的学术和思想，也在回忆她的面容、声音和动作，回忆她带给我和这个世界的温暖。

在汉语中，回忆常常被表述为"重温"。重新使那些曾在的、冷却了的东西温暖、燃烧起来，这里面既包含着人类生命的时间性维度，也构成了一种责任。记忆是一个人对另一个人的责任。在这里，这责任具有一种不同寻常的性质：我们不仅因为她曾经给予我们许多而有责任记住她，而且由于她在我们当下的记忆中继续给予和温暖我们，所以我们对她就有更深一层的责任。这责任就是记住温暖，用这记忆温暖自己，同时用记忆传递温暖，使之"走向他人和世界"。

绝大多数温暖都来自于作为共同体之纽带的活的火焰。记忆是在生者与逝者之间建立共同体的努力，它也需要从那火焰投来的温暖和光亮，逝者的面容才能作为现象显现。或者，逝者的面容就是这共同空间中的火焰？萌萌非常清楚温暖的本源，她以之作为书名的**"升腾与坠落"**在某种意义上可以看成是以"火"为象，而她在论述"意志"时所说的**"在悄无声息的孤独中仍然给他人光和温暖"**更像是对一团"活火"的描述。她在论本雅明一文的结尾，谈到了在"曾经"中燃烧的"索引卡"是历史救赎的线索。我更愿意把这"索引卡"理解为对那些美好灵魂和温暖力量的记忆，而不愿意仅仅将其当成对苦难和不幸的记忆。这些美好的灵魂才是历史救赎的真正载体。正如萌萌所说，通过这一"索引卡"的累积与传递——"薪尽火传"，人类才可能获得最终的救赎。[①] 死不是消失，不是进入寒冷的、一无所有的空间。因为我们与逝者的联系，不只是两个人之间的联系，它也是我们与一种更古老的精神之间的联系。正如祖先在祭火中一直庇护着我们那样，逝者的精神在记忆与承诺中，像被灰烬包裹的火。只要我们吹口气，那秘密的、难以看见的火种就会再次活起来。

---

① 萌萌，《复活历史灰烬的活火》，前揭，页 195。

认识"人是可能死于羞愧的"

——得天独厚者的一阙长歌

徐　飞

似乎被神魔缚住了手脚。

——朱岳《小说四篇　敬香哀势守》

一

安徒生童话里有一篇《豌豆公主》，故事不长，辑录在下面：

从前有一位王子，他想找一位公主结婚，但是她必须是一位真正的公主。他走遍了全世界，想要寻找到一位真正的公主，但不论走到什么地方，总碰到一些障碍。公主倒有的是，但王子无法判断她们究竟是不是真正的公主，因为她们总有一些地方不大对头，结果，他只好回家来，心中很不快活，因为他是多么渴望得到一位真正的公主。

有一天晚上，忽然起了一阵可怕的暴风雨，天空在掣电，在打雷，还下着大雨，这真使人有些害怕！这时，有人在敲门，老王后就走过去开门。

站在城外的是一位美丽的公主。可是，天哪！经过了风吹雨打之后，她的样子是多么难看啊！水沿着她的头发和衣服向下流，流进鞋尖，又从脚跟流出来。她说她是一个真正的公主。

老王后心想："是的，这点我们马上就可以考察出来。"可是，她什么也没说。她走进卧房，把所有的被褥全部搬开，在床榻上放了一粒豌豆。然后她取出20张床垫子，把它们压在豌豆上。这还没完，她又在这些垫子上放了20床鸭绒被。

这位公主夜里就睡在这些东西上面。

早晨大家问她昨晚睡得怎样。

"啊，不舒服极了！"公主说，"我差不多整夜都没有合上眼！天晓得床下有什么东西？有一粒很硬的东西硌着我，弄得我全身发紫，这真怕人！"

现在大家看出来了，她的确是一位真正的公主。因为压在这20层床垫子和20床鸭绒被下面的一粒豌豆，她居然还能感觉得出来。除了真正的公主以外，任何人都不会有这么稚嫩的皮肤的。

因此，那位王子就选她做妻子了，因为他知道他得到了一位真正的公主。这粒豌豆因此也送进了博物馆。如果没有人把它拿走的话，人们现在还可以在那儿看到它呢。

在我内心深处，萌萌就是现实版的豌豆公主。读安徒生的这个童话，我不会简单地把它理解成"描写了一种贵族式的娇贵"，能被 20 层床垫子和 20 床鸭绒被下面的一粒豌豆弄得全身发紫，这分明是在讲精神气质方面的事。

萌萌老师太敏感了！这是我早年间接触萌萌后的感慨。那个时候我初上海甸岛，之前我被某种精妙的解释学气质困扰——一方面为它着迷，另一方面又本能地怀疑它——后面读苏辙的《老子解》也有这种本能反应。几乎可以说是命运女神冥冥中的指引，我很偶然地在书店里翻到了"海南三剑客"的书：萌萌老师的《断裂的声音》、志扬老师的《缺席的权利》、家琪老师的《话语的真相》。大概在半年之后，我就带着年轻人的意气和任性跑到了海甸岛，从一个读者变成了一个当面受教的学生。

但实际的问题是那个时候我只是一个热血澎湃的文艺青年，我思考问题的基准很大程度局限在我生存环境的尴尬上面。我也是一个敏感的人，敏感且脆弱，我迫切需要的是用理论武器把自己变得强大起来——我有许多问题，关于我自己的问题，在我生存环境中间发生的问题，这些问题亟需一个一个解决掉而不是陷入其中。

我不是完全不能理解萌萌的问题意识，而是认为这种问题意识太个人了，不具有普遍性。说实话，虽然我当时自称是一个有信仰的人，其实骨子里是个理性主义的信奉者。理性主义有什么不好呢？只要能解决问题。解决不了问题，那是因为你还不够理性。所以即使是在耳提面命的状态下，萌萌和我之间的交流也因为各种理解上的落差陷入了歧义之雾。

直到很多年之后，我自己被自己一步一步逼到"不思进取"的逆向状态，才逐渐意识到萌萌的意义。这种个人的，这样一个人的意识的厚重。但为时已晚……

二

在《为浪漫的宫廷色彩送葬》一文中，萌萌在开头就说：

> 已经多少年了，我不再谈美。
>
> 我不知道什么是美。
>
> 我只能描述什么曾经给过我激动和不安。读一首诗，看一幅画，听一段音乐，欣赏一部戏剧……都可能有这种感觉使你沉入。
>
> 但有一种时刻，你并不能找到熟悉的感觉的借鉴，你突然失去了观赏的距离，被莫名地置入无期待的绝望中；或者完全相反地，那一种神秘的牵引使你陡然发觉自己原来正处在生活罅隙的边缘……
>
> 它或许长驻在你心底深处，或许只是闪亮在一刹那。而且一旦这样，一旦它这样地呈现，我宁愿，我只能——惶惑地面对这直观的神秘。

不再谈美，这是什么意思？

美不是我们普遍谈论和追求的吗？[①]

《奥德赛》第八卷，在费埃克斯人的宫殿里，歌人弹唱了一曲战神阿瑞斯和美神阿佛洛狄忒的"爱情歌谣"，美神的丈夫匠神赫菲斯托斯得到无所不见的太阳神的密告，于是锻造了一张扯不破挣不开的罗网，设计当场捉住了偷情的阿瑞斯和阿佛洛狄忒。然后匠神大叫大嚷让全体神明都来看他这件糗事，并且向主神宙斯提出赔偿。众神聚集到了匠神的铜宫，不过来的都是男神，温柔的女神们羞于前来。男神们一边大笑一边相互议论，最后赫尔墨斯甚至打趣说纵然被三倍如此牢固的罗网缚住，有全体男神和女神都注目旁观，他也愿意睡在黄金的阿佛洛狄忒身边。

奇怪的是主神宙斯居然一直没露面，反倒是海神波塞冬一直在替阿瑞斯求情，最后甚至自己担保会赔偿匠神的损失。

然后荷马写道：著名的歌人唱完这一段，奥德修斯听了心旷神怡，那些好用长桨的、善航海的费埃克斯人听了也很欣喜。

接下来发生了什么呢？看清了费埃克斯人底牌的奥德修斯运用他的如簧巧舌狠狠地讹诈了海神的后裔。

一个没有正义感、恬不知耻的民族，理应落得如此下场。

回头再来看特洛伊战事：起源是帕里斯勾引海伦，接下来是阿伽门农和阿基琉斯的荣誉之争，落幕是众豪强的不得好死，谁是真正的胜利者呢？

---

① 此节分析可参考张芳宁，《期待：在幽暗与炫目之间》，载《政治与哲学的共契》，《启示与理性》第四辑，上海：上海人民出版社，2010年。

奥德修斯在费埃克斯岛上的这段插曲，恐怕悄无声息地应和着《伊利亚特》最隐蔽的内核。

谈论着，追求着，如此这般的脚踏实地，落得的正是这样的印证：

> 多少年，我寻求着我的表达。我发现语言的逻辑起点几乎是随处可寻的。人们已经为语言构造了那么多的逻辑框架，它们早已转化为日常语言的各种形态，乃至无意识的语言形态。经验是不待说了，甚至情绪、感觉，甚至想象，都可能隐含着逻辑的前提和根据，以至于任何人一爪落网，就不免全身被缚。[①]
>
> 换一个角度，人们只要找到任意一个语言的逻辑起点，就不愁铺陈、演绎，不愁没有语言。这看似任意的语言的逻辑起点，或意识明确地来自于逻辑，或不经心地来自于日常生活乃至于无意识，其实都已先在地为逻辑、为观念所决定。人们说语言其实是被既成语言所说，人没有说语言的自由，也没有被语言说的自在。既成语言可以裹挟一切，对许多人，它就是一切，经验、情绪、感觉、想象，都跳不出它的窠臼。
>
> "语言-逻辑"担当了超人、非人化的角色，以非人化的

---

① 萌萌，《断裂的可隐匿的声音》，见张志扬编，《萌萌文集》，上海：上海译文出版社，2007年，页94。

客观性即真理性保证了人与人的理解、沟通和交往。问题在于，这"保证"有不可避免的虚假性。[①]

这勾勒出来的不就是我们现时代的阿基琉斯？

睡在阿佛洛狄忒身边的阿瑞斯们和企图睡在阿佛洛狄忒身边的赫尔墨斯们，你们要把后来者带向何方？

不敢暴虎，不敢冯河。人知其一，莫知其他。战战兢兢，如临深渊，如履薄冰（《诗经·小雅·小旻》）。

三

长久以来，让萌萌不能释怀的是易卜生诗剧《培尔·金特》第三幕第三场中的一段对话：

> 索尔薇格（站在门口）：你进来吗？
>
> 培尔（一半自言自语）：绕着道而行。
>
> 索尔薇格：你说什么？
>
> 培尔：你得等我。这儿这么暗，我身上的担子沉重极了。
>
> 索尔薇格：等等，我来帮你。我过来帮你挑。
>
> 培尔：别！你站在原地。我得自己想办法。
>
> 索尔薇格：好，你可要快点儿。

---

① 萌萌，《断裂的可隐匿的声音》，见张志扬编，《萌萌文集》，上海：上海译文出版社，2007年，页95。

　　培尔：亲爱的，你得耐心地等。不论我走开多少时候——
　　索尔薇格（点头）：我一定等。

　　萌萌说："几乎第一次读这段对话，我就不能止住自己的泪水，我想哭，像我在童年时想哭就无所顾忌地哭个够那样。但是为什么？究竟发生了什么事？那不能止住的泪水是从哪一个隐秘的裂口流出来的？"
　　是啊，为什么会这样？索尔薇格怎么了……

　　当索尔薇格在那茅屋中面对黑暗里的培尔作出等待的承诺时，她承诺的只可能是一个没有结果的等待，一个必须承担起培尔全部丑恶、不洁和破碎，承担起人生的绕道而行的等待。正是这有所待又无所可待的等待使她万劫不复地堕入了黑暗。她瞎了。

　　她瞎了，她拒不证明完美，包括男人和女人结合的完美；拒不证明人生的浪漫和诗意。她瞎了，像19世纪兴起的黑色晚礼服——人们佩戴死亡的记忆，相互默视那原来如死一般的平凡浮现出多少夸张的真实。

　　我终于发现，是这黯淡、这黯淡中潜伏和遗忘的意向，使我悸动。这悸动持久而有力，它是宁静蕴含而牵引的。

　　通常，我们太着迷于绚烂的色彩了。可我在滑过的遗忘中能驻足回首的，不是培尔的满世界寻找自我的绕道而行，而是在绕道而行的绚烂背后，我惊吓索尔薇格没有声色的瞎眼如洞穴的死寂。

　　女人瞎了

　　——这就是女人终于公开了这个世界失去的正是它获得的、审视这获得的黑暗的眼光。①

黑暗给了我黑色的眼睛，我却用它来背负光明。②

这太难了，尤其是对这样一位女性，在遭受了家庭剧变、政治压迫的重重打击之后仍然保持着人格独立和精神敏感：

　　我不知道我为什么要跟着你们男人那样做学问？既要把你们强加的规定接受为责任，又要坚持女人作为自然人的权利，还要在双重的不利中被迫忍受你们的鉴定。

或许，这就是萌萌的天命吧。

但萌萌带给我们的还远远不止这些。

在萌萌的遗稿《人是可能死于羞愧的》中提到的电影 The Edge（又译作："势不两立"）快结尾的时候，两个人推心置腹之后有这样一段感叹：

---

① 萌萌，《为浪漫的宫廷色彩送葬》，见《萌萌文集》，前揭，页288。
② 此节分析可参考张志扬，《维纳斯断臂之谜——萌萌的问题意识》，见《萌萌文集》，前揭，"编者导言"。

谢谢你这么说，鲍伯。

友善的表示永远不会太迟，是吧？查尔斯。

别在我面前死去，鲍伯。

别告诉我该怎么做。

过了一小会，鲍伯就死去了，即将获救的查尔斯轻声念着鲍伯的名字用衣服盖上了死者的脸，心情不见得有多轻松。

后面当记者问到其他的人是怎么死的，查尔斯满含着热泪说："他们为了救我而死。"

如果我的理解没错，鲍伯救的不仅仅是他的"命"，还有他的"生"。

电影在开头和结尾都用到了一句印第安谚语："兔子为什么不害怕？因为它比黑豹聪明。"

大概是这句话说得过于老到的缘故，我没有像很多人那样听了之后感到欢欣鼓舞。从某种意义上说，我觉得这句话对于这部电影是个障碍。不过，也该有这样的障碍……

谁是兔子谁是黑豹？如果是兔子对兔子呢？

"感谢那些在困境中死于羞愧的人。"

读《春秋》，很长一段时间困惑于孔子获麟的故事。

兔子为什么不害怕？因为它比黑豹聪明。

麒麟为什么哭泣？

沉默，一直沉默。从古到今一直对应着"不在沉默中爆发，就在沉默中灭亡"。

孰为来哉？孰为来哉？

在一个思想廉价、德行稀罕的时代，让我们对各种品性保持应有的尊重与敬畏吧。

愿萌萌的在天之灵保佑大家伙儿！

萌萌老师永远活在我们心中。

中国现代哲学的土地品格

——读萌萌的《汉语作为民族语言表达如何可能》

贾冬阳^①

> 上联：饿了有石缝长出的绿色的果实
>
> 下联：渴了有大地夜哭的晶莹的泪珠
>
> 横联：我给予我拥有
>
> ——萌萌灵堂挽联

在《启示与理性》学刊第三辑——《"古今之争"背后的"诸神之争"》——编者前言中，萌萌讲了一个解释学上类似"谷物""秃头"的问题式寓言："**一支溃逃的军队是怎么停下来的？**"在萌萌那里，这支"溃逃的军队"隐喻着一百多年来的"中国学术"——

一百多年来，被西学笼罩的中国学术，颇有点类似这支"溃逃的军队"，不过方向有点变，"溃逃"变成了"尾随"

---

① 作者单位：海南大学社会科学研究中心。

（"精神在押"？"精神被俘"？）——我们是一支如此"尾随的军队"。于是问题式寓言换成："一支尾随的军队是怎么停下来的？"①

"尾随"比"溃逃"更难摆脱"胜利者"强力的震慑。萌萌因此问：这支尾随的军队有停下来的"意志"与"能力"吗？

一

从何时起，"文化自主性"对中国学术成了问题？

佛教东传以后，虽然对中华文明构成了冲击，但并没有撼动中国传统的礼法与政教制度，中国人的生活方式依然还是中国人的生活方式。而晚清以降，随着西学大举入华，**中华文明的根基**却受到了强烈的挑战，这主要体现在两个难题上："一是中国的政制传统面临前所未有的挑战；二是中国面临从未面对过的国际政治格局"。② 这两个难题逼迫中国的读书人阶层，或者更确切地说，迫使这一文明－政治共同体的担纲者阶层开始质疑进而着手启蒙、革除世世代代传承下来的道德经验、政制理念乃至生活方式，于是，"救亡"与"启蒙"开始并肩而行。可以说，直到今天，我们依然置身于这一被晚清士人称为"三千年未有之大变局"的涡流之中，仍需面对这两个难题的逼迫，这是我们探讨

---

① 萌萌主编，《启示与理性》学刊第三辑，《"古今之争"背后的"诸神之争"》，上海：上海三联书店，2006 年，"编者前言"。

② 刘小枫，《毛泽东与中国的"国家理由"》，载《开放时代》2010 年第 1 期，页 10。

"文化自主性"绕不过去的问题背景——自此，几代中国仁人志士便随着中华文明**充满苦难的现代命运**走上了百年漂泊之路，上下求索……

百年漂泊，消磨多少豪杰！但令人惊讶的是，"救亡"似乎越来越被"启蒙"所剥夺，从最初学习器物、制度到"挥刀自宫"般的文化"换血"，不仅作为根本的"中体"启没了，如今甚至连做一个中国人都成了问题！不管是"脱亚入欧""脱亚入苏"还是"脱亚入美"，只要不做中国人就行，如"无根的转蓬"唯异邦人（如今尤其是西方人）马首是瞻。[①] 西方人说"是"我们跟着说"是"，西方人说"不"我们仍然跟着说"是"，反正人家总是对的，我们只有跟随的份儿，甚至已经**跟成了习惯**，以至于曾经要灭亡中国的帝国主义、殖民主义，转身就成了**启蒙智识**人口中政治正确的"民主偶像"和"普世价值"！[②]

这一切，让萌萌有一种"永远爬不起来的感觉在灵魂深处悲鸣"——

> 只要是西方的"知识"都当"真理"拿来掩盖自己的傀儡：连跟班、买办与臣服也变成了光荣；对于自己的文化、

---

① 参张志扬，《归根复命——古典学的民族文化种姓》，载《海南大学学报（人文社会科学版）》2013 年第 1 期，页 2；另参丁耘，《我们现在如何做一个中国人》，未刊稿。

② 参张志扬，《中国现代性思潮中的"存在"漂移？——"西学中取"的四次重述》，载萌萌主编，《启示与理性》第三辑，《"古今之争"背后的"诸神之争"》，上海：上海三联书店，2006 年，页 8。

民族、土地与血遗忘了，却自诩为进步；学习总是尾随在西方遗留的思想中，永远摸不到原创的边际，居然也成为学问的楷模……①

问题依然是："我们是否还能作为一个中国人有自己值得过的生活？""这支尾随的军队有停下来的意志吗？""这支尾随的军队有停下来的能力吗？"

2005 年 11 月初，在《开放时代》杂志社主办的题为"中国学术的文化自主性"年会上，萌萌提交了名为《汉语作为民族语言表达如何可能——"当代中国学术的文化自主性"》一文，直面"文化自主性"问题。萌萌开篇明义，要从"语言和经验的关系"问题谈起。真是个奇怪的角度。

"语言"和"经验"——凡对西学有所了解的人都知道，这是两个概念纷繁乃至晦暗不明的语词，萌萌自己就坦承，她不懂什么叫"经验"，甚至根本记不住任何一个学派对"经验"的概念定义。②同样，虽然萌萌终生关切"语言"问题，但"语言"之所以对萌萌成为问题，更重要的不是"学术的趣味"或"专业的原因"，而是裹挟着其独特"生命感觉"与"生存需要"的"问题的引导"。③——唯有"问题"的引导才可能造成"一种生

———————————

① 萌萌，《人是可能死于羞愧的》，见本辑。
② 见张志扬，《维纳斯断臂之谜——萌萌的问题意识》，载《萌萌文集》，前揭，页 11。
③ 参萌萌，《语言问题何以对我成为问题——我的初始经验的记忆和描述》，载《萌萌文集》，前揭，页 117。

存、思维、表达这一体的生存整体性及其意义的生成"[1]。可见，在萌萌那里，"语言"和"经验"以及二者生成性的血肉关联，绝非"光滑的概念"或"漂浮的学理"，而是拖着长长的苦难阴影的"命符"般的"生命经验"与"越界之问"。那么，究竟是什么样的"问题"在引导着"这个人"乃至"这一代人"，从而使其能够既区别于以往，亦区别于他者，以极其独特而清晰的面容植根于时代土壤的深处？

> 我们是有着苦难记忆的一代人。或者准确一点地说，在我们这一代的许多人的记忆里，苦难是生长着的。它不满足于铺陈的、在传统意义上的"客观的"描述，它渴望捕捉问题、生发意义的表达……[2]

二

20世纪80年代，萌萌曾以极大的热情关注"语言问题"，并提出了属己之问："**公共语言的个人表达何以成为可能？**"这一问题的提出与当时"思想解放"中一个颇具代表性的问题直接相关，即如何伸张并确立为中国传统所抑制、为"文革"意识形态所剥夺的个人的"**个体性**"，以继续深化在"**主体性**"上原地

---

[1]　参萌萌，《语言问题何以对我成为问题——我的初始经验的记忆和描述》，载《萌萌文集》，前揭，页119。

[2]　参萌萌，《语言问题何以对我成为问题——我的初始经验的记忆和描述》，载《萌萌文集》，前揭，页119。

打转的思想解放。[①] 需要强调的是，萌萌所探问的"个人性"或"个体性"，绝非如今习以为常的按西方意识形态塑造出来的"个人主义"意义上的"孤独自我"，更非等而下之的物欲化、均质化乃至与机器人一纸之隔的**"单子化个人"**，而是从公共性、均质化、普遍化的"给予即剥夺"中挣扎出的真实存在——带着属己的精神性苦难，带着无语、残缺、破碎与有限性而崭露生命头角的真实个人。

但在萌萌那里，如此的**真实个人**及其个体性表达，并不与**族类生存**及其公共性表达"非此即彼"，萌萌力图将二者放到某种更深的语言"相关性"中考察，并由此获得一种**悖论式相关**的描述：**"人只能在公共语言中存在／人不能在公共语言中存在"**。换言之，人之为人，生而被抛入"既与的既成语言"中了，这是一个直观着的经验事实——个人离不开公共语言而成其自身，其表达同样离不开公共语言，否则他"根本无法进入社会沟通和交流"（页153），也就无法获得社会意义上的现世安稳与人生幸福。在这个意义上，"人只能在公共语言中存在"，这是人的幸运。但萌萌同时强调，这也是人的不幸，因为"既成语言可以裹挟一切，对许多人，它就是一切，经验、情绪、感觉、想象，都跳不出它的窠臼"[②]。萌萌深刻地发现，"语言－逻辑"担当了超人、非人化的角色，以"非人化的客观性即真理性保证了人与人的理解、沟

---

① 参张志扬，《维纳斯断臂之谜——萌萌的问题意识》，前揭，页12。
② 见萌萌，《断裂的可隐匿的声音》，载《萌萌文集》，前揭，页95。

通和交往"。但问题在于，这"保证"有不可避免的**"虚假性"**，它造就了作为主体持续在场的"我们"，却绝不是"真正需要理解、沟通和交往的作为个体性存在的人"[①]。人就是在这真实的近乎残酷的"幸与不幸"中"生存或毁灭"。那么，不可归约、不可论证地带着**"差异的彻底性"**的真实个人及其通过痛苦的转换而生成的表达如何从既成语言乃至习惯语的断裂中脱颖而出？

萌萌为此做了大量研究，从 20 世纪 80 年代末 90 年代初开始，直至生命尽头。但就在临终前不久，在更为生死攸关的背景上，萌萌却将其终身探寻的"公共语言的个人表达何以成为可能"转换为："在西方强势话语、主流话语面前，汉语言作为一种民族语言表达何以成为可能？"（页 153），这个转换意味着什么呢？

插一句：这意味着萌萌从"个人立场"退回到"民族立场"了吗？权且不论如此发问已从根本上忽略了萌萌在其学术生命之初即有的政治性关切，对此问题，无论回答"是"，还是"不是"，还没开口，就已经输了，因为这回答本身已落入西方殖民意识形态的民族理论中去了。萌萌只是基于中国人 / 汉语言的生存境域提出了问题，要知道，不是所有人都如同布利丹的驴一样陷在二值逻辑的青草中难以自拔。插语完。

如果说，"公共语言"或"语言－逻辑"担当了超人化、非人化的角色，表面上保证了人与人之间的理解、沟通和交往，但事实上是将个体性的真实个人裹挟而去徒留一个主体的虚假幻

---

① 见萌萌，《断裂的可隐匿的声音》，载《萌萌文集》，前揭，页 95。

象；那么，以"技术"和"资本"为后盾席卷全球的西方强势话语对非西方民族提供的同样是一个**"虚假的保证"**——有著名华裔学者曾直言不讳，为了不与"全球化"的大势相冲突，我们"只能在承认人类有普世价值的大前提下，保持个别民族或文化的认同"①！言下之意，"中国等于传统、特殊、民族性；西方等于现代、普遍、世界性"，倘若"个别民族或文化"与"全球化大势"和"普世价值大前提"相冲突，就难免从其传统中被连根拔起以转向西方道路指示的"现代性"。100多年来，前有西方的坚船利炮，后有中国智识人的摇旗呐喊，虽经百年浴血赢得政治独立，中华民族却依然走在顺昌逆亡的"启蒙"之路上。② 刘小枫教授尖锐指出，20世纪的中国智识人几乎无不凭靠西方启蒙观念图救亡。但我们的困境在于，"为了救国图存不得不用西方启蒙观念搞动员，**启蒙与救亡成了一回事**，彻底救亡等于彻底启蒙，结果是彻底掉进启蒙观念不能自拔……"③ 这无异于挑明，在此"三千年未有之大变局"中，如果中国现代学术没能力通盘考察、清算"西方启蒙"之"蒙"，就不可能理解西方文明的古

---

① 见陈致，《余英时访谈录》，北京：中华书局，2012年，页47。不过，余先生的老师亦曾有一叹——从幼年起便关心"中国会不会亡国"这样的大问题的**钱穆**先生有一次在台北素书楼讲课时突发感叹："**我现在在给一群外国人上课。**"转述者说，钱先生的意思是从文化、习俗、礼仪、服装上，最根本地从**内心深处**说，"中国人的一套都已经没有了"；而在钱先生的弟子看来，老师的悲鸣"只是老年人的一时感慨，不足为凭"。见《余英时访谈录》，页165—166。

② 参张志扬，《启蒙：落日前的凭吊——为"五四"九十周年而作》，载《偶在论谱系——西方哲学史的"阴影之谷"》，上海：复旦大学出版社，2010年，页385以下。

③ 见刘小枫，《如何认识百年共和的历史含义》，未刊稿。

今之变，不可能理解"古今之争"背后的"诸神之争"，也就不可能真正理解"中国百年共和的历史含义"以及生死攸关的"中国人问题"——"在西方军事政治文化殖民的死亡胁迫下，是否还有非西化的另类的走回自己民族文化的路？"①

问题依然是："在西方强势话语、主流话语面前，汉语作为一种民族语言表达何以成为可能？"

> 我们说在西方强势话语、主流话语面前，汉语言作为一种民族语言表达何以成为可能的时候，谈的是一个民族作为日常生活方式的语言，而不单纯是一种工具语言。如果仅仅是谈这种工具语言，那么在现代化技术、欲望、功利一体化的浪潮冲击中，其实无所谓民族语言……汉语的存在是多余的，可以消亡的，就像今天很多物种被消灭了那样。那么就无所谓一个民族语言自身所期待的那种精神性的、多维度的非常丰富的整体内容……汉语言是华夏民族的根与谱系。正是这种根和谱系式的整体性语言，使我们成为一个中国人，它的传统，都在我们从古代经典的传承中，我们是传承中的一个个人。（页153—154）

如何理解作为民族语言的汉语言？萌萌没有纠缠于诸如语言

---

① 见张志扬，《中国人问题与犹太人问题》，见《中国人问题与犹太人问题》，《启示与理性》第五辑，前揭，"编者前言"。

学、语义学的概念辨析，而是一步跨了过去，将语言从概念性和工具性层面的理解拉回到生活"粗糙的地面"上来。在萌萌看来，处于西方强势话语面前的"汉语言"绝非一种**工具语言**，不是我们习以为常的用以交流和表达的工具，而是一个民族的"**日常生活方式**"——它意味着一种"共同性"，它承负、显示着一个民族的礼法与德性、苦难与荣耀、生存与死亡，一句话，**汉语言是"华夏民族的根与谱系"**！正是这种作为生活方式的整体性的语言，"使中国人得以成为一个中国人"（页 154 ）——一个甫一出生就归属于既恒常不变又革故鼎新之血亲结构、文教传统与政制次序中的中国人，这样的人不是自然意义上的"生物人"，不是物义论、单子化意义上的"准机器人"，更非虚妄空洞的"世界公民"，而是人文化成意义上的"礼法人"。犹太人施特劳斯非常懂得这一点，"人不可能脱离自己的出身，也不可能通过希望过去不存在来消除过去。"[①] 所以萌萌说，我们是"**传承中的一个个人**"——一个带着他的出身、土地与血的个人。

但与此同时，萌萌明确提出，作为民族语言的汉语言绝不能像"私人语言"一样"自我满足"，而是"必须进入不同文化的交流"，必须具有世界性文明担当的勇气、魄力与胸怀，因为这直接关乎中华民族的生死存亡以及整个世界的文明格局与文明品质——

---

① 见施特劳斯，《我们为什么仍然是犹太人》，李长春译，载《犹太哲人与启蒙——施特劳斯讲演与论文集：卷一》，张缨等译，北京：华夏出版社，2009 年，页394。

　　如果我们中国人就在一个封闭自足的圈子里，不进入世界文明的交融碰撞，那么我们也可以使用我们自己的一套语言，而不去谈什么汉语言的世界性表达，因而它不需要使我们作为一种文明样态站立在世界多元格局中。（页154）

至此，萌萌为我们思考汉语言问题厘清了**两个界限**：

一、**汉语言是华夏民族的根与谱系**。正是这种根和谱系式的整体性语言，使我们成为一个中国人。二、**汉语言必须进入不同文化的交流，进入世界文明的交融碰撞而作出世界性表达**，从而使我们作为一种文明样态站立在世界多元格局中。

　　萌萌虽未明言，但这"两个界限"直接应对着前述"文明－制度挑战"与"国际格局"两大难题，进而为诸多现代性理论提供了"检测与防御"机制，以免滑入要么"三十年河东三十年河西"的**主奴辩证法**，要么以西方意识形态为普世标准的民族文化**虚无主义**！换言之，不把汉语言还原到"华夏民族的根与谱系"这一至深之根基处，汉语言作为一种生活方式就会在西方强势话语的虚假保证中以及民族买办学者的"真诚帮闲"下被解构、拆毁并沦丧为一种特殊的民族工具语言，迟早被现代化技术、欲望、功利一体化浪潮裹挟了去，中国人之为中国人的根也就被抽去了，遑论作为一个中国人有自己值得过的生活。反之，没有文明自信，不进入不同文化的交流与碰撞，汉语言也就谈不上**世界性表达**，中华文明也就没有能力在世界文明格局中显示出不同于其他文明类型的**独立而互补的精神境界**——"两者相互激荡，遂成为这种民族文化精神不可阉割不可替代的生生不息的源流"①。
因此，萌萌深刻地意识到——

　　　汉语言作为一种民族语言表达何以成为可能这一问题，
本身就包含着对古今问题以及世界中的诸神问题的一种审视
和关注，我们是否还保留有成为我们传统，成为我们精神性
品质的东西？对今天世界的格局和危机就多了一个更深远的
维度让我们审视和思考：我们是否还能作为一个中国人有自
己值得过的生活？什么是今天世界上更值得我们过的生活？
（页 154 ）

　　由此可见，萌萌之所以从"语言和经验"的关系角度来思考
"文化自主性问题"，是因为在她看来，"语言和经验"问题以及
"文化自主性"问题归根结底关涉中国这一政治－文明共同体的
现代性命运——它既关涉"古今之变"，亦深入"诸神之争"。说
到底，萌萌对汉语作为民族语言如何表达乃至文化自主性问题的
思考是从他们"这一代人"独特的**土地感觉**和**苦难经验**中痛苦生
长出来的。萌萌说，我们"不能离开自己的经验去谈西方那些抽
象的概念"，在某种意义上可以说，"无论是个人，还是民族，他
独特地区别于别人的经历都是由各种经验构成的"。（页 155—
156 ）

---

① 　参张志扬，《检讨三代学人学术积累传承的前提》，未刊稿。

问题是，使"这一代人"成为"这一代人"的独特的如同命运样的东西究竟是什么呢？晚清以降的中国仁人志士，谁不是在此大变局中思索中华民族的命运与未来，萌萌"这一代人"的特别之处何在？或者说，究竟是什么样的"问题"在引导着"这个人"乃至"这一代人"？他们又凭借何种情绪、感觉与哲思，走出了一条怎样的路？

三

在为萌萌逝世三周年所作的纪念文章中，刘小枫教授这样写道——

> 每一代人都有自己出自土地深处的感觉，但我们这代人的土地感觉的确有些不同，因为我们来自的土地经历过"史无前例的'文化大革命'"的耕耘……对我们的土地在"文化大革命"中的痉挛，我们必须作出反思。这是我们的命相和财富，学问的热情来自于此。问题在于，我们当凭靠何种哲学来反思，现代西方哲学是否能够承载我们的反思？十多年的西方现代学问的问学经历让我们有如经历了另一个"文革"，这一经历并非必需的，但与"文革"一样，是命运让我们经受的。[①]

---

① 见刘小枫，《萌萌祭》，载萌萌学术工作室编，《中国人问题与犹太人问题》，《启示与理性》第五辑，北京：生活·读书·新知三联书店，2010年，页452。

与萌萌之思不谋而合——这一代人的思考"天生地担负着**个人遭遇**与**民族复兴**不可分割的某种命运样的东西",它才使这一代人成为真正"这一代人"(页155)。但让萌萌痛惜不已的是,生成、造就这一代人的非凡的"苦难经验"正被西方各种各样奇奇怪怪的理论、主义和概念所分割、肢解,"经验"向"语言"生成性转换的可能性也将消磨殆尽,遑论苦难与民族复兴的息息相关?两相对照,法国人对"大革命"的研究几乎已经上升到了"国家史学"的高度并当作法兰西民族给予世界的"文化精神财富",面对这片土地在"大革命"中的痉挛,中国人究竟该凭靠何种哲学来反思?什么样的哲学有能力看清并破除西方启蒙现代性的迷雾,直面"资本"与"技术"的全球性联手给人类文明与命运带来的毁灭性风险?它有意志与能力**复返中华文明至深之根基**并扎根其上,建立起**承担中国百年漂泊的现代命运并为世界承担责任**的政教制度与思想形式吗?

如何理解脚下这片土地及其"苦难经验",简直成了中国现代学术的"罗陀斯"!

萌萌直言,我们不能用"怨恨"就把这场"革命"仅仅归结为"苦难"("浩劫""噩梦"),否则将把它所包含的各种"最为丰富的经验形态的东西一笔勾销"。在一共15个段落的文字中,萌萌花了7个段落谈论"文革"经验不可化约、不可抹平的弥足珍贵的品性,我们"不能离开自己的经验去谈西方的那些抽象概念",无论是个人还是民族,它"独特地区别于别人的经历都是由各种经验构成的"(页155—156),否则,"个人"丧失真实性及其表达，"民族"则丧失属己的文明种姓和生活方式的独特性及其表达。因此，面对政治意识形态的挤压与消磨，萌萌有了"公共语言的个人表达何以成为可能"之问；同样，面对西方强势话语的挤压与消磨，萌萌有了"汉语言作为一种民族语言表达何以成为可能"之问。在转换的另一个维度上，萌萌清醒地意识到，不破掉"公共意识形态"的虚假性，"公共语言的个人表达"没有可能；不破掉西方*形而上学*、*神学*、*科学诸意识形态*的虚假性——西方不是"**普遍者**"，它充其量只是个强大的"**特殊者**"（页 157）——"汉语言作为一种民族语言表达"同样没有可能！归根结底，这片土地历尽苦难的现代性"经验"为中国现代哲学提出了这样的思想使命：首先要有意志和能力知"彼"——不真正了解西方，不看清其一以贯之的思想文化内核，就不可能真正理解西方文明对非西方的文明类型乃至整个世界究竟意味着什么；更要有意志和能力知"己"、知"亦彼亦己"——中华民族的现代性命运因于怎样的内在困难？如何回复中华文明至深之根基以激活其起死回生的复兴能力？中华文明又如何进入世界格局同其他类型之文明"彼此"独立互补以至中和从而担当自己的世界历史使命与责任？① 这是"土地"与"时代"赋予"这一代人"和"中国现代哲学"的"命运"！于是有萌萌"人是可能死于羞愧的"那深藏不露的叹息，有她和同代人艰苦卓绝的"拣尽

---

① 参张志扬，《中国现代性思潮中的"存在"漂移？——"西学中取"的四次重述》，前揭，页 79—80。

寒枝"与"西学中的夜行"……

一支尾随的军队什么时候才会停下来？不知道。但我们时代**来自土地深处的思想者**，因其破掉了"西方诸意识形态"的迷梦而开始**走出西方**，开启了"知其白守其黑""知其是守其在""知其主守其从"时代的到来。[①]正如萌萌在《关于〈玩偶之家〉的采访》中所说——

> 今天已经到了"走回自身"，让中国人成其为中国人，即在中国这块土地上真正承担起复兴世界上最悠久的华夏文明的责任。而且这责任自然也包含着用"和而不同""有容乃大"的精神"为世界承担责任"。
>
> 这个路还长得很。[②]

2013 年 7 月初稿

2015 年 3 月修订　海甸岛

---

① 参张志扬，《西学中的夜行》，上海：华东师范大学出版社，2010 年，页 320。
② 见萌萌，《关于〈玩偶之家〉的采访》，载《萌萌文集》，前揭，页 534。

女人:"是渊薮,也是希望"

——从萌萌《女人是什么,能是什么?》而来

张芳宁 ①

初读《月亮和六便士》的经历至今还如此清晰:故事使我战栗——无论是文明矫饰的思特里克兰德夫人、灵动真挚的勃朗什,还是单一而完美的爱塔,都在思特里克兰德飞驰的"精神车轮"下,过去了。如果说有什么留下来的话,那也只是画幅上鲜艳或暗淡的痕迹。丰富的女性生命在这里是没有位置的,因为男人已经和理性签约,像浮士德一样支付了自己的灵魂。

思特里克兰德无疑是卓异的,作为一个"终生跋涉的香客"②,一个"被抓住"的追求者,他在"永恒的现在"中目不斜视地朝向可能并不存在的神庙前进,随手拆除着文明人赖以生存的层层枷锁。

但是,女人,能站在哪里?又应该站在哪里?

就是带着这样一个仍在途中的问题,我读了萌萌解读《月亮

① 作者单位:海南大学人文传播学院。
② 未注明的引文均出自毛姆,《月亮和六便士》,傅惟慈译,上海:上海译文出版社,1997年。

和六便士》的文章:《女人是什么，能是什么？》[①]——我才似乎感觉到，思考女人在生活与世事中身位问题的"女人能站在哪里"仅是个"假问题"，它的指向最终必须落到"女人自身何为"的思索中；或者反过来，"女人是什么，能是什么"的问题牵引着"男－女相关性"中的女人，从而也牵引着男人，这个追问直问到女人生存基底的真实和男人生存的完整性，乃至整全意义上人的生存上面，它因此已经与人的命运血肉相连。它原本从萌萌的个人生命感觉中升腾，经过两年多的冲撞挤压，最终在"关于《月亮和六便士》其实是关于'爱－个性－天才'的讨论"（萌萌，页310）[②]中获得一次形塑——《月亮和六便士》的故事结构恰好暗合了男人和女人生命交汇的三个场域：家庭、爱情和事业，以致整个故事展演为一场惊心动魄的"生死冒险"（页310），丰富而深邃，如萌萌的表述：男人和女人纠缠着的命运……

一

思特里克兰德太太小时候生活在乡间，从图书馆里借阅的小说向她展开了一片五色斑斓的图景，这图景曾经是她的全部精神家园。现在，在伦敦高档街区的讲究的小客厅里，那些制造图景的人围坐在她的餐桌旁，他们的谈话、他们的语调和穿着举止，

①　收入张志扬主编，《萌萌文集》，上海：上海译文出版社，2007年，页310。
②　以下括号标出的未注明出处的页码均出自《萌萌文集》。

使她恍若梦中。

但她并没有像包法利夫人那样开始厌弃自己俗鄙的、不懂风情的丈夫，她一点也没有打算按照作家们的样式改变自己的生活准则。她"心地单纯"地结交文人名士，也"怀着一片深情"在作家面前维护自己"十足小市民"的丈夫。她似乎是把精神和物质两种生活分开了：在给作家们开的宴会上获得精神享受；在家庭内喜欢着丈夫和两个孩子。她如此自得和自如，竟从未担心会与丈夫背道而驰以至渐行渐远？除非他们原本不曾同路，除非"本来就无所谓爱的前提"（页313）。

> 人世间是有多少这样的家庭，对方不是唯一的，只是某种外在原因造成的结果。这外在原因是强制性的，或是政治、宗教、金钱、地位，或是本能的一时冲动，甚或就是一种放弃。在这种组合中，人们和平共处、互相尊重，共同的生活可能培植出一定的、不同程度的情感，但绝不是爱的情感。人们默认着这种命运，过去不曾、将来也不准备企求更多的东西。这是家庭和爱情分裂的单一状态。（页312）

在诺佛克海滨的夏季假期开始之前，她这样平静地幸福着，可是假期过后，一切都变化了。已经40岁的证券经纪人思特里克兰德只用一封短信就放下了17年的婚姻，以及他自己40多年的生活。崩塌了！毁灭了！思特里克兰德太太面如死灰地置身于同样被遗弃的客厅里，更在想象中置身于"人们"纷纷的议论中间。她竟然成了一个被变心的丈夫遗弃的、一文不名的、开始面临可怕的经济窘境的可怜的女人！

光滑祥和的外皮脱落了，什么出现了？和其他五百个一模一样的附庸风雅的小客厅、悲痛中合乎礼规的恰当的一身黑衣服、为了将要开始的流泪诉说提前备好的大量手帕，作为一个被社会文明浸透了的、矫情的女人，思特里克兰德夫人活该受到嘲讽。

但是她的不同于常人的"睿智"又怎么说？真相从巴黎带回来了：思特里克兰德并没有和另一个女人在巴黎花天酒地，而是在最便宜的小旅馆的肮脏房间里"画画儿"。姐夫决不肯相信，他嘲笑带回消息的人受了愚弄；姐姐感觉到了希望，看来不久他就会"夹着尾巴回家来，老老实实地过他的舒服日子"。思特里克兰德太太，她体会到的恰恰是绝望——一切都完了，他永远也不会回来了。

她不明白吗？她明白了。她看到对手是那样强大，不可能获胜的屈辱感使她狂怒。她彻底痛恨这个被理想裹挟着、从她的生活层面中升腾而去的人。

就如同思特里克兰德太太自如地经营空无爱情的家庭，只把丈夫作为获取"社会喧嚣声名"（页313）的一件必需品，思特里克兰德先生也可以毫无"任何内在牵扯"（页313）地"把对象连同家庭当作社会一样地抛弃"（页313）。只是，后者的这种抛弃如此惊世骇俗，因而不可能获得常人的理解。和常人不同，思特里克兰德太太却直觉地相信：这种抛弃的确发生了。对手并不是另一个社会因子——一个女招待，而是全然属于抛弃者个人的"梦想"。这是一个女人莫名的直觉，即使是一个"被层层文明矫饰包裹起来"（页311）的女人。只可惜，这直觉在闪现的最初就被对利益和虚荣得失的计算淹没了，于是，她要告诉真正的知情者："如果有人同你谈论这件事，要是说他是同哪个女人私奔的话，你用不着辩驳。"也要在众所周知的遗弃之后，以遗弃者"未亡人"的身份咀嚼、谈论、夸显，甚至篡改。

思特里克兰德太太认为自己可以支持丈夫画画儿，为此甚至愿意住在柴尔西的破旧画室里，但前提是"要是他有才能"。思特里克兰德曾对着质疑他行为的作者咆哮："我告诉你我必须画画儿，我由不了我自己。一个人要是跌进水里，他游泳游得好不好是无关紧要的，反正他得挣扎出去，不然就得淹死。"理解的对接没有完成，她要的是"有才能的、最终会成名的画家"，而他不管她能不能享受到名画家妻子的荣光，他只要画画儿本身。这意味着忍受贫穷和耻辱是没有希望的，不会有另一栋高楼升起来托着她重返上等人中间，他的人生预设里没有她的一份。

问题是，她自己的人生呢？

萌萌说："作为社会化的存在，家庭原本就是文明矫饰在隐蔽中敞开的结果。它可能使女人变为男人的附庸，同时也使女人逃避面临人的存在的真实深渊，漂浮在生活的表层。"（页313—314）——这里才是思特里克兰德太太的致命伤：原本袒露如水滴般晶莹的直觉在一次次有意或无意向"家庭"的逃避中逐渐钝化了，直到"家庭"遭到外力突然的打破、再不能提供"声名"和理由，才赫然发觉：自己已经没有勇气和能力承担自己的生存真实。于是，只能掩饰起一闪念的直觉，甚至不惜用谎言让别人也让自己停留在社会道德的阈限中，尽量铺排对象的自私、不负责任，以"换取廉价的同情"（页 314）；或者在对象生命终了直到自己生命终了之前自封"伟大天才的未亡人"，以"赢得无价的荣耀"（页 314）。在无限的社会强化和同样无限的自我麻痹中，她终于抽空了自己，"至死也不懂什么是真实"（页 312）。

二

勃朗什看到的，是一个怎样的悲惨的无底深渊？

施特略夫和妻子勃朗什过着牧歌般的生活，但思特里克兰德出现了。平庸的艺术家而卓越的鉴赏家施特略夫仰望着面前的高山，倾慕着这个正在经历灵魂冒险的伟大天才。当这个天才感染风寒垂死之际，施特略夫不顾一切要把他接到自己家里调养，为此甚至不惜提醒自己一向奉若女神的妻子，她自己的那块伤疤："你自己是不是也一度陷于非常悲惨的境地，恰好有人把援助的手伸给你？"

牧歌戛然而止。"施"与"受"的关系就这样微妙地转换了：原来是不明白勃朗什为什么会嫁给施特略夫，现在是施特略夫慈悲地收留了勃朗什，想象中的爱情并不存在，他做出那些卑微的姿态恰恰是因为她的一无所有。现在，伪装成卑微的爱慕者在为他付出的那些潮水一样泛滥的"爱"要求回报。这个回报是什么，一点都不重要，重要的是被要求者愿意不愿意。

勃朗什不愿意。她对将要住到家里的这个垂死的人感到恐惧，这恐惧远在第一次见他的时候就开始了。也许真有那样的时刻，两个偶然相遇的人在对方心中激起震动，又由于各种外在原因而使这种震动表现为各种情绪——并非一律表现为爱慕（页319）。勃朗什的拒绝正是对这种危险情绪的拒绝，可惜施特略夫不明白。

思特里克兰德痊愈了，可以说是施特略夫给了他第二次生命，但奇怪的感觉使施特略夫不安，他终于下决心请思特里克兰德离开。然而，勃朗什坚决地说："我跟他一起走。"施特略夫不得不痛苦地退出，留给思特里克兰德和勃朗什一个不大但坚固的房子，在这里，一切和从前一样，一切也和从前不一样了。勃朗什没有改变她的生活规律，同时每个生活细节又都注入了新的内容：她现在是为真正的爱人劳作了，虽然这个爱人不会像施特略夫一样带着兴奋和渴慕从外边跑进来。

但如果这一切都是表象呢？思特里克兰德可能曾经需要，但现在已经不再需要勃朗什的爱；或者，他开始感到这爱妨碍了他，在拽住他的脚踝向下拉扯。而勃朗什，是"除了谈情说爱不会干别的"，还是女人特有的心理时空感觉无法被男人理解？我不知道。无论答案是哪一个，结果都只能是：分离。

施特略夫和勃朗什都失掉了他们的对象。当他们分别作为曾经施舍的爱者和曾经离经叛道的爱者来要求施舍与牺牲的回报时，他们的对象分别出走。"爱情"名义下对个体的禁锢，使坚强的个体（尚有独立精神与力量的个体）出走。所以"爱情"需要一种平衡。真正的平衡不以禁锢个体精神自由作为达到平衡的方法，即，不是以低者为标准向下拉齐的平衡，而是两个个体并肩发展着、变化着、创造着的向上的平衡。这种平衡当然存在危险，一旦其中一个慢下来，甚至停顿下来，平衡就会打破，分离也随之到来。分离的形式是多样的，可能是频繁的争吵、冷战，也可能是现实意义上的各走各的路。

但假象的平衡蕴藏着更大的危险，一旦一方受到某种刺激而激发了自我意识，或积蓄的妥协的焦灼达到了极限，爆发的力量就会彻底摧毁这种平衡，没有变化的一方将要遭受巨大的伤害，同时，这伤害在被伤害者眼中，来自未知的方向。只有像思特里克兰德夫人这样原本"喜欢文艺"的人，才能相信思特里克兰德的出走不是因为"另一个女人"或"纯粹的自私"。

三

在英国和法国不合时宜，像"圆孔里插了个方塞子"的思特里克兰德，在远离欧洲大陆文明的塔希提小岛上，却得其所哉——他获得了人们的同情，甚至还获得了爱塔，这个和塔希提岛一样纯净的女人。她给他做饭、照管孩子，凡是他要求一个女人的，她都做到了，最重要的还是，她不打扰他。他得了麻风病，想离开她，然而她说："你是我的男人，我是你的女人。你到哪儿去我也到哪儿去"，"要是你离开了我，我就在房子后面这棵树上上吊。"于是他感动了，他说："女人真是奇怪的动物，你可以像对待狗一样对待她们，你可以揍她们揍得你两臂酸痛，可是到头来她们还是爱你。"

　　这番评价显然缺少限定词，思特里克兰德显然暂时忘记了在伦敦某个客厅里切齿诅咒他的那个女人。爱塔的无意识的纯净是个奇迹，只能发生在遥远的尚未被文明浸染的岛屿上。

　　思特里克兰德要求着，爱塔就给予。女人是"天生的他者"[1]，在各种话语里，女人都是为男人而生，并应该无条件地为男人的精神性提供载体。果然，彻底切断精神交流之后，爱塔获得了稳固的附属位置，就像车轮上的一颗螺丝一样，因为没有意见，而被车轮带着，体会着车轮滚动的眩晕。如果，螺丝要就前进的方向跟车轮讨论一下的话，就会立刻被抛下。然而，问题在于，女人是不是纯粹被动的螺丝？或者，女人是被动的规定是如何得到的？

　　物理性别意义上的"施－受"关系带给女人深刻的意识危机，自身并非必不可少反而不可缺少对方的事实很容易联系起另一个事实：女人随时有被男人遗弃的危险。于是女人首先要面对的是男人，而不是世界，女人的主动开拓也更多施展在支配男人的领域。[2] 或许是这样，但也或许不是。性意味上的主动与被动并非不可破的硬壳，至少可以找到技术性的解决办法。然而，问题的软肋在这里：世界的建构不可能单独用男人的理性砖头来堆砌，在"男人用科学、技术、制度等等建立起来的理性王国（页325）"中，女人也许是一种柔软的、虚无化的力量，女人对世界

---

① 西蒙·波伏娃，《第二性》，舒小菲译，北京：西苑出版社，2009 年，页 67。

② 参张志扬，《无常的毁灭与不朽的生命》，载《禁止与引诱》，上海：上海三联书店，1999 年，页 113—115。

的创造体现于恢复世界的物化为充满生殖力的自然性。

四

写到这儿，我们有必要回头来重新看看那些"女人"们。

思特里克兰德夫人，她只抱住了婚姻之为婚姻的完全外壳。尽管"有许多兴趣爱好与他不同"，但还是"相处得一直很好"，还是顾念 17 年的婚姻，尽全力要修复它，维持它——回报是，他承认并继续自己应该担负的责任。在道德规则与经济期望所凝结的外壳下面，思特里克兰德太太干枯了，失去的那一部分是由人的真实生命感受构成的血肉。

"爱情"并不能确保安稳的依附，当爱仅具有生理意义上的吸引或已经成为精神意义上的禁锢，它会像社会强化的婚姻枷锁一样被轻易打碎。所以也许勃朗什终日流泪的眼前只有一片迷雾，情绪与心理的痛苦并未穿透迷雾反观到自身"爱"的本质。有一些是勃朗什和我们都该知道的："最持久的审美兴趣和理想，莫过于爱人的自由创造的对象化本质取得了超越自身的社会形态，它引起社会的尊重，并在这种社会的尊重中直观我的爱情本身，爱情获得了尊严。"[①]

爱塔的特异性限制了她的意义，她抽象地引领着对神秘之物的追求，几乎已经成为思特里克兰德的"贝德丽采"。然而她的引领又是纯粹被动的，是由被引领者的要求牵引着的"引领"，

---

① 张志扬，《无常的毁灭与不朽的生命》，前揭，页 303。

在这个近乎悖论的表达中，隐约出现了女人作为物质基础和只能寄身于物质涡流的命运，即纯粹被动的，就是纯粹物化的。

如果，"婚姻""爱情""原始的魅力"都不足以构成并支持女人之为女人的身位，那么女人究竟要置身何处？

不，这个问题还不到时候，这里还有布吕诺船长夫人。有关这位夫人的情况我们知道得很少，所以论述只能在部分猜测的基础上展开。

破产的窘境使法国的勒内·布吕诺夫妇远赴南太平洋，开始经营他们的小岛。他们把荒岛整饬成出产丰厚的种植园，这里的每一棵椰子树，都是他们亲手种下的。创造在这里以原始的意味出现，重要的是，这个同思特里克兰德一样追寻着"美"的过程并没有拒绝女人的参与，这个"勇敢的女人"，"毫不吝惜自己的力气"，她和丈夫一起干活儿，还生育儿女，丈夫教儿女们拉丁文和数学，她则教弹琴和英语。分工是必要而且颇有意味的，体现着对完整人格的清晰意识，而这种意识正是通过作为母亲的女人的参与才得以完成。

布吕诺船长说："我的妻子不只是我贴心的朋友，还是我的好助手；不只是贤妻，还是良母，我真是配不上她。"女人竟然在创造美的活动中获得了如此的荣誉。她不是物性的美的承载品，也不是懵懂于创造之外的女仆，也不完全是文明意义上的良家妇女，她伫立在那里，看起来像是与男人比肩的另一个"人"，她的个体性先于"雌性"。

于是，在思特里克兰德夫人、勃朗什和爱塔之上，出现了甚至没有自己名字的布吕诺船长夫人。而恰恰是这样一个甚至"无名"的人，才真正召唤着我们的目光并向我们敞开了完全不同于其他，也不同于以往的光亮。她伫立着，显示着可能存在的另一条路径，这一显示的身姿没有附带我们惯听的女人对"平等"的呼唤，而是在真实的生活境遇中教养自身、领会生活，并养成真正担当生活的"责任能力"。因此，这条路通向何处已不重要，重要的是，有人向那里走过……

2013 年 7 月　海甸岛

只与自己的灵魂相厮守

——读萌萌《人是无意指的指号》

柯常咏[①]

引　子

张志扬老师在《维纳斯断臂之谜——萌萌的问题意识》中记载了萌萌晚年关注的"四个命题"。[②]其中第一个命题是"人是无意指的指号"，萌萌说：

> 它本来是海德格尔《什么召唤思？》中的问题，我想从中引申出人在语言中的能听形式，即触发语式的隐喻结构，让语式呈现出表象意义与自显意义的复调意向张力，为了进一步引申到人与世界、与民族、与他人、与环境的关系中，更具体地考究"指称与非指称"二重关系是怎样区分的？其中最主要的意图是，如何走出"非此即彼"或"亦此亦彼"

---

① 作者单位：中山大学哲学系。
② 萌萌，《萌萌文集》，张志扬编，上海：上海译文出版社，2007年，页22。

的两难状况。①

　　看到这段文字，我们会好奇，海德格尔《什么召唤思？》②
中的什么问题如此重要，以致萌萌可以把它引申到人与其他一
切物类的关系中。我们知道，"引申"出自《易经·系辞》："引
而申之、触类而长之，则天下之能事毕矣"。难道在萌萌心目中
《什么召唤思？》中蕴含的问题与大衍之数具有类似的重要性？
萌萌思考这个问题的主要意图在于走出"非此即彼"或"亦此亦
彼"的两难状况。如果把这个句子中的"彼此"换成"阴阳"，
我们会看到萌萌的意图在于走出"非阴即阳"或"亦阴亦阳"的
两难状况。我们自然会想到我们经典中的一阴一阳之谓道、阴阳
不测之谓神。无疑，在萌萌的文字中我们找不到与此相关的任何
线索，萌萌一直在寻求……
　　在萌萌晚年关注的四个问题中，第一个命题无疑是主导性的

---

① 萌萌，《萌萌文集》，张志扬编，上海：上海译文出版社，2007 年，页 22。
② 《什么召唤思？》原是海德格尔 1951—1952 年冬季学期的讲课稿，后编入海
　德格尔全集第八卷（Martin Heidegger, Gesamtausgabe Band 8: *Was heisst Denken?*
　Vittorio Klostermann, Frankfurt am Main, 2002）《演讲与论文集》（Martin Heidegger,
　Gesamtausgabe Band 7: *vortraege und aufsaetze*, Vittorio Klostermann, Frankfurt am
　Main, 2000）中的《什么召唤思？》是海德格尔基于该讲课稿在 1952 年作的一个
　演讲。该演讲稿现有两个中译本，一个载于《海德格尔选集》，由李小兵与刘小
　枫据英文版翻译，生活·读书·新知三联书店 1994 年出版；一个载于《演讲与
　论文集》，由孙周兴据德文翻译，生活·读书·新知三联书店出版于 2005 年。两
　个译本的内容并不统一。萌萌主要参考前一译本，部分参考后一译本（因后者当
　时尚未译毕）。萌萌说她最初是出于教学的需要而阅读这个文本的，那么我们可
　以推算出此文的写作时间，大概在 2003—2004 年。那么我们可以把此文置入两
　种回归解释学比照的大背景下进行阅读……

问题，后面三个命题或许都可视为对此命题的回应或展开……这个问题事关海德格尔——我们时代唯一的大思想家。[1]事实上，对海德格尔的关注贯穿萌萌哲学研究的始终。而《人是无意指的指号》是萌萌唯一集中论述海德格尔思想的文字。这篇文章是对海德格尔的一篇文章《什么召唤思？》的阅读——萌萌的灵魂直面海德格尔的灵魂。

一 思（召唤）之回旋曲

萌萌分四个部分解读《什么召唤思？》。首先是由 heisst 的译名引起的思维方式或表述方式的区分。惯常的思维方式是把这个 heisst 理解为"称呼""叫作"，即"命名或定义"。萌萌坦言，她一开始也是抱着这样的期待来阅读"什么叫作思想"的。然而在阅读海德格尔的过程中，我们得不到任何现成的"什么叫作思想"的"定义"式答案，反倒是我们被带入 heisst 呈现的"召唤"中，"一步步被召唤入追寻不断扭身而去的'思'"[2]。Heisst 之"召唤"义显示了思的原始意义。

海德格尔这种独特的写作引发出萌萌一种"被牵引的焦虑"，"每读进一步，它总是在告诉你，什么能召唤思？你跟进后，发觉它并没有告诉你，而是不断地变换着角度地说，什么是召唤思？你不得不继续跟进，然而，始终没让你发现究竟什么在召唤

---

[1] 施特劳斯，《古典理性主义的重生》，郭振华等译，北京：华夏出版社，2011 年，页 74。

[2] 《萌萌文集》，前揭，页 160。

思？读完也没有明确的答案等在那里"①。这种焦虑是自始至终得不到明确答案的情绪。海德格尔在《什么是哲学》中用惊讶来描述哲学的处身情绪。"惊讶就是一种倾向，在此倾向中并且为了这种倾向，存在者之存在自行开启出来"②。伴随这种情绪，我们不再是旁观者，"我们正是那直接倾听吐露真情的人"③，我们被引入这个问题之中。这种引入不同于像一个科学对象那样仅仅与一个对象纠缠。海德格尔说，"什么召唤思？"这一问题如同一道闪电直接撞击我们。④"思的事务是为了带来震惊"⑤。

与海德格尔的情绪相比，萌萌的情绪要温婉得多。萌萌直观到的海德格尔的文本结构是一首回旋曲：

> "思"借"召唤"演奏的一首展示思（召唤）的——"习常意义—原始意义—习常意义—原始意义"不断还原——的"思（召唤）之回旋曲"。⑥

因此，《什么召唤思？》的问题结构初看上去是"什么叫

---

① 《萌萌文集》，前揭，页160。
② 海德格尔，《海德格尔文集》，孙周兴选编，上海：上海三联书店，1996年，页603。
③ 海德格尔，《海德格尔文集》，孙周兴选编，上海：上海三联书店，1996年，页1223。
④ 海德格尔，《海德格尔文集》，孙周兴选编，上海：上海三联书店，1996年，页1223。
⑤ 海德格尔，《海德格尔文集》，孙周兴选编，上海：上海三联书店，1996年，页1215。
⑥ 《萌萌文集》，前揭，页160。

作思想"，进一步则是"什么召唤思?"（Was heisst Denken）。然而这还不够，实际上是"什么召唤我们去思？"（Was heisst uns Denken?）

萌萌解读的第二部分是描述海德格尔呈现的我们久已陷入不思的处境。这种处境或许与萌萌晚年关注的第三个问题即"人是可能死于羞愧的"问题相关，以后有机会再展开讨论。

二　扭身而去的召唤

"扭身而去的召唤"，这是萌萌在文章第三部分着力呈现的思之极富动姿的意象。这个意象出自海德格尔《什么召唤思？》里面的这句话：

Daβ wir noch nicht denken, liegt jedoch keineswegs nur daran, daβ der Mensch sich noch nicht genügend dem **zuwendet**, was von sich her bedacht sein möchte. Daβ wir noch nicht denken，kommt vielmehr daher, daβ dieses zu-Denkende selbst sich vom Menschen **abwendet**，sogar langher sich schon **abgewendet** hält.[1]

然而，我们尚未思却绝不只是由于人们没有足够地**转向**

---

[1] Martin Heidegger, Gesamtausgabe Band 7: *vortraege und aufsaetze*, Vittorio Klostermann GmbH，Frankfurt am Main，2000 年，页 132。附出德文原文似乎更易理解这里进行词性分析的意图。

那出自于自身而渴求被思的东西。毋宁说，我们尚未思是由于那应被思的东西从人那里**扭身而去**，并**徜徉远遁**甚久矣。**（李小兵、刘小枫译文）**

可是，我们尚未思想，决不只是因为人尚未充分**朝向**那个从自身而来需要得到思虑的东西。而毋宁说，我们尚未思想，乃是由于那个有待思想的东西本身从人那里**扭身而去**，甚至久已从人那里**扭身而去**。（孙周兴译文）

萌萌注意到海德格尔表达的细微差异。海德格尔用了一对对应词——abwenden（转身背离）与 zuwenden（转身面向）——来描述"思"之意象。在这两个词中，词根 wenden 相同，意思是"转折""转向"。"前置词 ab 表转离、转去即背离而去，前置词 zu 表转向、面对即转向面对而靠近"[1]。萌萌提醒我们注意，这两个前置词表达的向度完全相反。描述完这两个词的差异之后，萌萌并没有马上据此来分析"扭身而去"，而是解析海德格尔的另一句费解的话：

Das, was uns eigentlich zu denken gibt, hat sich nicht irgendwann zu einer historisch datierbaren Zeit vom Menschen **abgewendet**, sondern das zu-Denkende hält sich von einsther in

---

[1] 《萌萌文集》，前揭，页 165。萌萌的注指向 160 页注 1，现有的两个中译本都没有出现这个词性分析，这个分析很可能出自萌萌与张老师的讨论。

solcher **Abwendung**.①

　　"应思的东西"并不是在某一个历史时间从人那里扭身而去，而是打一开始就一直在使自己从人那里扭身而去。②

　　在这句话下面有一段小字提醒，仿佛萌萌灵魂的旁白。这段话提醒我们注意这句话里蕴含的两种时间。一个是"历史时间"，一个是"打一开始"所指的时间。两种时间并不等同。若是把"打一开始"理解成"整个历史的开始"，那么我们就会把"应思的东西"理解成历史开始之"本源"即存在本身，进而认为历史就是遗忘存在的历史。这里似乎意不在此。所以关键在理解打一开始从哪里开始。

　　萌萌接着引用海德格尔的话："只不过它扭身而去仅仅发生在已经发生转向的地方"（Allein, **Abwendun** ereignet sich nur dort, wo bereits eine **Zuwendung** geschehen ist.）。这句话暗示了打一开始所指的瞬息，萌萌说："扭身而去并不是发生在历史时间中，即不是从某个历史时刻发生扭身而去，扭身而去就发生在扭身而去的转向中。"这样解释还不够明晰，因为扭身而去本就是转向，这无异于说转向就发生在转向的转向中。接下来萌萌之前所作的词语辨析派上了用场。关键在于，"转向，看起来是转身背离而去，其实就是这个'转身背离'（Abwendung）已经发

---

① Martin Heidegger, Gesamtausgabe Band 7: *vortraege und aufsaetze*, Vittorio Klostermann GmbH, Frankfurt am Main, 2000，页132。
② 《萌萌文集》，前揭，页166。

生了'转身面向'（Zuwendung）"，这样，转身而去才成为"扭身而去的召唤"。也许我们可以借用海德格尔的术语，存在者扭身而去，存在却逗留在扭身而去这个动作之中。"存在隐匿自身，因为存在自行解蔽而入于存在者之中"①。此处再次出现萌萌的"灵魂旁白"——一段小字说明，如下：

> 此种精微，至妙乃在于它是"以一种奇特的方式托付给这种思"，即以扭身而去的退避三舍的方式召唤思。它恰好是现象学相关性的精髓，即它从来就不在时间序列中，它之成为人的本质即它是超出时间、超出逻辑、超出论证的。后者恰好是科学的本质。②

"超出时间、超出逻辑、超出论证"也就是"超出科学"。这对我们人之为人提出了多高的召唤？……为了更好地理解"扭身而去的召唤"以及萌萌的这段"旁白"，我们回头看萌萌在第二部分对思之原始意义的描述：

> 有一种东西只靠自身来彰明自身，同时这彰明即隐匿，或者说，它是只在自身的隐匿中显现，或在显现中隐匿。我们只能走本质之思的道路与它沟通，即，我们只能去描述、

---

① 海德格尔，《林中路》，孙周兴译，北京：商务印书馆，2000 年，页 355。
② 《萌萌文集》，前揭，页 166。

去指示、去暗示那个在其自身的去蔽中让自己显现出来从而露面的东西，我们的意识也因它的显露而显明自身。这是一种非常单纯的方式，它就是思的特征，就是通向那从一开始就给予人去思的东西的道路。①

从这段话看来，似乎可思虑的东西也没有那么高远，只需眼光之转换。因为可思虑的东西并未随着扭身而去而去，相反它恰恰保持在一种扭身而去之中召唤着思之到来。萌萌总结了 11 点海德格尔对"扭身而去的召唤"进行的现象学解释。其中第五点海德格尔用了一个新词来命名最可思虑的东西：Sichentziehen。这个词从动词 entziehen 反身而来，意思是"自己抽身、避开、摆脱"，因此可以译为"抽身而去"或"自行隐匿"。进而第八点，抽身而去的滞留、在场乃是另一种招引的方式，这招引已经是在场的到达了——这也就是"被传召向"（auf dem Zuge zu...）。这里的招引与传召乃是可思的东西向我们发出的召唤。因此我们的本质被这种"被传召向"所烙印。萌萌在第九点作了一个总结：这里出现三层关系，"我们是被吸引者"——"被传召向"——"那吸引我们的东西即应思虑的东西"。这里作为被吸引者的我们根本不只是我们，而仅仅是我们在指向自行隐匿时所是的东西。指引是我们的本质。于是，第十点出现一个对人的命名——我们人是一个指明者：我们存在于传召中即我们的存在成为指明者。

---

① 《萌萌文集》，前揭，页 164。

只有处在这种传召关系中，人才是人。因此人之为人的根本已经表明人是一个指号（Zeichen，孙周兴译为标志）。指号所指并非指抽身而去的东西，而是指抽身而去这回事本身。海德格尔引用了荷尔德林的诗句：

> 我们正是这无意指的指号
>
> 我们并不感到痛楚，在这异乡
>
> 我们几乎已失去了语言

三　无意指的指号

　　萌萌在文章的第四部分主要解析海德格尔所引荷尔德林的这一诗行：我们是无意指的指号（Ein Zeichen sind wir, deutungslos）。其实说解析并不准确，萌萌意在显示、指示、呈现乃至把自己做成一个"无意指的指号"。

　　这行诗很费解，其直译是：我们是一个指号，无所意指。孙周兴译为：我们是一个标志，无所表明。① 上面已经说道，人之本质就在于成为这种"指示者"或"指明者"或"显示者"。萌萌似乎更倾向于用"指号"，其理由是"无意指的指号"更有意味，而且"指号"更能表明"指示"或"显示"关系。这种关系极精微——它不直接，直接就成为指称；它更中性一点——比"指示

---

① 海德格尔，《演讲与论文集》，孙周兴译，北京：生活·读书·新知三联书店，2005 年，页 143。

性"更弱，乃至弱化为"记号性"。因为人被传召向的是一个"扭身而去的行为"或"抽身而去的行为"或"自行隐匿的活动"。

萌萌感叹："这真是一个令人惊讶的怪行"。[1] 她的理解分三层。首先，人之本质在于指明者，可是人之所指却扭身而去或自行隐匿了，"指明"成为"指暗"，即无从表示，无从阐明，因而是无表明的标志。[2] 这一层意义侧重人之为人之无所表明。其次，虽然可思虑的东西扭身而去或自行隐匿，但这个动作本身又成为牵引或召唤，使"无所表明的标志"毕竟显示出"指号"的本质，因而终归落实到"无意指的指号"中去。这一层侧重到非指之"指"。最后即第三层总结，人作为被召唤的"指号"，仅仅是"一个标志，而且是一个无法表明、无法释义的标志"。亦即指号无所指，即无意指的指号。虽然前文提到萌萌似乎更倾向"指号"这一译法，然而在论证过程中她有所侧重地使用"标志"与"指号"。她似乎一直在斟酌哪个表达更好，最后一句似乎是对其犹豫的一个确证："'无意指的指号'似更能显示其自身的张力。"[3]

至此，人之为人获得了新的意义。在思－语言的意义上，人生存于"扭身而去的召唤"这一结构之中，成为"无意指的指号"。这两个意象是具有现象学相关性的两个悖论。所谓悖论乃是不可能的可能性。这两个悖论是同时发生的或具有共生关系。在日常生活中我们视之而不见、听之而不闻，我们毫无痛苦，那

---

[1] 《萌萌文集》，前揭，页169。
[2] 《萌萌文集》，前揭，页169。
[3] 《萌萌文集》，前揭，页169。

是因为这种可能性被人生在世的生活常态掩盖。要实现这种可能性，我们作为读者要跟随作者，跟随哲人，去"瓦解在长期的形而上学传统中作为'主体'的习惯性的对象性思维方式和表达方式，成为一个自行隐匿者"。然而，读者作为人作为"无意指的指号"如何能够成为一个"自行隐匿者"？成为"自行隐匿者"是为了在"存在－语言"的转换处倾听思的召唤。在这里倾听思，也就是倾听存在，倾听语言。思、存在、语言在这里具有同一高度。听、倾听让我们想到庄子的"心斋"——"若一志，无听之以耳，而听之以心；无听之心，而听之以气。听止于耳，心止于符。气也者，虚而待物者也。唯道集虚。虚者，心斋也"[1]。只有在这一倾听中，倾听思扭身而去的召唤中，人才退去习常意义，回归原始意义，人才生成为被思召唤的无意指的指号。萌萌如是说。这里有一个人的变化过程，最初是跟随者，然后是倾听者，倾听之极处发生跳跃，倾听者跃入思成为无意指的指号。人亦化为"自行隐匿者"，从此倾听思、在与言之道说。

萌萌跳回到最初的问题，回到什么召唤思（Was heisst Denken?）。萌萌总结道：在这一问题结构中，我们作为那直接倾听吐露真情的人，作为"支撑着'什么召唤思'这一问题的那个动词"的直接宾语，不断以"习常意义—原始意义"还原到海德格尔的"问题—文本"结构之中。这也是对第一部分萌萌概括的"思（召唤）的回旋曲"的一个回应。

---

[1]　钟泰，《庄子发微》，上海：上海古籍出版社，2002年，页77。

　　然而到底什么是 heissen 呢？海德格尔不断回到"召唤"上来，对 heissen 的解释也渐渐浮现出来。萌萌总结出六层含义，从"称呼""召唤"到"上路"……一直到"应诺传召使自己进入到场和在场中去，也就是应诺吐露"①。我们能听到召唤吗？

　　为了在白昼望见星辰，易朽之人的思想必须让自己沉入黑暗深井。②海德格尔说"人必须花极大的努力才能与语言真正居住在一起"③。然而我们今天的语言已经陷于"习常"肤浅的危险中去了。海德格尔致力于拯救存在，试图"揭露形而上学的本质，并因此才把形而上学带到其边缘状态"。萌萌认为，这句话同样可使用于"思想"以及"思作为召唤的思"。

　　要让我们的"思"进入"语言道说"之路，我们就要意识到我们的不思状态乃是真正的"思"之"扭身而去的召唤"。萌萌感叹："这是一个多么不习惯的现象学'悬搁'。"她坦言，曾经经历的"断裂的可隐匿的声音"使她不失于"思的召唤"，从而应诺传召使自己进入到场。可以肯定，在萌萌心目中，超出非此即彼、亦此亦彼的道路就蕴含在"无意指的指号"出入自行隐匿之中，海德格尔就是一个明证。这是思－在亲密地相互区分、相互归属的结果。

　　最后，萌萌问道：人是无意指的指号，我是人，"我"是

---

① 《海德格尔文集》，前揭，页 1224—1226。《萌萌文集》，前揭，页 170。
② 张志扬，《偶在论谱系》，上海：复旦大学出版社，2010 年，页 378。
③ 《海德格尔文集》，前揭，页 1226。

"无意指的指号"吗？[①] 这是对读者发出的呼请与召唤……

然而，萌萌确定，不是所有人都能做到。

可是她也确信，至少能有、会有人做得到。

尾　声

萌萌走后一年，张志扬老师说：

夜行到头了。

但不再回到先前"从白天到黑夜、从黑夜到白天"地在时间中轮回，而是这个"到头"开启了"知其白守其黑"时代的到来。它包含的哲学具有"知其是守其在"的偶在形式，包含的政治哲学是"知其主守其从"的双修德性……也就是说，都在知识的德性双修中偶在地相关着。[②]

---

① 《萌萌文集》，前揭，页171。
② 张志扬，《西学中的夜行》，上海：华东师范大学出版社，2010年，页320。

薇依、她和我

李安琴 [1]

　　七年了。我想，也许在她逝去后的这些年，再没有人像我这样与她朝夕共处，再没有人像我这样，时不时就隔着无限的时空与她心神交汇。

　　因为在我办公桌对面的书架上，一抬眼处，就放着她的照片；而我一天中三分之二的时光，都待在这间几乎完全属于我的办公室。她的照片印在水晶版上。照片中的她一袭黑衣，黑裙，玫瑰红色的印花丝巾斜系颈间，被天地间吹来的风拂向身后，飘向灌木小径消失之处。照片右下角就是那段有名的文字，如今已成为她生命的注脚：

　　　　我是穿过那片林子来的

　　　　披着迷蒙的春雨

　　　　我还要穿过那片林子回去

---

① 作者单位：中国人民大学文学院。

夜色将比春雨更加迷蒙

　　她玉立在画面最前端，旁依一棵古树的黑色树干，纤手伸出扶住身旁树枝，从照片里向照片外的我微笑，向世界凝望。她的笑如此恬静如此美好；她微笑凝望着曾经生活其中并挚爱过的世界，眼眸因即将归去而流淌出深深喜悦，可是啊，又因即将离去而透露出无限眷念。灌木小径在她身后向远处延伸，直至消失在密林深处。那是她回去时将走的路。她的身影最终将随着小路一起消失，只把我们留给这孤独的世界。但此刻，她在朝我凝望。她的眼里宛然映照出她活过的一生，也映照出我将要度过的一世。

　　工作的间隙，我总在不经意间抬头，与她目光相接。我会在刹那间掉进一个悖论性的瞬间。站在镜框里的她，欲去还留，欲语还休，将转身而未转，使得相机抓住的这一刻显得如此飘忽不定，难以把握。但镜框里的她，巧笑倩兮，美目盼兮，前顾今生，后盼来世，又使这一瞬间永远定格，指向了永恒。这属于她的既短暂又永恒、既飘忽又确定的瞬间，在我面前一再呈现，逐渐携带着她的精神和气质，与我自己的内在重叠。恍惚中的我在想：会有那么一天，我也会站在这棵古树下，微笑着向我挚爱过的世界凝望，带着无限眷念，然后转身飘然而去，消失在小路尽头？

　　这也是个悖论：她在这里时，我不曾见过她，不曾读过她，无缘认识她；她不在这里了，我却与她朝夕相处，读了她的文字，也读了别人回忆她的文字。但这也许恰恰是了解她的最好方式？她的文字，别人的印象，才是最直接的她，是她在人世间行过后留下的灵魂足印，是她存在的形式。如此了解一个人才最直接；只要想想我们多么容易惑于身体性因素而无法真正了解一个人，这一点就很明白了。最后，她在我心里与我知道名字的几个女性站在了一处：阿伦特、薇依和她。但在我心目中，三人中她最美。也许因为另外两位女性给我的印象都太坚刚，而她除了智性的坚刚，还得天独厚禀有了东方的柔美。

说到薇依。这两个女人，如果不是时空错位而碰巧在世间相遇，应该会成为精神的莫逆吧？倘若果真如此，那么我渴望作她们每次交谈的旁听——我知道自己的限度，不敢奢望竟然去参与她们的交谈。她的《神性与自我救治》这篇文字，传达出她与薇依在灵性上的契合：

> 仍没有把握说我做好了充分准备才重新进入这个问题。但我有虔诚的目光，对上帝，也对你，薇依。多少日子了，我期待着我们在文字中遭遇。这文字不只是你的，也不只是我的，而是神性的启示和召唤。[1]

这文字不只是薇依的，也不只是她的，而是属于神的——她们的契合也正在于此吧。她在薇依的文字中遇见神性，触摸到神

---

[1]　见《萌萌文集》，张志扬编，上海：上海译文出版社，2007年，页197。

圣奥秘的大氅；又因在文字中遇见神性，更深地认识薇依的文字。因此，她才说在文字中感觉到自己与薇依遭遇？她在文章开头这样表达她与薇依、与神性的相遇：

> 薇依的《期待上帝》是这样一本能让人忏悔或祈祷的书，她的用"期待"立起的拒绝的"门槛"，她的在中途的全神贯注的目光，她内心敏感的苦难和对"不幸"的爱的祝福；她对"挚爱"的相关性的揭示……使你无法拒绝忏悔和祈祷。无论你的经历是单一还是丰富，是切近还是遥远。

这里出现了这篇文字的关键词：苦难、不幸、挚爱。她这一代学人几乎都有一段绕不开的创伤记忆，这记忆在灵魂深处沉淀久了，就变成对苦难的追问并要求解答。薇依之所以深契她心，可能正是同为女性的薇依也关注苦难，甚至亲自投身于苦难。她在文中围绕这几个核心概念，试图理解薇依并进而理解自己、理解自己的苦难，从而从创伤和苦难中将自己解救出来。首先，她认识到薇依作为信仰者的特殊性，是在于她用拒绝进入教会的方式标志期待，塑造了她不与教会必然相关的、特殊的信仰形式。信仰首先不是集体事件，而是属于个人的；信仰在于个体以全神贯注的虔诚目光，牢牢地注视着上帝。薇依提出集体信仰与个体信仰两种信仰形式的对立，勾起了她的历史记忆，使她忆起了"集体"对她们那一代人的伤害、剥夺、侵占？

其次，薇依对信仰的理解，围绕作为人的基本处境的不幸展开。这里有三个需要区别的核心概念：苦难、受苦、不幸。苦难，是客观、冰冷、不关心人的个体或群体、自然或社会事实，是自然常态。受苦，则是个人对苦难的承受，冰冷客观的事实不由分说砸到人头上，就成了受苦；无论人愿不愿意，都必须承担苦难的事实。如果说受苦是肉身性的，那么不幸则是灵魂性的，经由肉身受苦这一中介，个人或群体的苦难事件对灵魂造成了损害。由于苦难是世界的常态，不幸也就成了人的本质处境，人生于世，灵魂不可回避将不断受到苦难经由受苦这一中介而造成的损害、摧残。薇依关注人生苦难，又如此深入思考不幸的成因，同样勾起她内心深处的历史记忆。从浩劫中走来的她，怎能不忆起整整一代人所承受的肉身之苦，所遭遇的灵魂不幸？新近认识一位与她同时代的学者，他对我说：我们这一代学人啊，都是破碎的，不像你们，我们有很多问题。谈起他的父辈，他又对我说：跟父亲相比，我连他的百分之一都不及，他整个人格是完整的，而我却是破碎的……我相信，她的灵在若听到这句话，一定也会垂下头，在泪光中陷入深深的叹息和沉思。

最后，在薇依那里，解救不幸之路便是挚爱。这里的挚爱就是上帝。所谓挚爱，就是虽然肉体受苦灵魂受损，还要爱；虽然肉体受苦灵魂受损，还是期待、祈祷上帝，还是承纳上帝之爱。这样的爱同时也是被上帝所爱的证明。"挚爱既是不幸倾空自己对上帝献身的挚爱，又是通过我自己的不幸来显示上帝对我的拯救的挚爱——在这种拯救中，我并没有失去自身而是得到。""在真正的爱之中，并不是我们以上帝的名义去爱不幸者，而是上帝降临于我们之中去爱不幸者。"薇依将挚爱等同于上帝并重新解释，把上帝变成生成的中介——犹如《老子》中所说，"道行之而成"——瓦解了传统上帝观中上帝的临在，从而赋予信仰以鲜活的行动力。苦难依旧在，受苦依旧在，不幸也依旧在——然而，由于挚爱，不幸得到了解救！这里便又引出不幸与不幸的区分，也就是得到拯救的不幸与未得拯救的不幸之间的区分。得到拯救的不幸还是不幸，但前后两者有着重大区别，她在文中总结说：

> 一种不幸是这种受苦已伤及灵魂，使灵魂受损。这种受损的程度非常宽泛，它可能有最强烈的心理形式如冷峻、绝望乃至仇恨，或是逐渐减损而有怨恨、懊悔、消沉甚至麻木。
>
> 另一种不幸是受苦引起精神性反省而倾空肉体承受的世俗积怨，让灵魂空明以接纳上帝的挚爱。
>
> 前一种不幸是尘世的，负面的。
>
> 后一种不幸是升华的，面向上帝的。[1]

苦难经由受苦为中介生成不幸，走向下沉，不幸却经由挚爱为中介生成信仰，走向超越。受苦相关事与心，挚爱却相关经验与超越。由于挚爱介入，不幸与不幸出现了重大分野。用薇依的

---

[1]   见《萌萌文集》，前揭，页196。

比喻来说，前一种不幸是无可挽回的，是持续噬咬人灵魂的；后一种不幸却像昨夜的牙痛，天亮醒来，已了无痕迹。不幸在此被赎回，转化为挚爱中的欢愉。

再次，薇依思考不幸中的解救之路，在她里面引起了轰然共鸣。她心灵中的历史创痛被唤醒。一生中经历的个体和集体的苦难，经过积淀，在她里面成为灵魂的受损；但不甘下沉和败坏的灵魂，一定会寻求救亡图存之道吧？一定会在很多个深夜，很多个清晨和黄昏，向心灵深处探问，向无限的所在求索吧？那么，薇依提出的作为挚爱的解救之道，使她看到了希望？看到苦难、仇恨、积怨等毒害灵魂的一切不幸，原来是可以倾空的？而灵魂在倾空之后，甚至可以转化为承纳神性之爱的杯，敬奉在上帝面前，领受他的祝福。无论从前经历了多少不幸，原来都是可以赎回的？

七，是个特别的数字。在《圣经》中，七代表完成、成全、完满。上帝创世之功七日完毕；上帝的律法规定，每第七日百姓要享受安息日，每第七年要享受安息年，而每第七个七年，百姓要享受禧年。安息日，停止一切劳作；安息年，土地休耕，不稼不穑；待到禧年，土地休耕之外，为奴的，要还他自由之身，欠债的，要彻底豁免他，各人以自由身各归故园。又有在《圣经·启示录》中，随着七印、七号、七碗的审判依次过去，上帝之国最终降临，泪水擦干，罪恶不再，永恒的福祉降临……因此，数字七与完全的释放和欢乐相联，并且标示着一种突转：黑暗变光明、悲哀变欢笑。

当然，"七"背后还隐藏着"六"，那是黑暗，是悲哀，是艰难地求索，是苦苦地挣扎，是默默地承受，是失望绝望与渴望参半。安息日之前，是六日的劳作，汗流浃背，脸朝黄土背朝天；安息年之前，是六年的艰辛，地和人，一次复一次的孕育，一次复一次的产痛；禧年之前，是六个七年的奴役和负重，是身不由己，夙兴夜寐，思乡念土，债务缠身，亲子分离，夫妻远隔，是悲叹、羞愧、负疚。因此，数字七也总是提示、纪念着曾经的"六"的捆锁、"六"的悲哀。

今天我们在这里纪念她逝世七周年。借这特别的数字"七"，我但愿她的劳苦已经停息。但愿因她离去而悲伤至今的亲人朋友已经得到安慰。但愿她以思考人间苦难与不幸在我们心中播下的种子，在又一个七年里生根发芽、开花结果。但愿她留下的灵性文字会不断被我们并我们的后辈阅读，就像我们今天依然在阅读她所喜爱的薇依一样。

写完以上文字，一抬眼，又看见她衣裙飘飘，于将去未去之际向我微笑、凝望，目光如湖水，映照出我将要走过的一生。

谁来拯救不幸的人生

——论个体的意义和语言问题

杨晓强 [①]

我的题目直接源于萌萌评论《我与地坛》的题目——"谁来救治人生的残缺",这也是她的一个问题意识。要形成对萌萌的整体把握很困难,原因是她对自己的诗化描述,干扰了我的独立剖析。她呈现的和她述说的混在一起,她的述说构成一种新的呈现,我不能说,她对自己的理解就是对的,也不能说我的剖析就是对的。萌萌的谜一般的形象,或许要很久才能被人理解。

萌萌一直关注拯救问题。何谓拯救?什么人需要被拯救?在一般意义上,我们会说,拯救是对一个罪人而言,把他从错误的道路上拉回正途。但在广义而言,如果某种观点声称,人人都有罪,因而人都需要被拯救;那么,能拯救人的显然不是人自己,而是上帝。

在引申意义上,我们也把史铁生的思想历程称为拯救之途,因为他把自己从残疾的命运中拯救出来,挺身成为一个自由人。

---

① 作者单位:同济大学人文学院。

凡是陷入窘境、迷途、不幸的人，都需要被拯救，或者是自救或者是他救。但何谓窘境、迷途、不幸？每个人看法不一。有的人在旁人看来非常幸福，自己却感到不幸、痛苦。他必定会苦苦寻找某种拯救。萌萌就是这样的人。她的痛苦犹如西西弗斯的命运一般，把她紧紧抓住，以致不幸伴随一生。

萌萌在自我拯救的路上攀爬了很久很久，临终时她仍念着自己 20 世纪 80 年代写的那首诗：

命　运

一个平凡的西西弗斯的神话，一个远离世界的纯然的想象，但在我的被"苦恼的追求"所判处的终身自由苦役，它却是一个比事实更持久的真实。多么想以此祝福我的所有那些被同样判处了终身自由苦役的同代人。

那一个瞬间
必然的锁链突然断裂
你被抛出
在高高离去的夜空的惊恐里
孤独地一个人如同一个恍惚的梦
跌入
一个无望的找寻
眼前无尽地展开的是岩石

垒着岩石的长途

在哪一天哪一个瞬间
我用一个如同白昼般清晰的梦
追逐
你的脚步
十年岩石般结实的时空
犹疑着，消失在
一个恍惚又清晰如白昼的
梦中

那飘拂而去的白披巾
那上升的在岩石上铺满尖利碎石的
路
那永不能再停留的、我的
一双
血淋淋的赤足啊
我的梦如同弥漫的空气
一次次
挤入死亡的窒息

于是我的追逐而去的许诺
像梦呓

像垂死的呼喊

像生命无声的抽搐

于是我的没有父母没有孩子没有家的

孤独

像疯子一样追逐着

你的一个即便坠落也不回顾的

微笑

你的梗在喉头的一声如叹息的

歌声

你的岩石摔打出的、岩石般坚硬

岩石般深邃的

沉默

给我一个许诺

一个或许永远不能兑现的许诺

给我一个希望

一个像绝望一样无望的希望

如果你给了我这么多我还在

黑暗里

那就再给我一个想象吧

一个能穿透黑暗

照亮你和我的想象

从此你带着我和岩石一起坠落

升腾

从此无论是坠落还是升腾我都没有

离开过你

离开过泥土

饿了有石缝中生长出的绿色的和红色的

果实

渴了有大地夜哭的晶莹的

泪珠

也有过短暂的休憩

那是匍匐在大地上、拥抱着

岩石

沾满泥土的休憩啊

再拔地而起

即便为了再一次坠落

　　临终前仍念着这首诗，萌萌内心的挣扎可想而知。这种命运或许不是单个人的，而属于一代人："黑夜给了我黑色的眼睛，我却用它寻找光明。"但每个人只能靠自己去承担，在人生路上，你始终是一个人在走。

　　萌萌期待一个许诺、一个想象，即使没有实现的可能。但她真的期待吗？不，她高傲地拒绝一切许诺，否则她早就可以去信仰基督教或随便什么宗教。真理是光，而你却在黑暗里走。因为你见识了太多的真理，五颜六色的各种光，因而，为了真正的光，你宁愿走在黑暗里。你甚至要证明黑暗才是真正的光，才是一切光的基础，它是光之父。可是，既然已经明白了黑暗，为什么在最后，你仍然这么心绪不宁？你是靠想象才穿透了黑暗吗？想象难道是真理之光吗？不，它只是对真理的指引，是黑暗中唯一的温暖。

萌萌的情绪与语式、苦难问题、拯救问题、历史问题，皆与此相关，或者说，在我的视域中，如此勾连起来。

是否任何痛苦都能消除？即使个人的痛苦可以消除，民族的痛苦呢，人类的痛苦呢？

史铁生的问题

在 21 岁那年，史铁生突然残疾了，一个普通的生命突然跌入了不幸的谷底，开始了默默的炼狱生涯。

> 两条腿残废后的最初几年，我找不到工作，找不到去路，忽然间几乎什么都找不到了，我就摇了轮椅总是到它那儿去，仅为着那儿是可以逃避一个世界的另一个世界……记不清都是在它的哪些角落里了，我一连几小时专心致志地想关于死的事，也以同样的耐心和方式想过我为什么要出生。这样想了好几年，最后事情终于弄明白了：一个人，出生了，这就不再是一个可以辩论的问题，而只是上帝交给他的

一个事实；上帝在交给我们这件事实的时候，已经顺便保证了它的结果，所以死是一件不必急于求成的事，死是一个必然会降临的节日。这样想过之后我安心多了，眼前的一切不再那么可怕。[①]

事实上，死亡解除了生的恐惧，在死亡面前，一切烦恼都显得微不足道。所以，死对史铁生未必不是件好事，让他能接受当下的生活。但这并不彻底，内心只是安定了，但并不能从理智上解脱。任谁遇到这样的事情，都忍不住要问，凭什么是我遇到了这种事？约伯的抱怨从来都没有停止过。但史铁生了不起的地方，就是由自己的痛苦推广出去，看到了整个人间的痛苦。

谁又能把这世界想个明白呢？世上的很多事是不堪说的。你可以抱怨上帝何以要降诸多苦难给这人间，你也可以为消灭种种苦难而奋斗，并为此享有崇高与骄傲，但只要你再多想一步你就会坠入深深的迷茫了：假如世界上没有了苦难，世界还能够存在么？要是没有愚钝，机智还有什么光荣呢？要是没了丑陋，漂亮又怎么维系自己的幸运？要是没有了恶劣和卑下，善良与高尚又将如何界定自己又如何成为美德呢？要是没有了残疾，健全会否因其司空见惯而变得腻烦

① 史铁生，《我与地坛》，沈阳：春风文艺出版社，2002年，页230。下引此文只随文标注页码。

和乏味呢？我常梦想着在人间彻底消灭残疾，但可以相信，那时将由患病者代替残疾人去承担同样的苦难。如果能够把疾病也全数消灭，那么这份苦难又将由（比如说）相貌丑陋的人去承担了。就算我们连丑陋，连愚昧和卑鄙和一切我们所不喜欢的事物和行为，也都可以统统消灭掉，所有的人都一样健康、漂亮、聪慧、高尚，结果会怎样呢？怕是人间的剧目就全要收场了，一个失去差别的世界将是一条死水，是一块没有感觉没有肥力的沙漠。（页 244）

世界需要苦难，因而必须接受苦难。苦难是差别的结果，但谁去承担苦难？凭什么是我史铁生，而不是别人？"只好听凭偶然，是没有道理好讲的"，这就是史铁生的结论。可这样的结论能接受吗？还不如相信"善有善报，恶有恶报"的因果论，但现代人如史铁生者，已经不可能再淳朴地相信报应观了，宁愿相信毫无公道的偶然。

但相信是一回事，接受是另一回事。

我凭什么要接受？就因为不得不接受？

史铁生还是通过小说才接受了命运，仿佛他是为了写小说，才变得残疾，小说就是能拯救残疾的终极意义。但这样一来，他被小说绑架了。人总是喜欢追求一个外在的目的，来提升自己的价值，或承载自己的命运；但找到一个依靠的同时，也就被这个依靠主宰；大如政治运动，小如一门事业，都是如此。

　　那时我完全是为了写作活着。结果你又发表了几篇，并且出了一点小名，可这时你越来越感到恐慌。我忽然觉得自己活得像个人质，刚刚有点像个人了却又过了头，像个人质，被一个什么阴谋抓了来当人质，不定哪天被处决，不定哪天就完蛋。你担心要不了多久你就会文思枯竭，那样你就又完了。（页247）

看来，把自己的命运寄托到小说上，并不可靠。"你明白你错了，活着不是为了写作，而写作是为了活着。"向外追寻意义，终究是不行的，人要自己立起来，才能成为一个自由人。明白了这一点后，史铁生的问题似乎又回到了起点：我为什么要活着？

　　我听见园神告诉我，每一个有激情的演员都难免是一个人质。每一个懂得欣赏的观众都巧妙地粉碎了一场阴谋。每一个乏味的演员都是因为他老以为这戏剧与自己无关。每一个倒霉的观众都是因为他总是坐得离舞台太近了。（页249）

这段话堪称悟道的话。人生如戏，因而不可执着，可每个人还是要把这场戏演好。残疾虽然是不得不接受的命运，我还是应该把这个人生过好。因为残疾而放弃生命，就太把戏当真了；而完全不当真，又太乏味了。这几句话真是凝练无比，个中滋味非亲身经历者不能道出；而我的评论实在苍白无力，远不能穷尽这几句话的真谛。

史铁生领悟之后，境界大开，最后的文字几乎只能用庄子的话来比拟："天地与我并生，万物与我为一"。

> 但是太阳，他每时每刻都是夕阳也都是旭日。当他熄灭着走下山去收尽苍凉残照之际，正是他在另一面燃烧着爬上山巅布散烈烈朝晖之时。有一天，我也将沉静着走下山去，扶着我的拐杖。那一天，在某一处山洼里，势必会跑上来一个欢蹦的孩子，抱着他的玩具。
>
> 当然，那不是我。
>
> 但是，那不是我吗？
>
> 宇宙以其不息的欲望将一个歌舞炼为永恒。这欲望有怎样一个人间的姓名，大可忽略不计。（页 251）

这是思想和艺术的双重巅峰。但这同时是一场炼狱，没有这种经历的人，只是廉价地获得了史铁生的体验，自己其实并未升华。史铁生自己拯救了自己，而读者只是分享了他的喜悦，并未分享他的收获。每个人最终只能自己拯救自己。

接下来，我们看萌萌对史铁生的诘难。

萌萌抓住的是史铁生回答的逻辑有效性。对于"活还是死"的问题，她一针见血地指出："在一个人那儿，这思路只能如此，别无选择。它非常合理、合逻辑，对我。在另一个人那儿，却未必。是真的有逻辑自身，我必须跟着走？还是我只能这样走，建立了这样的逻辑案例？"[①]

萌萌戳破了问与答之间的必然："所以用不着拿逻辑的必然性来做死的根据。死是唯一不要根据的，随时随地可以发生，可以进行。举手之劳。如果一个人真的想按照逻辑根据选择死的时间——这逻辑或许坚固得不可摧毁、不可逾越，也可能一戳即破，一点即穿。"

或许史铁生自己也并未意识到这一点。但这不重要，他只是需要一个回答而已。但是，他真的需要一个回答吗？

当他找到这个回答时，他就已经不需要它了。

而"活还是死"的问题，并没有一个普遍的答案；别人不能从史铁生这里直接获得答案。每个人的答案都需要自己去找，但不能说，它没有答案，也不能说，谁的答案才是对的。每个找到的人，都找到了正确的答案。

这个答案一定是合乎逻辑的表达吗？我们被史铁生表面的文字欺骗了，文字只是指引，史铁生找到的根本不是一套逻辑说辞，而是一种生死超然的心态，一种与地坛一样永恒的境界。这种收获在哲学看来，可能缺乏真实的意义，因为意义被逻辑表达垄断了，而身心的改变只被归结到心理、生理层面，没有客观的价值。

[①] 萌萌，《谁来救治人生的残缺》，载《情绪与语式》，北京：社会科学文献出版社，2001 年，页 160。

　　要是有些事我没说，地坛，你别以为是我忘了，我什么也没忘，但是有些事只适合收藏。不能说，也不能想，却又不能忘。它们不能变成语言，它们无法变成语言，一旦变成语言就不再是它们了。它们是一片朦胧的温馨与寂寥，是一片成熟的希望与绝望，它们的领地只有两处：心与坟墓。（页249）

萌萌始终抓住自己的问题，她继续追问：

　　太阳明天照样升起，但不等于说太阳明天一定升起，有一天就不会升起了。所以时空的循环也不是永恒的，也不能成为我死你活同行不殆的安魂曲。还是你最初想的——还是回到你最初想的——生、死没有根据，也不要、也用不着任何根据。剩下的只有怎么活的问题。怎么活的问题是怎么也不能成为死的理由的。
　　怎么活？
　　只有这一个问题需要自己去解决。[①]

　　这真的是"未知生，焉知死"的态度吗？生死真的没有根据，也不需要任何根据吗？是否正是因为萌萌执意不要"任何根据"，才形成了她悲剧般的性格和命运？不要根据，固然让萌萌

---

① 萌萌，《谁来救治人生的残缺》，前揭，160页。

摆脱了史铁生"人质"的困境，但是否也落入了一个虚无的泥沼中，无力脱困？

现在，萌萌已经不需要回答这个问题了。但活着的我们，还被问题逼迫着。

语言表达的限度

迄今，西方哲学对意义的思考仍然局限在语言、逻辑、论证上，大如黑格尔的历史哲学、历史进步论等，小到各种伦理学、价值哲学。各种宏大的历史叙事把历史与个人的意义勾连起来，让人去献身于政治运动，或变成意识形态、立国的正当性。各种价值哲学则试图建立一系列的实体化价值。无论是哪种，都是让人追求外在的依靠，没有真正把每个人自己的意义立起来。每一种确立，同时是对其他价值的摧毁，或者以同一来消除特殊，或者以特殊来消除特殊。

> 真实的个体既不能消失在物质欲望的平均化中，又不能以归宿到理想的方式逃避物质欲望的平均化，以一种消失代替另一种消失。唯其在物质欲望中挺拔起个人精神追求的气质，并清醒地斩断同确定性的、目的性的理想的归宿关系，梦才是可能的。[1]

---

[1]　萌萌，《现代转换中的梦与理想的区分》，载张志扬编，《萌萌文集》，上海：上海译文出版社，2007 年，页 150—151。

这就是萌萌的一个学术背景："现代性转换"。如果萌萌的拯救必须在"现代性转换"后才有可能，那么所有现代之前的人呢，都消散在历史的宏大叙事或者日常的庸碌生活中了吗？这个结论过于惊诧，未免觉得现代人过于自信了。

但上文对史铁生的分析，引出另一种理解。这种意义难以表达，难以言传，犹如古希腊不可知论的难题：即使有真理，也不可表述，更不可传达。这种对意义的理解究竟对哲学有何意义，我也一无所知，在此只是引出问题。

考究希腊哲学的起源，会发现哲学一开始和论证没有什么关系，哲学寻找的是智慧，赫拉克利特、阿纳克西曼德的箴言，没有什么论证，只是一些只言片语，偶尔流露出的神秘，和东方思想倒是有些接近；而这些箴言至今对哲学家而言都难以理解。

后来，或许是智术师的出现，或许是雅典民主政治的需要，论证和修辞成为显学，哲学也渐渐变成一些理论命题，需要相应的论证才能为人理解和接受。论证本来就是把原本难以理解的东西，用例子或比喻的方式进行说明，从而变成浅显易懂的道理。但论证渐渐开始喧宾夺主，到后来非论证不是哲学，不经论证的观点就只是意见，而不能论证的观点则成为神话或信仰。

比如"既存在又不存在"，在逻辑上是不能成立的，因而是没有意义的描述。但是，"现在"恰恰就是"既存在又不存在"，难道"现在"是无意义的吗？哲学至今无法理解时间，正是因为囿于逻辑和语言。它不明白，语言始终只是指引，并没有实在的意义，用语言来承载历史、人生的意义，犹如虚空写字一般。①

但中国很早就对论辩产生了警惕。惠施是名家的代表，以善辩闻名。庄子在《天下篇》这样评价惠施的辩才：

> 由天地之道观惠施之能，其犹一蚊一虻之劳者也。其于物也何庸！夫充一尚可，曰愈贵，道几矣！惠施不能以此自宁，散于万物而不厌，卒以善辩为名。惜乎！惠施之才，骀荡而不得，逐万物而不反，是穷响以声，形与影竞走也。悲夫！

言辞论辩只是道的影子，如果反过来把影子当事物本身，就本末倒置了。禅宗所谓"以手指月，指非是月"，就是这个道理。有名的"子非鱼"故事，可以更进一步说明这个道理。我们试着解读一下，看庄子如何破解惠施的辩才——

> 庄子与惠子游于濠梁之上。庄子曰："鯈鱼出游从容，是鱼之乐也？"惠子曰："子非鱼，安知鱼之乐？"庄子曰："子非我，安知我不知鱼之乐？"惠子曰："我非子，固不知子矣；子固非鱼也，子之不知鱼之乐，全矣。"庄子曰："请循其本。子曰'汝安知鱼乐'云者，既已知吾知之而问我。

---

① 海德格尔说，"语言是存在的家"，或许可以解释为，语言只能在存在和无这两端摇摆，而无法超出这两端，去描述"非有非无，既有又无"等等。语言把事态固化了，因而没办法理解流变。海德格尔后期把存在打叉，并引入生成的含义，就是要克服语言本身的限制。但这可能不会成功，除非"言语道断"。如维特根斯坦所说，"对不可说的保持沉默"。

我知之濠上也。"

惠施第一次问：你不是鱼，你怎么知道鱼之乐？庄子的第一次反驳遵循了惠施的思路：你不是我，你怎么知道我不知呢？惠施马上抓住了这个漏洞，并进一步反驳：我不是你，故我不知你；但你也不是鱼，故你也不可能知鱼。

惠施论证的思路是"唯我论"的，这个论证的前提非常严密，尤其在论辩上几乎无法破解。因而，直到今天都有人认为，庄子最后的回答是偷换了概念，其实并没有解决惠施的问题。西方的"唯我论"从怀疑主义开始，中经笛卡尔，最后在 20 世纪的胡塞尔那里仍然得到坚持，可见"唯我论"的坚硬程度。但庄子真的没有破解"唯我论"吗？

庄子的第二次回答首先梳理问题源头：惠施的第一次提问，已经意味着"已知"吾知之。许多人马上就理解为，庄子是在偷换概念，认为惠施在提问中并没有承认"已知"。但这个理解实际上还是把庄子拴在了"唯我论"的论辩上，认为他要用论证驳倒惠施，实在是对庄子的误解。庄子的真意是什么呢？

这个故事处于《庄子·秋水》的结尾，而《秋水》的主旨是小大之辩，用文中的话来概括，就是：

井蛙不可以语于海者，拘于虚也；夏虫不可以语于冰者，笃于时也；曲士不可以语于道者，束于教也。

惠施就是不可语于道的曲士。在"子非鱼"之前是另一个惠施的故事，与此对比，就能更明确地把握庄子的思想：

　　惠子相梁，庄子往见之。或谓惠子曰："庄子来，欲代子相。"于是惠子恐，搜于国中三日三夜。庄子往见之，曰："南方有鸟，其名为鹓鶵，子知之乎？夫鹓鶵发于南海而飞于北海，非梧桐不止，非练实不食，非醴泉不饮。于是鸱得腐鼠，鹓鶵过之，仰而视之曰：'吓！'今子欲以子之梁国而吓我邪？"

惠施的论辩实属小道，只是大道的影子而已。指望从论辩通达大道，无异于缘木求鱼。犹如灵魂和身体的统一不可思议，但又必然统一一样。存在是一，但这个"是"不是理性能理解的，更不能因为不能理解就认为存在是多，因为多和一一样不可思议。道可道，非常道。这是智慧的领域。道不可能被定义。赵州和尚言："至道无难，唯嫌拣择。才有语言，是拣择，是明白；老僧不在明白里。是汝还护惜也无？"道也不在明白里，也不在悖论里，用理性、语言去寻道，又哪里可能？从论证和思辨是无法通达道的，两者之间有一道鸿沟。所谓"壁立万仞，无门可入"是也；但虽然是无门可入，却又人人可入，因为道不远人，人人都在道中，何须另找一个门呢？只有把言语论辩逼到死角，彻底断绝生路，人才能真的找到路，因为路原本就在脚下，只是被言语所迷，才不自知。

> 道恶乎隐而有真伪！言恶乎隐而有是非！道恶乎往而不
> 存！言恶乎存而不可！道隐于小成，言隐于荣华。

道是天下的公道，人们却人为地区分，这是正道，那是邪道、外道；语言本来是为了交流的，却反而引出了是非。但是，道原本就无所来、无所去，语言又真的存在吗？人们不能领会道，只是因为道隐于小成，人们执迷于语言本身的荣华，反而把背后指引的东西遗忘了。

因而，庄子回答惠施的其实是最后一句："我知之濠上也"，没有论证，没有思辨，直指真实。但这个回答决不能被滥用，甚至不能称为一个回答，因为庄子并不是把这句话当作回答，而是直接端出真相。禅宗有名的"俱胝竖指"故事，可以与庄子的回答互参：

> 俱胝和尚，凡有诘问，唯举一指。后有童子，因外人问，和尚说何法要？童子亦竖指头。胝闻，遂以刃断其指，童子负痛号哭而去。胝复召之，童子回首，胝却竖起指，童子忽然领悟。[①]

用史铁生的经历来说，对于生死问题，即便有人说出了和史铁生同样的逻辑，也没有获得和史铁生同样的答案。

这篇文章也只是指引，希望读者得意忘言才好。

---

① 慧开，《禅宗无门关》，第三则，收于《大正藏》第 48 册。

萌萌的兴与言

田一坡 [1]

　　语言问题是萌萌关注的中心问题之一。如何在公共语言中生成真实的个人表达，更进一步，如何走出自己的前语言结构，把自己逼到语言的边缘直面语言的悖论——在语言中进入语言？[2] 萌萌以其特有的敏感，为我们提供了极为有益的思索、描述与一种现象学式的还原与分析。在《情绪与语式》中，萌萌用现象学方法探讨存在和语言转换界面上的情绪和语式的构成关系，但用以印证、描述、分析自身的语言经验的理论背景与学术概念主要取自欧陆哲学中的海德格尔、舍勒以及利科与弗洛伊德。（页76—93）

　　本文尝试着用传统文化中的概念"兴"与"言"来对萌萌的语言经验进行一次重述的尝试，在这种重述中去探测古典语词与萌萌的语言经验之间的相互容纳的程度，以及二者各自的限度。

---

① 作者单位：四川理工学院政法学院。
② 《萌萌文集》，张志扬编，上海：上海译文出版社，2007 年，页 90。下引此书时只随文标注页码，不另注。

一　作为在体性情绪的兴

"兴"常常被作为古典诗学的核心概念得到关注，但"兴"并不仅仅是古典诗学的概念，它作为日常语言中出现频率极高的词，已经融入我们的日常生活并参与到一种生存论的建构之中。作为口语中的"兴"字，极具形式指引与生成的现象学含义。"兴"作为字词，融入了我们的日常生活，经常被我们挂在嘴边。"你高兴吗""在兴头上""有兴趣吗""别扫兴""真是一时兴起"，这些句子中的"兴"无不指涉着一种在体性的情绪。而我们在语言中使用"兴"字时，却很难说得清楚"兴"到底是一种怎样的情绪状态。也就是说，我们在"兴"字中所经验到的情绪并不是一种现成的情绪内容，而更多地具有一种纯形式纯构成意味。

作为一种在体性情绪，能否以"兴"来对萌萌的"情绪"一词进行重述？这当然需要具体而微的分析与梳理，在这种相互替换中既要看到二者的相互照亮，又要看到二者在差异中呈现出的各自经验的独特性与不可替代性。

用"兴"去重述萌萌的"情绪"，其实最能相互照亮二者所具有的纯形式纯生成含义。在萌萌那里，情绪，不是心理学意义上的对对象作对象性反应的情绪，而是一种关涉着个人真实性与限度的在体性情绪，它不是现成的情绪，而是不断生成着的个体言说的可能性。"兴"，同样不是现成的情绪内容，而是指引着生存状态的可能性。兴字在日常的运用中，天然就带有一种形式指引的意味，它是无法被完全对象化的，而只能在反思中进入描述。"兴起"，作为个体在当下的处身情景中的身心反应，这种在体性的情绪具有一种本源性、生成性的优势。情绪一词相对来说还是现成化了一些，形式指引的意味弱了一些，所以萌萌只能不断地去剥离情绪中对象化现成化的内容，去指引情绪在语言断裂处生成的可能。

萌萌从两个方向上对这种在体性情绪作出说明。一个方向是"情绪－无语"，从语言的角度来把握情绪，恰好是个体生命在寻求自己独特表达时转瞬即逝的困境让人逼视语言开端处的无语，此"无语"正是在体性的无以名之的在体性情绪。一个方向是"情绪－身体"，在现象学直观中，情绪被还原为偶在的情绪意向性本身，而情绪意向性在所指之前以"身体"为载体。（页87、94、98）身体，作为个体性、有限性的肉身化，是理性、逻辑、概念抽象不了、结构不了、还原不了的前语言状态，也是萌萌步入语言问题的缺口。

作为语言开端处的"情绪－无语"状态，和"兴"的状态确实有相近之处。兴，正是一种将言而未言的情绪状态。在存在和语言转换的界面上，兴在"气－物－兴－言"的转换环节中，是一种本源性、生成性的情绪状态。对人而言，个体性的兴，绝不是本体性的"气"向生命之言转换时工具性的中介，而是在性情的摇荡中"兴"出个体生命的最本然的生存。在"兴"的情绪状态中，个体寻求着"言"的表达，或者，在"言"的表达中，指引着那言尽之处的"无言而又无限"的兴的生成境域。

　　当然有不同。"情绪－无语"昭示了一种个人表达的困境。尽管这困境中也生成着个人表达的希望，但萌萌显然对困境的绝望体验要大于希望体验，所以才有她在语言断裂处的驻足、徘徊与倾听。而"兴－无言"则基本无视这种表达的悖论与困境，而更多地专注于"兴"本身所带出的生命的存在状态。

　　作为理性、逻辑抽象不了的"情绪－身体"，情绪的身体性被萌萌在现象学直观中最为敏锐地捕捉到了。身体，以其有限、私人和不可规约，成为语言开端处的情绪最幽暗的底盘与暗礁。它作为一个界面，既消解着公共语言的确定性，同时又关联着个人表达的建构可能性。"兴"作为一种情绪状态，"手之舞之足之蹈之"，当然也关联着身体。当然，"兴－身体"的关联更多地具有"身心一体"的古典含义，而萌萌的"情绪－身体"则包含着无法同一的断裂与悖论。

　　以"兴"去重述萌萌的"情绪"时，即刻遇到的困难恰好是"情绪"的不可重述性。这种差异恰好见证了萌萌的语言经验的独特性，作为现代女性，她对身体的敏感，对"身体－情绪－语言"转换环节的细致的把握，都有一种切身的真实性与当下性。"兴"作为一种情绪状态，有形式指引与生成化境域化的优势，但相对于萌萌的"情绪"而言，显得太乐观太空泛了，以至对"身体－情绪－语言"中的断裂、转换时的各种可能性都缺乏细微的观照与经验。当然，恰好是"兴"与"情绪"的不可化约，兴才构成了对情绪的一种对照与矫正。作为一种参照，"兴"的起兴也许能为萌萌在无语的困境中立起一块乐观的路标。

二　个人起兴的公共表达

"兴"最终会进入公共表达中。"先言他物，也引起所咏之物"也好，"有感之辞"也好，个人的感兴、起兴最终会转换为言辞以确证生命在某一刻的存在样态。① 然而，在由兴向言的转换中，个人的"兴"之所之所趋，是如何既保持着个人在体性情绪的独特性，又无隔阂地融入一个民族共同体的公共表达中的？

没有多少人在这个问题面前驻足。"兴"作为中国诗教传统的核心概念之一，其功能既包含着对个体和民族共同体经验的造型和更新，也包含着对从属于这一共同体的个体的经验方式的塑造、规训和完善。传统的教育，在共同的诵读、熏习下，"乐而不淫、哀而不伤"的温柔敦厚成为一个民族的生命节律，也为个体生命的起兴方式划定了范围。

由此，在个人的"兴"中，既包含了个人当下性的在体性情绪，也包含着民族性的生命节律。而个人起兴的公共表达问题就不再是问题。但这真的是对问题的解决吗？一个活生生的生命，难道没有不温柔也不敦厚的例外？

萌萌就是例外。她以其天然的敏感与决绝直面语言的悖论：公共语言的个人表达何以可能？

人在语言中，这是人的命运和渊薮。人在个人表达之前、之中，总有既成语言的前提。萌萌特别提醒，这个既成语言不仅是

---

① 杨满仁，《"比兴"辩略》，《文艺评论》2011 年第 4 期，页 13—17。

指母语，而是指真正适于自己生存并构成自己经验、思维与表达的常用语，它们规定了一个人的生存方式、经验方式与表达方式。真实的个人表达，恰好是在既成语言的断裂的困境中生成。在"情绪－语言"的转换中，私人语言有着个体真实性，但无法有效进入公共语言。私人语言无效，被排除。单纯的公共语言，是对个人真实性的抹平，以为是人说语言，其实是语言说人。短兵相接的恰好是意识到个人表达的真实性的那个无语时刻，习惯语脱落，个人直面无语的情绪，期待着表达。外人看来波澜不惊，对萌萌，却是命悬一线的惊心动魄。

公共语言的个人表达如何可能？在消极的意义上，能够意识到这一悖论，能够突然置身于表达的困境，恰好是个人寻求真实表达的开端。在这里，"情绪－无语"和无意识既相互区别又相互关联着，无意识成为意识永远不能进入理性真空的肉身性，成为意识转换为当下表达的可能限度。（页88—89）

以个人起兴的方式进入公共表达，则在积极的意义上提供了个人表达的一种偶在样态。在最富生成性与本源性的兴起方式中，"兴"以其自身的新鲜与生成活力，更新着一个民族的经验方式与生存体验。在这里，"兴－无言"和一个民族共同体的集体无意识既相互区别又相互关联着。集体无意识消解着"兴"的意义张力，成为公共语言转换为当下表达的可能限度。①

当然，个人的"兴"在表达中落入语言的罗网的例证比比

---

① 一行，《论诗教》，北京：北京师范大学出版社，2010年，页41。

皆是。每个民族的语言都有其"激活—板结—激活"的历史，不能因为公共语言的激活就遮蔽了公共语言的个人表达如何可能的问题，也不能因为公共语言的板结又完全否认个人真实表达的可能性。

对个人而言，这个语言悖论永远都在。我们能做的是，像萌萌一样：空闲，并期待着。

三　幸存者之兴

情绪，在在体的意义上，既是人在世的基本存在状态，也是自我观念形成的模态演化的内在契机。在现象学意义上，情绪被萌萌区分为"状态性情绪"与"意向性情绪"，状态性情绪又可分为"情结性情绪"与"偶在性情绪"。情结性情绪是过去时的缠绕和词句定式的固置。情结性情绪以情结的方式将当下的情绪转化为固置的反应方式，向着语言转化时，容易形成独断性的语式。情结常常自居为"我"，成为自我的固置与既定语言的同谋。但同时，情结性情绪又无可置疑地构成着个人的独特存在方式。偶在性情绪则是当下生成着的情绪的自我缓解与还原。它不预设先验或超验的目的，而是在相关性中勾连起身体、语言。（页90）

以"兴"来理解，兴尽管是形式化地显示着的在体性情绪，但"兴"总有所起、所之、所趋。为什么以这种方式起兴而不以另一种方式起兴？为什么是于此有感兴而不是于彼有感兴？为什么兴趣朝向这而不是朝向那？在"兴"之先，是什么决定着"兴"的生成与指向？情结、偶在甚至虚无化情绪，都是其中可能的答案。

如果要分析萌萌的"情绪－语式"，幸存者的身位是其中的关键性的指向。在萌萌的笔记中，记录着萌萌对自身作为幸存者的身位反思："几乎中国现代过程中的政治、经济、文化、伦理、道德、信仰各个层面的危机我都切身地绝非常人可比地遭遇着，为此，我感到自己有不可推卸的责任把它按自己的思考提升出来，表达出来。"

作为幸存者的"兴"，其情绪状态有哪些可能的样态？对过往不堪承受的胡言乱语。这是私人语言式的宣泄，这不可能是萌萌的选择。怨、恨式的情结固置，如祥林嫂般的絮叨，这落入既成语言的惯性中，只会招人嘲笑。在传统文化中，怨而不诽，哀而不伤，是幸存者起兴的语言规约。苦难，作为过往的事实与语境，在记忆中参与着当下的情绪生成，但记忆和现实之间已经产生了裂痕，从记忆与语境的深层处浮现出受命托付的命运（意义），与现实已经不再切合，悲壮感过去了，留下平庸的生活。幸存者何以起兴？苦难向文字的转化，要么失重，要么变成纯然的私人问题，这真使萌萌惊悚。

也许，维持住幸存者的"起兴"中的那种生生不息的气息才是重要的。在《黍离》一诗中，一个幸存者在宫殿倾颓中看到麦苗青青的无限沧桑与无限生机。"悠悠苍天，此何人哉"？这不正是萌萌所追求着的"文字中那种自身营构氛围的闪烁与不确定"的生机与气息吗？个人遭遇的痛苦，民族的苦难，都可以借助恰当的起兴方式转化到语言中，并参与到当下生活的建构中。

四　萌萌的兴与言

在存在和语言的转换界面上，萌萌提出"情绪与语式"。语式，是情绪和语言的偶在性关联中的中介形态，它强调交谈中特别启发那些能容纳和敞开他在，以真正能求同存异的表达形式。在"情绪与语式"中，情绪是从语言的视角出发而被捕捉的，情绪，作为语言化开端的无语，最终在无语的断裂与脱落中开启出生成性语言的可能。萌萌的关注点，始终还是落在语言的生成与表达的可能性中。

如果以"兴与言"来对"情绪与语式"进行重述，就会发现重心发生了偏移。在"兴与言"中，重心偏向了兴这一端。也就是说，从一种在体性情绪样态本身，就可以理解个体生命的存在样态。在这种意义上，"兴与言"带着生存论取向的痕迹，"情绪与语式"则带着语言哲学取向的痕迹。

从萌萌的语式进行回溯，可以领会到萌萌情绪生成瞬间的那种尖锐、丰富与紧张。它调动起深层心理的全部无意识储存和本能的原始活力，使意识中的理性、情感、意志形成冲撞的相互牵引的因而相互渗透的运动；它混沌、弥散，充满着紧张感，蕴含着多种可能性；它使生命力在瞬间整个地活跃起来期待着向精神升华。这里可以看到早期的萌萌是多么着迷于这种混沌、紧张的情绪状态。它们是萌萌对自身的生存样态的生动描述。（页58）

更尖锐的是精神性的痛苦，它纯属于个人，刻骨铭心不仅像疼痛一样不能指责、不能分担，而且甚至不能用安慰或自我安慰

来宣泄，在这种意义上，苦难渗透进个人心灵成为身体性的痛苦的记忆。（页124）

兴会于斯，才知萌萌言说的举步维艰。情绪与语式，就在这样的回环与相互生成中；语式，也具有了生存论的含义；情绪，也必然寻求一种生成性的表达。但是，生成论也好，语言哲学也好，都别把情绪实体化。情绪不可能成为语言来源的实体，情绪之所指——上帝或存在，也不可能是语言来源的实体。它们只在相摩相荡中相互生成着。

重要的还是表达。萌萌说："我们不表达，它就永远无表达。对我们它就是垄断价格。在这里，除了自己对自己负责，谁能对你承担责任？"（页26）

自己为自己担责，就是直面自己的情绪，直面自己无语的断裂，去寻求一种可能的表达。而兴与言的重述，不过是为了提醒自己，在那生成性、本源性的情绪样态中，个人的生存论处境，同样需要一种生成性、本源性的言去表达，去担责。

语词的索引

——从萌萌的进路贴近本雅明的历史哲学

郝春鹏 [①]

从德国历史学派到悲观历史主义的过渡时期，**瓦尔特·本雅明**（Walter Benjamin）正好夹在其间。他承继了历史学派的乐观主义，同时又敏锐地发现了他们骨子里的相对主义，并决意与之断绝。他的犹太身份与马克思的历史唯物主义也体现着此类张力，它们在本雅明身上十分显眼，似乎最代表他思想的不是别的，而只是那些冲突与矛盾。正如**理查德·卡尼**（Richard Kearney）所说："他既是诗人神学家，又是历史唯物主义者，既是形而上学的语言学家；又是献身政治的游荡者……在纳粹德国，他是一个犹太人；在莫斯科，他是一个神秘主义者；在欢乐的巴黎，他是一个冷静的德国人。他永远没有家园，没有祖国，甚至没有职业——作为一个文人，学术界不承认他是他们中的一员。他所写的一切最终成为一种独特的东西。"

本雅明的作品常令人觉得晦涩难懂，这并不在于他使用怪

---

① 作者单位：复旦大学哲学学院。

僻的语法和结构，而是他诗人般的风格，在于他"诗意的思考"——但他并不是一个诗人。[①]《论历史的观念》（Über den Begriff der Geschichte）[②]就是这种诗思类的格言体作品，全文分 18 段，加上最后两个附录，各成一节，共 20 小节。在众多自成一体的小节中找到彼此间的逻辑关系实属不易，我们难以还原本雅明写作时的处境，况且这些段落短小，要梳理出**一条**逻辑思路很可能会妨害各部分自身的场域。所以为了理解，萌萌提示，"首先在于读"——从气质上来接近本雅明。与其说她意图准确解释作品，不若说更是去"贴近"本雅明，解释或许可以精确到"知识学"的层面，理解却是接近与领会。她想要做的与本雅明一样，意图复活业已凝结成灰烬前的活火，火没有固定的形态，"在一定尺度（measures）上燃烧，又在一定尺度上熄灭"（赫拉克利特残篇 30），灰烬是火的凝结和固化，是它的遗迹。干柴在燃烧的时候与火相融无间，唯有当其变为灰烬的时候才能分离出灰烬与火焰。灰烬变得确定而清晰，火焰则保留到其最初的隐蔽之中。

　　贴近与理解须有进路——否则便只能祈求神恩的垂怜。燃烧留下的灰烬正是路标，它是火焰的索引。萌萌在本雅明的作品中

---

① 汉娜·阿伦特编，《启迪：本雅明文选》（以下皆以《启迪》简称，不赘述），张旭东、王斑译，北京：生活·读书·新知三联书店，2012 年，导言。页 24、33。

② 英译名：On the Concept of History。中文本常译为《历史哲学论纲》，大概由于参考另一英文版：These on the Philosophy of history 的缘故。本文德文版参考 *Walter Benjamin Abhandlungen Gesammelte Schriften*（《本雅明手稿作品集》）第一卷第二册：*Über den Begriff der Geschichte*。下不赘述。

找到了它——语词，借由对语言的敏感，萌萌从结晶的语言中本能地接近了那团火焰，使它"在过去的干柴和逝去的生活的灰烬上持续地燃烧"①。

"驼背侏儒"与"历史天使"

> "无论我们注视本雅明一生的哪个地方，都会发现那个驼背侏儒。"（汉娜·阿伦特，《启迪》）

从第一节的驼背侏儒到第九节的历史天使，萌萌敏锐地发现了两个故事的主角，而夹在他们中间的则是历史的碎片与救赎的可能。驼背侏儒的故事来源于德国童话，②这个象征霉运的人物，总是捉弄着那些看似笨拙的人。他经常出现在本雅明的作品中，或者说本雅明一直就被这个驼背侏儒笼罩着。儿时的童话使他们邂逅，驼背侏儒却在他的心中潜伏下来。母亲总会把发生在孩子身上的小灾小难归结为驼背侏儒的捉弄，她会对孩子说："笨拙先生向你致意"：摔跤是因为他故意绊你的，掉在地上的花瓶是他从你手中打落的。长大后的孩子当然明白并不是因为自己盯着"驼背侏儒"之故而招惹了他——仿佛意欲探究恐惧的孩子管不住自己的双眼，怀着好奇与恐惧从指缝中偷看——而是驼背侏儒盯上了他！

---

① 汉娜·阿伦特，《启迪》，前揭，页25。
② 出自著名德国民间诗集《孩子们奇异的号角》（*Des Knaben Wundehorn*）。参看汉娜·阿伦特，《启迪》，前揭，页25。

驼背侏儒，孩子看不到他，他们看到的只是打落在地上破碎的花瓶——就像那凝视着废墟的历史天使。

历史天使的故事出自**保罗·克利**（Paul Klee）的画作《新天使》（*das Angelus Novus*）。天使似乎正要离去，但凝视着一场灾难遗留下的废墟。他眼睛睁大，嘴张开，脸朝向过去，那里堆了一层又一层的废墟，一直延伸到他的脚下。天使本想停留，以唤醒死者。但天堂刮起了一阵烈风，天使的翅膀裹挟其中，他无法合拢双翼，被暴风不可阻挡地吹向了背对着他的未来。废墟则依旧在堆砌着，直到天顶。

在自然科学的胜利中，神学节节败退，他的模样已经朽老，但却可以新的形象示人，"它启示的感受方式还活着，只是变换了隐喻的用语"[1]。神学已又矮又丑，它的"弥赛亚主义"就变成了"历史唯物主义"的模样。但在这一变换中，曾经神圣崇高的神像已消失不见，徒留了矮小丑陋的"驼背侏儒"，偷偷躲藏在常人看不到的角落，操纵着历史。从弥赛亚的"神学"到"历史唯物主义"再到矮丑的"驼背侏儒"，这是一条从古典"神圣"到现代"侏儒"的降解之路，它隐含着"神言–人言–戏言"的降解。[2]

---

[1]　萌萌，《复活历史灰烬的活火》，载《"古今之争"背后的"诸神之争"》，《启示与理性》第三辑，上海：上海三联书店，2006年，页173。

[2]　萌萌，《复活历史灰烬的活火》，载《"古今之争"背后的"诸神之争"》，《启示与理性》第三辑，上海：上海三联书店，2006年，页173。

　　然而降解并不意味启示维度的消失，在本雅明看来，它恰恰就像那个驼背侏儒一般，总是在你看不到它的时候操纵着历史。弥赛亚的救赎并没有因为它的矮小而消失，相反，它由此更好地隐藏了自己，那凝视着废墟的历史天使已经在那过去的破碎中看到了端倪，只是进步的飓风要把他吹向未来。过去废墟有可能在进步的烈风中失去救赎的可能，就像阿喀琉斯样的工人阶级只关注于未来和进步，忽视了自己力量来源的跟腱。天使惊异于人间的苦难和废墟，想要停留在现在，进步却催着他快去未来的天堂。

　　人类的幸福需依靠救赎才能实现，但救赎并不能轻易得到满足。在本雅明看来，人的救赎来源于过去的苦难，过去的经历带着某种神秘的索引，通过灾难和废墟而浴火重生，实现救赎。每个人就像过去的人一样，"携带着过去索引的求得解脱的微弱的弥赛亚力量"，[1] 只要他不曾忘记过去。类似于编年史的史学家们却事无巨细地记录历史，过去的沉重与平庸都成了他们的对象，他们对历史不分主次，全不落下。他们在其中不分轻重，所以事无巨细，认为所有发生过的事情要到了最后救赎才体现出他们的意义，也即在最后的审判之日，过去一切的历史才被赋予了意义。他们当下关心的只是事无巨细地记载史实，不让任何曾经发生过的事件被遗漏。这样的历史观源于一种对时间匀质的看法，他们认为时间均匀平淡地流向未来，历史就是时间长河中的事

---

[1]　萌萌，《复活历史灰烬的活火》，前揭，页175。

件，虽有起伏，但无波澜，时间向着未来流去，历史追随时间，指向未来，所有时间长河中的事件，唯有在未来才能体现出它们的意义，从未来去看过去和现在，发生的历史才具有意义。

但工人阶级的斗争并不以粗俗物质性的东西（die rohen und materiellen Dinge）为目的，甚至，最终的胜利者的战利品也并不就代表着能够获得优美精神上的（feinen und spirituellen）财富。本雅明提醒历史唯物主义者们，尤其要区分胜利者的最终胜利与阶级斗争的目标，最好的救赎并不在未来之最终审判，而在于对苦难当下的凝视。过去的真实总是在顷刻中闪现而不再复现，只有在这个顷刻——也就是当下，它才可以被辨识出来。历史唯物主义者与历史主义者最大的区别在于，他们相信"真实不会逃离"（Die Wahrheit wird uns nicht davonlaufen）。这是历史唯物主义超越历史主义，即超越历史的维度。历史学家的任务并不是像科学工作者那样，去认识"历史事件本来的模样"——这是以兰克（Leopolde von Ranke）为代表的历史实证主义者的看法，而应当记忆中的某种东西在顷刻闪现时去抓住它。历史只是现象，意义才是本质。[①] 历史唯物主义者要做的是，当危急（Die Gefahr）时刻被历史挑选出来的过去的形象出现在面前时，让它停留下来。危急有两面，一个是传统的内容，一个是传统的接受者，他们都可能沦为统治者的工具。唯物主义者必须有坚定的信念，解救传统，将其从"随大流"（Konformismus）的趋势中解救出来，

---

① 萌萌，《复活历史灰烬的活火》，前揭，页 178。

弥赛亚的降临不仅是拯救人，更是对敌基督者的胜利。因为敌基督者的胜利，会将过去的苦难彻底消灭，沉重的历史会被简化为毫无分量的匀质时间中的同质事件。所以本雅明说，必须忘记历史进程！尤其是所谓的从过去到未来的进步观念。对胜利者的认同和移情只会有利于统治者，"存在即合理"将会消除历史中的苦难，并美化胜利者身上的残暴。罗马的胜利固然可以证明罗马的强大，迦太基的灭亡却并不能抹杀迦太基的伟大。但在进步主义者那里，迦太基只能被罗马胜利的光辉淹没。[①] 历史所保留的文化财富，并不仅仅有赖于智慧非凡者，还有赖于同时代被进步论掩盖的无名者的辛劳。在淹没了被压迫者的传统中，"紧急状态"（Ausnahmezustand）也沦为了惯常。然而事实并非如此，所谓的常态其实都是在"历史进步"的名义下被标示的，法西斯主义之所以可以有机可乘，就是它的反对者竟在进步的名义下将纳粹的崛起看作一种历史常态。他们之中的有良知者会惊异于这其中的矛盾：人类进步了为何还会出现这样的逆行倒施？然而这种惊异并不能真正认识到进步观的要害，必须深入到进步观的核心，入室操戈。

　　萌萌总结了"进步"的两重视像：就目的来看，它指向的是

---

① 本雅明引用了福楼拜（Flaubert）的话："Peu de gens devineront combien il a fallu être triste pour ressusciter Carthage."对这句话的中译，萌萌列举的四种，唯有唐逸先生的译文最为贴切。这里"il"是一个虚拟主语，它并不指代 peu de gens（"很少的人"），而 Carthage 意即"迦太基"，并没有"迦太基人"的含义，所以"il"实际指代的是"复兴迦太基"这件事。恰当的译文应当是："很少有人会料到，复兴迦太基将多么可悲。"

最终的得救；就每个当下而言，它又不得不保持空缺，舍弃死难的废墟——这样看来它又是退步。二者重合，便成就了"末世论"的命题："世界历史是灾难史因而最终是救赎史。"乐观主义进步论的救赎，需要寄生在苦难和废墟上的弥赛亚去实现。

进 步

从第10节到第13节，是本雅明对现实政治的评论，即对社会民主主义的清算和批判。

现实的政治家们用"进步"的幻想，网罗了所谓的"群众基础"，并且依附于一个强大的党派机器来作为实现最终目的的工具。社会民主党坚信技术进步，并将这种进步观移植到了历史。他们将劳动作为现代社会的救世主，并在《哥达纲领》中将其定义为"一切财富和文化的源泉"。这一定论颇有法兰克福学派提出的"科学技术是第一生产力的意味"，但马克思早就一针见血地指出：在劳动产品尚未由工人支配时，它又如何能使工人受益？社会民主主义进步观其实是一种庸俗的马克思主义，它以劳动为基础，却将劳动与自然对立，肯定了劳动是财富的唯一源泉，就意味着对自然展开无尽的剥夺，[①] 它荒谬地夸大了劳动的作用。不仅在政治上，而且在经济中也泛滥着。这是它必将衰落的原因，因为它会导致完全对历史的承担者——被压迫的无产阶

---

① 萌萌，《复活历史灰烬的活火》，前揭，页184。萌萌敏锐地发现本雅明对劳动与自然对立的意识，但对马克思（《巴黎手稿》）和海德格尔（《艺术作品的本源》）关于该问题更精彩的思想只字不提。

级——无视。

　　历史知识的主体是被压迫阶级，他们以被蹂躏者的身份完成人类最终的任务。社会民主主义认为工人阶级只能担当未来后代的救赎者，但这恰恰使得工人阶级忘记了他们的仇恨与牺牲精神，因为那些痛苦和牺牲来源于过去的先辈，而不是后代。只有在苦难和废墟中才能找到拯救的真理，抛弃了被压迫阶级的复仇，就是割断了他们的肌腱。

　　社会民主主义的脱离实际，与其说是一个理论，不若说是教条。在实践方面更是如此，首先它偏见地相信进步就是人的进步，而不包含人的能力与知识的发展；其次，与人类无限趋于完美一致，进步也成了一件无穷尽的事情；再次，进步是不可抗拒的，它是某种循着直线或者螺旋的前进运动。这些都是社会民主主义者进步观的特点。本雅明指出，这些特点暴露出社会民主主义的弊端和教条，但对他们的批判还不能停滞于此，流于表面，必须深入它的背后，釜底抽薪："对进展现象的批判，根本上必须成为对进步现象的批判的基础"（ Die Kritik an der Vorstellung dieses Fortgangs muß die Grundlage der Kritik an der Vorstellung des Fortschritts überhaupt bilden ）。[①]

[①] 本雅明对进展（Fortgangs）与进步（Fortschritts）在用词上进行了区分，Fortgang 与 Fortschritt 都有同样的前缀 fort，指"向前""离去"，而前者的 gang 指"阶段""步伐"，与 gehen（"走""去"）相关；后者的 schritt 指"步伐""脚步"。英译却并未译出二者的差别，通用"progress"来翻译。故笔者在翻译时将其分别译为"进展"与"进步"。

当 下

在我们这个时代，数万人默默地背上了历史的十字架。
（卡尔·洛维特）

在第 14 节，本雅明开门见山地表明，历史的结构并不在于
匀质空洞的时间，而是建构在当下（Jetztzeit）。历史就是从连
续统一的时间中爆破出来，填充着当下的过去，向过去的虎跃
（Tigersprung）。这种跳跃就是一种辩证的跳跃。马克思就是这样
理解革命的。革命就是让连续统一的历史进程土崩瓦解。法国大
革命意味着新共和国的建立，他们要立新法，改正朔。[①] 历法不
是钟表，它并不要单纯衡量时间，而是代表着某种历史意识的纪
念碑。革命的胜利就是当下，就在这一天，新的世界开启了，一
切由此开始。革命是打破历史的连续统一性，引进新的"历法"，
定为"节日"。因而，"现在"（Gegenwart）就不再是某种历史过
程的过渡，而是时间的停顿和静止。[②] 它为书写历史提供了根基，
历史唯物主义者就是在历史连续统一体中的爆破者。历史主义提

---

① 这一方式在中国尤为明显，何休在《春秋公羊传》经第一："元年，春，王正月"
中的注中提到："王者受命，必徙居处，改正朔，易服色，殊徽号，变牺牲，异
器械，明受之于天，不受之于人。"
② 这种观点颇类似于柏拉图和亚里士多德的某些观点，前者在《蒂迈欧》中表示，
时间就是"来"和"去"，"现在"只是区分两者的视野（37E-38B）；而后者在
《物理学》中说明，过去和将来是时间的两部分，但"现在"并不是时间的一部
分，它是两者的"界限"。（218a1-10）

供的是过往（Vergangenheit）[①] 的"不变的"图景。历史唯物主义者则把那不变的图景描述为独一无二的经验（Erfahrung）。历史唯物主义与历史主义不同，后者研究的是一般历史，它没有理论的武器，只起到填充剂的作用；唯物主义史学建立在一种建设性的原则基础之上，不仅诸思想的运动，甚至它们的留滞也都归属于思维活动（Zum Denken gehört nicht nur die Bewegung der Gedanken sondern ebenso ihre Stillstellung），"当思维在一个充满张力和冲突的状态中突然停止，它就给予这个状态一次震荡，思想由此而凝结为一个单子"[②]。历史唯物主义者就是在思维使之凝结为单子形式的时候研究它。结晶就意味着从以往的同质历史中"剥离"出来，体现它的独一无二性，历史唯物主义者贴近（herangehen）这个"独一无二的单子"，并且在这个结构中辨识出了某种留滞发生的弥赛亚的讯息，也即，他们从中看到了为过去所受压迫而斗争的革命时机，从而使一个具有特殊性的时代在历史的连续统一进程中爆破出来，它既保留（aufbewahrt）又扬弃（aufgehoben）了历史过程。本雅明从思想词语的结晶中，看到了更真实更富精神性的文化财富。[③]

　　或许从物理时间上看，人类的存在与整个宇宙的存在相比，就如同一天中的五分之一秒，它甚至就如同"当下"一般，可以归缩成一个无限短暂的点。但物理时间只是平淡无味的果核，站

---

① 注意 Vergangenheit（过往）这个词与 Fortgangs（进展）的构词的关系。
② 萌萌，《复活历史灰烬的活火》，前揭，页189。
③ 萌萌，《复活历史灰烬的活火》，前揭，页189。

在历史的高度理解到的东西才是富有营养的果实，当下正是爆破掉这平淡匀质时间的思想结晶。"当下作为一个巨大缩写符号中的弥赛亚样式，总结了整个人类的历史，它与在宇宙中构成人类的形象完全重合"①。

历史主义求助于因果联系，他们在历史事实中意图发现因果联系。但找到原因并不代表找到了意义，这还远远不够，历史学家不应当只历数历史上的每个事件，就如同数念珠那样，让它们事无巨细地从自己指间逐个通过，他更应该去把握自己时代与过去的连接——它们共同构成了一个结合体。这样，现在才是一个透入了弥赛亚样式的时间碎片的"当下时间"的概念。历史中的每一个时刻都是这弥赛亚的圣火。

"基督教和后基督教的历史观原则上都指向未来，它扭转了现在和过去的事件相关联的事（historein）这个词的古典涵义"，②犹太先知们则从时间中找到它所蕴含的东西，在他们看来，时间一定不是匀质的。犹太人严禁探究未来，摩西五经和祷告者教导他们去记忆，在回忆中能够祛除未来的神秘感，在他们看来未来并不是匀质的，每一秒都可能是弥赛亚到来的狭窄之门。未来就在当下分分秒秒中随时到来，它并不神秘，如果准备好了，任何人随时可以交付自身。而启蒙者却将希望寄托在未

---

① 萌萌，《复活历史灰烬的活火》，前揭，页190。
② 卡尔·洛维特，《世界历史与救赎历史》，李秋零、田薇译，北京：生活·读书·新知三联书店，2002年，页10。

来，对历史的沉重和灾难漠不关心，他们与基督教徒们一样，只对未来的神秘抱有乐观主义的幻想。

结　尾

就像开篇提到的，本雅明是夹在乐观历史学派与历史相对主义间的矛盾体，他意图从历史主义的相对性中走出来，用历史唯物主义来超越历史主义，但他更大的敌人是进步论的历史乐观主义。从某种程度上说，本雅明自身也是一个乐观主义者，他的犹太人身份多少带给了他救赎的希望，故而他能够在过去的废墟中看到拯救的弥赛亚火种，而这与乐观主义者寄希望于未来的胜利又有所不同。后者将历史平淡化为匀质的时间，并把历史中的苦难归简到平常的程度，只有在末日的最终审判，才能重新赋予它们意义。本雅明根本否弃这种带有基督教色彩的未来观，令他驻足和凝视的是历史中的苦难与碎片，他相信唯有经历与承担起这些苦难才是救赎之道，阶级斗争的力量来源于苦难中的迸发和对统一连续历史的爆裂，在每一个即将来临的当下，救赎的弥赛亚才有可能到来。

或许同是犹太人的缘故，本雅明敏锐地在"历史唯物主义"的木偶后面，看到了弥赛亚的"驼背侏儒"，这或许可以归结为犹太人血液的直觉。相似的是，洛维特也看到了这一点。然而萌萌不是德国人，更不是犹太人，她凭借自己对语言的感受，在直觉上"读懂"了本雅明。需要注意的是，对语言的敏锐并不是某种神启或血液——如同每个犹太人身上神秘地附着的救赎火种——它来源于阅读与生活经验的充实和历练，尤其是后者，就如同黑格尔所说，同样的真理在老人和孩子的口里说出来是决然不同的，[①] 萌萌作为经历了那场浩劫的见证人，她承受到的诸种苦难正是她最宝贵经验的来源，那份敏锐并不是一个游戏概念的毛头后生轻易可以体会的，本文所作的也只是在最大程度上去贴近萌萌，就如同她早已贴近了本雅明一样。

---

① "老的那些宗教真理，虽然小孩也会讲，可是对于老人说，这些宗教真理包含着他全部生活的意义。即使这些小孩也懂得这些宗教真理的内容，可是对他来说，在这个宗教真理之外，还存在着全部生活和整个世界。"——黑格尔，《小逻辑》，贺麟译，北京：商务印书馆，1996年，页423。

无语中的期待

——萌萌的"基本情绪"

高　琪[①]

> 作为 pathos[情绪]，惊讶乃是哲学的开端。
>
> ——柏拉图:《泰阿泰德》

1

> 曾经有那一天、那一个时刻，一切习惯语都已褪去，我期待着表达。我仿佛整个被悬置在一片空白中，只有一种期盼、祈祷、祝福的声音萦绕着我。[②]

萌萌经常会有这样一种情绪经验。

谈到情绪和经验，也许你会说，我们每天的日常生活，几乎无时无刻不在经历着——吃饭、工作、上网、娱乐、看新闻、与

---

① 作者单位：同济大学人文学院。

② 萌萌，《情绪与语式》，北京：社会科学文献出版社，2001 年。我们还可以对照本书中的另外一例："人的生活中会有这样的时刻，什么都不想再说，不想再想，只希望能静静地面对自己内心的一点真实。"

人打交道，哪个不是经验？而且在这些活动中，我们也还感受到自己的情绪，有开心、有气恼、有烦闷，不都是情绪吗？

这么说固然没错，不过，这些情绪和经验却不是我们现在要讨论的。

现在，我们要讨论的是一种与人生此在**性命攸关**的情绪。这种情绪很特别，在日常的生活中你很难察觉到它的踪影，就好像它总是在有意躲避种种俗常事务似的。因此，不论是在追名逐利的繁忙之中，还是在声色犬马的享乐之际，这种情绪就会自己偷偷地溜走，让你寻不到它。[①] 而只有当一切尘世的喧嚣落尽，内心真正**空明**起来之时，它才肯向我们降临，而一旦降临，它就会在本质的最深处**触动**着你。

萌萌上面描述的便是这样一种经验。让我们按照她常常使用的关键词，先来作一番大略的勾描，稍后，再从萌萌所关注的悲剧与语言哲学两方面进行具体分析。

勾描：日常经验和习惯语脱落了或断裂了，也就是说，在这种情绪来临之际，你突然发觉**语言沉寂乃至僵死**了，日常生活**板结了、硬化了**，一切都消失了色彩，变得没有意义。此时的情绪便是我们常说的**无聊**。这是一种虚无感的闪现。然而，对无聊的意识还仅仅只是**期待**的萌动，它并不必然导致**期待**。

---

① 亚里士多德，《尼各马可伦理学》，廖申白译，北京：商务印书馆，2003 年，页 11，1095b-18。亚里士多德在这里区分了三种生活：荣誉的生活、享乐的生活和沉思的生活。显然，在这三种生活中，只有沉思的生活才更容易接近这种情绪经验。

无聊更多地使人滑向新的外部刺激，而不是转向**无语**。萌萌说，**真正的期待便是期待着的无语**，它是"使整个生命都紧张地聆听般的期待"[①]。

期待孕育和**生成**，期待真正的**表达**，期待神性的自我**救治**。

萌萌的这种情绪经验总是萦绕着她，几乎贯穿了她的一生，所以我把它称为萌萌的"**基本情绪**"[②]。要理解萌萌，我们就得首先去了解萌萌所说的这种情绪。而当我们深入这种情绪经验之中时，我们发现：临近"基本情绪"，同时也意味着**临近深渊**。

她在深渊中**坠落**，也在深渊中**升腾**。

2

萌萌的生命经验乃是她思想的土壤。

的确，一个思想者只有扎根在自己最切身的生命经验之中，才能产生出活生生的精神之果，否则，他的作品和一切所说，要么只是哲学史概念的堆砌，要么便是时下流行语词的展示。

萌萌说，她关注语言问题不是出于学术趣味，而是**生存**的需要。[③]为了与其他思想家相区别，她说，这个生存既不是海德格尔的与"存在"相关联的"畏"之中的生存，也不是舍勒的与"上帝"相关联的"爱"的生存，甚至，也不是薇依那种"倾空"

---

① 萌萌，《人与命运》，广州：花城出版社，1990年，"代序"。

② 萌萌，《情绪与语式》，前揭，"前言"。萌萌在这里提到了她对欧洲戏剧史中的"基本情绪"的理解，而关于"基本情绪"的哲学探讨请见下文。

③ 萌萌，《情绪与语式》，前揭，《语言问题何以对我成为问题》。

肉体的世俗积怨，以待灵魂的空明接纳上帝"挚爱"的生存。尽管这些话语方式曾经也牵动着她，但那毕竟是别人的经验，与她的生命经验仍然存在着难以通约的差异。

对萌萌来说，恰恰是这其中的**差异**才是要命的。

萌萌这一代人是有着**苦难记忆**的一代人。

萌萌的童年，还没学会很好的表达，就经历了至亲相离的痛苦与孤独。骤然降临的灾祸令她哑口失声了。因为在那一刻，日常的一切习惯经验与感受统统被打成了碎片，只留下深沉而陌生的痛苦和孤独。萌萌说，看着家里的大门"静悄悄地黑着"，她却听到了"光亮的声音""黑暗的声音"。[①] 其实在一个孩子眼中，哪里有什么"黑暗的声音"？萌萌后来借助诗性的语言，真正想传达的其实是那种无法用日常语言描述的**情绪**。那种"没有声音形象的声音"，不过是面对**虚无**而茫然**无语**更具形象的描述罢了。

这是情绪创伤与话语缺失所构成的**断裂**。

这种断裂不但没有随着萌萌后来的生命经验消失，反而在她的记忆中成长。萌萌总是在这种断裂中寻找那"隐匿的声音"，从而"期待"生发意义的表达。所以说，不论舍勒也好，还是薇依也罢，这些**基督教**世界的思想家，根本不能解决萌萌自身的生存困惑。萌萌所经验到的"情绪与话语"之间的深渊，根本不是对那个**唯一者**的凭靠和信仰所能弥合得了的。

萌萌经历了各种学术思潮：马克思主义、黑格尔、弗洛伊

---

① 萌萌，《情绪与语式》，前揭，"前言"。

德、存在主义等等。但她的"基本情绪"经验并未在各种思潮的风起云涌中获得满意解答，那种经验依然牢牢地抓着她。

仿佛变成了一种宿命。

3

海德格尔在《这是什么——哲学？》（"Was ist das—die Philosophie?"）中曾专门讨论过"基本情绪"（Grund-Stimmung）与哲学思考的相属关系。

在这篇文章的开头部分，海德格尔首先驳斥了那种以为哲学思考只能依靠理性，而必须排斥情绪介入的流行看法。但他对通常所谓的感情与情感的事情仍然保持了审慎。面对"什么是哲学？"的提问，海德格尔一方面承认有某种情绪确实与人本质相关，另一方面又把对这种本质情绪的寻求目光投向了古希腊：

> 惊讶——这尤其是哲学家的一种 pathos [情绪]；因为除此之外，哲学没有另一个决定性的开端。[①]

---

① 海德格尔，《这是什么——哲学？》，载《同一与差异》，孙周兴、陈小文、余明峰译，北京：商务印书馆，2011年。这段话是海德格尔对柏拉图《泰阿泰德篇》（155d）一段的希腊文转译，与通常的译法稍有差别。孙周兴把希腊语 pathos（德文为 Stimmung）翻译为"情调"，一方面是为了避免人们从日常意义上来理解这种哲人经验，另一方是为了显示与**调音**（stimmen）和**声音**（Stimme）的联系。关于"基本情调"另参：海德格尔，《哲学论稿》，孙周兴译，北京：商务印书馆，2012年，"前瞻"部分。

这是怎么一回事？哲学难道从来不是要靠**理性**（逻辑化的，logos）来规定吗？怎么作为西方哲学之父的柏拉图，会认为哲学本身的开端乃是由于某种pathos［情绪］规定着呢？作为pathos，惊讶乃是哲学的开端！此刻，海德格尔把我们——这些已经被后世的西方哲学搞得逻辑化了的头脑——也带入了**惊讶**。

也许有人会说，惊讶不过是一个开始，开始之后真正搞哲学还是要靠理性。但，按照海德格尔的意思，**开端**（arche）之为开端，并不简单地停留在哲学的发端处，仿佛作为准备和工具可以被抛在后面（举个例子，就好像外科医生做手术前要洗手一样）。海德格尔解释道：开端其实就是**支配**（archein），也就是说，开端**承荷**并**贯穿**着哲学的始终。

我们在此引用海德格尔和柏拉图，当然不是为了说明只有古希腊人才经验到了那种与人本质相关的"基本情绪"；更加不是说，只有柏拉图之后的西方哲学家才继承了这种情绪，然后才懂得了搞哲学。实际上，经过海德格尔的考察，我们发现，哲学的"基本情绪"从来就不是"唯一"的，它在西方哲学史上一直处于转换变迁之中：从赫拉克利特的与sophon［智慧］相协调的philein［热爱］，到柏拉图的对sophon［智慧］的特别**欲求**（eros），再到亚里士多德的episteme theoretike［能观看的胜任］，再到笛卡尔的**怀疑**——cogito［思］。最伟大的哲学家们的"基本情绪"都各不相同，何必总要守着"哲学只是西方的"这样一种成见不放呢？时至今日，有谁还在说中国没有佛学呢？

不是要去争什么，只是提出事实而已。

不过，同样要说明的是，我们现在来探查萌萌的"基本情绪"，也绝对不是为了把萌萌的问题纳入传统的西方模式当中。我们借鉴这些哲人哲思的例子，只是为了寻到一种**助力**，他们只在一种有助于我们去思**自身经验**的意义上有其价值。况且，萌萌的"基本情绪"，实际上也根本不能通过以上任何一种"情绪"加以涵盖，否则，也便没有"萌萌问题"了。萌萌的"基本情绪"是"无语中的期待"（有时候萌萌也把它表达为"无语的倾听"），这种情绪萦绕着她，并**规定着**她的哲学思考。因为 pathos 本身就与**遭受、承受、承荷、实现**和得到**规定**等意思联系在一起。[1]萌萌说，"情绪与语言"问题成为她无法逃避的逼迫，几乎变成了宿命。[2]

是偶然的遭遇？还是存在的命运？此刻已然难以分清了。

4

萌萌的"基本情绪"贯穿在她关于**悲剧**的思考当中。

20 世纪 80 年代，萌萌的研究主要用力于悲剧作品：古希腊悲剧、莎士比亚悲剧、易卜生悲剧和现代日常悲剧。萌萌以其独特的视角和非凡的敏感为我们解读了《哈姆雷特》《培尔·金特》《爱与死》等作品。她的解读有种直透心魄的力度，这一方面当然是由于她运用文字本身的能力，不过，最为重要的还是她思想

---

[1]　海德格尔，《这是什么——哲学？》，前揭。
[2]　萌萌:《情绪与语式》，前揭，"前言"。

背后的那种"基本情绪"使然。

我们可以任意举出《哈姆雷特》中的一例,来看看萌萌是如何通过"无语－期待"的情绪结构来进行分析的。

> 在他的悲哀后,滚动着一股近乎绝望的激情的活水。过去的情绪态度体系被击溃了,它从这些碎片中涌流出来;新的情绪态度体系还没有形成,它盲目地不知流向何方……

萌萌这段话描述的是哈姆雷特刚刚丧失父亲(丹麦王)后的内心活动。威严、高贵的父王突然间暴毙了,尸骨未寒之际,母亲就迫不及待地改嫁给了他贪欲的叔叔,犹如淫妇一般。哈姆雷特被突然降临的悲痛和丑恶惊呆了。在这种极大的悲哀中,真、善、美这些自己曾经作为**安身立命之物**的信仰一下子幻灭了,对美好**理想**所有憧憬突然间变得不再可能(可联系萌萌这一代人的生存经历思考)。这是一种真正**虚无**的感觉,这种虚无感令他近乎绝望。面对这种混沌的乱世,他想到了死。可是他的内心却非常地不安,仿佛仍然期待着什么("生存,还是死亡? 这是一个问题。"这句话本身就是临近深渊的真正经验),直到父亲的鬼魂显灵,并向他诉说了被害的事实,愤怒让他重新振作了起来,从而去实现自己生命新的意义:复仇,拯救这脱节的乱世!

再来看《为浪漫的宫廷色彩送葬》中的一段:

> 但有一种时刻,你并不能找到熟悉的感觉的借鉴,你突

然失去了观赏的距离，被莫名地置入无期待的绝望中；或者完全相反地，那一种神秘的牵引使你陡然发觉自己原来正处在生活罅隙的边缘……

那一种神秘是什么？它隐藏在心底，不期然地在刹那间来临，像一道闪电，划破星光点点的夜空。这是萌萌阅读《培尔·金特》的那种"神秘"经验。

索尔薇格来到了培尔的木屋，就像回家一样。她是应着风和沉默传递的信息来的，应着漫漫长夜与空虚寂寥的白昼的信息来的。尽管培尔一直放浪形骸，但他在这种**纯洁**面前，仍然自惭形秽。他只好驻足于门外的黑暗里。

培尔让索尔薇格**等**他，他说自己要**绕道而行**……

于是，索尔薇格便开始了她终其一生的漫长**等待**，支撑着她的是：**信念、希望和爱**。而那个绕道而行者则在几十年中，像个剥洋葱头的人一样，不断地寻找着他的"自我"：财富、权势、名望，甚至富有的性经验。

一个在**等待**，一个早已把承诺抛在了**虚无**里。

索尔薇格对萌萌而言，是"纯洁的期待"的化身。哪怕这**期待**是"一个没有结果的等待，一个必须承担起培尔的全部丑恶、不洁和破碎，承担起人生的绕道而行的等待"。

最后，萌萌发现索尔薇格不仅老了，而且**瞎了**……

阅读萌萌的戏剧评论，使我最为惊叹的还不是她提出的"性格悲剧"理论，而是她笔下的具体的女性形象：莪菲丽雅、索尔薇格、辛西娅……她们几乎是带着一种全新的光亮重新走进了我的视野。而在过去，她们不过是悲剧作品中情节的铺垫和主人公的陪衬罢了。

萌萌正是基于这样一种"无语－期待"的情绪，向我们敞开了一个总是容易被遮蔽和遗忘的世界：莪菲丽雅的美丽与纯真、索尔薇格与辛西娅的期待。她们身上那种纯洁到神圣的光彩，根本不是男人们逻辑化构造的外部意义世界所能抹杀的。

女人在此变成了一种虚无化的力量。但，虚无并不是空无所有，漆黑一片，虚无恰恰意味着生发和自由的可能。

我们看到，萌萌的文学解读并不固守于作品本身的显性结构，但也绝不是以读者为中心的个体情绪的任意添加，她真正关注的其实是读者与作者之间，如何能够在**相关给予**中交互激发，从而形成新的意义升华。

这是**个体情绪向公共语言跳跃**的卓绝努力，这种努力异常艰难。

萌萌曾说，她从无边的黑暗走来，向着无边的黑暗走去，只有想象投射给她一片光明。

是呵，如果没有这种**想象**，人如何"经受"那种无边**黑暗中的等待**呢？

学术，在此成了承受力的考验，但也恰恰是因为有了这种"基本情绪"下的**承受**，学术才不仅仅是学术。

萌萌通过她关于悲剧的阅读与解读，完成了朝向深渊的华彩一跃。

5

　　萌萌的"基本情绪"是她哲学研究背后的内在动力。

　　20 世纪 80 年代中期以后，萌萌开始转向现象学与欧陆语言哲学研究。她发现"'基本情绪'不但是对象性分析的切入口，而且还是从对象引出、越界而造成置换的生成断裂处"[1]。她说尤其是后者更具有"切身性"。萌萌在这里把从**断裂处**引出**生成**和**置换**的可能，表述为她的"基本情绪"，这意味着她已经有意识地把"基本情绪"作为自己学术研究背后的基本动力了。

　　不过，此时萌萌所说的"基本情绪"的"切身性"，依然还在一种"欲说无言"的困境中苦苦挣扎（当然，也可以说，正是由于这种"苦于表达"本身，构成了萌萌"基本情绪"的核心内容）。萌萌寻不到她真正想要的那个词语，只好将就着把"切身性"表述为"身体性"。不过，关于这种"身体性"，萌萌拒绝从梅洛·庞蒂所说的"身体性"和福柯所说的"肉身性"来进行把握。她认为，个体的"身体性"既是对自我（主体）持存的**限定**，又是对自我**理性化**和本体化的限定。萌萌就是这样在"基本情绪"的撕扯中忍受着紧张：一方面，她要尽一切努力为**个体的真实性**争得地盘，另一方面，她又深刻地意识到**个体性的限度**。

　　为了理解这一点，让我们引出这一时期萌萌所关注的主要问

---

[1]　萌萌，《情绪与语式》，前揭，"前言"。

题:"公共语言的个人表达是如何可能的？"我们看到，这个问题本身就是她的"无语－期待"情绪向着公共语言转换的努力的见证。

我只能用公共语言来表达。

我不能用公共语言来表达。

如果没有对萌萌的"**基本情绪**"经验有个预先的领会，那么，这一悖论对我们而言，就只还是语言学上的，轻飘飘的，缺乏**生存论**的重量。如此一来，我们便从根基上错失了通达"萌萌问题"核心的方向。但是，如果只是停留于情绪体验方面来"同情"（mitleiden 取"与……**共同遭受之意**"）萌萌，那么，这同样也是一种对"萌萌问题"的重大误解。[1] 因为如此理解的萌萌的"基本情绪"下的"情绪－语式"问题，就根本不再是"个体情绪向公共语言转换"时所面临的**两难问题**了。

我们来分析一下萌萌为自己的"基本情绪"所描绘的思想剖面图：

1."身位":"身体性"

"情绪"——"感觉"——"初始经验"

---

[1] 因为，萌萌对这种**同情**持有一种深刻的怀疑态度——萌萌总是说**精神**的苦难是不能**分担**的。

2. "时间"："期待"

　　　　　　　"错位"

3. "语言"："断裂"——"无语"——"转换"

　　　　　　"神性的自我救治"

　　A. 萌萌说"身位"是个人真实的立足点，这种真实是个体的真实，所以并非传统社会和既成公共语言给予。举个例子来讲：一个人的真实决不能用"大公无私的无产阶级"或"积极向上的大学生"这样的词语来涵盖了事。萌萌认为，个体真实恰恰在于他或她自身与他人的**差异**，对这种差异的抹杀或越界甚至会造成致命的后果。比如，我们说"这个人在受苦"。"受苦"的感受根本无法用公共语言来表述，即便我们现在使用了"受苦"这个词语，我们也根本无法保证此人的痛苦与另外一个人痛苦的同一性。而公共语言总是在有意无意中磨平了这种差异。因此，萌萌分析说"身位"的切口是"情绪"。

　　情绪是表达的转瞬即逝的**困境**，是**无语**。[①]"情绪－无语"既是习惯语的**断裂**，同时也是个体情绪向语言转换的**契机**。也就是说，情绪一方面造成了阻隔、抑制和中断（"情节情绪"），另一方面，中断又预示出情绪的偏离与偶发（"偶在性情绪"），这两点构成了人最初的原始经验，标示着人最切己的真实性。所以，只有在这个意义上，我们才能理解萌萌所说的："**情绪是渊**

[①]　萌萌，《断裂的可隐匿的声音》，载《情绪与语式》，前揭。

藪也是希望"，因为情绪一方面并不足以构成语言的来源和根据，另一方面它又是个体进入公共意义领地的必经之路。

"无语中的期待"也是"无语中的倾听"。最本己的实存要在语言的断裂处寻求表达的端倪。一方面，就**个体的限度**来说，这种本己不能理解为语言物性的来源，这种本己要做的是倾听语言物性的自我显示；另一方面，就**语言的界限**来说，人之本己实存又总是拒不接受语言物性的构形作用，因为构形本身已是对本己的侵毁，于是，本己作为本己只愿在**应和**（entsprechen）[1]的意义上听从语言的召唤。所以说，本己（身体性）与语言不能在决定与被决定这种意义上来理解，而只能在"偶在相关"[2]意义上来理解。

B. 再来看"时间"。

不同于经典哲学或物理学中**连续**的时间观，萌萌以"期待"与"错位"来揭示时间连续性下面的**断裂性**。这种断裂性的根源是由于时间的**点积性**。在此，即便是笛卡尔的"思－在"都不能保证真正的"思"与"在"的同一。这就是说，近代认识论哲学作为"自明性"前提的那种"身心"一体，根本上只是形而上学**虚假的预设**。近代认识论所达到的也无非是上面我们分析到的情绪的最本己的**瞬时直观**，如果谁想否认这种瞬时性，拒绝承认"时间缺口"（"期待""错位"即是表现），而把当下直观的"思"当作建立起持存意识和逻辑起点的根基，那么，他便又落入了**本**

---

① 海德格尔，《*同一与差异*》，前揭。从**听存在之命令**，即**对存在劝说之应答**的意义上来理解。
② 张志扬，《*偶在论谱系*》，上海：复旦大学出版社，2010年，"偶在论分析"部分。

体论同一的窠臼。不过，也正是由于"时间缺口"，这本己自我才获得了不断创造的自由，"它由'不再'（nicht-mehr）永远颠倒成'尚未'（noch-nicht）的生之紧迫感"①。萌萌也正是在这个意义上才说，"期待"与"错位"显示了多元化交错的可能性。

经过以上关于 A 与 B 的分析，"语言"的**生成**与**转换**已经得到说明了。于是我们看到，萌萌经过长期的探索，终于实现了作为"无语—期待"的"基本情绪"的"化解"。即，既成语言无法表达的无语困境，期待生成语言的自我显示，"通过"挣脱与寻求，最终使创造性的转换成为可能。所以说，这种化解，绝不能理解为**溶化**与**消解**，仿佛我们的问题行进到这里就等于完成了，被解决了，消失了。"化解"在这里的真正意思是：**保持为悖论相关**意义上的**生成**与**转换**。②

可能性已经具备，**行动尚属阙如**。

个体经验向公共世界的突进与实现从来不可能是**一劳永逸**（形而上学的理想）的。每一个有意抵抗着"单向度"或"同质化"过程的真正个体，总是在其最本己的生存中进行着**冒险**与**尝试——如临深渊，如履薄冰**③。我想，这才是一种当有的**临界姿态：既要反对个体中心主义，也要避免走向形而上学的绝对**。

---

① 张志扬、陈家琪，《形而上学的巴别塔》，上海：同济大学出版社，2004 年，"主体之辨"部分。

② 现在所讨论的是"悖论—偶在"式的转化，关于"化"的其他意义探讨见本文的结尾部分。

③ 见《诗·小雅·小旻》，另可对观：《周易》"上经·乾"，九三曰"君子**终日乾乾，夕惕若厉**，无咎"。

6

在上面两部分，我们已经分别考察了萌萌的"基本情绪"在她的**诗学**研究和**哲学**研究中所起到的关隘性作用。就此来说，我们已经对文章开头部分所提出的萌萌的"基本情绪"问题作了"证明"。本来写到这里，这篇文章是可以结束了。不过有个问题，我还是想说明一下。

萌萌是一个问题意识非常强烈的人，她对自己的亲身经验有着一种异乎常人的敏感。萌萌的矛盾在于，她总是试图使她的**个体的情绪经验转换成理论化**的表达（萌萌的"基本情绪"问题本身就包含了这一点，萌萌还说，她最为关心的是其中的"转换"），即 **pathos 如何与 logos 相贯通的问题**。这几乎是纠缠她一生的问题。

我想说的是，萌萌所面临的实际上是西方哲学内部的一个重大课题，即**诗与哲学之争**的问题。这个问题在西方哲学（作为**形而上学**）的开端处——柏拉图那里，还凸显为一个异常尖锐（从而是值得讨论）的问题。[①] 但在柏拉图之后，哲学越来越自觉地与诗区别开来，从亚里士多德的写作方式和学科划分方式看，我

---

① 柏拉图，《理想国》，郭斌和、张竹明译，北京：商务印书馆，1986 年，607B–11。

们已能发现端倪。① 再后来，到了笛卡尔那里，哲学已经完全变成了**认识论**，即成为对**明确性**的追求了。此时的哲学，已然完全对**人之整全**中应当包括的**性情**与**德性**问题（同 pathos 相关涉）②漠然不顾了，或者说，此时 pathos 的问题早已交付给"诗"了。再到康德提出"纯粹理性"的概念，康德本来是要对**理性作出限制**，从而为启示信仰留地盘，可实际的结果却是近乎相反，因为后世"哲人"从《纯粹理性批判》中看到的却是**理性**在其对**自身批判**的过程中所表现出来的气势恢宏的**张扬**。再往后，我们就不必再提语言分析哲学了吧。

我们看到其中有个根深蒂固的成见，即凡是不能通过**逻辑**表达清楚的，便不是"纯哲学"，所以就应该统统踢出"纯粹哲学"神圣的**大门**之外！③ 于是，有一天"哲学"突然发觉，自己竟然遇到了"致命的危机"——她怀着深深的怨伤说道：她的美好而丰盈的子孙们都已离她而去，留给她的只剩下无边的孤寂和空虚了。是啊，各个学科都分出去了，现在已经没有什么"内容"可供哲学研究了，哲学只剩下"形式化"的**概念的自我批判**了。

---

① 真正的哲学家必定是那些探讨了"整全与人"之间的**联系**以及**人之整全**的人，无论从哪方面来说，亚里士多德当之无愧为盖世大哲。只是后世往往只把《形而上学》《物理学》或《范畴篇》当作"纯哲学"，而把《诗学》《伦理学》《政治学》当成"纯哲学"之外的其他学科看待，这便是**整全分科**所造成的结果（相似于**道术为天下裂**的局面。《庄子·天下篇》）——亚里士多德本来的意图当然不在于此，他不过是为求**分析**而已。诚然，亚氏曾说过"形而上学"是"第一哲学"，但不要忘了他同样还强调："城邦的**善**才更加高贵"。

② 参亚里士多德，《尼各马可伦理学》，前揭，1105b–20。

③ 哲学本以追求**整全智慧**为终极理想，此时却已竖起了壁垒森严的大门，真是柏拉图"不懂几何学不得入内"的现代翻版！

噫！因为哲学早就已经不是那个以**通达整全**为目的的真正智慧之学了。

所以说，"诗与哲学之争"的问题，在西方哲学**内部**从来就未曾获得解决。岂止是解决？西方哲学在那条使自己变得**逻辑学化**的道路上高歌猛进太久了，早已遗忘了"诗与哲学的争吵"还是个问题。最后，这个问题到底是被一个青年**古典语文学家**发现了：尼采在《悲剧的诞生》中，重新开启了诗与哲学之争这一问题。为了理解尼采，让我们先来回想一个背景常识：我们知道，苏格拉底搞了一辈子的哲学辩论，但是直到临死前才依照"梦的命令"作了两首诗，而在以往，他一直还以为**"哲学就是一种最伟大的音乐"**呢。[①]尼采现在要问的就是：**从事音乐的苏格拉底是否可能？**

苏格拉底一直搞理性辩论，现在要写诗了，这行不行嘛？

最后尼采的回答如何，我们现在不去探究。让我们来看萌萌的这段话：

> 我追求着美，追求着诗和哲理结合的境界……这决定了我不可能在思索的聚集、凝结中抛掉情感，抛掉我的整个被对象激活起来的感觉；或者换句话说，我的思索正是被这感觉渗透着、支撑着，才获得了内驱的力量和生命的光彩。[②]

---

① 见《柏拉图对话集》，王太庆译，北京：商务印书馆，《斐多篇》，61A。
② 见萌萌，《〈哈姆雷特〉的结构和性格悲剧》，载《情绪与语式》，前揭。

从这段话中，我们了解到，萌萌所追求的正是哲学与诗之间的**重新贯通**，而她一直寻求的个体情绪的理论化表达，不过是这一理想的具体表现而已。我们之所以说"重新"贯通，只是为了强调西方哲学中的一个可怜事实，即诗与哲学早就**分离**多时矣！柏拉图之后的哲学子孙们太过倚重《理想国》中那个宣扬**理性**而驱逐诗人的苏格拉底了，忘记了这同样的苏格拉底也曾在《会饮》与《斐德若》中极力地赞美过**爱欲**和**疯狂**。于是，在后来的西方哲学当中，**逻辑学化**了的 logos 驱逐了 pathos（真正的 logos 与 pathos 并非是水与火不相容的关系），哲学与诗之间也就不再能保持为"亲密区分"的"争执"（Auseinandersetzung）[1]关系了，而是变成了一种**非此即彼**的"对抗"关系（**排中律**思维方式的应用）。

此时，这种驱除了 pathos 而与诗相对抗的哲学，早已"板结"成了逻辑学化了的形而上学了，从而也就不再是真正的**思想**（denken 取动词）了。这种哲学所追求的智慧，也就不再是希腊原初经验中那种与**万物生发**意义相联系的真正智慧了。

萌萌为了"诗和哲理结合的境界"——实现她的"情绪-语式"的转化，曾经诉诸各种哲学思潮，但是终归失败了，[2]不

---

[1] 这是海德格尔对古希腊前苏格拉底时期哲学与诗之间关系的评价。Auseinandersetzung 的字面意思是"相互分置"，或许更能表示那种"相关性区分"的意义。另可参考张志扬，《一个偶在论者的觅踪》，上海：上海三联书店，2003 年，"午章 现代哲学的偶在论维度"中所说的"悖论式相关"。

[2] 为了避免误解，笔者需要提示的是，本文第五节所讨论的问题，已经是"情绪-语式"的"偶在论式"的**化解**了，所以，当然不在我们这一段的论述范围。我们说的"各种思潮"指的是一波一波的形而上学思潮。而真正有生命力的思想是**活的、能生长的**（即便不能说永恒的），所以绝不是那些一波波思潮能取代的。

是因为萌萌能力不够，无法登堂入室，进入"真正的哲学"当中，①而是因为这些所谓的"真正的哲学"早已是板结的、干瘪的、枯死的、不再有生产能力的"木乃伊"②了。

倘若，谁要是胆敢借用这样的一双"哲学"之眼去观察世界，其结果必定像那个古老的神话中讲到的——让一切变成"石头"！

7

临了。对萌萌的"情绪－语式"问题解读到这里，在我耳边突然响起了那句"打倒黑格尔，解放萌萌"的呼声。

这是萌萌的一位挚友对她不无怜惜的吁请，也许，还带着一丝浅浅的责备。

每当我阅读萌萌的诗歌、散文，总是能被她隐藏在文字后面的情绪牵引、打动，然后，蓦然返身，发现自己的心在同她一起歌，一起悲伤。

每当这种时候，我总是真切地觉得，自己是理解萌萌的。

可是，当我读到萌萌早年那些哲学的，理论论述方面的文字，我的情绪又会变成一种死死的纠结。我知道萌萌要表达什么，甚至，她为什么要那么表达。但我终究无法理解这一点：萌萌为什么一定要从逻辑学化了的西方哲学那里寻找表达的跨越呢？

---

① 张志扬，《门：一个不得其门而入者的记录》，上海：同济大学出版社，2004 年，"前言"。

② 尼采，《偶像的黄昏》，卫茂平译，上海：华东师范大学出版社，2007 年，"哲学中的'理性'"一节。

她的轻灵与感性本该在更美好的事物中起舞的。

个体的情绪经验要通过逻辑化了的理论说清楚，这的确是一大难题。其实，何止是"情绪"，"理念""实体""物自体"这些西方哲学自己为自己**设定**的概念哪一个说清楚了？

形而上学从其产生之时，本来是以通达"最高智慧"为终极理想的，可问题在于，它太想把**一切**（或"一"）落实到语言，置换成概念了，哲学家们一代又一代，翻来覆去地创造些**大词**：理念、实体、太一、上帝、存在等等。即便勉强设个名称也就罢了，毕竟哲人们为了思考"整全"，总不能都像海德格尔那样写出个**存有**（Seyn），然后再往这个词上面打叉叉吧？再说，中国思想里面不也造了个"道"字嘛。要命的问题是下面这一步，即这些西方哲学家们总想用**逻辑语言**这样一种**人类的东西**一竿子捅到底，把这个"一"（一切）"说清楚"。其实，所谓"说清楚"的意思，不过就是想找到一种人能通过**理性**把握的**确定性**罢了。

形而上学家们就是不懂得这一点：真正的智慧其实是**不可说**的，那最高深的"道"一落入语言的**言筌**，必定就不再是"道"了。①

> 筌者所以在鱼，得鱼而忘筌……言者所以在意，得意而忘言；吾安得夫忘言之人而与之言哉"。（《庄子·外物》）

是啊，"得鱼忘筌"，"得意忘言"。我们理解"道"的时候不

---

① 老子，《道德经》第一章，"道可道非常道"。

就是为了得其"意"而已吗？怎么反倒是变成了"得言忘意"了呢？中国禅宗里说，"法门"皆是"渡船"，真正的"开悟"（"般若波罗蜜"——渡到智慧彼岸去）是要把这"船"抛在水里的，一直搬在身上怎么能行？禅宗和庄子这段话中所说的不都是同样的道理吗？

再看中国儒家经典中的一例：

> 子曰："予欲无言。"子贡曰："子如不言，则小子何述焉？"子曰："天何言哉？四时行焉，百物生焉，天何言哉？"（《论语》"阳货篇"）

孔子真的什么都不说吗？不是，可孔子为什么发出这种感叹？有人解释说："孔子惧学者徒**以言语求道**，故发此以警之。"还有人说："孔子有见于道之非可以言说为功，不如默而存之，**转足以厚德而敦化。**"①

真正的大"道"，**不以言说为功**，而在于"厚德而敦化"。这是多么高迈的解释！另外，我们还发现，这段话是孔子面对**言辞能力**卓越的子贡作的回答，而非面对那个既"讷于言"又"如愚"的颜回的回答。其实，孔子之所以总是认定颜回要**高过**子贡，并不是因为颜回比子贡多聪明。我们知道，在孔门弟子当中，颜回主**仁**，而子贡主**智**。孔子的主张是，仁中必有智，智中未必有

---

① 钱穆，《论语新解》，上海：上海三联书店，"阳货篇"。

仁。孔子的真正意思是，追求至高大道的人，如果把精力仅仅局限在智与言上，必然会走上歧路。孔子与子贡的这段对话，最恰切地表达了中国圣人眼中"德"与"言"之间的**品级差别**。

天地不言，而有化生万物之德。中国圣人既不是把自己想象成神，把百姓说成是"驴子"，自己去搞**沉思**（赫拉克利特）；也不是站在高山之巅，让自己对着太阳、动物和自己的影子**说话**（查拉图斯特拉）。中国圣人的最高标准是那些使万民得到**生养**，广布**仁德**于天下的人。正因如此，百世之后的今人，依然对他们**高山仰止、景行行止**，尊为至圣。①

天地生之、万物畜之，圣人化之——这便是**参天地化育中的人**。

我们当然不是"天地"，不能法天之不言，可谁说我们不能法天之德呢？

谨以此文，献给萌萌！

2013 年 6 月 27 日　于同济

---

① 柏拉图在《理想国》第七卷中谈到了最高之"善"，他同样把这个"善"作为造成**四季交替**的原因，这一点与孔子对**天道流行**的看法基本一致。但是，柏拉图过分强调了"光"与"看"的作用，从而就把对最高"善"的理解导向**认识**的方向；而《周易》中的"阴阳化生"也好，孔子的"天地不合，阴阳不继"也好，更强调的是"生生化育之德"。这种思想开端处的差异，导向了中西思想的最大的分野：一个强调**生民之德**，一个强调哲人之智；一个重视行，一个重视**知**。

理想的坠落与升腾

——从萌萌问题意识的转换看理想的可能性

唐俊峰 [①]

> "高高山顶立，深深海底行。"
>
> ——《五灯会元》

理想，这个人类生活必不可少，并且在现实意义上承载过无数人追求与向往的大词，据说如今已经成了奢侈品。每一代人都有自己的问题。在一个"蒸蒸日上"的时代里，我们的问题有哪些？这是阳光与幸福中的"我"必须面对的。理想的消解与坠落，在这个背景下向我迎面袭来。

"理想"：在政治意识形态与世俗生活之间

"历史终归会将一代人推向一代人的追求中，因而每一代人都有自己区别于别人的生活意义，而我们更是天生为意义而活

---

① 作者单位：武汉轻工大学马克思主义学院。

的一代人。"① 对萌萌一代人来说，"意义"某种程度上以"理想"的形式呈现，萌萌在思考一代人命运的过程中，理想成了主要的反思对象之一。在 1993 年到 1994 年间，她有几篇文章集中谈到理想问题。② 另外，理想问题也涉及萌萌思想的几个核心问题，比如苦难、情绪等。

> 我把梦和理想作了一个区分，这个区分类似于痛苦和苦难的区分。在我的经历中，后者都是剥夺的；或者更确切地说，理想和苦难即使在给予时也是剥夺，特别是在苦难和理想之间只有一种简单的、直接的指代关系时。苦难是理想的温床，而理想，当然指在彼岸虚幻着的理想，则是苦难的麻痹剂；它们的相互指代构成一个美丽的谎言。③

对"理想"问题的思考也是纠结萌萌一生的"情绪"问题的思想起点之一。在《情绪》一文中她指出，情绪之所以成为她的一个问题，在于她作为一个女人，作为一个曾经试图以人为的方式超出自然的女人，将最终的落脚点回到了"情绪"，因为"在

---

① 萌萌，《无语——穿透无聊的期待》，见《断裂的声音》，上海：上海人民出版社，1996 年，页 143。

② 笔者手头掌握的萌萌直接或间接以"理想"为论域的文章有四篇:《关于梦与理想区分的备忘录》(1993 年 11 月，见《断裂的声音》)，《俄罗斯诗篇与理想的荒凉》(1993 年 11 月，见《临界的倾听》)，《现代转换中梦与理想的区分》(1993 年 12 月，见《萌萌文集》)，《为诗而受难的意义——"七月派"诗人的理想主义分析》(1994 年 6 月，见《萌萌文集》)。

③ 萌萌，《关于梦与理想区分的备忘录》，见《断裂的声音》，前揭，页 231。

已经过去的被绝对地理想化、理性化的岁月里，我曾拼命用男人的意志把自己提高到一个丰富的、远离女人天性的层次上，但无论我已经走了多远、还能够走多远，我毕竟只是一个女人而已，女人具有的，我无不具有"[1]。作为一个女人，作为一个宿命般地追问意义的女人，在"莫名地产生的、可以随意投射到对象上的作为本体状态的情绪"[2]与以"理性追求完满即最高善"为哲学依据[3]，以社会为目的，把人当作工具的理想面前[4]，萌萌必须作出选择，这成了她的宿命，思想由此而生。对萌萌来说，理想问题首先体现为，在代表群体意识的"理想"与以物质欲望平均化所导致的虚假个性之间，她该何去何从？

理想之所以对萌萌构成问题，主要来自两方面的切身体验。一方面是她及其同代人在对"理想、理性、合目的性"等理性主义的信仰之后的突围，代表性的宣言便是"打倒黑格尔，解放萌萌"。人在面临意义的追问时，"断裂"成了被迫中的一种痛苦选择。萌萌认为，在坚定的信仰背后，如果没有与传统彻底断裂的决心与勇气，所谓现代意义上的"个人真实性"是不可能的，"个人真实"首先意味着与"类"的决裂。马克思把人置于社会关系中来定义，"人的本质不是单个人所固有的抽象物，在其现

---

[1]　萌萌，《情绪》，见《断裂的声音》，前揭，页23。
[2]　萌萌，《情绪》，见《断裂的声音》，前揭，页23。
[3]　萌萌，《现代转换中的梦与理想的区分》，见《萌萌文集》，上海：上海译文出版社，2007年，页149。
[4]　萌萌，《为诗而受难的意义——"七月派"诗人的理想主义分析》，见《萌萌文集》，前揭，页134。

实性上，它是一切社会关系的总和。"① 这里似乎可以看到亚里士多德"人是政治动物"的影子。

　　思想需要传承。关于人的定义，马克思从亚里士多德那里继承了什么，此处存而不论。但萌萌一代人在自己父辈身上汲取了各种营养，包括正面的经验与负面的教训，这应构成当代中国思想的一种积累。对于萌萌的父辈来说至关重要的理想问题②，某种程度上，构成了她对此问题思考的前提与背景，正是在自己的父辈身上，萌萌不自觉地体会到了理想问题的各个面相。在分析"七月派"诗人如何形成这个问题时，萌萌指出，"'七月派'诗人的理想或理想主义，显然不同于意识形态的理想主义。后者当然必须转化为一种社会历史形态的东西；而前者毋宁说是个人的精神境界，它是在个人语言表达的层面上自我显示着的。"③ 这里明确地将具有个人真实性意义的"理想"与作为宣传口号的政治意识形态作出了区分。以"个人的真实性"为基础，众多"革命诗人"形成了"七月派"的整体精神取向，这是"自由、尊严同理想、崇高区别着、剥离着"的结果。而从另一个层面来说，在人可改变的"运"背后，总有某些"命"定的东西在左右着历史中的"你、我、他"，处于不同背景、不同时代的人，必须权衡我们的主要问题是什么，分清轻重缓

---

① 马克思，《关于费尔巴哈的提纲》，见《马克思恩格斯全集》（第三卷），北京：人民出版社，1996 年，页 5。
② 如曾卓先生常说"理想就是光亮，没有理想，没有希望，人怎么活"，见张志扬师，《创伤记忆》，上海：上海三联书店，1999 年，页 154。
③ 萌萌，《为诗而受难的意义——"七月派"诗人的理想主义分析》，见《萌萌文集》，前揭，页 134。

急之后，历史这架处于动态平衡中的天平才能更加接近中点。

在"文革"后所谓"第二次思想启蒙"背景下的萌萌等一代学人，面临的问题是，在与整体的普遍联系中，个人的真实性消失了。人被绑架到历史、社会、群体的"战车"上，由层层意识形态铠甲武装的革命战士，带着解放全人类的革命浪漫主义精神，很容易获得一种浮士德式的个人认同，但这实际上造成了双重遮蔽，个人与集体都在类似的遮蔽中消失了。今天，应该看到，"萌萌们"为"这一代"铺下了一条道路，那就是要想获得个人自由（确切地说是个人真实），必须把个人从类的虚假依附中解放出来。

要想对"虚假理想"作出全面批判，仅与政治意识形态保持距离还远远不够，在某个时代里，它可能会以一种更具隐蔽性的虚假自由的形式出现。萌萌对日常生活的"平庸化"，始终保持着防御姿态，因为这种形式的虚假更具有侵蚀性，她所表现出的警惕与防御也就更加决绝。

> 在世俗的力量比政治冲击更彻底地、想把我们变成没有个性的平均值时，真正困难的不在重提自由、尊严，而在重提自由、尊严的方式。问题在于人有多大的勇气澄清"理想-崇高"的虚假性，用反省的眼光，用追问前提的彻底，在传统的意义上抽掉自己生存的根基。[1]

---

[1]　萌萌，《语言问题何以对我成为问题》，见《萌萌文集》，前揭，页127。

　　个人要想真正获得自由，需以摆脱依附为前提，而人所依附者以雅努斯（Janus）形象示人，它可能表现为"以阶级斗争为纲"的政治意识形态对人的裹挟，也可能表现为"欲望－媒体－大众同质化"的意识形态。处于后者中的现代人，欲望在媒体的搅动下，最大限度地得到了宣泄，表面看来，这种"自由"是通过对政治意识形态的反思得来的，启蒙后的我们，终于可以从"对群体的依附"走向"个人的真实欲望"了。实际上，在所谓的"个人主义－自由主义－功利主义"的烟幕下，哪有"真我"的位置？相对前者，后者更具有隐蔽性，只不过多数人不自觉，甚至不需要自觉罢了。但对常态的反思，已经成为思想者不得不面对的宿命。

　　以往现实的苦难曾危及生存如此地深重，以致人们除非怨死，而只能接受生的诱惑，或者在欲望泛滥激起的肉体恐慌中公然沉溺于欲望——它是较之理想、理性不同的，另一种状态的，即更接近生存状态的人的平均化，类似于无意识，它将理想、理性，包括知识、科学、道德，一切在人们生活中，在最正统意义上最好的词，都弃之脑后；或者干脆重新回到传统理想的虚假的美好中——所以有人说，现实总是特殊到任何历史的借鉴都无济于事，只要某种理想能吻合现实的求生之路，它是鸩酒也要狂饮不止的。[1]

---

[1]　萌萌，《现代转换中的梦与理想的区分》，见《萌萌文集》，前揭，页149—150。

相对粘连于理性主义的政治理想，在 20 世纪 90 年代，萌萌所切身体会到的是由表面的"个性"带来的虚假自由。此时的思考背景，看似与萌萌一代人青年时代的革命浪漫主义不同，而在理想这个问题上，这两个时代背景可以看作一枚硬币的两面。在一个政治环境相对宽松的富裕时代里，把不包含任何终极价值的个人自由推到极端，也就是个人对现实生活的平庸与无聊的妥协，是另一种形式的"欲望－均质化"。这种均质化是一个物质相对丰富、环境相对宽松时多数人的常态。外在环境并非人获得自由的充分条件。在无比强大的外在力量与"人的残缺、破碎、有限性"面前，没有置之死地而后生的勇气，人何以自由？

理想与梦想 [①]

对于类似"理想"这样的问题，很难对象性地进行定义，从对比、区分中让其呈现，可能是一条路径。要让"理想"呈现出来，萌萌的做法是将它与几个词进行区分，比如将梦和理想进行比较。在人生的某个阶段，尤其对年轻人来说，梦和理想无法完全区分开来，正如曾卓老先生所说，"将梦和海联在一起，就更有魅力，带给我许多遐想和向往"，"那是少年的心对自由、宽广、斗争生活的向往，而那又是与我还只是朦胧地理解的一个庄

---

① 在中国古代思想中，从来都不缺乏关于梦的象，庄周梦蝶、黄粱一梦、南柯一梦，当然还有那部又名《石头记》的大书。

严的理想结合在一起的。"[①] 区分并非易事，因为"所谓区分，不是指 B 不是 A，而是指 B 在同 A 的区分中的呈现。正是在二者之间隐含着一种根本不同的提问方式，即不是问或回答 B 是什么，而是问或回答 B 是如何可能的"[②]。萌萌所谓的区分，包含着对非此即彼的思维方式的防御。

萌萌指出，梦与理想的区分表现在不同的时间感觉上。梦是可以还原到当下的一种真实感觉，而理想是以形而上学的连续性时间观念为理论依据的。[③] 根据连续时间观[④]，"未来"成为对某个固定目的的无限接近，这也是无数人生活的理由，"目的虽然是虚设的，但是总要有才行啊"。而"现在"，代表着个人真实的当下似乎并不那么重要了。在时间意义上，梦与理想的区分就体现在是否能够**超出**具有明确目的的形而上学时间观，在当下绽放出一个真实的自我。

所谓"理想"一定是理性追求完满即最高的善的产物。它首先以现实及现实的历史作为批判的对象，揭发其他所能及的好坏优劣，然后从这残缺不足的比较中合逻辑、合目的

---

① 曾卓，《海之梦》《我为什么常常写海》，见《曾卓文集》，武汉：长江文艺出版社，1994 年，页 350、383，转引自志扬师《创伤记忆》，前揭，页 147。

② 萌萌，《现代转换中的梦与理想的区分》，见《萌萌文集》，前揭，页 151。

③ 萌萌，《现代转换中的梦与理想的区分》，见《萌萌文集》，前揭，页 148。

④ 什么叫时间的"连续性"呢？"所谓连续性，即以同一性为根据或保障的、过去现在未来一体的连续性，无非是一种人为的意义、目的所强制串成。这人为的意义、目的往往是人害怕虚无、畏惧死亡而生造的。"（见《人能守住一个等待吗——在习惯语、心理时间和无意识的边缘》，载《萌萌文集》，前揭，页 304。）

地设想出一个完满的模式作为现实必然为之奋斗的企及未来的悬望。理性愈强大，批判愈深刻，它所悬置的将来的宏图就愈见其必然性与真实性。[①]

理想要指向某个具体目的，这个可能是虚设的目的正是人群赖以生存的依据。可对于少数想要获得真正自由的人来说，依据变成了障碍。萌萌在几篇文章中都表达了揭示目的虚假性的努力，辨伪与求真，同时显现着。在解读《等待戈多》的《人能守住一个等待吗》一文中，萌萌指出守住一个没有任何指向的"等待"并非易事，因为"等待"并非某个确定性的目的，各种虚设的目的对"人的真实性"造成了遮蔽，只有打掉虚假的目的，在一种真实的无所期待的空虚中承受人的有限性，"个人真实"才有可能。人自身的限度使萌萌笔下的"期待"几乎成为一个"不可为"之努力，人的一个根本问题在于我们是在时间之中的"有死者"，相应地，现世中人的不同形式的努力也就是在与这个"大限"进行抗争。[②]这是有思想能力的人能够想到的问题，也只有他们愿意想类似的问题，对待死亡的态度，成了区分"多数人"与"少数人"的标准之一。

在《现代转换中的梦与理想的区分》一文的最后，萌萌说明："这里梦和理想的区分，特别是将二者作为范畴的区分，纯

---

① 萌萌，《现代转换中的梦与理想的区分》，见《萌萌文集》，前揭，页149。
② 笔者在博士论文《思想与行动》的第二章第二节《"两希"张力中的"生死"》对此问题有粗浅探讨。

然是一个想完成现代性转换的个人，在面对自己经历的初始经验
时，作的一个试验和尝试。"① 这是知性真诚的表现，因为"人该
如何生活"，对所有人来说都是问题。

无奈之下，人也只能在对世俗生活的承担之中，挺身为一自
由人，这种承担"是以荣誉感和责任感为标志的。它期待着在承
担中超出平庸的默契。在这里，期待是一种个人坚持彻底的差异
性的姿态，并不归宿到，或不具有归宿到任何同一性超验本体的
可能"②。在人群之中保持"差异性的姿态"，这是人所必然面对
的悖论之一吧？

理想与民族真实

以拒绝同一的姿态保持自身的"荣誉感"和"责任感"，在
理想这个问题域中可以表达为"个人理想"与"共同理想"间的
张力关系。萌萌很清楚，如果能将二者有机结合，那么，理想问
题就会大为简化，萌萌所思考的"公共语言的个人表达"的问
题，某种程度上也是想要寻找"个人"与"群体"沟通的关节。
个人理想与共同理想，可以抽象为"一"与"多"及其各自的
限度问题。"假设社会的进步、国家的富强是以每一个人的自由
发展为本位的，则理想归根结底就只有一种了。"③ 但这只是"假

① 萌萌，《现代转换中的梦与理想的区分》，见《萌萌文集》，前揭，页 152。
② 萌萌，《语言问题何以对我成为问题》，见《萌萌文集》，前揭，页 123。
③ 萌萌，《为诗而受难的意义——"七月派"诗人的理想主义分析》，见《萌萌文集》，前揭，页 139。

设"而已，萌萌从历史上，尤其从自己父辈身上，看到的是二者之间绝对地不可调和。1840 年之后，在以"救亡""启蒙"为主旋律的曾经辉煌的神州大地上，无数仁人志士把"个人自由"附着于"民族独立"的基础之上，或者说，救国成了民族处于生死存亡中的先进知识分子体现个人自由的最好方式，"时势出自由"，"七月派"诗人群体的形成便是例证之一：

> "七月派"真正鲜明的特征是**它形成于抗日战争初期即民族救亡运动的兴起时期**，它是从苦难的呼喊中走出来的，它的每一位诗人同时也不同程度地是战士。这种歌手和战士二合一的身份，使得苦难的黑暗中执着于希望和信念不仅造成了他们共同的风格，而且也成了他们相互影响和支撑的精神凝聚力，他们把它称为"理想的光源"。[1]

没有抗日救亡的历史背景，没有护国保种的理想，"七月派"作为一个群体很难形成。问题并不在于"理想"是否具有合法性，"我仍然愿意把它称为理想，或者说借用理想这个字眼；又是为了区分，我才想给它另一个称谓：梦或想象。"对于个人来说，理想（梦或想象）"期待着在承担中超出平庸的默契"[2]。对人类共同体来说，理想作为整合人群的意识形态，其必要性毋庸

---

① 萌萌，《为诗而受难的意义——"七月派"诗人的理想主义分析》，见《萌萌文集》，前揭，页 133—134，重点为引者所加。
② 萌萌，《关于梦与理想区分的备忘录》，见《断裂的声音》，前揭，页 235。

置疑。理想可能有不同的表现形态，并且因具体政治现实的道德取向不同，表现为不同的政治结果，但不能因为某种具体的政治现实而完全否定理想对于群体的整合功能，某种共同的理想也可能是真实的，并且它是一个文明共同体得以延续、兴旺的必要条件，只不过在不同的背景之下，理想的个人属性与群体属性会有升降的差异。理想应该是某个鲜活的具体生命的高尚想法，但她又并不能完全属己，在不同的时代，理想的表现形式有所不同，这些不同的面相表现了她与生活不可分割的关系，脱离了时代的个人感受，很难称为"理想"。

在鸦片战争之后的 170 多年里，中国思想与历史、政治同样经历着各种波澜壮阔的变化。"变"正在以加速度的方式成为中国政治、经济、文化等几乎所有领域的常态。今天，中华民族的复兴，已经成为思考中国问题的一个大背景，对于所谓"中国梦"，应该明确一点，那就是"所谓中国作为大国的崛起，不仅是经济的崛起，政治的崛起，而是一种有着悠久历史的古老文明的复兴和发扬光大"[1]。在这个背景之下，按照甘阳先生的说法，"中国在上世纪的中心问题是要建立一个现代'民族–国家'（nation–state），但中国在 21 世纪的中心问题则是要超越'民族–国家'的逻辑，而自觉地走向重建中国作为一个'文明–国家'（civilization–state）的格局。"[2] 这是中华民族走向未来应有的定位。

---

[1]　萌萌，《汉语作为民族语言表达如何可能》，见《萌萌文集》，前揭，页154。
[2]　甘阳，《从"民族–国家"走向"文明–国家"》，见《文明·国家·大学》，北京：生活·读书·新知三联书店，2012 年，页 1。

所谓"复兴"一定是自己传统之中有值得复兴的东西，她一度失落了，但在一定历史时期，又存在着找回来的希望与必要。今天，所谓中国思想"复兴"，必然包含着对西方思想的消化，中国现在的问题，需要在"古－今－中－西"问题的相互激荡下来思考，这四个方面也可看作萌萌的思想背景。从对"古今中西"不同侧重的讨论中，我们可以一窥萌萌思想重心的漂移，在她早期的文章中，更多呈现出的是一种与传统断裂的决绝：

> 我们来到这个世界上，首先是作为人而存在，不是作为父母或为了父母而存在。父母不是子女的原因，相反，父母只是子女的结果，有了子女才成其为父母；不然，他们不过是一男人一女人而已。所以，首先作为人的存在是高过一切关系的基本存在。古老的中国传统，把这一点搞颠倒了，搞封闭了，搞僵死了，因而人的活力与发展也就被种种天理人伦的关系所禁锢窒息了。
>
> 我们的思路不对。人与自然的和谐诚然是要的，但不能按照自然的面貌塑造人（东方），也不能按照人的面貌塑造自然（西方）。前者没有人，后者失去根。[1]

"绝望处乃生救度"，从《黄河啊，你走向哪里》和《情绪是水墨画走向现代的内在契机》两篇美术评论中，可以看出萌萌作

---

[1]   萌萌，《黄河啊，你走向哪里》，见《萌萌文集》，前揭，页450—451。

为当代中国思想者的焦虑与努力。萌萌及其同时代的思想者，通过哲学、文学、美术等等各种途径，都在寻找现代中国思想能够突围的出路。这条路应有两个基础：中国传统思想、文化；对西方既不排斥也不崇拜的客观研究。二者之中，萌萌当时思考的重心更多倾向于在中西对比中如何吸纳并补充中国传统中缺失的部分，比如个人的真实性问题，"公共语言的个人表达"是萌萌对这个问题思考的集中体现，也是萌萌早期思想的一个突破口。

时过境迁，进入 21 世纪的萌萌，问题的视域也发生了置换，"我关注的话题从公共语言的个人表达何以成为可能，转向在西方强势话语、主流话语面前，汉语言作为一种民族语言表达何以成为可能，**实际上背景已经发生了置换**。"[①] 从"个人真实"到"民族真实"的视域转换，是萌萌思想的一个路标，它指引着一个方向。

理想之于生活的意义

在当今中国思想界，还原中国人自己的"民族真实"，是一个需要几代学人共同努力的目标，下面仅从理想之于生活的意义这个角度来尝试一种还原中国人自己生命感觉的可能。首先从西方思想对"生活"的两个说法谈起。

亚里士多德曾在《尼各马可伦理学》中提出人世间有三种主要生活，趋向于哪种生活，是人与人最重要的区别：

---

① 萌萌，《汉语作为民族语言表达如何可能》，见《萌萌文集》，前揭，页 154。

如果从人们所过的生活来判断他们对于善或幸福的意见，那么多数人或一般人是把快乐等同于善或幸福。所以他们喜欢过享乐的生活。有三种主要的生活①：刚刚提到的最为流行的享乐的生活、公民大会的或政治的生活，和第三种，沉思的生活。一般人显然是奴性的，他们宁愿过动物式的生活。（1095b14—20）②

在这种划分之中，普通人，也就是由于出身、智力、受教育程度等原因，没有过第三种生活可能的人，他们的生存意义何在？在西方内部，基督教认真对待了奴隶、妇女和儿童等的生活意义问题，"有罪者有福了"，过着动物式生活的"惰性人群"成了罗马帝国衰落的原因之一？在一个已然启蒙的时代，人们有了看到各种东西的可能，有些东西，一旦暴露于阳光下，就不可能装作看不见，这非人力所能及。此背景下，亚里士多德所引赫西俄德的话，用于区分人与人可能更有效："自己有头脑最好，肯听别人的劝告也不错，那些既无头脑又不肯听从的人，是最低等的人。"（《劳作与时日》，行291—295）③

---

① 汉译文原注："据莱克汉姆说，三种生活的说法可追溯到毕达哥拉斯（Pythagoras，前580—前560年）。他把这三种人比作游戏中的三种参与者：商人、竞赛者和观者。"
② 亚里士多德，《尼各马可伦理学》，廖申白译，北京：商务印书馆，2003年，页11。
③ 亚里士多德，《尼各马可伦理学》，廖申白译，北京：商务印书馆，2003年，页11。

谈到日常生活对于思想可能产生的禁锢，人们还会想到黑格尔在《哲学史讲演录》开篇词中的著名段落：

> 时代的艰苦使人对于日常生活中平凡的琐屑兴趣予以太大的重视，现实上很高的利益和为了这些利益而作的斗争，曾经大大地占据了精神上一切的能力和力量以及外在的手段，因而使得人们没有自由的心情去理会那较高的内心生活和较纯洁的精神活动，以致许多较优秀的人才都为这种艰苦环境所束缚，并且部分地被牺牲在里面。[①]

正是在日常生活可能导致"世界精神太忙碌于现实，所以它不能转向内心，恢复到自身"[②]的意义上，黑格尔认为东方世界，尤其是中国根本没有哲学，在《哲学史讲演录》中，这位绝对精神的尘世代表仅仅出于礼节性地捎带谈了一下东方哲学，而"所以要提到它，只是为了表明何以我们不多讲它"[③]。在黑格尔看来，以孔子为代表的儒家思想"所讲的是一种常识道德，这种常识道德我们在哪里都找得到，在哪一个民族里都找得到，可能还要好些，这是毫无出色之点的东西。孔子只是一个实际的世

---

① 黑格尔:《哲学史讲演录》(第一卷)，贺麟、王太庆译，北京：商务印书馆，1959年，页1。

② 黑格尔:《哲学史讲演录》(第一卷)，贺麟、王太庆译，北京：商务印书馆，1959年，页1。

③ 黑格尔:《哲学史讲演录》(第一卷)，贺麟、王太庆译，北京：商务印书馆，1959年，页115。

间智者，在他那里思辨的哲学是一点也没有的——只有一些善良的、老练的、道德的教训，从里面我们也不能获得什么特殊的东西"①。引用黑格尔的话立此存照，想要显示的是近代以来，全面否定自身传统的一批中国学人出于何种心态尾随西方至今。萌萌在《"古今之争"背后的"诸神之争"》编者前言中所引"溃逃军队何以停下？"的寓言，表明了在萌萌那里，认为古老中国想要走向现代，只有走西方的路，并且只要追随西方便可实现现代化的幻象已经结束。直至生命的最后，她也坚信这一点，"今天已经到了'走回自身'，让中国人成其为中国人，即在中国这块土地上真正承担起复兴世界上最悠久的华夏文明的责任。而且这责任自然也包含着用'和而不同''有容乃大'的精神'为世界承担责任'。这个路还长得很。"② 在这条长路上，首先要还原的应该是黑格尔大为不屑的作为中华文明得以延续的"日常生活"的意义。

谈到中国思想中日常生活的意义问题，首先映入脑海的可能是儒家的一系列语录③，其实佛家大乘小乘之分，何以不是对

---

① 黑格尔：《哲学史讲演录》（第一卷），贺麟、王太庆译，北京：商务印书馆，1959年，页119。
② 萌萌，《关于〈玩偶之家〉的采访》，见《萌萌文集》，前揭，页534。
③ 如"未能事人，焉能事鬼；未知生，焉知死。"（《论语·先进》11.12）；"笃信好学，守死善道。危邦不入，乱邦不居。天下有道则见，无道则隐。邦有道，贫且贱焉，耻也；邦无道，富且贵焉，耻也。"（《论语·泰伯》8.13）；"夫妇之愚，可以与知焉，及其至也，虽圣人亦有所不知焉；夫妇之不肖，可以能行焉，及其至也，虽圣人亦有所不能焉……诗云'鸢飞戾天，鱼跃于渊'，言其上下察也。"（《中庸》）；等等。

"入世间法"意义的最大彰显？即使意欲遁入山林、吸风饮露而成"仙"的道家，也从没否定过日常生活，"类似于孔子视'六艺'和日常人伦为启发仁性之机制，《庄子》视日常劳作的技艺为去除成见、达到领悟人生的'游乎天地一气'的途径。庖丁解牛、轮扁论书、佝偻者承蜩、梓庆为鐻是比较著名的例子。"[1]

在西方语境中，哲学源于惊讶，而这"惊讶"的源头活水是日常生活，对于终极问题的发问并非一味要追究到与土地不相关的苍穹之上，真正有活力、有前途的思想应该是能够还原到"百姓日用而不知"的生活中来的，这便是《斐多》中苏格拉底"第二次起航"的意义。即使以"解构"著称的德里达在"最后的谈话"中，也强调"学会生活"并非易事。[2] 与西方哲学相比，中国思想从来就没有离开过生活本身，《易经》用复杂的象数所处理的是"变动不居，周流六虚，上下无常，刚柔相易，不可为典要，惟变所适"[3] 的生活，看似日常的现象中，蕴含着无限的变数，远非公式、概念可以解决。生活远比文字游戏式的概念复杂，为人即为学。

人应该肯定生活，热爱生活。问题是生活有时确实会如上文所述，成为理想的障碍。这就可能有必要将生活作一分类。人们

---

[1] 张祥龙，《从现象学到孔夫子》（增订版），北京：商务印书馆，2011 年，页 206。

[2] 德里达，《最后的谈话：我向我自己开战》，杜小真译，见《世界报》2004 年 8 月 19 日，http://www.cnphenomenology.com/modules/article/view.article.php/775/c0。

[3] "书者，卦爻之辞也。不可远，不可离也。以之崇德广业，以之居安乐玩，皆不可离之意。"《易·系辞下》，第 8 章，见《周易集注》，来知德撰，北京：九州出版社，2004 年，页 684。

一般所理解的生活，可能有两个走向，一个是在人的有限性面前，在现实的凄苦与无奈下，自己的精神生活逐渐下行，走向世俗甚至庸俗的生活。在这种生活中，人不会有理想，或者曾经的理想会越来越被狭小的空间所挤压，造成人的萎缩，甚至窒息，这样的生活会使人最终成为自己曾经不喜欢，甚至大加批判的人。在这种状况下，理想对于很多人成了奢侈品。

关于理想之于生活的意义，可以把上述的过程作一逆向思考，人之所以会在日常生活中沉沦下去，恰恰是因为理想的缺位。以一种勇敢的姿态面对或轻、或重的生活，在理想与现实之间，找出中道，是中国思想所应面对的根本问题之一，我们的问题取向不是为了将某一点推到极致而形成力量，如以原子之小而成原子弹威力之大，中国的"人道"是这样一条路："君子尊德性而问道学，致广大而尽精微，极高明而道中庸。"（《中庸》）中国的君子，需从现实的困境中超拔而起，由"立德""立功"而走向"立言"之路，生活的逆境甚至是"成人"的必由之路：

> 故天将降大任于斯人也，必先苦其心志，劳其筋骨，饿其体肤，空乏其身，行拂乱其所为，所以动心忍性，增益其所不能。人恒过，然后能改；困于心，衡于虑，而后作，征于色，发于声，而后喻。（《孟子·告子章句下》）

前文谈到的梦是在个人意义上，甚至审美意义上与理想发生关系，但梦始终是要醒的，没有现实的参照，便没有梦。对于普通人来说，理想只能在趋向于城邦的政治生活中，在为了完成某种结构而形成的共契中，在孟子所谓的"逆境"中实现。在"不如意者，十之八九"的日常生活中保持积极、奋发的姿态，将"天行健，君子以自强不息"与"素以为绚兮"微妙相关，而达于中和。

有人问毕达哥拉斯，人们何以称其为"爱智慧者"，毕达哥拉斯以一个比喻回答：有人参加庆典是为了竞技，有人是为了谋利，有人则是为了静观思考。[①] 看似均质的生活，每个人所看到的，想要的，总有区别。海之为海，在于看似平静的海面下，总要有一股蓄势待发的力量存在——

感谢海甸岛的水手们，尤其感谢为这座岛奠基的开路人和掌舵的老船长，是你们为学生提供了航海必备的"庞大固埃草"（Pantagruelion）。感谢"尖峰岭"，是你让后学试着去体会萌萌为何"喜聚不喜散"，知道了在什么意义上"聚会"才是可能的。本文的微薄意义在于"历练意志，砥砺能力"。是以为记，献给萌萌及其同代人。

2013 年 7 月初稿

8 月 31 日定稿于汉口常青花园

---

① 参西塞罗，《图斯库卢姆谈话录》，V3.8–9，转引自刘小枫，《哲学的政治》中译本说明。

萌萌的哲学问题

——以"做人为学的一致"进入

牟　琦[①]

> 从此在绵延的岁月中，
>
> 我艰难地走向丰富，
>
> 同时更加艰难地走向单纯……
>
> ——萌萌

　　我没有见过萌萌。在对萌萌的阅读中，"我没有见过萌萌"成为一个问题。

　　最初的是其一，感慨和遗憾其实归根结底落脚在萌萌"做人为学一致"的"做人"层面——没有亲历亲受萌萌的真与善与美。这其实是一种漂浮着的词语印象，是一种尚未进入的感动。这一词语印象简单来说，只是对"做人为学"理解的"内外"偏向所带来的真诚和表里如一的感叹。这感叹乃至于如今关于这感叹的记忆都是真实的，只是流于平面和日常化意义（在去读者而

---

①　作者单位：海南大学社会科学研究中心。

非被读者的层面上）。在这个意义上，萌萌不仅做到了，而且做到了"他人的眼光"千呼万唤的赞叹与追念，有友人与学生追念萌萌的《眷念的一瞥》文字为证。

这是直白但绝非单薄的一面，它已经显示着萌萌生命的热情与厚重，并且以俗常难以企及的方式与高度呈现出来。然而，如果"我没有见过萌萌"继续是一个问题，这"见过"就不仅是已不可能的照面与交往，不仅是日常意义的人格认同与榜样。在萌萌的思想和文字空间里，"如果见过萌萌"作为积极的假设为进入萌萌文字的丰富的艰难提供借口，也毋宁说是对于这一几乎是唯一方式的期许与等待，期待萌萌鲜活的事件经验与思想经验与语言经验间的相互补充与激荡，在萌萌文字自身、文字背后、文字之外。

这一期待随同着萌萌的"叹息"而陷入更深的遗憾。因为萌萌文字内外所开拓的大空间如此：显——文字复调的丰富层次；隐——文字背后的根与底；无——文字之外没写出来的（要写的与不写的）。由此，"我没有见过萌萌"中的"我"——听/读者亦成为问题。如果一百个读者就有一百个萌萌，那唯一的丰富与单纯在哪里又如何召唤我们？萌萌的文字品格和深度，召唤着我们去面对这个巨大的解释学困境——不是解释，而是清理、检审、准备与承纳。

我曾经拆解过"做人为学的一致"这一"萌萌意象"。之所以称之"萌萌意象"，是当你捕捉到它或它捕捉到你时，这一印记始终就在，连同着"单纯与丰富""升腾与坠落"……渗透在萌萌文字内外。"做人"与"为学"因其"一致"而不可拆分，但理解的偏向性时常或前或后地摇摆——"做好人"与"做好学问"说来简单，而"一致"在"好"的价值意义上：

做人其一，"他人的眼光"——生活中日常情形和极端情形中的责任、承担、付出、给予……做人其二，"自我的眼光"——自我检审（自省）、对"他人眼光"的检审、对两种"检审"的再检审……

为学其一，"他人的眼光（语言）"——借萨特《存在与虚无》"注视"一节：他人作为自我意识发生的先决条件；为学其二，自我检审（语言）——对问题的敏感、自省与回溯（还原）；为学其三，知性真诚；为学其四，立足点——个人真实性及其限度、苦难、记忆、民族……

每一点都是真实的，在萌萌的文字里处处可以印证。比如：

> 我不知道我为什么要跟着你们男人那样做学问？【他人】既要把你们强加的规定接受为责任【关涉】，又要坚持女人作为自然人的权利【超出】，还要在双重的不利中被迫忍受你们的鉴定【对话】。①

这四个层面萌萌都做到了而且绝不止做到而已，但每一个短

---

① 萌萌，《萌萌文集》，上海：上海译文出版社，2007年，页15。着重以及中括号内的理解为引者加。

句都透着超出常态的深刻自省，而句首仍有"我不知道我为什么……"一问。但谈论"一致"，这只是便捷随意的方式一种，归根结底只是形式上的一致性即抽象的"好"——感叹"真诚"和"表里如一"。如果"做人"与"为学"比作萌萌的两大"音符"，那真正的奥秘在"一致"里，正是这深刻内在的"一致"，使"做人为学的一致"成为萌萌生命乐章中的"基本乐句"不断引领与回旋着"萌萌问题"。

萌萌至少曾有三种初始经验的记忆 – 文字，关于"玩"——不能实现的"玩"本身、关于"时间"——无法赔偿的"迟到时间"、[①] 关于"声音"——夜路上的自语：声音 – 语调 – 情绪的混沌降临。[②] 还有关于"纯洁"本身的纯粹和完整，更交织在初始的经验 – 记忆乃至萌萌的生命整全之中。[③] 这是萌萌"最初的问题"和"生存的困境"，[④] 前者起码指涉着萌萌的初始事件经验及其包蕴的词语观念，后者在"生存"的意义上尤其是萌萌"内省经验向语言转换过程的探寻"[⑤] 之艰难。事件经验与思想经验与语言经验的自省、剥离、还原、交织与转换，贯穿着萌萌整个一

---

① 萌萌，《断裂的声音》，上海：上海人民出版社，1996 年，页 3—7；同见张志扬，《维纳斯断臂之谜——萌萌的问题意识》，载《萌萌文集》，前揭，页 12—13。
② 萌萌，《升腾与坠落》，上海：上海人民出版社，1989 年，页 211；同见张志扬，《维纳斯断臂之谜——萌萌的问题意识》，前揭，页 13。
③ 参张志扬，《维纳斯断臂之谜——萌萌的问题意识》，前揭，页 13。
④ 萌萌，《断裂的声音》，前揭，页 7。
⑤ 张志扬，《维纳斯断臂之谜——萌萌的问题意识》，前揭，页 13。

生的（哲）思与（哲）言：女人、情绪、声音、表达、诗与画，苦难、记忆、个人与民族……这一进路一直以"萌萌的现象学"方式拓宽与拓深着"萌萌的语言哲学问题"，[①]使萌萌始终固守在她挚爱如生命的文字里。

在萌萌思想路标的推进中，"萌萌的问题意识"或直接还原为语言哲学问题，或深刻关联于语言哲学问题，这或多或少地与其时学术氛围的语言哲学转向相关，但萌萌以其切己而深刻的哲思在真正生成着"萌萌的语言哲学问题"。这一生成即是包含着自省和检审的回归与还原，在人－事－物－思－言的生成转换与相互指引检测的意义上、在"做人"与"为学"内外交互着的意义上，萌萌用自己的生存－书写深化了二者之"一致"的无限丰富又单纯的层次空间。以剥离与净化为语言问题的方式，萌萌的问题与困惑本身成为萌萌的自省救治，同时更是对世界的救治，如果世界有能力被救治的话。

在"人是可能死于羞愧的"未完成笔记中，萌萌曾提示过这一命题的层次：

> 在生存际遇的困境中"死于羞愧"，
>
> 在西方学术面前"死于羞愧"，
>
> 在自己的学术绝境中"死于羞愧"，

---

① 主语第二格。参张志扬，《"唯一的"、"最好的"，还是"独立互补的"？——"西学东渐"再检讨》，载《现代哲学》2007 年第 2 期，页 43。

　　如何寻找自己的学术出路？[①]

　　……

　　"死于羞愧"有力透纸背的悲怆，这悲怆也正映照着萌萌做人为学"一致"的纯粹与彻底性——"**死于羞愧**"这一"在－思－言"中的极端自我检审，以及以自我检审为原点而出发的问题检审。它们不只是，甚至根本就不是萌萌自身的问题。

　　做人为学，尤其在现代性的生存境遇和学术体制内可以被当然地视为不同范畴，中立不干涉各持一席评价认定，由此而来对"一致"的理解则自然具有偏向性而成为一种拆分。但误解也正是理解的开端和警惕并因此成为完整理解的部分组成，逼使我们还原内在于萌萌的冲突和完整着的"一致"，比如：升腾与坠落、情绪与语式、公共语言的个人表达何以可能、个人与民族……这警惕反观着每一"内外"的渗透与交织——"做人为学的一致"所展开的在－思－言的内部层次和外部空间正是萌萌"单纯的丰富"，而进入支撑起萌萌或萌萌支撑起的文字－生命空间整体。萌萌是如何做到的？这需要耐心而专注的倾听。萌萌是何以做到的？因为萌萌是哲人。[②]

　　问题仍在。如果"见过"不仅指照面与交往，"我没有见过萌萌"愈加成为纯粹地对萌萌降临的期待，同时也恰恰反向提示

---

① 萌萌，《萌萌文集》，前揭，页26。
② 借用一位朋友简洁直接的回答。

着一种专注——对萌萌挚爱如生命的文字的倾听与注视……

　　张志扬师编《萌萌文集》第一部"哲学"第一部分"哲学随笔"文七篇，皆来自萌萌 1989 年出版的《升腾与坠落（随感录）》。在随感录"序"中，萌萌描述了她"开始思索单纯而繁复的生命""拼命想记下我在思索中的感觉""它不是诗""不是文章"，而她的"情绪与表达，无疑是借助于一种最朴素的形式完成它的转换的，即借助于对问题的提出和思索"，这一问题"纯然是女人的"，"升腾与坠落"所表达的"我所感受和理解的人生的纵深维向"如此呈现而"期望得到双重的理解"。[①] 这一序言可以看作萌萌对自身初始问题意识的告白，随感集交织着的问题序列提炼出"小标题"，它们有着共同的深沉的源头——萌萌所思"单纯而繁复的生命"，这随笔形式更是丰富地保留着萌萌问题的生成、断裂、延续，保留着萌萌思索与文字的节奏和色彩。

　　在萌萌"表达的途中"和读者"去读与理解"以及二者关联的意义上，随笔集以剥离为"小标题"的问题序列形式还原着萌萌"单纯而丰富"的生命整全之思。几乎可以说，萌萌的问题意识以"女人"和"情绪"两大问题开端，几乎也可以仅从问题范畴而直观到"做人为学一致"的"萌萌意象"。显然，随笔非论文，但"为学"的关隘恰恰在于问题的鲜活和深邃而非论文或理论形式，萌萌用她的"做人为学一致"即浑然一体的生存 – 思

---

① 萌萌，《升腾与坠落》，前揭，页 1—6。

索－书写践行着本真意义上的哲学与思。

从关于"纯洁完整和时间"的初始经验记忆，到"女人和男人纠缠的命运"系列随笔，到《为浪漫的宫廷色彩送葬》《女人是什么，能是什么？》和《爱与死》女人问题三篇，然后有《后现代主义和女性问题》学理清理，萌萌的"女人（女性）问题谱系"不断开拓着萌萌初始的哲学问题。萌萌说："人是多么容易遗忘，在人的世界中，最自然的，原本应该是人自己。"①萌萌直观着"女人问题"深刻的相关性，它既是萌萌自身，同时是那"原初的混沌"，又必须经由与男人的分裂、互答和融合以成就真实的还原可能。②而 20 世纪 80 年代"思想解放"中主体性、个体性问题，以及"身体现象学"作为学术氛围，毫不干扰萌萌以其切身而特别的问题意识独立切入这一"背景置换"，面对"个人真实性及其限度"问题。③

"女人"成为萌萌"一个不断被追问着的问题"④，这一问题返身观照着以经验—表达为生存的女人萌萌，推进到自我审视着的"情绪"和"女人的情绪"的"升腾与坠落"⑤（进一步的是情绪和语式的指引转换），关联着女人、男人、爱与命运的生命主

---

① 萌萌，《断裂的声音》，前揭，页 12。
② 参萌萌，《断裂的声音》，前揭，页 13—14。
③ 参张志扬，《维纳斯断臂之谜——萌萌的问题意识》，前揭，页 12。
④ 萌萌，《断裂的声音》，前揭，页 275。
⑤ 1994 年的一段"补记"中，萌萌说"而我的《为浪漫的宫廷色彩送葬》，无论是在情绪的问题上还是女人的问题上，都是继《女人是什么，能是什么？》和《爱与死》之后<u>再一次寻找立足之点为着重新自我审视的开端</u>"。见萌萌《断裂的声音》，前揭，页 54。着重为引者加。

题，剥离开女权主义的政治平等和女性主义的主体诉求，还原为时间、空间和语言中可触摸的真实而整全的女性问题本身，显露着女人和男人原初意义上关联着的哲学和政治哲学隐喻，因而"……作为清算形而上学的个体力量所能显示的女性个体的独特的差异性和敏锐性，介入根本的恢复存在的生成性活力的斗争"[1]。女人（女性）问题作为萌萌开端的哲学问题，承载着萌萌"单纯的丰富"或"丰富的单纯"意象——

> 谁在灵魂中经历过生死的冒险
> 而不是在直观的哲理中将升华当作逃避[2]

"做人为学的一致"作为事实之所示，就这样渗透在萌萌初始的问题意识之中，我把它作为我进入"萌萌诸哲学问题"的理解开端，它既是一个贯穿萌萌所思的可触摸形式，更时刻提醒着萌萌表达与文字的层次空间、"萌萌问题""一致"着的丰富与纯粹性。

同时，在"女人问题"之中，更相关和生发着"情绪"与"语言（表达）"问题。跟随萌萌对情绪问题的剥离和还原是艰难的，它——

[1]　萌萌，《断裂的声音》，前揭，页103。
[2]　《女人是什么，能是什么？》题记，见萌萌，《断裂的声音》，前揭，页55。

只有不仅深深地在情绪中沉溺过、经历过生死的纠缠，而且在绝望的期待中一次次脱颖而出的人，才可能真正体验到天堂和地狱同时、升腾和坠落同时、宁静安详和惊涛骇浪同时。

情绪是我的渊薮，也是我的希望。

一个女人历经 10 年生命的欢乐和痛苦、得到和失去、期待和绝望都纠葛在这里，一切自甘沉溺和超出的可能也都纠葛在这里。①

在经验层面上，萌萌探入情绪的内外结构，一方面是以"感觉"为通道的、与女人男人自然性相关着的"情绪"和"感情"区分，②一方面是情绪自身与"情结性情绪"区别开的"偶在性情绪"，呈现为"进入语式的前进入过程"。③可以说，"经验"是萌萌哲学与思的开端和土壤，"语言"则是萌萌问题意识的"立足点"，也即"语言哲学问题"作为萌萌"为学"的"单纯之点"，其"一致"构成"经验"与"感受经验的方式（语言）"相互支撑和还原。经验的感受形式——尤其是这经验向记忆和表达转换的意义上——就是语言事件的。④情绪问题也正是对萌萌"以文字为生命"的意义理解之端倪——内在于萌萌问题意识之

---

① 萌萌，《断裂的声音》，前揭，页 24。
② 萌萌，《断裂的声音》，前揭，页 29—33。
③ 萌萌，《情绪与语式》，见《萌萌文集》，前揭，页 90—93。
④ 参《断裂的可隐匿的声音》，见《萌萌文集》，前揭，页 101。

中的"做人为学的一致"。

还没有进入萌萌的"苦难－记忆－表达",没有进入萌萌的个人苦难经历和历史命运承载。而这,仅仅只是阅读倾听者进入"萌萌的哲学问题"的前奏……

　　从此无论是坠落还是升腾我都没有
　　离开过你
　　离开过泥土

　　　　　　　　　　　　　　——萌萌的诗《命运》

　　　　　　　　　　　2013 年 7 月 3 日初稿
　　　　　　　　　　　2013 年 11 月修订
　　　　　　　　　　　海甸岛

"情绪－水墨"：转换与哀悼

——从萌萌思考而来的语言问题一则

魏春雷[1]

> 记忆中的笔墨是在这当下的语境中死去和复活的。
> 那同时落入情绪和语境的新生的笔墨，
> 即一次命名、一次意义的获得。[2]
>
> ——萌萌

作为传统文化的现代转型，水墨一直被当作现代性问题，传统水墨如何得到创造性转换一直有着两难的困境，仅仅继承传统余绪并不能解除处于现代性之中人的精神困顿（这里有着传统与现代的古今之争——"返回或者前进"——更为复杂艰难的问题域），一味搬借与嫁接西方绘画的技术模式将陷入被动模仿的沉沦（同样关联着西方启蒙理性以及启蒙问题所裹挟的一切现代性危机）。

---

① 作者单位：海口市美术家协会。
② 《萌萌文集》，张志扬编，上海：上海译文出版社，2007年，页462。

在如此的两难中，如何松动甚至激活之前的水墨传统，使水墨语言的基本元素——水墨性——凸现出来，使之具有新的当代性？水墨纯然的灵动又如何突破主题、材质与笔法的遮蔽，以及消解程式化、符号化的僵固？[①] 如果水墨性被重新激活，又如何才能重新书写现代性废墟之上的苦难？中国人的水墨又如何能够"涂写－泼染"破碎在大地之上的灾难！

带着上述问题，让我们再一次注意萌萌的思考。

萌萌曾经关注水墨画，并尝试讨论"水墨性话语的现代转换与当下表达的可能性"[②]。在文字表述中，她提及自己是以"读"的方式去思考绘画作品，这是她独特的语言方式及其对"语式"的感受。[③] 由此，"水墨"自然成为属于她的"语言问题"——"情绪与语式""水墨与语言"或者水墨的表达如何经历"情绪"的转换。

情绪的无中生有总是瞬息的。这瞬息不仅要去直接体验，更重要的是直接把握并转化，即在当下达到情绪与表达的交融，进进出出，融为一体。这是生命整体的直呈、涌

---

① "水墨画在今天还有任何的真理内涵吗？水墨画不是被命定为封闭的特殊主义，并陷入文化认同政治的符号化危机？"——何乏笔（Fabian Heubel），《身体与山水——探索"自然"的当代性》。

② 在萌萌早年的绘画评论中，留有她写给画家李世南先生的水墨评论《情绪是水墨画走向现代的内在契机》(1987 年)、《感觉的生成何以成为可能》(1990 年)。

③ 面对"水墨"，她仍然以"读的触视"去倾听、去感念。

现，是在常态生活的断裂下生存的深层空间的敞开。①

如何感悟到这个前本体论的"情绪"，如果情绪已经渗透入生命之中。

事实上，萌萌一直所思考的"情绪"几乎处于悖论中，因此思考情绪也总是异常困难的，甚至是不可能的。

体验或者感觉"情绪"，这里的"情绪"是什么样的"情绪"？又如何去体验随之而来的"经验的断裂与失语"？如果以虚无来经验"情绪"，这根本没有生成的空间，更无法继续展开经验，也没有了体验的机会，不再有生成或转换，要么归于死寂，要么归于沉默；这需要我们重新理解"情绪"转换生成以及"失语的默寂"，只有再次经验到无语的沉默和经过情绪转换的语式，我们才可能经验到情绪，这是去触摸不可以触摸的无语与失语的空白，或者等待被情绪触摸。

对"语言"的关注，让她清楚地看到"水墨"与"情绪"相互转换的现代性语式问题——"水墨形式"到"情绪"相互转换的过渡。

中国水墨画从传统走向现代，究其底就是一个将传统的画材（毛笔、水墨、宣纸等）作为语言媒介纳入现代的语言

① 见《萌萌文集》，前揭，页457；这是一段萌萌对情绪的描述。以此段文字开始，我们尝试进入本文的主题：情绪与水墨。

表达的问题。而情绪所带来的感觉的直接性和水墨的开放性对传统笔法格局的打破，正是水墨画从传统形态转向现代形态不可或缺的内、外契机。[①]

在这段摘引中，"情绪"一词至关重要，本文对"情绪"的尝试性思考也来源于此。如果引申着去理解，这里的"情绪"似乎关联着，一旦可以悬置或者去除任何既有形式或风格的控制，摆脱绘画史学的逻辑钳制，那么绘画是能够期望，以"情绪－水墨"的某种形式来重构画面——情绪让生命本身的变化还原到变化的形式感，而不是身体性的对虚空本能的投影——不走向具体的可以模仿重复的形式，而是无形式的形式，是语式的丰富变化。

同语式相关，"语言－感觉－意向"这三重含义的理解是断裂的失语与无语启示着的一个悖论：情绪在缺失明确意义的前提下，不是简单地回到某种身体性的当下感受上，而是意向的生成，它更像路标作为指向性始终保持意向的张力并保存延伸的可能性；在没有一种现存语式的限制下，越是哑然的无语，越是有言说的可能；越是默寂的失语越是有情绪生成转换的可能；既然新的表达性从来不像现成品一样，可以随手获得，问题就在于如何在经验之中把握情绪转换的瞬息，在转瞬即逝之前，要么一切再次变得哑然默寂，要么一切走向表达的途中。她说：我并不懂画，尤其不懂中国画。大概是中国画的程式化的语言使我感到语

---

① 见《萌萌文集》，前揭，页466。

言的障碍。[①]

　　萌萌似乎已经意识到，20世纪作为现代意义上的中国水墨绘画，将以打破传统程式的写象山水，以及泼墨大写意的抽象性开始的。萌萌希望可以将打破线性时间的瞬息，以一种现代人的时空感觉作为"情绪－语式"的语言问题带入中国水墨画中。

　　　　中国画同样可以在水墨性的基础上完成从古典形态向现代形态的转变。这个转变的关键在于靠现代人的情绪驱动笔墨，打破传统笔法的僵死格局。这是中国画转变的希望所在。[②]

　　这是对水墨性的一次隐晦的表达。

　　将情绪作为哲学命题进一步带入绘画艺术领域；这是对"情绪"取代图画结构或主客关系的着重。在情绪自身的转换中，主体性（自我与自身的关系）似乎将获得崭新的意义。这尤其表现在"情绪－语式"的层面上，无疑绘画的可能性条件属于对深层情绪的肯定。那么，逐渐摆脱了对自我控制的要求，即摆脱了受传统水墨画法限制的态度。[③]

　　泼墨、泼彩的出现以及"骨法用笔"本身即是一次传统水墨

---

① 见《萌萌文集》，前揭，页453。
② 见《萌萌文集》，前揭，页456—457。
③ 这绝不是为了以表露被压抑的情绪（欲望和无意识）的原始动力，而取消意识的自我控制。

的内在转化，人格心境与物的生命动象得以重新"书写"，线纹式描绘在承载墨迹的纸面上浸染流溢，打开对"文人意境"的重新追寻；可是如此"静态包容直观"的传统水墨能否为水墨的现代性转换留有余地？

问题仍然是：在一个"情绪"的时代，是否需要我们再次去经验情绪。

问题的提出包含着前提性的问题置疑。她这样写道：

传统水墨画的构图、章法及笔墨的程式化作为既成语言的硬性框架，当然是套语……因为笔墨技巧一旦成熟到成为意识中重要的构成部分，它作为强大的表达手段，本身就有一种自主的力量，有一种超出驾驭的自在性。[①]

那么，"情绪与水墨"的内在关联，能否弱化甚至破裂这一传统水墨板结的"自主力量"？强力"语式"或者"既成语言的框架"能否得以破裂、弱化，让"情绪"的光感、气息得以自由出入？由此而打开新的水墨画"时－域"，抑或再一次开启传统水墨自身面对现代性的内在转化？

水墨的形式不再仅仅作为既成的语言，所以，李世南先生水墨人物抽象的泼洒，以蕴含情绪的笔墨直接感染着萌萌的

① 见《萌萌文集》，前揭，页461。

"读"。① 这些"情绪水墨画"，被萌萌视作水墨与情绪"无字的歌"，或者情绪内在的水墨音符。宣纸上的泼染几乎就是作为生存本身的情绪生成着的痕迹。②

> 也不知在哪一个瞬间，也不知在哪一根线条、哪一团墨迹突然在宣纸上带出了心底深处难以名状的情绪时，感觉，在被感觉中，使情绪深藏的意向性一下子浮现出来，它携带着新的语言表达，用熟悉中的陌生激活着观赏者的感觉。③

萌萌读到的总是水墨在纸上——这无的背景上——"转换着、生成着、涌现着的莫名的骚动"。它不是人性焦虑的疯狂，不是心理学意义上的对象性情绪，不是或悲或喜或怒或伤感的肆意宣泄，都不是。

她感觉着画家笔墨蕴含的情绪是即将被情绪转换的形与色、是"一个直观的梦"从水墨中升起。④

---

① 她可能在提醒着画家："一个真正的艺术家，首要的是区别于别人，即在公共语言的覆盖中找到自己独特的语言表达，或者更准确地说，找到将自己的私人表达渗透于公共语言之中的独特转换形式。这是一个基本的尺度。"（《萌萌文集》，页460）
② 在传统中国水墨向其现代形态的转变中，"既是最原始的，又是最超越的现代人的情绪"牵引着传统笔墨根底里"水墨性"的生成。
③ 见《萌萌文集》，前揭，页463。
④ 萌萌读画、读人，都读得透彻；有时，她也被一幅画读着了，这一刻，往往有泪水流下。

情绪在"有－无"之间的自由出入，使传统西方绘画的固定焦点破碎了，由此任何视觉因素，来自自然的，或者自人的心灵世界的，都可以自由组合。[1]

萌萌似乎也从西方绘画的现代性转变中看到，在不抛弃传统水墨媒材的同时，让画家对"'情绪－瞬息'的获得"能够成为水墨画现代性转换的契机。萌萌的问题意识远远没有看上去那么来得简单表面。在她的思考中，清醒地把握着西方绘画的内部转向，以作为对问题提出的参照。

在抽象派绘画中，我们见过了——无论康定斯基的热抽象，还是蒙德里安的冷抽象，搅惑你的，都是那种混沌得无法穿透的情绪。在知觉特征上，它们都排除了包括情感在内的各种确定性的表达，前者用形和色彩的交响直接激发情绪的生成性和生动性；后者却用单一的格式把情绪净化为单一，那原本是纷繁中祈祷的宁静。[2]

那么属于东方性抽象的语式或者"词汇"来源于哪里？如果有生根于汉语言语境的抽象——水墨与情绪；看似我们的抽象性必然要回到"水墨性"中来。无论是康定斯基的"热抽象"，抑

---

① 见《萌萌文集》，前揭，页456。
② 见《萌萌文集》，前揭，页456。

或是蒙德里安的"冷抽象"，他们都是以几何形式的抽取为基础，要么以身体性情绪、要么以材质的推衍极限为目的，其所造成的普遍性效果还仍需置疑呢！①

在西方绘画艺术寻获"抽象性"，标志着抽象性又一次作为某种"普遍性"的原理而出现，尽管它拒绝目的与价值的附着、破除偶像、摆脱着"消费品／现成品"的堆砌，然而它却正应对着现代性的无根状况——文明根基的失落、历史文化的相对性以及后现代浪潮推演的虚无症候。直面虚无的"抽象"又存在着超出西方绘画艺术自身边界的冲动，它不可避免地走向"怎么做都可以，以及怎么做都不可以"的后现代悖论状况，直到终结抽象自身。这是现代性中国水墨画同样切身遭遇的，由此，在水墨与情绪的相互转换中，抽象性自身能否转化为对边界／界限的守护？②

　　抽象的艺术源于抽象的情绪，它的丰富、具体在于情绪本身是抽象中的直观，是纠结成团的人的感觉或感觉的人类性。③

---

① 至少西方后现代的"绘画终结"已经明显地反映出其"抽象性"的偏颇。
② 水墨画的媒材（墨水与生宣）绝不弱于西方绘画材质的极限值，甚至更好；水墨的抽象性也不是西方几何形式所能规范的，而是非欧几何式的，同时最为根本的是"水墨性"对人性欲望的规训，水墨的平淡性（或者套用杜尚意义上的"虚薄"）可以比西方抽象更好地守护人性自然的界限。
③ 见《萌萌文集》，前揭，页456。

　　实际上，抽象与情绪也同处于悖论之中：情绪需要进入一种新的转换状态，它内在地要求使生成保持为生成性，是无形式的形式；而抽象，则是脱离一切现成状态，进入虚无的经验，是不可能的可能性。

　　既然是直面虚无的想象，那么情绪便担当着守护想象的前理解或不可理解的无形式的形态。所以，"水墨性"抽象的无形式、不可理解性总保持着自由的可能性。[①] 最为关键的是中国水墨自身如何摸索出一种现代性转化，如果没有抽象性就会落入传统的程式，如果还局限在山水程式化以及皴法的笔墨，就无法进入情绪转化的契机。中国的"水墨性"在虚无的背景中，能否生发出水墨本身的抽象性并且得以将情绪转换为卓绝的生命想象力！

　　线条、墨迹、色斑作为"情绪涌流"生成默化着作为"仰望苍穹又要匍匐如蝼蚁的生命张力的无形铺陈"。将五彩墨色读作"真正的前语言状态"，墨色开始在纸上涌动，"情绪－无语"进入"被感觉的感觉"中，惊心动魄般的生死撕扯，直到感觉得以生成，着落为语言化，这"既不是飞翔也不是沉落的姿态"；她读的水墨、她读的一双涂染的手，"原本就在升腾和坠落的瞬息中"。这样的水墨，"在梦境里都未清楚地辨别出的色彩"，纯然是中国人的。

　　有些"色彩纯然是中国人的"，更是深深地攫住她，扭身不得。

---

① 事实上，当代中国水墨实验已经开始这样做了，抽象性似乎正在成为当代水墨绘画"未来的起点"、成为水墨"现代性的意义"，以及未来水墨"可能展开的方向"。

读她读的水墨就成为语言问题——"生命中生死跨度间的表述"。

她分明地写着："**地狱和天堂都藏在他的心中，炼狱即延伸着的爱和温暖的渴望**。"

爱的延伸和温暖的渴望，直到情绪在无中生有的瞬息中捕捉到情绪与表达的当下交融；如此，由情绪驱动着的水墨，走在表达的途中；像一双自由的手，永远承受着无名情绪的牵引，向着表达自身，并且"始终是神秘的表达本身"，"你永远只能在期待中"。

或许，情绪是必须经过的一道门槛，而且就是门槛本身，水墨则是中国的门槛，只不过是一道痛苦的门槛。

"新水墨"的发生，往往遭遇中国国画传统捍卫者的批评，批评往往成了强硬的"尺度"，不留参考的余地。如此，批评者总不免遗落一个表面的事实。

水墨本身拒绝刻意的涂画，它是不画之画，是某种等待的可能性——由情绪的敞开，以敞开倾空的等待——看护情绪的转换生成；"水墨性"重新获得新的形式——语言的形式，包括瞬息生成的丰盈的时间感，水墨以此打开了"情绪"的时间感。在"可能性的不可能性"的意义上，水墨性本身就处于已有的边界上；而在"不可能的可能性"中，水墨自身又准备着在界限上的出离；只有那"纯然的不可能性"，或许隐藏着某种回到界限并且时刻有着再次打开界限厚度的可能。这也仅仅作为"界限保持为界限自身"的内在转化的可能性。

　　我们无法回避期许水墨成为一种"普遍性"的意愿，尽管水墨，这纯然中国人的"色彩－语言"，远远不只是一个媒材的问题；水墨，它首先应该是一种哲学，一种汉语言底哲学（思想）。

　　如果我们终究可以将"水墨性"提升到"普遍性"的高度，如果"水墨性"成为汉语言给予世界性的"礼物"，那也只是如果，而我们自身所要面对的仍然是自身的限度，以及苦难的渊薮。

　　这黑与白的转换或许才是哀悼的神情，而那些色彩是我们爱的温暖的触摸。

　　让我们再一次地返回到问题中来：中国水墨能否以自己的方式走出一条现代性的道路？传统水墨自身又是否具有自身转化的能力，抑或水墨性能否超越地域性与文化的相对性，以水墨的变化性向着他者的过渡，并且以一种微妙、丰富的非暴力性过渡或转化。如果可以，那么水墨创造性的秘密终究在哪里？

　　在虚去了的苍茫的背景下，没有起点，也没有终点，如这里的用笔，亦如这里的用墨，起笔和落笔的痕迹几乎都消失了。仿佛这微微显露的一点痕迹，不过是那无限弥漫着的无语的踪影，你说它是不在场的在场性或在场的不在场性，终归一样。笼罩着的，宁可说是显即隐、隐即显的莫名的恍惚。或者，一个超验的无从把捉的境界就是这样透露在表达的端倪。它有了，但有的不是什么，只是这有的生成本身。①

最后了，我们期望着"墨写的血……"，能够让汉语水墨拥有对现代性苦难的转化与哀悼。

2013 年 7 月　海甸岛

---

① 见《萌萌文集》，前揭，页 464。

给我一个想象

郑一萌

> 如果你给了我这么多我还在
>
> 黑暗里
>
> 那就再给我一个想象吧
>
> 一个能穿透黑暗
>
> 照亮你和我的想象
>
> ——萌萌

合上书页，回到现实中，窗台上似乎已落满灰尘的红蔷薇锁住了我的视线，还有回忆、想象？

从未有过这样的感觉，只因经验中不可能还有一种相同得分毫不差的感觉，即便似曾相识的近似，况且我还找不出记忆中存在任何一种语言能够穿越时空，对这一刻的我和我的感觉作以最为忠实的描述。怎么办？这一刻就要过去了，来不及了，没时间了，不，在最危急的坠落的一瞬，我终于没能抓住它——已经过去了——

断点。

下一刻——这一刻，

这一刻、这一刻、这一刻……

时间滑落了吗？

依然没有，记忆的凭据，直到一个微小的时空节点任性地耗费掉我的无以计数的时间和精神，却难以用功利原则作出取舍，依然找不到，记忆的根据，完了，我终于在又一次的期待中迎来了绝望——真的就这样完了吗？

从未有过这样的感觉，它明明就在你的眼前、耳旁、嘴边，你几乎就能呼之欲出，却忽然发觉：自己没有那样的语言。不仅仅是没有那样的语言，更可能是一种最不经意间的因而不易察觉的——遗忘——

沉湎。

当然不是那种光明正大肆无忌惮的忘却。而是在记忆中丢失着，不断丢失着，因时间的无法兑现的整体性而不可抗拒的片片断断地滑落，因对抗遗忘的固执坚守而在拒绝遗忘的僵持中反而牺牲了记忆的生成性。如果未曾意识到这一点，那么一旦有所意识也就解决了？可是不，这恰恰是意识着的、几乎构成检验的心理难题跟行动艰难。

我可经得起这样的自我检验吗？

从未有过这样的感觉，如同从未存在，将我抛入晦暗寂寥的真空，唯有犹疑和惊恐透露出仅有的真实。

记忆中已经不能确定是第几次读"为浪漫的宫廷色彩送葬"
了，能够确定的，是在一次次的阅读中获得了，也丢失了理解。
以至于，当我摆出一副当真要读解它的姿势时，它竟彻底地逃离
了。只是无意间被一个未曾注意过的语句吸引了注意："几年前
读《培尔·金特》时，我的心理倾向是引导黑暗的光明。"① 其实
真正吸引我的，是"心理倾向"。为什么一种读解会暗含着，且
还是有所意识地暗含着一种心理倾向？是为了从其所擅因而取其
所需？是满足某种心理条件的好恶取舍？是单纯的审美倾向？是
无法直面事实的权宜之计？是固化了的心理情结所形成的不自觉
的心理负担？是作为一种慰藉形式的心理归宿？还是一种隐秘的
召唤所引导的回答？抑或一种理想……

　　每一种可能都可以在现实中找到它的对应，但并不是每一种
可能都虔诚地背负起关乎生死的、现实与真实的双重重负，还奋
不顾身地挣扎着挥舞着高贵而臻于完美的、想象的翅膀。

　　不管怎样，那是几年前的心理倾向了，"现在"呢？② 因一
种心理倾向导致倾斜的不平衡，或者不如说，不是靠心理倾向就
能补救得了的事实倾斜，获得解决了吗？

　　一个短语激荡起的涟漪已经不可收拾地在我心底弥漫开去，
浸湿了我的长久以来的对两种生活的想象，更把我攫入另一种想

---

① 　萌萌，《为浪漫的宫廷色彩送葬》，见萌萌，《情绪与语式》，北京：社会科学文献
　　出版社，2001 年，页 294。《为浪漫的宫廷色彩送葬》写于 1991 年，"几年前读
　　《培尔·金特》"应指写于六年前即 1985 年的读解《培尔·金特》的文章《对人
　　生及其命运的思索与回答》。
② 　以萌萌写作《为浪漫的宫廷色彩送葬》的当时口吻而称"现在"。

象。这因而成为我进入的角度。

六年前读《培尔·金特》时，"我"的心理倾向是引导黑暗的光明……

像一片想象的光明，索尔薇格照亮了培尔的坐落在森林中的茅屋。培尔却站在笼罩着他的无边的黑暗中，虽然光明离他已那么近，似乎一伸手就能触摸到。

这想象是真实的存在吗？抑或那无边的黑暗才是存在着的真实？它们之间怎么会有着无法跨越的距离呢？　①

这是对原剧第三幕第三场在培尔为爱建立的森林茅屋前的一个景象的描述。山妖国的公主刚刚来过，她提醒着培尔对自身丑恶的记忆。培尔过去分别和英格丽德、牧牛女、山妖公主有过纠缠，但利益的交换、性欲的引诱和强力的威胁都不是爱，至少不是培尔心中期待寻求的、真正静观的爱。直到索尔薇格——"像一片想象的光明，索尔薇格照亮了培尔的坐落在森林中的茅屋"。然而培尔站在"过去留下的、笼罩着今天的梦魇中"，②站在丑恶的、审视着这丑恶的无边的黑暗中，尽管光明已近到触手可及，却也从未像这一刻显示着真正的距离而没有能够跨越的时空交接

---

① 萌萌，《对人生及其命运的思索与回答》，见萌萌：《情绪与语式》，前揭，页272。这段引文同时可见于萌萌：《为浪漫的宫廷色彩送葬》，前揭，页291。

② 萌萌，《对人生及其命运的思索与回答》，前揭，页274。着重为本文作者所加。

口。①

　　或许，培尔真的一次性地被索尔薇格的圣洁的爱提升了，他
忽然从一种过去从未有过的角度意识着自己丑恶的过去，并因而
无法面对。那丑恶的过去以其真实性和破坏性悚然间为理性的确
定性和同一性立起了边界。一瞬间就够了，理性僭越的完美，包
括男人和女人结合的完美，理性许诺和安慰着人世的浪漫色彩和
诗意，彻底动摇了。爱的真实性成为问题，光明与黑暗之间的时
空距离变得模糊，人生的触手可及的现实幸福转而成为无法跨越
的此岸中的彼岸。丑恶也有丑恶的真实性，它以自身对完善的否
定性肯定着个人及个人的限度，而爱的真实性此刻正呼唤着一次
攸关生死的意义的找寻——被真正的崇高的爱包孕的个人的真实
的自我，究竟在何处？

　　一个声音说——"绕道而行"②。

　　　　索尔薇格：（站在门口）你进来吗？
　　　　培　　尔：（一半自言自语）绕道而行。

---

①　当然默认是在古典的意义上，现代人的自由选择完全可以一步就跨过去了，现代
　　人的自由是低级的，被欲望牵制的，包括情欲。因此，"绕道而行"实际是一场
　　精神苦旅，是对"个人真实性及其限度"的一种探寻，是丑恶对自身净化的一种
　　探寻，因而可以说是一种古典的行动方式。

②　指《培尔·金特》第二幕第七场中，来自一个自称为"勃格"的"声音"对培尔
　　说："培尔，你要绕道而行。"这个声音显然对培尔起了作用，培尔记住了这话，
　　在第三幕第三场培尔发现了自身的丑恶时，他想起了这个声音，"沉吟片刻"而
　　自言自语道："勃格说，绕道而行。"分别见易卜生：《培尔·金特》，选自《易卜
　　生戏剧集Ⅰ》，北京：人民文学出版社，2006年，页185、198。

　　索尔薇格：你说什么？

　　培　　尔：你得等我。这儿这么暗，我身上的担子沉重
极了。

　　索尔薇格：等等，我来帮你。我过来帮你挑。

　　培　　尔：别！你站在原地。我得自己想办法。

　　索尔薇格：好，你可要快点儿。

　　培　　尔：亲爱的，你得耐心地等。不论我走开多少时
候——

　　索尔薇格：(点头)我一定等。[①]

　　索尔薇格因而许下了等待的承诺。

　　"绕道而行"不可避免地要成为人世沉沦的命运吗。"像一片
想象的光明"，索尔薇格能引导培尔在爱的期待中寻求自身的净
化、寻求个人的真实完整吗？问题是：要实现这一切，究竟是靠
"绕道而行"满世界寻找的培尔，还是靠承诺等待并持守边缘化
存在的索尔薇格？抑或，这理想只可能存在于一种超出性别而显
示着自然差异的个体的互补的相关性中？

　　不论怎样，现实的错位是注定了的：

　　"目的永远不可能再回到出发点"，因"绕道而行的结果并不

---

① 易卜生，《培尔·金特》，前揭，页199。萌萌在两次读解《培尔·金特》的文
章中两度引用了这段对话，分别见《对人生及其命运的思索与回答》，前揭，页
273；《为浪漫的宫廷色彩送葬》，前揭，页290。

真的是设定的目的"①。语言的目的性、工具性和辩证统一的逻辑确定性不能作出"是"的保证,"过去、现在和未来一体的时间也不能给人这样的安慰和许诺"②,等待的承诺因对象的虚假性而沦为空洞,索尔薇格承诺等待的,只可能是一个理性世界遮蔽真实自我 / 在理性世界中寻找真实自我的悖论,因而"只可能是一个没有结果的等待,一个必须承担起培尔的全部丑恶、不洁和破碎,承担起人生的绕道而行的等待"③。——索尔薇格瞎了。这惊悚的事实将她抛入无期待的绝望境地。

然而,索尔薇格不是毫不动摇地持守着以其神秘的自然性显示着差异也显示着界限而远离世界的边缘化存在吗?她不是依旧凭借着自身的信念、希望和爱,从未间断地持守着、回复着一个单纯的爱的理想吗?这理想,有可能成为期待着期待的复活之地吗?

培尔离开森林中的索尔薇格后,在现实世界经历了苦苦的寻求,结果他所取得的各种身份所带来的"是"的确证,不但无法为他证明自身,反而最后无一例外地落入了"不是"的自我遮蔽的陷阱。这是否预示着培尔在理性自身中寻求冲破理性的出路,最终只能被理性的密不透风的坚固强硬吞没呢?

至少在戏剧中,培尔重又落入了理性设定的社会价值的同质化、平均化中,沦为一枚可有可无的纽扣。那被"铸纽扣的

---

① 萌萌,《为浪漫的宫廷色彩送葬》,前揭,页294。
② 萌萌,《为浪漫的宫廷色彩送葬》,前揭,页294。
③ 萌萌,《为浪漫的宫廷色彩送葬》,前揭,页294。

人"追逼着证明的真实的自我，① 已然消失在对"既是单纯的出发点也是单纯的目的"的索尔薇格的深切的遗忘中了，② 当初"绕道而行"的寻找，莫不隐藏着绕"在"而"是"的自欺与无奈。"在滑过的遗忘中"，能够让"我""驻足回首"的，当然不是"培尔的满世界寻找自我的绕道而行"，"而是在绕道而行的绚烂背后"，索尔薇格那"没有声色的瞎眼如洞穴的死寂"；③ 莫不是，还有培尔在茫茫寻找中被耀眼的光芒刺瞎的、同样黯淡无光的眼神？

就像培尔在归途中透露出的"内心深沉的失望的茫然"④ ——真实的自我究竟在何处？"是我自己"？⑤ 等于什么也不是，"只有他物才是自我存在的根据"⑥。然而"他物"绝不是培尔曾自以为"是"的一个个身份，真实的自我从来不可能存在于那些虚假的身份中。至此，培尔寻找自我的"绕道而行"注定失败了吗？一个人的灵魂真的终将"凄惨地回到那虚无缥缈的灰色烟雾里去"了吗？⑦ 索尔薇格瞎了，"是"的光明透露着"不是"的黯

---

① "铸纽扣的人"是《培尔·金特》中，在培尔返回家乡后一直追着向他索要"自己真正的面目"的证明的人。如果培尔无法回答这个问题，就将被"铸纽扣的人"收进铸勺里，与无数丢失灵魂的人熔在一起，铸成一枚纽扣。详见易卜生：《培尔·金特》，前揭，页272—291。"自己真正的面目"，笔者理解为个人真实的自我。但并非指个人本位的自我，而是个人作为个体的真实性的自我。

② 萌萌，《为浪漫的宫廷色彩送葬》，前揭，页293。

③ 萌萌，《为浪漫的宫廷色彩送葬》，前揭，页295。

④ 萌萌，《对人生及其命运的思索与回答》，前揭，页276。

⑤ 这是培尔初次遇到那个自称为"勃格"的声音，质问他是谁时，来自那个声音的回答。见易卜生：《培尔·金特》，前揭，186页。

⑥ 萌萌，《对人生及其命运的思索与回答》，前揭，页275。

⑦ 易卜生：《培尔·金特》，前揭，页287。

淡，毋宁说，光明耀目的理性世界瞎了，仿佛真能视而不见沉沦的人世里浮现出的痛苦的真实。即便培尔最终回到了、毋宁说从未走出过索尔薇格的信念、希望和爱，即便培尔终于在索尔薇格的起死回生的爱的力量的包容中安宁地入梦，索尔薇格——毋宁说女人——的自足的丰富和完满，也恰恰成为爱和生命的苍白中托起的、被这苍白审视的浪漫色彩。

还是同一个问题：索尔薇格能引导培尔在爱的期待中寻求自身的净化、寻求个人的真实完整吗？要实现这一切，究竟是靠"绕道而行"满世界寻找的培尔，还是靠承诺等待并持守边缘化存在的索尔薇格？抑或，这理想只可能存在于一种超出性别而显示着自然差异的互补的相关性中？

> 女人作为本然地象征引导着男人，
> 又期待男人的注入成为丰富而真实的。[①]

这女人本身的悖论，在女人更接近自然人的意义上，或许能够被称作人自身的悖论吧。男人的苦苦寻找和女人的苦苦期待这幕到头来瞎眼的戏，就要在理性世界的错位的黯淡中落幕了。接下来要上演的，是西西弗斯的神话吗？培尔那盲目地寻找之后的同样盲目的回归，是否悄悄隐含着剧作家对人世命运的某种神秘

[①]　萌萌，《女人是男人心中袒露的秘密》，见萌萌：《升腾与坠落》，上海：上海人民出版社，1989 年，页 2。

暗示或心理倾向？或许正应了：培尔的不可战胜的意志和他的神秘的命运不谋而合了？[①]问题是：这不可战胜的意志究竟是要在理性的钢筋铁骨上、在疯狂的僭越和遗忘中固守自身的坚硬和专横；还是承认残缺、破碎、痛苦，承认理性的本体论假象，在直观着的差异性中给自身（包括男人和女人）开拓出作为自然人的立足之地？于是索尔薇格的等待瞎了的黑暗的双眼，才终于向这个世界公开了一个真实的秘语——"这个世界失去的正是它获得的、审视这获得的黑暗的眼光"[②]。

然而请不要忘了，"几年前读《培尔·金特》时，我的心理倾向是引导黑暗的光明"。

回到"绕道而行"前的森林茅屋旁。

培尔过去的丑恶以其残缺的形式意向着人生的完整，无论是心理的完整，还是精神的完整，还是不可能被同一、被化约的身体的完整——事实就是事实。而丑恶的痛苦却是比丑恶的事实更加持久的真实，这痛苦使培尔"站在笼罩着他的无边的黑暗中"，站在人生向黑暗坠落的关口上。很难想象，如果不是索尔薇格"应着培尔让小海尔嘉捎的口信，应着风和沉默传达的信息，应着从奥斯话中听到的信息，应着从种种梦境里、从漫长漫长的

---

① 　由萌萌描述希腊悲剧主题的句子而来，原句为："人的意志的不可战胜及其终将与神秘的命运'一致'的信念"。见萌萌，《命运》，选自萌萌：《人与命运》，广州：花城出版社，1990年，页119。

② 　萌萌，《为浪漫的宫廷色彩送葬》，前揭，页295。

夜晚和空虚寂寥的白昼得来的信息，来了"①；如果不是索尔薇格"像一片想象的光明""照亮了培尔的坐落在森林中的茅屋"，还有什么能够阻止培尔的灵魂向丑恶的深处坠落。这"想象的光明"中宛如升起温馨单纯的、如祈祷如祝福的歌声，抚慰着，也惊醒着人世的残缺、破碎的痛苦真实，护送一种虔诚的期待，在灵魂中亲历着"绕道而行"的炼狱。

这"引导黑暗的光明"能承担起人生的"绕道而行"，将人世的黯淡的痛苦引向复活的拯救吗？

培尔不是最终回到了古德布兰斯达尔的山岭中，②回到了被遗忘的索尔薇格吗？索尔薇格对"人生及其命运的奥秘"的回答"使培尔整个地融入了光明"，③她"既是期待的化身，又是培尔心中死灰复燃的期待"④。然而索尔薇格"作为纯洁、真诚的女人的神秘的象征"⑤，她所包孕的女人本身的悖论却显露出她生命的苍白。

或许是，"与其说索尔薇格苍白，不如说她充满着混沌意向

---

① 萌萌，《对人生及其命运的思索与回答》，前揭，页 272。戏剧原文见易卜生，《培尔·金特》，前揭，页 194。

② 戏剧所设定的培尔的家乡——黑格镇农庄所坐落的山岭。见《培尔·金特》，前揭，页 144。

③ "人生及其命运的奥秘"在萌萌指戏剧结尾培尔向索尔薇格的发问——"那个真正的我，完整的我，真实的我到哪儿去啦？"见萌萌，《对人生及其命运的思索与回答》，前揭，页 276。戏剧原文见《培尔·金特》，前揭，页 290。

④ 原文为："索尔薇格既是期待的化身，又是培尔心中死灰复燃的期待。"见萌萌，《女人是男人心中袒露的秘密》，前揭，页 2。

⑤ 出处同上。

的丰富的单一或单一的丰富"①；然而，混沌中如果蕴含着置之死地而后生的崭新起点，却总还需要再一次拔地而起的信心跟勇气。是的，爱，"是包含着生之肯定的、召回人的灵魂的终极目的"②，索尔薇格－女人－自然人的爱，无疑拥有这种"起死回生的永生的力量"③；只是，为何这肯定得坚韧的表达反而隐约透射出苍白的无力？在倾注生命的爱的期待中，索尔薇格不仅老了，而且瞎了。谁能够无视她的生命"向黑暗坠落的黯淡"这惊悚的真实！

　　六年了，戏剧中的文字意象一个一个深深地跌入了萌萌的"引导黑暗的光明"的想象。"想象"作为一个真实的问题，和同样真实的"完整""残缺"构成相互缠结的相关，可以提炼作这样的基础表达：一个隐藏的但丢失了的、完整的 X；X 的残缺的现实；补全 X 的想象－实践－失败。④因而三者交织缠绕的紧张，才构成"必须解决／不可解决"的真实悖论。⑤这悖论几乎贯穿了萌萌一生的时光，渗透了她的生活、心理和精神的方方面面。萌萌天生地有着形而上学式的对完整的渴求，却似乎过早地遭遇了人生的残缺和破碎，补全完整的想象，因而成为她一生的命符。

---

① 萌萌，《对人生及其命运的思索与回答》，前揭，页 277。
② 萌萌，《对人生及其命运的思索与回答》，前揭，页 277。
③ 萌萌，《对人生及其命运的思索与回答》，前揭，页 277。
④ 根据《维纳斯断臂之谜》中"萌萌的命符——'想象'"一节提炼而来。原文详见张志扬师，《维纳斯断臂之谜——萌萌的问题意识》，选自《萌萌文集》，上海：上海译文出版社，2007 年，页 1—2。
⑤ 出处同上。

而那时她心中正藏着"一个无法描述的惆怅",并且始终存在,那就是——"女人惊人的自信和惊人的不自信"①。

作为意识着的更接近自然人的女人,因为拥有更为真实、直观的思维方式、问题方式乃至生活方式,本可以拥有绝对的自信;而作为社会中的女人,在以理性为主导的男人的世界里,却被迫忍受着以男人为标准和以与之相对的"女人"为标准的双重价值的鉴定,因而不自信。②除此之外,作为一个女学者,萌萌曾说:"我不知道我为什么要跟着你们男人那样做学问?既要把你们强加的规定接受为责任,又要坚持女人作为自然人的权利,还要在双重的不利中被迫忍受你们的鉴定。"③

常常,萌萌会因为朋友的一个无意的评价,哪怕是赞赏(恐怕尤其是赞赏),而感到羞愧、无奈,甚至不露声色间已经受到伤害。这种伤害郁结在她的心里,长期难以得到疏解,以至于"他人"的眼光几乎成为她的实体。同时,萌萌长期关注的问题,既非热点,亦非时尚,加上她做学问的方式全凭自家体贴,而疏于理论概念,因而长期得不到作为学者应有的承认和尊重,甚至常常在讨论中因为遭遇概念式语言的"攻击"而难过起来。

直到人生的"而立"之年才聚集起来的眼光和思索,却遭遇

---

① 萌萌,《为浪漫的宫廷色彩送葬》,前揭,页291。
② 这双重标准更确切地说:一是男人用以男人为代表的理性的价值标准衡量一切人,包括女人;一是男人在理性价值的标准和前提下,从男人的立场和角度衡量女人。简言之,这两种标准其实一是男人衡量人的标准,一是男人衡量女人的标准。
③ 张志扬,《维纳斯断臂之谜——萌萌的问题意识》,前揭,页15。

到这样的学术困境，十多年过去了，仍然没有走出这种困境，这种做人为学的自信／不自信似乎很难不在一个极端敏感的心灵中扩散到惊人的程度。"于是沾满血肉的十字架／在时空的交接处耸立"，而"我"已"不再渴望飞翔"。

但"我"依然"期盼着生命的奇迹"。[1]

这如想象、如期待的生命奇迹一定生长自燃烧过后的焦灼的土地吧？然而"许多年过去了"，索尔薇格象征的虔诚的期待，不知什么时候从"我的琐碎得黯淡的生活""深深地沉落"了。[2]

"我"的生活不再被"期待"笼罩，取而代之的是"琐碎"，而且琐碎得黯淡。这琐碎不仅仅笼罩了萌萌从"而立"到"不惑"的十年，还一直笼罩着她在此之后直到终年的生命时光。在未完成的《人是可能死于羞愧的》笔记中，萌萌曾写下这样一段话：

> 我就这样回到写作，从纷乱的生活中突然找到一个词语粘连的头绪，沿着它去扩展问题视阈或已疏离了的知识积累，去串联像笔触或音节一样散漫着却可能藏着契机的经验的点滴。比如"羞愧"。它偶然吗，它会像我听说的阿拉伯图案从一个偶然的线条生长出缠绕得神秘而美丽的命运之花吗？[3]

---

[1]　萌萌，《为浪漫的宫廷色彩送葬》，前揭，页291。
[2]　萌萌，《为浪漫的宫廷色彩送葬》，前揭，页292。
[3]　张志扬，《维纳斯断臂之谜——萌萌的问题意识》，前揭，页25—26。

写作已经成为需要从纷乱的生活中"回到"的状态，纷乱的琐事挤占了她的生活时间，知识和阅读已经疏离，经验的点滴散漫得像凌乱的笔触或音节，她没有办法集中起来专注于一个问题的思考，只有靠一个词语，像楔子一样打入她的生活，去粘连词语所关联的问题视阈。

难怪萌萌会敏感于跳跃的词语，除了单个词语因脱离了既定的语境即既成的语言框架而凝聚着丰富的转换生成性这一因素之外；原来重要的，是它们还在她的生活的纷乱中，粘连着问题的头绪，串联着散落的经验的点滴可能潜藏着的"读－写"的契机。①

比如"羞愧"。比如和"羞愧"相关的"绝境"。它会像阿拉伯图案一样从一个细小的词语的茎上弥漫出一个丰硕而交织缠绕的问题花朵。它隐含进无数相关的如笔触如音节般的经验的点滴，而它们全都来自萌萌最真实的内心的隐秘。

"视为生命的文字"真的要"离我而去"了吗？"但我太爱哲学了"。②萌萌倾尽一生想要守住的、属于她、属于他们那个年代的至死不渝的理想、信念、使命，始终追逼着她，身处的时间－时代正在加速过去，自己已陷入生活和学术的双重困境，然而，她依然不得不面对的却是现实生活的纷扰繁乱，却丝毫无

---

① 萌萌把"读－写"的默契，看作一种机遇，一种宿命。原文为："这'读－写'关系中的默契，是一种机遇也是一种宿命。"见萌萌，《为浪漫的宫廷色彩送葬》，前揭，页291—292。

② 参见张志扬，《维纳斯断臂之谜——萌萌的问题意识》，前揭，30—31页。

法把自己从中分离出来。每当夜晚来临，白天的喧嚣归于宁静，她才能静下心来，从纷乱的现实世界回到自己的内心中来，或许才能恢复一点点思考，看一点点书，安慰自己。

生命中的各种不断严峻的困境，对于萌萌做人为学的不自信无疑是雪上加霜，她不是早就意识到自己已经处在向黑暗坠落的黯淡了吗？尽管这曾是她无力承受的真实，她无力承担的，是"以表达为生存却难以表达的艰难"哪。[1]

"我曾经期待着一次精神的日出"[2]，"我曾飞翔，环绕你"，然而"我"也始终奋不顾身地挣扎着冲破"你"的"耀眼的光芒"的"囚禁"，因为，"我"看清："你不是太阳"，"你"不是普世价值。[3] 一切号称普世价值的，都是虚假的，是理性强加给非理性；一神强加给诸神；西方思想强加给中国学术；历史强加给个人；男人强加给女人……一句话，都是意识形态。

"也许女人天生就是黯淡的，在这个以男人、以理性为标准、为尺度的世界"[4]。既然如此，这"黯淡"就成为女人的命运，甚至是苦难，是需要承担起来的拯救承诺。这苦难在萌萌，已然是转化了的持久的痛苦真实，一如残缺、破碎的真实。在这直观着的真实面前，一切习惯语都断裂了，渴望表达的表达处在转换中，被观照的情绪－感觉成为一次冲出板结化的日常生活

①　萌萌，《为浪漫的宫廷色彩送葬》，前揭，页292。
②　萌萌，《为浪漫的宫廷色彩送葬》，前揭，页292。
③　引用部分出自萌萌的诗作《坠落》。
④　萌萌，《为浪漫的宫廷色彩送葬》，前揭，页292。

的语言事件——[①]

终于，在艰难的剥离中，"我懂得了无语"[②]。

　　——在我的以表达为生存却难以表达的艰难生涯中，我终于找到了这样一个表达，仿佛找到了一个以承认残缺、破碎为前提的，有限的，总是处在语言转换中的立足之点。[③]

至此，时隔六年，萌萌初读《培尔·金特》时的心理倾向，或者说要靠一种心理倾向补救的事实倾斜，获得解决了吗？

时代在改变，问题在改变，萌萌生前已经感受到的自己和自己的分离，自己和社会的分离，自己和时代的分离，包括自己和朋友圈、学术圈的分离，到了今天，又是如何呢？是否已在等待的错位中瞎了双眼？然而不管外界发生着怎样的变化，一种理想，一种对丢失的完整性的追求这种最美好的东西，始终保留在萌萌的文字中。安知想象－追求的真实，不会比隐匿的完整的真实更加真实呢？

或许，生活的残缺激起的、这个历经了半个世纪的想象，本身就显示着拯救－复活的意义吧。

---

① 萌萌把"情绪－无语"作为语言化或说初始化语言的开端。详见萌萌，《断裂的可隐匿的声音》，选自萌萌，《情绪与语式》，前揭，页28—33。
② 详见萌萌，《断裂的可隐匿的声音》，选自萌萌，《情绪与语式》，前揭，页293。
③ 萌萌，《为浪漫的宫廷色彩送葬》，前揭，293页。

　　夜晚不知什么时候来临了，雨后的寒冷让人惊醒。

　　不知是哪一个瞬息，从未有过这样的感觉，只因感觉感觉的感觉不断消失、消失着，感官也慢慢地微弱下来，趋于空白。依然没有记忆的根据，然而紧张已趋于宁息，宛如刚刚宁息的夜雨。唯有一个想象无言地伸张……

　　断点，断点，断点……

"中国"人的德性

——有感于"人是可能死于羞愧的"[①]

朱　赢[②]

一

"中国"二字不离汉语语境。譬如英文 China，无法表达"中"的本义。然而"中国"作为"中心之国"的直解已屡遭诟病。尤其是民族主义的反对者们，对于古代"中国"中心主义的世界观多嗤之以鼻。由近代史观照，"中国"的优越感的确难堪。昔日傲视四夷的天朝上国不仅生生被打入"蛮夷"之属，更蒙受了古来四夷子民从不曾经验的绝境。莫非此乃天命之浩劫，欲使自视高贵者幡然觉醒？这是史无前例的一页，此后"中国"人只能背负扭曲：高贵的历史有多久远，衰败的讽刺就有多沉重——命运自身的晦暗似乎比列强击打更为惨烈，以至于烽火中幸存的

---

①　本文作于萌萌老师辞世七周年纪念之际。萌萌老师生前曾留下一语警谶："人是可能死于羞愧的。"有感于其自身深刻的问题意识，以及此命题在当下立场中对理解中国文化德性的重大意义，故诚心致敬而感怀申发。
②　作者单位：南开大学文学院。

中华民族在"现代化"之后，却仍面临"自立"与"认同"的困惑。不是有那么多人渴望褪去"中国人"的身份？所以真正的史无前例在于：作为一个"中国人"何曾是羞愧的？

上述问题虽攸关大体，其犹疑颠覆，亦不过近百年之间：一百年，颠覆三千年。"中国"之"中心"意义的瓦解，实际在"东西之争"的背景下发生；对于"中国"之"天下中心"观念的自嘲，根植于所谓东西文明的悬殊对比。历史不能改写：无法假设，如果西方不是以坚船、利炮、鸦片、资本的方式直白强暴，天朝上国的优越感是否将顽固不化。历史唯独证明：即便劫后余生，中国只能以自我否定的方式寻找出路——哪有什么"天下中心"？仅仅百年的历程已然揭示了三千年来的自大与自欺。

二

天下中心的优越感早已灭亡。那是祖先在"狭隘"中自取的灭亡。古人的目光太短，来不及一睹世界的真相；而中国的地位，只能由后代从劫难中检讨。或许耻于做中国人的群体都对此怀有深刻的检讨能力：祖先何其"蒙昧"，竟意图教导世代子孙自以为天下中心！所幸，终有那么一代人声称难辞其咎，进化的眼光几乎使他们无地自容于先辈可笑的自我中心论断。然而"中心"的观念由何而来？以"中"自居对一个民族而言意味着什么？若不直面这些原初，似乎检讨总不够彻底。

"中"字在甲骨文中形同一面旗帜，其本义就是在中央之地

立起旗帜:"立中即立旍,立中可以聚众"[①]。据唐兰先生解:

> 𐤐本为氏族社会之徽帜,古时有大事,聚众于旷地先建中焉,群众望见中而趋赴,群众来自四方则建中之地为中央矣。

要严格从地理上确定一个中心似乎并无可能。幸而,先民蒙昧的思维不会以"科学"测量地域中心。从甲骨文释义可见:氏族群众构成共同体,而"中"的地域方位则通过共同生活的聚众行为得到确立。先民似乎很早就意识到,"中"不为证明地界,而是出于群体共同生活的需要。起初的"中"如同姓氏,氏族部落血脉相联,而旗帜就是他们的身份。族人见旗帜飘扬便向"中"聚拢,说明"中"可发号施令,但能否就此将原初的"中"等同于人为的权力?或许在产生政治"立法"之前,生存的本能已让先民主动"聚集"。他们一起觅食狩猎、抵御外敌、躲避天灾,一起守卫氏族血脉;在"立法"之前,死亡的阴影已为他们建立默契;自然法则牵引类生活秩序的形成。与此同时,他们也学会在聚集中"立德"。自然宗法的血缘纽带,让他们在繁衍生息中逐步形成风俗伦常。所以与其说是"旗帜"要人们前往,不如说是人们自觉向"旗帜"归往。二者的区别在于,前者走向人为的政治法则,后者本自更原始的天道德性——其中或许就有政

---

① 见徐中舒,《甲骨文字典》,成都:四川辞书出版社,2006年,页39。

治的限度所在。

　　当然，在旗帜的号令之下终将建立起权威：人们从四方聚集，是由于有人立起了旗帜。就是那个站在正中的人。只有他可以站在那里，甚至就是他界定了"四方"；因为掌管旗帜，所以围绕着旗帜的人们也都围绕着他。问题在于，人们是向着旗帜而来的；那面象征群体身份和生存的旗帜，何以由他举起？

三

　　举旗立中，乃王者所为。甲骨文中有"卜夬贞王立中"；又有"己亥卜夬贞王勿立中"[①]。"立中"之举在王，但立或不立，仍求问于天。问天，意味着举旗者的有限权力：须心存"敬畏"，而不擅用"私意"。人是在限度中实现权威的。王者立中，是旗帜高高在上以招四方，举旗者甚至可以隐去。

　　中：旗帜——招人；
　　王：举旗者——人。

　　"中"因"王"而立，却并不因"王"而生。若不辨"人"之于其中的限度，谈王权几乎轻易就陷入政治的狡智。"王"在甲骨文中形似一把刀刃向下的斧头："象刃部下向之斧形，以主

---

① 见徐中舒，《甲骨文字典》，成都：四川辞书出版社，2006 年。

刑杀之斧钺象征王者之权威。"[1]先民造字将王的斧钺立地：是放下？还是准备提起？耐人寻味的临界。至少，"王"不是高举着斧钺耀武扬威；他所高举的只是旗帜。

王权——生杀。行刑的正当性来自旗帜；但旗帜只发出归往的信号，它并不昭示刑法。斧钺是握在人的手中，就是那个站在旗帜之下的人；当他开口指令，斧钺也同时示威。王是可以杀人的，但一个德性有破绽的人可以凭德性杀人吗？天道与政治间的裂痕如此致命！所以一个不知限度的人是没有资格拿起斧钺的，就好比一个孩子不可任用利器。

人的鲜血试炼德性的利器。鲜血，令德性两难。德性不完整，不可掌生杀；但即便德性完整，就可以杀人吗？天道在这等两难中俯视人道。生死本为天命，然而在共同体中，正由于德性无法完满，才必须使人的天命受限于立法。如果杀戮也是人的天然能力，那么斧钺的威慑本身就是禁止：限制杀戮是对共同体安全的基本保护。只有王能执掌斧钺；四方之众不得私刑。在生杀大权未被滥用之前，王者无疑担负共同体的至高护佑。所谓生杀大权，除非替天行道，否则无以为正义。而真正的王者，在执掌斧钺时又势必抽象为旗帜——唯其将自身隐去，否则人的面目终有破绽。

甲骨文为殷商时代之记录。钱穆先生认为："盖古代此黄河

---

[1] 见徐中舒，《甲骨文字典》，成都：四川辞书出版社，2006 年。

东、西两隈之交通，早已殷繁，故于商人中亦时见舜、禹故事之流传。"[1] 现有甲骨文资料中亦存有"尧"字。尧舜之德虽为儒家所主述，但想必在儒学诞生以前，先民对"圣王"德行已有知晓。司马迁曰："尧将逊位，让于虞舜，舜禹之贤，岳牧咸荐。乃试之于位，典职数十年，功用既兴，然后授政。"(《伯夷列传》)[2] 天下权位在让而不在争，岳牧首领出自民众举荐，且被举荐者需通过"试用期"考验方为授政。这说明大至天下、小到部落，领袖权皆本自德性——王可以立中，是由于他有守"中"的德性，所谓"无偏无党，王道荡荡。无党无偏，王道平平。无反无侧，王道正直"[3](《洪范》)。正直之"中"，使人们走向"王"如同走向旗帜。

旗帜－中－王，在德性上本为同一。《穀梁传》曰："其曰王者，民之所归往也。"(《庄公三年》)[4]《白虎通》释"帝王"为"号"，以"表功明德，号令臣下"。帝王之号，汉儒认为"帝者，谛也，象可承也；王者，往也，天下所归往"，并引《礼记·谥法》曰："德象天地称帝，仁义所生称王"[5]。在进入政治领域之前，是德性先于权力而自立。一旦四方归往，"王"自然成为"中"，即"王"的原初状态是感召凝聚，而非号令一统。"中"可以表现为统领四方的权力：它尊贵，因而四方卑微；它威严，因而四方

---

①　见钱穆，《国史大纲》(上册)，北京：商务印书馆，1994年，页31。
②　见司马迁，《史记》，北京：中华书局，1982年。
③　见孔颖达，《尚书正义》，北京：北京大学出版社，1999年。
④　见杨士勋，《春秋穀梁传注疏·庄公三年》，北京：北京大学出版社，1999年。
⑤　见陈立，《白虎通疏证(上)》，北京：中华书局，1994。

禁止——但必须为此加上前提，"中"是由德性确立的，尊卑在德性意义得其正当；若德性损失，王道随即陷落，王权亦失之正当。

四

尧知其子丹朱不肖，无以担当天下，遂将王权授与舜。舜起初让位丹朱。然而"诸侯朝觐者不之丹朱而之舜，狱讼者不之丹朱而之舜，讴歌者不讴歌丹朱而讴歌舜"，舜知天命难违，"夫而后之中国践天子位焉"。《史记》的这一说法在《孟子》中亦有相似陈述。此处"中国"指帝王居住的地方。《集解》刘熙曰："帝王所都为中，故曰中国。"（《五帝本纪》）[1]

严格说来，上述表达可能存在漏洞。因为目前出土的甲骨文中并无"国""或"二字，周初金文中才有"中国"出现。[2] 故尧舜时代的先民或许尚无"国"之概念。然而且将作为政体概念的"国"悬置，则"中国"二字可显出多层次的意义空间。

费孝通在《中华民族多元一体格局》[3]一书中对"中国名称的起源"有详细梳理，认为西周早期的"中国"有三种含义：一、指天子所居之城，即京师，与四方相对；二、包括丰镐、雒邑为中心的黄河中下游区域，即"中原"地区；三、指夏、商、周三族融为一体，并以夏为族称。及至春秋战国，"中国"概念有所发展，出现统一趋势。春秋时中原诸侯称为"中国"，而秦、

---

① 见司马迁，《史记》，北京：中华书局，1982年。

② 见费孝通，《中华民族多元一体格局》，北京：中央民族大学出版社，2003年。

③ 见费孝通，《中华民族多元一体格局》，北京：中央民族大学出版社，2003年。

楚等为"夷狄";到战国时七雄已同列"中国"。秦始皇完成统
一大业后,"中国"发展为统一的多民族国家概念。在上述含义
中,"中国"一词在夏、商、周三族活动区域间的转换及融合尤
需关注。"夏"的称谓极为特殊,它不仅指代夏朝,也发展为
"中国"的代称。从《国语·周语》中可知周人自认为夏人的一
支。在灭商之前,周人将自己的区域称为"区夏";克殷后将夏
代中心区域洛阳称为天下之中,即中国,又将商代中心称为"东
夏"。何尊铭文记载了武王克殷后向天告誓"余其宅兹中国,自
之辟民";《尚书·梓材》有"皇天既付中国民越厥疆土于先王",
可与铭文互证。此"中国"即是指雒邑。费孝通同时指出,在区
域上周人在西,商人在东,而夏在二者之间,又因发达最早,宜
称"中国"。《说文》称"夏,中国之人也",从中亦可知"华夏"
由来。此外,费孝通也注意到作为文化概念的"中国":《春秋》
明"华夷之辨"时,将"文化礼仪"置于"族类"概念之上,
"礼"于是成为"中国"的准绳:所行"有礼"可称"中国",所
行"非礼"则视为夷狄。

　　上述"中国"至少可分五种层次:

　　(1)原初意义:与四方相对的中国——天子所居;

　　(2)溯源意义:尊夏为中心的中国——天子所立;

　　(3)民族意义:夏商周合流的中国——华夏形成;

　　(4)文化意义:合乎礼法的中国——礼仪教化;

　　(5)政体意义:天下一统的中国——中央集权。

　　"中国"在不断扩大。无论是地域上还是族群上,它日渐浮

现出后人习以为常的形象：黄河长江，帝国王权；四书五经，人伦礼法。然而一种唯独属于原初的力量从高处俯视，它无争于世，却可能是历史真正的主宰。当周人将"中国"写为文字，实际就宣告了周取代殷而治理天下的正当性——因德立中。就是原初的那一种正当，在若隐若现中悄无声息地参与"中国"的一切演变。众所归往，因而有王；王者在中，于是有"中国"。"中国"曾是一个形容词加名词的偏正结构。谈"中国"，难道可以省略作为定语的"中"——"德性"？这几乎是"中国"之所以为"中国"的缘起。"德性－王权"结构，必须确保"中"首先作为一种德性概念，"中国"必须因德而立：一旦失德，中之不"中"，势必人心涣散乃至"国"之不存。"中国"也曾是一个抽象名词，象征由尧舜之治所抽象出的圣贤理想。尧舜必须余音不绝，以便令后代慕名归往。中国的意义或许已过于丰裕，甚至丰裕中竟含有国人的自我怜悯与憎意。但假如血脉犹可追忆，似汉字于古今之间尚可往来，那么反身而诚："中国"二字天命至高，唯有圣贤德治可为匹配。

五

是什么德性在成就"中国"？

崇侯虎助纣为虐，使西伯被囚，然而他的"谗言"真实不虚："西伯积善累德，诸侯皆向之，将不利于帝。"[1]（《周本纪》）

---

[1]　见司马迁，《史记》，北京：中华书局，1982年。

司马迁此处的表述暗藏反讽。连崇侯虎这样的人都知道善与德，并能从积善累德中感到不凡的力量。恶人即便丧尽羞愧，却未必会颠倒善恶尺度。对善人施以恶行，亦是以恐惧反证德性。西伯德高却"不利于帝"，说明"帝"失其正当。诸侯皆向西伯，即昭示"王者"易帜。所以"西周"被描述为注定要成为"中国"的政权：

> 西伯阴行善，诸侯皆来决平。于是虞、芮之人有狱不能决，乃如周。入界，耕者皆让畔，民俗皆让长。虞、芮之人未见西伯，皆惭，相谓曰："吾所争，周人所耻，何往为，只取辱耳。"遂还，俱让而去。诸侯闻之，曰"西伯盖受命之君"[1]。(《周本纪》)

虞国人和芮国人争执不下，到了周界，还未见到西伯就自知羞愧而回。他们入周是为找西伯裁决，说明西伯在他们心中有王者权威。但这个故事中的"王者"并没有出现，"权威"也一同被隐去。仅仅是民俗之美，便让两个国君臣服。[2] 诸侯因此说西伯是"受命之君"。在他们的"说"中，西伯已拥有了事实上的

---

[1] 见司马迁，《史记》，北京：中华书局，1982 年。

[2] 《正义》引毛苌云：虞芮之君相与争田，久而不平，乃相谓曰："西伯仁人，盍往质焉。"乃相与朝周。入其境，则耕者让畔，行者让路。入其邑，男女异路，班白不提挈。入其朝，士让为大夫，大夫让为卿。二国君相谓曰："我等小人，不可履君子之庭。"乃相让所争地以为闲原。参见司马迁，《史记·周本纪》，北京：中华书局，1982 年，页 117。

王权——尽管由始至终他都立于"不争"。

据司马迁所述，武王是在商纣杀比干、囚箕子后才下定决心征伐，因为"殷有重罪，不可以不毕伐"。此前武王曾有过一次出征，途中遭遇异象。当时八百诸侯不期而会，都认为"纣可伐矣"，但武王认为"未知天命"，所以率队折回。① 即便有众心归往，武王对称王天下谨慎再三。在司马迁笔下，他并不意欲争立，除非天命使然。

《尚书·泰誓》可视为天命之佐证。尽管此篇被认定伪作，但自其"德性"观之，则可见"改旗易帜"的限度所在。朝代更替中必有征伐，"暴力"在何种情况下才符合正义？《泰誓》宣告："天佑下民，作之君，作之师，惟其克相上帝，宠绥四方。"② 王者奉天而行，其正义取自天德而非凭人愿。荀子曰："天之生民，非为君也。天之立君，以为民也"③（《大略》）；君王若违逆天德，也就失去了为王的正当性——所谓"惟天惠民，惟辟奉天"。然而"替天行道"的一个前提是不可忽略的：当政权显出败象，施暴讨伐或许顺理成章，但以暴制暴者是否足以匹配"天德"？王道与霸道不可同论。时而，争霸者强立旗帜，亦自诩其暴力有德。

---

① 见司马迁，《史记》，北京：中华书局，1982 年。
② 见孔颖达，《尚书正义》，北京：北京大学出版社，1999 年。
③ 见王先谦，《荀子集解·大略》，北京：中华书局，1988 年。

六

回到甲骨文中观"中国"的王道之治：中，旗帜所立；王，斧钺立地——二者皆有关政治权力，但亦有政治之界限所在。

不妨将旗帜与斧钺视作王权的两种象征：一种是抬头仰视，一种是紧握示威。以此观"为政"的两种立场：德治与刑法。一把时刻高举着的斧钺是令人难以靠近的，所以"王"必须保有旗帜与斧钺间的真实奥妙。

传说舜帝治民不施肉刑，仅以"警告"令民自律："有虞氏之时，画衣冠异章服以为戮，而民弗犯，何治之至也！"[①]

武王在平定天下之后，"偃干戈，振兵释旅，示天下不复用也"。成康盛世，"天下安宁，刑错四十余年不用"[②]。

暴力若有德性，则其德应在"禁止"——禁止"暴力"以至于禁其自身。所以在一个有德的共同体中，暴力也应被隐去。武王克殷的正义在于制止暴力；《诗经·周颂·武》歌颂："嗣武受之，胜殷遏刘，耆定尔功"[③]，此处以克制杀戮作为武王的功绩。又"偃干戈，振兵释旅"是对德性的确立；《诗经·周颂·时迈》："载戢干戈，载櫜弓矢。我求懿德，肆于时夏。允王保之"[④]，此处王者收拾武力，所求乃是有美德之士。

---

① 见班固，《汉书·刑法志》，北京：中华书局，1962 年。
② 见司马迁，《史记》，北京：中华书局，1982 年。
③ 见孔颖达，《毛诗正义》，北京：北京大学出版社，1999 年。
④ 见孔颖达，《毛诗正义》，北京：北京大学出版社，1999 年。

"德"对"中国"这一共同体具有特殊意义。由于"中国"之根本是立于德性的，这使得"政治"对共同体秩序亦有限度——若简单将"中国"视为政治共同体，那么在德性的认识上恐不能周全。据《说文》："政，正也"；"正，是也。从一……古文正，从一足，足亦止也。"至于对"一"的理解，就回到了"道生一"的大德之上："惟初大极。道立于一。造分天地。化成万物。"①因此必须重视"道德"先于且高于"政治"的前提。政治根本上不是确立权力主宰，而是为实现道德的追慕。孔子"为政以德，譬如北辰"的叙述，就显示了"德"在"无为"中的力量。②

政－正－从一而止。止的两种方式：以外力禁止，或以自觉而止。共同体的立法属于前者。所以"政"在《论语》等经典中还解释为"法教""法制禁令"。③孔子曰："道之以政，齐之以刑，民免而无耻。道之以德，齐之以礼，有耻且格。"④（《为政》）此处"政治"的局限性极为明显："政"与"德"相对，"刑"与"礼"相对，说明以立法为根基的共同体秩序并非"上等"。某种程度而言，"以法治国"针对"中国"已属下策。刑法作用于恐惧，礼教作用于廉耻。德性无法因恐惧而立，正如一把举起的斧

---

① 见段玉裁，《说文解字注》，上海：上海古籍出版社，1988 年。
② 包注：德者无为，犹北辰之不移，而众星共之。参见刘宝楠，《论语正义》，北京：中华书局，1990 年，页 37 注释。朱熹：为政以德，则无为而天下归之。参见朱熹，《四书集注》，南京：凤凰出版社，2008 年，页 51。
③ 孔曰：政谓法教。参见刘宝楠，《论语正义》，北京：中华书局，1990 年，页 41。朱熹注"政，谓法制禁令也"。参见朱熹，《四书集注》，南京：凤凰出版社，2008 年，页 51。
④ 见刘宝楠，《论语正义》，北京：中华书局，1990 年。

钺不是使人羞愧的根源。

　　孔子在论述政、刑与德、礼的优劣时，一个重要的衡量乃是"耻"——民是否有耻成为判断共同体德性的重要标准。这就涉及"自觉而止"的层面。虞、芮二君向西伯决平：西伯既是德性，也表现为法度。但二君羞愧而回，法度被隐去了，所以在这一故事中，虞、芮二君不仅成全了西伯的德性，也由此实现了自身的德性。"中国"的礼教向德而立，落实到共同体秩序中，则人的羞愧自省意义重大。德性的地位甚至将人的自然属性消解——"人"随之也晋升为一种德性概念：有"礼"方可为"人"；非礼则可能被打入"非人"的境地。

> 鹦鹉能言，不离飞鸟；猩猩能言，不离禽兽。今人而无礼，虽能言，不亦禽兽之心乎！夫唯禽兽无礼，故父子聚麀。是故圣人作为礼以教人，使人以有礼，知自别于禽兽。（《曲礼》）

> 凡人之所以为人者，礼义也。（《冠义》）[1]

以"礼"为"人"定义，使人的位格在"礼"中上升：人不再凭借自然属性而优越。一个人即便未经礼教，恐怕也能知觉到人与禽兽间的差别。但礼教恰恰否定了基于自然属性的差

---

[1]　见孙希旦，《礼记集解》，北京：北京大学出版社，1989年。

别——"礼"不给自然人以地位；人不能以自然属性为高，高贵必须从德性中求得。譬如弱肉强食、纵欲无度等，都是属禽兽的，而非属人的。

然而"人之为人"的限定，大概为"中国"人所特有：仅限"中国"，绝不"普世"。如果"人之为人"同时伴有"人之非人"的问题，那也仅限于"中国"人的自我反省。简而言之，"中国"的"人之为人"不是定夺"中国"以外"人之非人"的尺度。未经教化者如何能知守"中国"的德性？而知礼守德者是不应仗势凌人的。"夫礼者，自卑而尊人"（《曲礼》）①——以"德性"自命高贵者本身就非礼失德。所以一个没有德性的自然人必定不是"中国"人，但"中国"人绝不能指责自然人非人。

"谦卑"不止于个人修养；更重大的意义在其作为共同体的德性。礼法所构建的德性即便"至善"，是否就应强制推行？如虞、芮二君是由于羞愧而领略德性的，这种羞愧可能强加？"中国"人的德性不可失其限度。哪怕礼法教化，也在德性的感召归往中实现："礼闻取于人，不闻取人。礼闻来学，不闻往教。"（《曲礼》）在德性意义上，并没有强制成为"中国"人的问题；华夏民族的形成与统一，绝不应忽略基于德性的感召凝聚。孔子答叶公问政曰："近者说，远者来。"（《子路》）不取人、不往教，持守德性使人"自来"，视为"中国"在德性光辉中的分寸限度，它避免了政治倚仗德性的势力而弱肉强食。

———————————

① 见孙希旦，《礼记集解》，北京：北京大学出版社，1989 年。

七

人是可能死于羞愧的吗？恐怕也只有"中国"人会如此提问。那么不如将问题暂且收缩：中国人可能死于羞愧吗？哪一种"中国"？

孟子认为"羞恶之心"是"义"的发端："无羞恶之心，非人也。"（《公孙丑上》）朱子注"羞恶"："羞，耻己之不善也。恶，憎人之不善也。"又孟子论"耻"："人不可以无耻。无耻之耻，无耻矣"；"耻之于人大矣。"（《尽心上》）朱子注："耻者，吾所固有羞恶之心也。存之则进于圣贤，失之则入于禽兽。"① 所以"人可能羞愧"的基本前提是：能将羞恶之心作为人之大义。即唯有当德性之于人是首要的，唯有当"人"必不可与"禽兽"同日而语时，舍生取义才是可能的。

伯夷、叔齐应是"死于羞愧"的典型。

> 伯夷、叔齐，孤竹君之二子也。父欲立叔齐，及父卒，叔齐让伯夷。伯夷曰："父命也。"遂逃去。叔齐亦不肯立而逃之。国人立其中子。于是伯夷、叔齐闻西伯昌善养老，盍往归焉。及至，西伯卒，武王载木主，号为文王，东伐纣。伯夷、叔齐叩马而谏曰："父死不葬，爰及干戈，可谓

---

① 见朱熹，《四书集注》，南京：凤凰出版社，2008 年。

孝乎？以臣弑君，可谓仁乎？"左右欲兵之。太公曰："此
义人也。"扶而去之。武王已平殷乱，天下宗周，而伯夷、
叔齐耻之，义不食周粟，隐于首阳山，采薇而食之。及饿且
死，作歌。其辞曰："登彼西山兮，采其薇矣。以暴易暴兮，
不知其非矣。神农、虞、夏忽焉没兮，我安适归矣？于嗟徂
兮，命之衰矣！"遂饿死于首阳山。(《伯夷列传》)①

伯夷、叔齐是慕名归往于周的，然而他们耻于宗周。为此，
甚至连吃周人的粮食都成为罪过。他们并非不知是商纣暴虐无度
才自取灭亡，亦深知天下宗周乃人心所向。问题的症结在"正
义"二字。"以暴易暴兮，不知其非矣"：即便武王伐纣依王道
为据，暴力的本相却终究面目狰狞；《索隐》就直言司马迁此处
是"谓以武王之暴臣易殷纣之暴主，而不自知其非矣"。唯有德
性在反观中自省："父死不葬，爰及干戈，可谓孝乎？以臣弑君，
可谓仁乎？"暴力的正义与反讽同在。伯夷、叔齐以性命将正义
的阴影画地为牢。西周代商本是德性的结果，但有德的政治仍然
让守德之人感到蒙羞。伯夷、叔齐拒食周粟，不过是以一己之德
性持守而叩问"正义"的限度；他们既非不知好歹，也无心违逆
潮流。"于嗟徂兮，命之衰矣！"他们叹息自己的死亡，乃是由

---

① 见司马迁，《史记》，北京：中华书局，1982 年。

于大道之不遇。①

　　政治的德性、人的德性以及天道德性：三者关系如此微妙，以至于"正义"往往在人为的声张中断裂。但舍生取义者是清醒的，他们知道德性的尊严远在现实的言说之外。太公视伯夷、叔齐为"义人"，这一"义"字，莫不含有政治家未曾吐露的羞愧？

　　死于羞愧—死于羞耻。未免偷换概念之嫌，有必要稍作辨别。

　　"愧"字从心，段玉裁曰："媿或从耻省。按即谓从心可也。"因而"愧"就有"耻"之含义。"耻"在《说文》中解释为"辱"②。羞愧和羞辱在本义上可互通，二者都建立在道德判断的基础上。但前者偏向内在的反省、持守，而后者转向外在的遭遇、评判。"羞愧"常与"惭愧"相连，"羞耻"常与"耻辱"相连：一惭愧、一耻辱，在意义转换间暗藏锋芒。

　　《礼记·檀弓》中也记录了一个在"羞愧"中饿死的人。

　　　　齐大饿，黔敖为食于路，以待饿者而食之。有饿者蒙袂辑屦，贸贸然来，黔敖左奉食，右执饮，曰："嗟，来食！"

---

① 《索隐》释"于嗟"为"言己今日饿死，亦是命运衰薄，不遇大道之时，至幽忧而饿死"。参见司马迁，《史记·伯夷列传》，北京：中华书局，1982年，页2123。

② 见段玉裁，《说文解字注》，上海：上海古籍出版社，1988年。

扬其目而视之，曰："予唯不食嗟来之食，以至于斯也。"从
而谢焉。终不食而死。曾子闻之，曰："微与！其嗟也可去，
其谢也可食。"[①]

嗟来之食的故事，直观看来是显现饿者的节操。相比伯夷、
叔齐，《檀弓》中的饿死者更直白地表露了"自尊"二字。但曾
子说，那是个不必饿死的人。他的死，可警醒人即便在行善之时
亦不可失礼，却不应误导人轻易为自尊放弃生命。所谓"儒可杀
而不可辱"在前提中必有区分。黔敖虽言语不敬，却非为大过，
所以曾子认为"其谢也可食"。

"嗟来"的死者与伯夷、叔齐不可同日而语。那个人甚至没能
留下姓名，而唯独抽象为一种教训。这种教训鲜血淋漓，仿佛从德
性中伸出刀光剑影。倘若伯夷、叔齐不食周粟是出于德性的内在持
守，那么"嗟来"之死却有着更强的外在受迫性。黔敖一呼"嗟，
来食"，饿者"扬其目而视之"，这样的反应已非在"惭愧"之中；
恐怕是"耻辱"感令一声"嗟"呼发挥出杀人以无形的威力。

八

"人是可能死于羞愧的。"为何是死于羞愧，而不是从善而
生？所以这一命题必须倚靠"可能"二字。就是潜在的"可能"，
以死之沉重焕发德之高贵；但也是"可能"二字，使德性徘徊于

[①]   见孙希旦，《礼记集解》，北京：北京大学出版社，1989 年。

明暗光影。

（一）

明：人是可能死于羞愧的

暗：人是可能不死于羞愧的

虞、芮二君相争，一入周界见周人互让便自觉羞愧，这当然是德性所焕发的力量。同样是感受德性的力量，崇侯虎却对有德之人施以恶行。一个知羞愧能反省的人大概是不需要暴力惩戒的，刑法示威反而会成为羞辱。假设一个共同体中的成员都持守道德，那么刑法是否显得多余呢？或许可以假设，"法治"就是为不能羞愧者存有的——未能自律，必行他律。问题在于，对那些绝不可能"死于羞愧"的人，以暴制暴纵使"正义"，但德性是否能在"暴力"阴影中持守自身？如何使德性既不死于暴力（示弱），又不死于德性的丧失（示强）？

"中国"人的德性，其高明与困顿共存于"限度"之中。反省是唯一的出路，知其不可而为。

（二）

明：人是可能死于羞愧的

暗：羞愧可以致人于死

伯夷、叔齐之死乃为个案。但齐人的嗟来之死可能走向群体。

　　死于羞愧或死于刑法，二者看似互为对立。然而道德一旦具有刑法般的威慑力，羞愧似已在恐惧中变异了。这可以解释，为何礼教立人最终走向礼教吃人。所以嗟来之死即便可作为"气节"之典范，曾子对此却并不赞扬。这一场"枉死"，警示贤者反思教化的分寸。吴氏澄曰："曾子之言，得中之道。饿者之操，贤者之过也。"①

　　不是所有道德都事关政治。"人是可能死于羞愧的"，此一命题当存照政治以外——它唯有立足德性自身，却不应成为统治手段，否则"耻辱"可能变异为凶刀。政治不是德性的规定，而是施展于德性的未及。伯夷、叔齐之死，决然有别于一种政治教人死于羞愧。这恰恰证明了，道德原本不是一种治术。

　　"中国"人有"中国"的"政治"取向。朱子注"道之以政，齐之以刑，民免而无耻。道之以德，齐之以礼，有耻且格"一句："愚谓，政者为治之具，刑者辅治之法，德、礼则所以出治之本，而德又礼之本也。"②纵观古今，未必所有的共同体都依德而治，"为政以德"也从来不是某种"普世"真理——然而"中国"一词，必须是与德性相匹配的。孔子曰："圣人治化，必刑政相参。太上以德教民，而以礼齐之；其次以政导民，而以刑禁之。化之弗变，导之弗从，伤义以败俗，于是乎用刑矣。"③可见

---

① 见孙希旦，《礼记集解》，北京：北京大学出版社，1989 年。
② 见朱熹，《四书集注》，南京：凤凰出版社，2008 年。
③ 见刘宝楠，《论语正义》，北京：中华书局，1990 年。

"政治"面向德性缺憾而用。谈及"政治"与"中国",即便不能如圣贤般在缺憾中怀有羞愧,难道不应对德性阴影有所警觉?政治的定义倘若无度,那么"为政以德"几乎只流于修辞技巧,而"中国"之根本恐将面目全非。

九

> 武王已克殷,后二年,问箕子殷所以亡。箕子不忍言殷恶,以存亡国宜告。武王亦丑,故问以天道。(《史记·周本纪》)[1]

箕子因进谏而被纣王囚禁,是武王进入商都后才将其以礼释放。纵然饱受故君之难又承蒙新君恩惠的人,箕子非但没有对"殷"控诉责骂,甚至不忍把既成事实的丑恶说出来。他了解"中国"的意义,也深知自己是"中国"的后人;即便生于失道亡国的时代,仍选择在"不忍"中持守其姓氏与血脉的尊严。连武王也因此羞愧。

武王的羞愧并不由于犯错。若论及对错,则武王更无须为伯夷、叔齐之死承担。"中国"人的德性,仿佛"对"有"不是","错"未必"非"——中道如此难求,但有羞愧令德性昭彰于"不得"。

---

[1]　见司马迁,《史记》,北京:中华书局,1982年。

"幸存者之幸与不幸"

——萌萌的苦难记忆与个体言说

龙卓婷 [1]

在文字中爬行的启示／原来是我的凝视

——萌萌

"幸存者之幸与不幸"是萌萌临终前的笔记，这个令人惊悚与惶惑的命题几乎可以概括萌萌经受了苦难却又执着于苦难的一生。之所以说"几乎"，是萌萌高贵、丰盈、自足且完满的一生岂能用一句话或一个词去概括。只不过因为这个命题，萌萌晦暗不明的生命和思想似乎略微清晰地呈现了出来。"幸存者之幸与不幸"也是萌萌临终前四个命题中的最后一个命题，可以说它在这四个命题中处于一个比较特殊的位置，更为重要的是，它几乎秉承了萌萌一生中所思考的最重要的问题——苦难记忆与个体言说，换言之，即语言问题如何在"纠缠于痛苦与苦难区分的语

---

① 作者单位：中国人民大学文学院。

境"① 成为生成性的，以及苦难记忆如何复活出精神性的意义。

"幸存者"在法国哲学家德里达的范畴里，带有始源的意义，构成他生存的在世结构，是作为"生－死复杂对立"的"是"。② "幸存者"一词追寻逝去的人的踪迹和幽灵，携带着遗留下来的未完成责任的灰烬和使命，这对萌萌而言有更重要的意义。萌萌的父辈与她自己的特殊经历，让她对"幸存者"这样的字眼有更敏锐而深刻的感触。萌萌所生活的时代，正是历史风云际会的时代，她经历过"政治、经济、文化、伦理、道德、信仰各个层面的危机"，正因为这种特殊的经历，她才认为她有"不可推卸的责任把它按自己的思考提升出来，表达出来"③。

一　萌萌的"承诺"与"曾经"

萌萌的个体经验与苦难记忆既是萌萌问题意识的起点，又贯穿她生命与学术的始终。譬如，她对本雅明、薇依、洛维特以及吕贝卡·寇眉的解释，都与如何承担苦难、如何让苦难记忆成为复活历史灰烬的活火相关。在《记忆中"曾经"的承诺》一文中，萌萌解读了吕贝卡·寇眉对尼采、本雅明和海德格尔关于记忆的政治的转述解读，深感于"曾经"与"承诺"和"复仇"与拯救之间的相关性与转换生成。而萌萌面对自己的承诺与

① 参萌萌，《语言问题何以对我成为问题》，见《萌萌文集》，上海：上海译文出版社，2007年，页118。
② 参德里达，《雅克·德里达最后的谈话：我向我自己开战》，杜小真译，《世界报》，2004年。
③ 参张志扬师，《编者导言：维纳斯断臂之谜》，见《萌萌文集》，页23。

欠负——对于父辈所遭受的苦难，她撰写了《为诗而受难的意义——"七月派"诗人的理想主义分析》一文。在此文中，萌萌超越了个人情感意向，分析了"七月派"诗人的理想主义话语与意识形态话语之间的冲突，将七月派诗人受难看作为中国知识分子受难，引申出七月派诗人"为诗而受难的死而复活的意义"①。

　　萌萌的"承诺"和"曾经"，不仅是她的父辈的苦难经历，还有她自己被下放到郧阳山区——她称之为湖北的西伯利亚荒原——所经受的苦难。在《断裂的声音》中，萌萌描述了自己的个体经验，包括最初纯洁完整和时间的初始经验，以及她在郧阳山区昏暗的煤油灯下挑灯夜读时的经历——"夜的驰骋的光明，点亮了多少黯淡的生活"②，而对于长达11年的下放经历中所经受的苦难，萌萌却一笔带过。萌萌展露在人们眼中的形象总是快乐、明媚的，如同清新、自然的阳光。谁会想到她会有那么多的常人不堪忍受的受苦的经历？她的文字所展现出的问题"专注到使命的程度"③，这都与她以及她的父辈的苦难经历息息相关。萌萌是走出来的人，就如她在读女作家筱敏时所撰写的评论文章《俄罗斯诗篇与理想的荒凉》中所说的那样："在一种表达中，经历成为表达的背景。"④

---

① 参萌萌，《为诗而受难的意义——"七月派"诗人的理想主义分析》，见《萌萌文集》，页146。
② 参张志扬师，《如何导读〈人是有可能死于羞愧的〉》，2010年课堂讲义，页2。
③ 张志扬师，《维纳斯断臂之谜》，见《萌萌文集》，前揭，页6。
④ 萌萌，《俄罗斯诗篇与理想的荒凉》，见《萌萌文集》，前揭，页407。

二　幸与不幸的区分

一个人、一个群体，甚至一个国家、一个民族，如何面对曾经经受的苦难？萌萌一生都在思考这个问题。尤其是背负着罪恶与苦难，背负着沉重的十字架的幸存者，如何面对曾经经受的苦难？对于萌萌而言，"曾经"绝非"一个碎片、一个谜语、一个可怕的偶发事件"[1]，"曾经"是我们每个人身上的"神秘的索引卡"[2]，指向记忆的过去，也指向"欠负"所托付的"救赎"。灾难或苦难的幸存者，灾难或苦难构成了他们欠负的曾经，构成他们"曾经欠负的索引卡"。萌萌的特殊经历——作为携带着两代人的"欠负的索引卡"的幸存者，她的选择与承担几乎沉重到令人窒息的地步。

萌萌在她临终前的笔记中谈到了"幸存"之"幸"的反向含义：

> 作为事实和语境的是灾难、使命受挫或一次赋予理想的事件的失败，甚至是一个剧烈酝酿变动时代的过去，它或许留下了什么，但随之带走而失去的更多，总之悲壮感过去了，留下平庸的生活。
>
> 再一层是要从事实与语境的深层处浮现出来的受命托付

---

[1]　吕贝卡·寇眉，《拯救复仇》，见《尼采的幽灵》，北京：社会科学文献出版社，1999 年，页 345。

[2]　这是本雅明描写历史时用的两个意象："神秘的索引卡"和"我们也携带着微弱的弥赛亚力量"。转引自萌萌，《复活历史灰烬的活火》，见《萌萌文集》，页 211。

中执着的命运（意义），它与现实其实并不切合，甚至现实已经离它而去（生活在别处了），但现实的成功恰恰是以过去最富精神性东西的丧失为代价的，也就是说，死亡的是现实存活的真实意义，可惜它被现实遗忘了，唯有少数幸存者为它而存在。

"幸存"之"幸"在于幸存者之幸存，它本身也有两重含义：作为一个外在事实，幸存者经受了苦难、挫折以及理想的破灭等等，更重要的是，她从更多的不幸者——在灾难或苦难中失去生命的人中走来，[1] 这对她而言既是幸运，也是检省；作为隐匿在外在事实的深层处的心理事实，幸存者的苦难经历在她内心烙下了刻骨铭心的记忆，这些经历对她而言构成了心灵的财富，这些记忆指向并期待着那可能到来的真正的救赎。而"幸存"之"幸"的反向含义却隐含着萌萌沉重的叹息：对于幸存者而言，那段苦难的时光、那个悲壮的时代已经逝去，或者说作为外在事实的事件已经过去，它带走的比留下的要多，现实生活的琐碎、繁杂切割着时间的整体感，平庸的生活、世俗的污秽让一个内心经历过伟大和崇高的人不堪忍受，"今后的日子将很慢很

---

[1]　萌萌临终前的哲学随笔《人是有可能死于羞愧的》谈到电影《绝处逢生》中银行家幸存归来时所说的话："我感谢那些死去的人"，萌萌对此的评论是："那意思是，活着的人应该感谢那些'在困境中死于羞愧的人'。"参张志扬师，《如何导读〈人是有可能死于羞愧的〉》，未刊。

慢"①；作为心理事实的苦难记忆，以及因苦难记忆而受命托付的救赎的力量，却在现实中被遗忘、丢失或者转换成怨恨、复仇的情感等等，总之，苦难的救赎与现实生活极度地不相容，富有精神性的东西、那真正深刻的东西丧失了，再者，人们遗忘了生存必然以死亡为背景，不仅仅在向死而生的意义上，也在活着本身即是一种欠负、一种送葬的意义上。也只有萌萌这样的少数敏感于苦难、敏感于曾经的欠负的幸存者，才不断地追问、清理，为它而存在。

　　萌萌不仅区分了"幸存"之"幸"的正面和反向的意义，也区分了不幸与不幸。萌萌的区分并不在道德的层面上，而是在事实的层面上。在《神性与自我救治——在期待的门槛上》这篇文章中，萌萌借薇依对"不幸"的描述，阐明了"不幸"的特性。不幸属于本体论的范畴，它不同于"不义"，不义是价值判断，而"在受苦的领域里，不幸是与众不同的……不幸占据灵魂并给它打下深深的烙印下"②。萌萌陡然发觉，正是因为不幸与灵魂的相关性，个人的自我救治才成为问题，这才是萌萌所要关注的真正问题。萌萌区分了两种不幸，这两种不幸因灵魂受苦而有

---

① 这是萌萌在《人是有可能死于羞愧的》这篇临终随笔中转述了电影《弗朗西斯》的女主人公说的一句话，对于一个在内心已经历过真实的深渊的人，一旦回复到日常生活，琐碎与平庸已让她无法忍受。在另一篇文章《爱与死，或被死亡惊醒的爱的回忆》中也有过类似的表达，"一个真正的回忆，意味着常态生活的断裂，意味着临近深渊的边缘状态"。(《萌萌文集》，页 273)
② 薇依，《期待上帝》，杜小真、顾嘉琛译，香港：三联有限公司，1994 年，页78—79。

不同的指向：一种不幸使得灵魂遭受了致命的伤害，使它因受损而无法复原，以致灵魂无法从受苦的事实中超越出来，它要么怨恨、复仇，要么懊悔、自怨自艾，要么消沉、麻木等等，根本无法从受苦的记忆中复活出精神性的意义；另一种不幸则不同，灵魂倾空了世俗积怨而能够从各种繁杂的情绪中超脱出来，以期待和接纳上帝的到来。萌萌显然倾向于后者，但萌萌和薇依还略有不同，萌萌"不是信徒的目的性祈祷，而是信徒的虔诚性期待，恰好遭遇了上帝的自主降临"[①]。萌萌区分了幸和不幸的两重含义，实际上并没有严格的界限，关键在于如何面对这种"幸"与"不幸"。只有具有精神性反省，才能超脱于这种幸与不幸，才能"截止下来承担起来哪怕微弱的救赎力量"[②]。作为从父辈和自身的苦难遭遇中成长起来的幸存者，萌萌天生地承担了从苦难遭遇中寻找生长契机的可能，对她而言，几乎是无法抗拒的命运，幸抑或不幸，萌萌坦然对之："让一切检验都来吧，只有不改的目的和不变的理想。"[③]

三　苦难、意义、表达

对于萌萌他们这一代人而言，苦难是生长着的，尤其对于萌萌这样的敏感者，无法表达的苦难本身就成为个人精神性的痛苦。在萌萌这里，苦难和痛苦有着区分的联系：苦难是一种外在

---

① 张志扬师，《编者导言：维纳斯断臂之谜》，前揭，页17。
② 萌萌，《记忆中曾经的"承诺"》，见《萌萌文集》，页253。
③ 张志扬师，《编者导言：维纳斯断臂之谜》，前揭，页22。

描述，它可能是人的普遍遭遇所遗留的普遍感受，而痛苦是纯属于个人的。苦难仍然属于价值判断的范畴，痛苦则是个人在内心所经历的咀嚼和撕扯，只有精神性的痛苦，才是从苦难的共同处境中挣脱出个人真实性的可能。萌萌看到，中国人承受着深重的苦难，而最大的苦难则在于在困顿麻木中重复和销蚀着苦难，因缺乏自我反省和承担的勇气和力量，苦难成为自我固置的形式。苦难转化成个人精神性的痛苦，转化成"渗透进个人心灵的身体性的痛苦的记忆"，才能打开一个断裂的缺口，让苦难向语言转换生成。

早在 20 世纪 80 年代，萌萌和她的挚友张志扬就提出了"苦难向文字转换为何失重""个人真实性及其限度"这样的命题，在某种意义上，这些命题，包括苦难与痛苦的区分以及梦与理想的区分，都是勾连在一起的。在萌萌这里，"梦是个人语言事件的端倪，它在痛苦的敏感中走在表达的中途"[1]。苦难记忆如何向个体言说转换生成？文字如何承载起苦难的记忆？这对萌萌来说几乎是构成生命的东西。萌萌一生都在寻求表达。然而，既成语言的框架使个人表达变得无比艰难，所以，只有在个人精神性的痛苦以及指向无目的的自由的"梦"，才能实现习惯语的断裂，实现从平均化的生存处境下走向真实的个人。

苦难记忆向文字转换，文字承载苦难、生发意义，即是说，只有直面苦难、直面个人的真实，实现语言的转换，才能够在语

---

[1] 萌萌，《现代转换中梦与理想的区分》，见《萌萌文集》，页 151。

言的转换中实现意义的生成。对"个人表达进入公共语言的可能"和"个人进入历史的可能"这两个问题的思考几乎是同时进行的。① 萌萌诉诸吕贝卡·寇眉、洛维特、本雅明等人的思想，正因为萌萌看到，他们"深知过去，即'曾经'，本身必然带有秘密标志，借此将自己引向救赎"② 萌萌因吕贝卡·寇眉对本雅明、海德格尔、尼采记忆的政治的思考，提出了这样的追问——对于曾经的欠负，究竟是复仇还是走出复仇的拯救？本雅明将唯物主义时间观与犹太教末世论时间观结合起来，所以他的时间既偏向于过去，又指向未来，他的两重意象——"神秘的索引卡"与"微弱的弥赛亚力量"——所有的苦难和不幸都指向了最终的救赎。

在《时间与意义》中，萌萌引用了洛维特在"时间"上的重要贡献，即用耶稣复活的"中心事件"区分了《新约》和《旧约》，萌萌将洛维特的"中间时间"概念引入个人的真实存在的理解空间，中间时间观立足于"中心事件"——对于重大历史事件的历史体验或感受，向过去与未来的两端投射。对于个人而言，个人所遭受的苦难及在苦难中沉重的心理体验则成为他的中心时间，"在这种意义上，'中间时间'是经验层面上个人的时间

---

① 在张志扬师看来，"'几乎'仍有一个时间差。个体语言的生成性前提在于习惯语的断裂，习惯语的断裂也就是统一时间整体的断裂并敞开其他时间形态，或向其他时间形态转换，这本身就准备了个体经验的意义呈现。"参张志扬老师，《维纳斯断臂之谜》，见《萌萌文集》，页17。

② 参吕贝卡·寇眉，《拯救复仇》，见《尼采的幽灵》，前揭，页358。

概念，是个人在苦难中的在体性担当的感受性时间形态。"[1] 这样的时间观既指向过去，也指向未来。在萌萌这里，正是苦难与不幸造成了时间维度的转换，苦难横亘在虚妄的历史进步论的连续性时间中，成为历史示义链的断裂和否证。只有锁链式的单向时间及必然性的因果链条断裂，个人在中心事件中体验到中间时间，"真实的个人对苦难的当下承担"[2] 才成为可能。

这种对苦难的担当，不是被动的，而是变被动为主动，真实的个人感受到生存的断裂，感受到在者生存的断裂中意义的生成。而对苦难的感受与承担上，萌萌区分了三种形态：重负、轻省的重负、轻负。当苦难与某种沉重的、终极的意义关联起来时，苦难则成为人无法承受的重负。然而，在很多现实生活的承担中，由于对待苦难的特殊方式——譬如，"吃得苦中苦，方为人上人"这样的方式，再比如，一个灵魂受到严重创伤的人投身某种信仰——这样的方式可以境界很高，也可以境界很低，在这种承担中，就将重负变成轻省的重负，在缺乏对苦难的深刻反省中化解了或者淡忘了苦难。而对萌萌而言，轻负才是在体性的人对苦难的真正的承担，它从经验的视域中消解了历史神学或历史哲学的某些虚妄，真正担当起人的责任，担当起苦难所生发出的意义。在对苦难的轻负中，"要在苦难中接受苦难的启示，就等

---

[1] 萌萌，《时间与意义——重负、轻负、感受的生成性》，载《萌萌文集》，前揭，页 182。

[2] 萌萌，《时间与意义——重负、轻负、感受的生成性》，载《萌萌文集》，前揭，页 183。

于接受存在的启示一样。"[1] 而只有个人感受的生成性感受到在苦难中死去的与活着的以及死而复活的东西，苦难才能真正成为"自我承担、自我撕裂的苦难的悖论"，就如前所述，苦难成为个人精神性的痛苦，成为痛苦的苦难能在苦难中转换生成着意义和语言。

作为一个一生都在担负着责任感和使命感的女学者和女思想家，萌萌临终前仍然在思考"幸存者之幸与不幸"如此这般沉重的命题。正如萌萌的挚友张志扬先生所说，萌萌的文字本身带有一种"特殊的暮色、一种深度的和受难的气"，萌萌被问题追逼着的灵魂中吹出了"冷飕飕的气"。[2] 我们只能说，萌萌的文字是有灵魂、有担当的文字。"幸存者之幸与不幸"这个从萌萌嘴里发出的苦涩的词，不仅是萌萌临终前仍然担负起的责任和重负，也是遗留给我们生者的警醒。

---

[1] 萌萌，《时间与意义——重负、轻负、感受的生成性》，载《萌萌文集》，前揭，页 188。

[2] 此段引文引自吕贝卡·寇眉，《拯救复仇》，见《尼采的幽灵》，页 366。原文为："只与自己的灵魂厮守的人……发现他的概念本身最终都有了一种特殊的暮色，一种深度和必然的气，一种无法交流和不自愿的东西，冷飕飕地吹向过路者。"

断裂的缺口：人生的残缺与人性的残缺

——萌萌老师的悲剧意识

肖训能 [1]

对萌萌老师悲剧意识的关注，起源于对萌萌老师生命最后时期的未完成稿的阅读经验。[2] 直观的感受让我留意到，这些文字既非学术性的表达，也非出于一般意义上作者直白或隐微考虑上的写作，毋宁说，这是一种个体心灵的独白语式，它拒斥强力的理性拆解，却向具有同样或类似心灵意趣的个体敞开。正如萌萌老师所说，"写作对于我，就像是跋涉在没有尽头的路上" [3]，是独行者"自我构成的听 – 说" [4]。因此我们也看到，萌萌老师在其生命的不同阶段、不同的文章里，她的文字经常性地环绕着一些厚重的语词（诸如情绪、想象、残缺与苦难等），表达着"走向表达的途中"的遭遇。

---

① 作者单位：海南大学社会科学研究中心。

② 相关文字参见《萌萌文集》，张志扬编，上海：上海译文出版社，2007 年，"编者导言"；以及张志扬师，《如何导读〈人是可能死于羞愧的〉》，未刊稿。

③ 参萌萌，《走向表达的途中》，载《升腾与坠落》，上海：上海人民出版社，1989年，页 219。

④ 参萌萌，《临界的倾听》，珠海：珠海出版社，1995 年，自序，页 1。

萌萌老师关注悲剧——更准确地说是——日常生活的悲剧。日常生活的悲剧不同于普罗米修斯式的"兼有英雄悲剧特征的命运悲剧",也不同于哈姆雷特式的典型的"性格悲剧",而是把二者中"浓缩了的生命舒展开来",并且"自我得救必须成为普遍的原则"。[①] 然而,由于"缺欠是人的生存方式",因此个体真实的生存处境也便必须直面人生的残缺。"残缺"已然隐含着价值判断的痕迹,而自我得救是否意味着还原到事实性的"差异"或者另有途径呢?

一　个人的真实性

尽管在萌萌老师的文字里,"人""人类""男人""女人"是常见的表述,但我们却不难看出,在它们背后支撑其意涵的是一个个单个的个体,我们可以列出一长串这些个体的名字:普罗米修斯、培尔·金特、娜拉、哈姆雷特、史铁生、薇依等等。不但如此,在这些个体的背后,往往也指向着对公共群体的规避并走向临界。普罗米修斯被缚于高加索悬岩,其对立面便是以宙斯为首的新神体系;娜拉宣言"现在我只信,首先我是一个人"[②];史铁生独自面对空旷的地坛;薇依则在"期待的门槛上"拒绝进入教会。最后,萌萌老师自己呢?

萌萌老师对这些个体的关注并由此引发的沉思,自然不只是

---

① 参萌萌,《应提升到精神的精神现象》,载《萌萌文集》,前揭,页 46。
② 参易卜生,《玩偶之家》,载《易卜生文集》第五卷,北京:人民文学出版社,1995 年,页 202。

一种学术上的喜好，而是"在超验的背景下发生的个人的语言事件"①。因此，"人"——在萌萌老师这里，它并不是指称一个"类"的名词。回到萌萌老师自身——"我希望我能真的成为一个独行者"，而独行即是"从普通化、平均化的抽象中独立出来"从而获得个人的具体性、真实性。当然，独立出来并非是一种出世的隐居，相反，独行者（也只有独行者才可能）走向他人、走向世界。这并不意味着一种迷失，而是让他人、世界成为"我"的限制——他们构成了"我"的有限性，从而找到"我的边缘性地位"②。

正是对人有限性的意识，才能让人决心生活在现在，而"缺欠、弱点、局限，是人的生存方式"③。缺欠——"残缺"，这个词本身便预设着一个整全（健全），如此残缺才获得它的位置，就像史铁生的瘫痪一样，前提是他曾经有过健全的肢体，或者说，在几乎所有的他者那里有着的，在我这里却是没有的。

既然意识到了人生的"残缺"，那么"救治"就会成为每时每刻的期待，或者接受"残缺"，拥抱当下的真实及其意义的生成。在第二种情况中，残缺已无所谓残缺了，所以只有在认信残缺的真实的前提下，才会有恢复整全的冲动，才会有需求"救治"的意念和行动。抑或，后者本身即是一种救治的途径。

---

① 参萌萌，《神性与自我救治》，载《萌萌文集》，前揭，页191。
② 参萌萌，《临界的倾听》，前揭，自序，页3。
③ 参萌萌，《缺欠是人的生存方式》，载《升腾与坠落》，上海：上海人民出版社，1989年，页89。

二　从人生的残缺到人性的残缺

日常生活的悲剧在史铁生身上得到了鲜明的体现，这或许也是萌萌老师关注史铁生的原因。[①]

当或然性的苦难（双腿残废）临到史铁生时，在作为一个个体的他身（身体）上，我们可以说，"他在受苦"。但是，在我们看来是身体性的受苦对于他自身来说却已经内在沉积到了灵魂的深处——痛苦在精神性的灵魂深处，使苦难转化为个体的不幸。因此，在史铁生身上发生着两重事实向价值判断的转化。一重是外在他者的价值评判，即双腿残废这样一个事实已经被个体生存的社会、群体定义为一种不幸，以至于不幸的个体不再能作为一个具有事实独特性的个体参与群体。另外，在个体的内在，史铁生也接受了这样一种苦难与不幸的定义，以至于个体在面临自身身体性的残缺时，这与他人的"差别"变成了不幸的标识。

另外，在《我与地坛》中史铁生也着意描绘了"一个漂亮而不幸的小姑娘"。我不忍心将"漂亮"与"不幸"并列在一起，尤其是在一个三岁左右的小孩子身上。她什么都不知道，她什么都没有做过，她也从来没做错过什么，但在我们眼里的残缺（能说是苦难吗？）在她身上成为一生抹不去的印记，而且不只是在

---

① 在萌萌老师对《培尔·金特》的解读——《对人生及其命运的思索与回答》中，这一"日常生活的悲剧"也得到了很好的呈现。然而，本节关注的残缺、苦难、文字、不幸等主题，萌萌老师就相关问题在对《我与地坛》的解读——《谁来救治人生的残缺》中进行了切身性的思考。参《萌萌文集》，前揭，页391—405，以及史铁生，《我与地坛》，济南：山东画报出版社，2002年，页7—42。

肉体上，更是在连她自己都无法察觉的思想里。苦难、不幸，我觉得用在这个小女孩身上并不合适。的确，残缺的事实（或事实的残缺）为什么要向价值评判的苦难与不幸转化呢？我知道，在小女孩身上并不存在这样的转化，因此对于她来说，她没有苦难与不幸，她看到的最多就是自己与众不同的差别——"凭她的智力绝不可能把这个世界想明白吧"？所以，苦难与不幸是我们这些觉察到差异的人强加给她的价值评判。而如果小女孩接受了我们这样的眼光，那么就等于在她的灵魂上划上了难以救治的疤口，从此我们（社会）的苦难与不幸成为她切身的经历。①

　　差别——这是一个不可改变、不可消除的事实。消除差异的世界就会如同批量生产的玩具世界一样，没有生命气息，在自身中也找不到存在的意义。因此，差异是必要的。只能接受差异——但是否意味着只能接受苦难？上帝将差异分赐到不同人的

---

① 关于"他人的眼光"，萌萌老师在早期的文字记录——"在悲剧性的日常生活里"（载《升腾与坠落》，页122—140）便已有了记述，这是萌萌老师出于切身性的经历和感受留下了感悟性的文字。例如：

我从小就不在乎别人的眼光。
但突然有一天，一切来了个根本的改变……别人的眼光突然触动了我的生命攸关的问题。于是我惶惑了，无所适从了。（页128—129）

这个他者（第三者）的眼光作为一种那个强制性的力量，使被关注的个体产生了羞耻感（羞愧），但是，"他人的眼光是不可能去掉的。问题在于能够无视他人的眼光，从精神中派生出自己的形式"（页130）。这一他者的眼光及其带来的羞耻感（羞愧）一直到萌萌老师最后的未完成稿中依然成为问题，而且萌萌老师总能从个体的生存性感受中看出民族、国家的现代性之现实处境，并由此提出自己的问题关切。

身上，使每个人都具有区别于他人的独特标志。这个标志本是直接关联着个体独特的生存意义的，如何在有的时候却转化成为苦难、不幸的来源？"看来上帝又一次对了"——上帝并没有错，错的是人的眼光。人的眼光将差异化成切肤之痛，成为个体生存的苦难与不幸。"由谁去充任那些苦难的角色？"这是一个天问，倒不如说是一个人自身该回答的设问。背后隐藏的其实是对上帝或命运的怨恨及质问："为什么是我？"但上帝或命运在人的苦难与不幸中是亲密地区分着的，即是不幸与差别的区分。

史铁生在"最狂妄的年龄上忽地残废了双腿"，这种人生的残缺既然不可预知也非人为可避免，那么该如何去理解人生的残缺？而如果说，"'两次世界大战'后，托马斯·曼发现，没有人是健全的，这个世界从肉体到心灵都残废了"[1]，那么这里的表达其实已经转入了"人性的残缺"。然而，"两次世界大战"前人性还是健全的吗？如果是，"两次世界大战"又如何成为历史的事实？如此看来，人性的残缺本身即是一个事实，而且是一个历史事实。因此，当以"人性的残缺"的眼光去看"人生的残缺"的事实时，苦难与不幸由中而生。

萌萌老师关注"差别向苦难"转换的社会因素，在个体上的转换则给出了以下限定，即"心理上随意性的价值判断"[2]。在此基础上，我甚至觉得个体才是使得差别向苦难或幸福转换的根本

---

[1]   参萌萌，《谁来救治人生的残缺》，载《萌萌文集》，前揭，页 396—397。
[2]   参萌萌，《谁来救治人生的残缺》，载《萌萌文集》，前揭，页 399—400。

原因，即差别在个体身上落实为苦难或幸福的原因是其自身。差别的事实很好理解，问题是如何理解"苦难"？用社会的定义吗？"打入牛棚、关进监牢"——这是一个社会之于个体的苦难，但对于个体来说，这跟"截瘫"一样，同样是一个事实，亦即社会加之个体的"苦难"对于个体来说首先是一个事实。这个社会性的苦难只有在个体的精神、灵魂深处造成伤害才能实化、转换为个体的苦难，而如果没有这个过程，个体所遭受的不过只是肉体上的损坏以及生活方式的转变，亦即个体可以将自身以及外界"物化"为我之外的东西——我的灵魂是整全的，我所看到的是自身或外界"物性"的转变以及由此造成的差异。

因此，在我的理解里，不幸与"人性的残缺"相关，即差别向苦难转化的个人维度。人性的残缺使得差别向苦难、不幸转化成为可能，使人生的残缺成为可能，但同时也是人性的残缺使得崇高成为可能。不用说是"两次世界大战"后，人性的残缺问题才被提了出来，这一直就是人的一个既存事实。设若双腿没有瘫痪的我，心灵却也可能同样在不幸的池沼里呻吟。我体验着我的人生的残缺，归根结底是我人性的残缺使之然。这即是断裂的缺口。

问题是，几乎所有的人都在差别之中建立自身的优越（幸运）或者不幸。在这个意义上来讲，当我们问"一切不幸命运的救赎之路在哪里呢？"时，我们不也该问——"一切幸运的救赎之路在哪里"吗？凭什么要在比较（差异）的弱势中建立不幸？又有谁能承当差异的比较中的完美评判标准？归根结底，我们都是不幸的。但又都是幸运的。如果人性的残缺或者残缺的人性是一个恒常存在着的问题，那么从历史的沉淀以及不同种性的文化类型中，我们是否能找到曾经存在着的救治残缺人性的药？也就是说我们可能在毫无根基的基础上直面残缺的人性吗？倘若智慧的悟性能引领至救赎之路，问题是并不是所有的人都能获得这样的智慧和悟性，而且面对那位"弱智"的三岁小女孩以及萌萌老师记述的"弱智的天才画家"罗铮[1]，常人的所谓出路又有什么意义呢？看来，在通往救赎的路上，因着先天或后天的差别，不同的人走出来的路也是具有差别的。而凭着文字，"史铁生早已从轮椅上站起来了"，成为言成肉身的站立着的"他"。

三　自我救治的可能

在《神性与自我救治》一文中，萌萌老师看出了史铁生与薇依之间的差别，即没有忏悔的反省（史铁生，中国文人）与不幸中通过忏悔向上帝（挚爱）的献身（薇依，基督徒）。以下借助"不幸与不幸的区分"（《神性与自我救治》第二节）的眼光尝试探讨这种差别的内涵。[2]

萌萌老师提到的"不幸与不幸的区分"，这是薇依敏锐的眼光所把捉到的。首先，不幸的特性是灵魂的伤害，灵魂的伤害使受苦成为不幸。不幸不是不义，而是需要在本体论层面上来把握的个人灵魂状态。（正因为不幸是个人的，个人的自我救治成为

---

[1]　参萌萌，《谁来救治人生的残缺》，载《萌萌文集》，前揭，页 400—401。
[2]　参萌萌，《神性与自我救治》，载《萌萌文集》，前揭，页 191—202。

不幸中的个人的切身问题。而关键就在于，"不幸的个人的自我救治如何可能？灵魂丧失导致的不幸一定得用灵魂的复苏来救治吗？"）也即是说，社会性的苦难落实到具体的个人身上（身体性）——受苦，[1] 使苦难转向精神性的痛苦，在这种转向中，受苦有很大的可变性，或可指向性。薇依在此把握上区分了由受苦指向心灵的两种不幸，即不幸与不幸的区分。

第一种不幸，是个人在受苦中灵魂受损，进而使人出现消沉、绝望、萎靡不振等等负面、凡俗的心理反应。此时灵魂成为不幸的同谋，使人生活在"过去"的伤害中，甚至窒息身体性的生命。这是几乎所有人都会经历的体验。而第二种不幸，是受苦指向灵魂里的反省，从而升华到面向上帝，在上帝那里灵魂倾倒世俗、负面的积怨以接纳上帝的挚爱。此时不幸已成为赐福的不幸，受苦的人摆脱了"当下"的伤害，灵魂因被上帝接纳而涌现的欢愉消融了时间内身体的残缺与灵魂的痛苦。

由上可知，造成这两种不幸的区分的关键，或体现这种区分的是上帝，即挚爱。上帝使受苦中个人的"身心一体"断裂为一种相关，即上帝成为身心的居间者，不幸由此成为可指向性的中介，即它在转换中。而在前一种不幸中，身心固置为一体拖拽着个人成为不幸命运的陪葬品。

薇依固然取的是第二种不幸，即信仰转换。我自己的不幸成

---

① 萌萌老师或薇依对于苦难的社会性强调，对此我在本文的关注视野中，是有所保留的。

为上帝对我的拯救的体现，因而拯救总是自我拯救，爱上帝就是上帝爱我的体现。这里面没有必然的因果关系，而是一种"相关性"的关系。问题是如何理解这个"相关性"，因为这里还潜藏着一个没有答案的问题，即处于不幸中灵魂受损的个体，如何有能力转向上帝（向上帝敞开）？萌萌老师说，"挚爱相关的却是经验与超验。它不仅表明对上帝之爱的承纳、期待、祈祷，同时表明对上帝的忏悔、奉献"。所以，在不幸中向上帝的转向经历着"经验与超验"两个层面上的转换——经验关乎对上帝之爱的认同，超验关乎个人对上帝的忏悔，经验与超验均是相对于不幸中的个体在现象学上的描述。所以，这种关于"相关性"的对"拯救"的理解，显然已经超出了信仰的超验维度，而是在现象学还原的层面，回到"我"在不幸中与上帝的遭遇。

那么，不幸中的史铁生又取的哪一条转换路径呢？他转向了上帝吗？他经历着不幸的悖论吗？显然不是薇依的信仰转换，但他又没有被不幸的命运挟持。萌萌老师的解读里，史铁生终归还是一个中国文人，即他走向的是没有忏悔的反省。在这里，"忏悔"是直接与上帝相关的。虽然我们在《我与地坛》里不止一次地看到他对上帝关于世事的追问，但看不出他对上帝忏悔的回归。但他在不幸中的确找到了一条路，他回答了人为什么活以及怎样活的人生堂奥之间——他的路就是写作，更直白地说就是文字、语言。这便是萌萌老师看为更彻底、鲜明的语言转向（转换），甚至信仰转向本身就是"一种消除当下的在场性、还原生成性的语言方式"。也即在不幸的悖论中又有着"亲密的区分"，但都体现着对个体性的揭示：薇依走的是超验的纯粹个人信仰的维度，萌萌老师则看到了哲学领域上对形而上学的清算路径。

史铁生的写作即是一个语言转换的事件，虽然他并没有清算形而上学的意识。所以，写作成为史铁生自我拯救的形式，以致有一天当他意识到写作竟使他成为人质，他又想到了死。萌萌老师一句很类似的话，使我颇为惊讶：

> 至于拯救的形式，我看，只能是文字，首先是《被问题审视的记忆》这样的文字，然后是《断裂的声音》与《情绪与语式》这样的形式，后者是为前者铺垫的，而不是相反。①

在另一处，则更为悲凉，"我视为生命的文字为何离我而去……我把文字看作更高的生命体"。② 史铁生为什么写作，萌萌老师又是为什么写作？萌萌老师与史铁生似乎有着相似的生命气质。

四　为何是写作？

这里我们回到史铁生提出的三个问题，即"要不要去死，为什么活，我干吗要写作"。但在真正进入这些问题之前我们似乎

---

① 参《萌萌文集》，前揭，编者导言，页 27—28。
② 参《萌萌文集》，前揭，编者导言，页 30。

得先面对一个更基本的问题，即"智力问题"。为何那位漂亮小女孩的弱智在我的眼里、在大家的眼里成为她的苦难、不幸？我震惊于一个事实：小女孩自己并没有感觉到自己的苦难与不幸。我几乎说不出话来。小女孩的智力缺陷消除了——而且是彻底地消除了他人眼光中的羞愧、受苦、苦难、痛苦、不幸。到底是智力为不幸的人找到出路了，还是弱智？我想起了伊甸园里面的那个苹果！

当然对于一般意义上智力还属健全的人来说——即使是双腿残废了的史铁生，他的智力也还是健全的，"弱智"纯属一种特例。在弱智天才画家罗铮的身上有着一种"作为差别的精神气质"，然而正是在这种人的有限性上"上帝要在这儿看到人建立平等的能力"。为何面对罗铮的画作有人会"感到自己多余的东西太多了"，"在罗铮面前，我们才是弱智"？如此反讽性的现象是不是能让那些凭借事实差别建立价值评判的人闭口不言？至少在这样一种已存的事实上，人们能够看到"让正常人开一开眼界"的独特表现，而罗铮的表现方式便是他的画作，这也是他的"语言"。[①]那么，其实不管我们智力程度如何，我们都得面对自己的"语言"和表达了，史铁生的"语言"便是他的写作。

史铁生提出的三个问题归根结底就是第三个问题，即我为何要写作，它关联着前两个问题的出现和解答。写作的问题不解决，死与活的问题就会一直像幽灵一样地时隐时现，搅扰着在碰撞出来的这条路上的旅行。对于双腿残废的现实，灵魂需要给自

---

① 参萌萌，《谁来救治人生的残缺》，载《萌萌文集》，前揭，页400—401。

己一个活下去的理由。为什么是写作？

　　写作是个手工活。正如一个真正的衣柜匠需要对木料的"本质的尚未敞开的完满"有熟悉的了解，这种对木料的关切支撑着整个技能活动。而没有这种关切，整个技能就是瞎干、蛮干。同样，写作作为一个手工活，真正的写作本身亦有其尚未敞开的完满。海德格尔在其讲演中说，"思也是一项手工活（Hand-Werk）……手所能具有的本质是一会言说、会思的本质，并能在活动中把它体现在手的劳作上"①。一旦偏离如此的把捉，写作就变成了瞎干，既然写作已不再是个体言说与思的书写，文字也就失去了灵魂与生命。

　　因此，为了写作而活着的人生，乃是将写作变成一种生存技术，一种重复着的生硬的词语拼凑，以换取肉体所需的面包。这时，与其说是写作维持着作者的生命，倒不如说是写作绑架了作者——肉身与灵魂。写作从以往不幸灵魂的出路，变成了如今的末路。除非重新找回手所具有的"会言说、会思"的本质，否则文字意义空间的阻塞、死寂，也必将作者带入新的人生残缺——双腿的残废变成今天双手的残废，而背后是更可怕的灵魂失语。这种状况直接将人掷入前两个问题——要不要去死（为了摆脱人质的重负）、为什么活（如果不死，我又如何找回自我真实、自由的灵魂）。所以，活着不能只是为了写作，而写作也只是为了

---

① 参海德格尔，《什么召唤思？》，载《海德格尔选集》，孙周兴选编，上海：上海三联书店，1996 年，页 1218。

活着。在这亲密而又绝对的分离中，个体的言说成为生存意义的彰显，写作只是这言说的文字呈现。

阅读中触动我心灵的是萌萌老师的这段话：

> 其实，我早已发觉，我的意趣的悲剧的本质，即相信在悲剧中有崇高的东西。而那是我的归属。如果不是恩赐，我将在夜行中想象我的太阳。文字就是陡峭山崖上的鹰，以最后的跌落为自己的生命。[1]

史铁生由身体的残缺转换到人生的残缺，不幸并没有侵蚀他的身体与灵魂，反而灵魂在地坛的空旷幽明中碰撞出新生，进而在写作中找回自己生存意义的体现。由于生存境遇的阻隔，我没有办法体会萌萌老师的人生的残缺，但文字在灵魂的特质里可以达成沟通，就像萌萌老师读《我与地坛》的深刻感受一样。不幸，的确不等于外在的苦难，它是苦难、受苦内置于个人心灵里的对个人已经固置了的生存价值、意义的剥离，以至于处于不幸中的个人失去了生存的期待，要不落入薇依词典里的第一种不幸，要不便经历着"悲剧中有崇高"的转换，即信仰或语言转换，而这已是个人重新参与了生存意义的建立。

因此语言问题成为萌萌老师几乎不变的关注，而语言问题又是与"自我救治"相关的。"在这一个世界上，我真正迷恋的是

---

[1]　参《萌萌文集》，前揭，编者导言，页30。

思索与感觉，是声音和文字"①。这是"听－说"的生成性关联，也是一个语言的生成问题。然而在萌萌老师的一生中，语言的转换（或生成），即"听"与"说"之间的过渡、转换，变得如此艰难，以至于感受着"父啊，你为何要弃我而去"的悲伤，而发出"我视为生命的文字为何离我而去？"的苦痛召唤。

萌萌老师似乎一生都在听"断裂的可隐匿的声音"，感受着"虚无中的升腾与坠落"，②表达着"永远在期待中"的表达……③

① 参萌萌：《临界的倾听》，前揭，自序，页1。
② 参萌萌，《在悲剧性的日常生活里》，载《升腾与坠落》，前揭，页128、139。
③ 参萌萌，《走向表达的途中》，前揭，页211。

世界的光荣就这样消逝了

——读萌萌的《为浪漫的宫廷色彩送葬》[①]

陈　辉[②]

> 这出戏的题名将是："世界的光荣就这样消逝了"。
>
> ——《培尔·金特》第五幕第八场[③]

一

　　《为浪漫的宫廷色彩送葬》是**萌萌**老师读解**易卜生**的诗剧《培尔·金特》的文章。[④] 这个题目直观地看上去就是一个动宾短语，它对应着一个动作，这个动作意味着"告别"，告别的对象是"浪漫的宫廷色彩"。可这"浪漫的宫廷色彩"指的是什么？可与那《培尔·金特》有关？或者更确切地说，它可是由这

---

① 载于《萌萌文集》，上海：上海译文出版社，2007年，页282—288。后文中凡出自此文的引用不再——注明。

② 作者单位：海南大学社会科学研究中心。

③ 参见《易卜生文集》第3卷，萧乾译，北京：人民文学出版社，1995年，页437。

④ 参见张芳宁，《期待：在幽暗与炫目之间——读解萌萌〈为浪漫的宫廷色彩送葬〉》，载"启示与理性"第四辑《政治与哲学的共契》，上海：上海人民出版社，2009年，页327—347。

部诗剧以及类似这部诗剧者所带来的？那么，对这"浪漫的宫廷色彩"的"告别"又意味着什么？告别的之后又将往哪儿去？我所能做的也仅仅是带着这些问题进入对正文的学习中去。

"已经多少年了，我不再谈美。"既然是"不再"，那就意味着"曾经"，"我不再谈美"意味着"我"曾经谈美。而在这曾经中，在某个过去的时刻，"我"转而不再谈美，而现在当"我"回顾起来，"我"已经不谈"美"好多年了。我们自然就会问，那个时刻发生了什么？"我"为什么不再谈美？

"我不知道什么是美。"接下来的这一句看上去就像个回答。这个回答可能意味着："我"在追问、探寻什么是美的时候失败了，"我"以前不知道什么是美，"我"现在仍不知道；或者是，它可以作为一个答案，"我"找到了答案，答案就是"我"知道了"我不知道什么是美"。

这很容易地就能关联到柏拉图的诸多对话，在这些对话的结尾，往往都是以苏格拉底式"知无知"收场。但是，它还会直接引发另一个疑问："我不知道什么是美"——可是，不是已经有那么多人在告诉我们什么是美吗？就我们所知道的，就不止一位哲学家在谈美，还都是大哲学家。这是不是意味着"我"所不知道的"美"与大哲学家所谈的"美"有所不同呢？换句话说，这个与"我"相关的"美"与作为理念的、哲学的、美学的"美"是否有所不同呢？

"我只能描述什么曾给过我激动和不安。"在这里，"我"不知道的"美"翻转为"我"只能描述的"激动和不安"。美－激

动和不安——似乎二者存在着某种关联性——当我们看到一个能
够唤起美的事物时，会不会是先泛起一种激动和不安，然后才
将之认定为"美"？如果这个说法在某种程度上是合理的，那么
"激动和不安"相较于"美"就是更原初更切身的体会。这些切
身的体会来自于生活的琐碎，"读一首诗、看一幅画、听一段音
乐、欣赏一部戏剧……"不难发现，当"我"所不知道的概念似
的"美"被置换为一种描述性的"激动和不安"的时候，前者被
还原了 ①，它被还原为一种更原初的感受性的东西。

　　"但有一种时刻"会出现一些我们甚至无法用"激动和不安"
来形容和"借鉴"的感受，它们更甚于"激动和不安"这种描述
带来的东西，个人感受的层面下仍然潜藏着更加原初的更切身的
感受，在这里观赏失去了距离，观赏的对象被零距离地置于面
前，于是观看成为不可能，我们被迫在失去了观看和借鉴（给予
和命名）② 的"保护"的处境下，怀着"无期待的绝望"面对这宏
大的降临；"或者完全相反地"，但也是相关联地，外在的召唤降
临并牵引着，如同内在的涌出与追随，"那一种神秘的牵引使你
陡然发觉自己原来正处在生活罅隙的边缘……"③ 这"陡然发觉"
的和"被莫名地置入"的都呈现为一种切身的状态，一种面对
"阴影之谷"的状态，一种神秘的前语言状态。省略号所带来的

---

① 　能否直接地称之为"现象学地还原"还需要谨慎的考察。所以这里仅作"还原"。
② 　我们所看出来的、所读出来的东西是不是我们放进去的呢？我们所获得的，是不
　　是我们事先就给予的呢？更进一步，理念的、哲学的、美学的"美"、作为语言
　　的一种借鉴的"激动和不安"是否多多少少具有那些人为的规定性呢？
③ 　作一种有失审慎的关联，可参看《培尔·金特》第二幕第七场和第四幕第十二场。

短暂停顿容许我们试着"沉入"这状态之中感受一番。

随后就可能有所感悟:"它或许长驻在你心底深处,或许只是闪亮在一刹那。""一旦它这样地呈现",我们就必然得面对这惶惑的"呈现",要么逃避这惶惑,反身去寻找那借鉴进而躲入大哲学家们用概念为我们搭建的"庇护所",要么带着这惶惑,"惶惑地面对这直观的神秘"。萌萌老师告诉我们,她"宁愿"也"只能"选择后者。

这样我们就有了一次被从"记忆"带到"边缘"的经历,我们跟着萌萌老师来到此处,走过了并不长的五个自然段(其中两个还都是只有一个短句,但这是值得注意的)。这五段话作为第一个部分被人为地和后面的部分(一直到末尾)分开了。这意味着什么呢? 它被分开了,至少说明它是应当被分开的,它不同于后面的部分,但也作为在先(首先是位置上的)牵引着后面的部分,也是理解后面的部分的基础。因此,其间的区别是首先应当被注意到的,但更重要的是,在这个部分中所出现的值得注意的地方都可能关联着后面的部分。

二

"我忘不了读《培尔·金特》的经历"。这是一个由一句话构成的段落①,下面的"我喜欢易卜生的这部诗剧",也是一样。这是值得注意的,因为这与第一个部分的开头是类似的,同样地从

---

① 能否视之为进入萌萌老师的这篇文章的"木板"或"线团"呢?

记忆开始。这里的记忆是对读《培尔·金特》的经历的记忆，后面的一处内容提示我们可以在题为《对人生及其命运的思索与回答》这篇较早文章中找到些许（这提供了重要的帮助）。继续读下去就会发现，这一部分的开头正好对应着第一部分的开头——同样地从记忆开始，同样地跟着一个回答，同样地引向可描述的来自琐碎生活的切身感受。不一样的是，"一种时刻"（作为一种更原初的更切身的感受）呈现为了一种具体的境况，一段《培尔·金特》中的对白。① 萌萌老师将这段"并不起眼"的对白起眼地呈现在了我们的面前，在其之前还有两段关于对话语境（之前的情节）的描述。我们可以在《对人生及其命运的思索与回答》中找到相似的内容。② 它们是相似的而不是相同的，这种改动是很正常的，但正常并不意味着可以忽略。相较之下，改动后的内容更全面地描述了对话发生前的情节，③ 通过强调动作行为的所属，突出了二人处境的反差。"在森林里，在培尔新盖起的茅屋前"，培尔与索尔薇格一共发生了三次对话，可以说他们之间所有重要的对话都发生在这里，而且每一次都呈现出强烈的反差。这里，我们无须将这些反差一一列出，唯一④ 需注意的是，

---

① 参见《萌萌文集》，页 283，另见《易卜生文集》第 3 卷，页 350。

② 萌萌，《对人生及其命运的思索与回答》，载《情绪与语式》，北京：社会科学文献出版社，2001 年。

③ 文章此处的描述方式明显地强调对比，但是如果不对照原诗剧的内容，则可能产生对情节的误解。

④ 还有一处值得注意的地方，培尔的宫殿坍塌了，多沃山大王的宫殿也坍塌了，而奥丝的小屋，培尔新盖的小屋却依旧完好。为什么坍塌的总是宫殿？宫殿和小屋之间的何种区别导致这样不同的结果？

"用她的话说……"以及随后的她获得信息的方式（我们在后面还会提及这一点）。

于是，紧跟着这样一种强烈的反差（在萌萌老师的读解中），这段对白作为一种反差的后果呈现了出来。我们很难从这段开放性的对白中一下子就抓住文章的思路。但是，紧跟着这段对白的是哭泣，是"泪水"。它（作为一种前语言的状态）的出现补完了与第一部分结构性的对比。但是对这状态的追问不得不返回到语言表达，求助于"借鉴"。卢卡奇的话被再度引证（前一次是在《对人生及其命运的思索》一文中），引证的目的却截然相反。前一次，它作为理性的论证跟随在一句极致的赞美之词后面[1]，而此处，萌萌老师意识到了这转换与借鉴的无力。"——但是不，在这里重要的不是论证，而是在直观中找到或接近——这对话潜入我内心的密林幽径"。于是连那句关键却显得无力的赞美之词（它紧跟在那段对白之后）也被删去了，因为它并没有"惶惑地面对这直观的神秘"。

可是，这能够潜入内心的"密林幽径"究竟是什么呢？在"女人惊人的自信和惊人的不自信"的悖论之间，在"背负"与"期盼"的张力之间，"想象"，这个"突然跳出来"的词语[2]，向"无边的黑暗"投射出一片光明，向悖论投射出隐秘的希望。而这"想象"，则正是这段对白所"不期而至地复活"着的。"像一

---

① "这段朴实无华的对白，真极了，美极了"。参见《对人生及其命运的思索与回答》，载《情绪与语式》，页263。

② 参见张志扬师，《断臂的维纳斯之谜——萌萌的问题意识》，载《萌萌文集》，页6。

片想象的光明——"破折号所连接的反复提示着前后的某种相似性，那个"从无边的黑暗走来，向无边的黑暗走去"的"我"不正是如同那"站在笼罩着他的无边的黑暗中"的培尔——期盼着"一片想象的光明"？可是，"这想象是真实的存在吗？抑或那无边的黑暗才是存在的真实？它们之间怎么会有着无法跨越的距离呢？"① 这段话曾经被用来问黑暗中的培尔，而这里萌萌老师同样用它来问自己，问那个"当时解读《培尔·金特》"的自己。问题没有得到明确的回答，但是这"密林幽径"已呈现为一种对期待的隐秘的回应，一种对前语言状态的进入。想象降临于期待就如同上帝降临于虔诚期待的圣徒。可是，这想象能是真实的吗？

　　想象的神秘力量终于被还原为一种默契与机遇，它同样被带到了边缘。这样，萌萌老师就完成了她对自己"当时解读"的重述，这绝非单纯的重复。从那些并不显眼的改动中，我们看到的是一次次深刻的检省。在这个意义上，我们可以说这篇文章是对《培尔·金特》的"第二次读解"。② 但是，我们最初的问题还没有得到解答，这看上去更像是一个开始。

<h2 style="text-align:center">三</h2>

　　"许多年"——"许多年过去了"。第三部分开头的两段具有

---

① 参见萌萌，《对人生及其命运的思索与回答》，载《情绪与语式》，前揭，页262。
② 参见张芳宁，《期待：在幽暗与炫目之间——读解萌萌〈为浪漫的宫廷色彩送葬〉》，前揭，页327。

明显的关联性。"许多年，索尔薇格如同一个本然的象征闪亮在我的生活里。"——"许多年过去了，我没有丢失过这期待，但这期待不再笼罩我的琐碎得黯淡的生活。它仿佛深深地沉落到哪儿去了。"

这期待没有丢失却不再闪亮，它沉落了。这反差意味着在这些年（位于"许多年"与"许多年过去了"之间）某些东西变化了——这期待"没有丢失"，却"不再笼罩我琐碎得黯淡的生活"，这期待只是不再作为一种前语言状态遮蔽着生活的黯淡。于是，这黯淡就显现出来。而且我们可以肯定的是，接下来这些个段落的表述在《对于人生及其命运的思索与回答》中是不曾出现的（这意味着一种超越）。它们以谈论黯淡作为开始。

"也许女人天生就是黯淡的，在这个以男人、以理性为标准、为尺度的世界。"应当注意到，前面的黯淡中是有索尔薇格闪亮的，在第二部分的末尾，这闪亮呈现为一片想象的光明。而在这里，这个模糊的承认——"也许女人天生就是黯淡"——似乎在暗示着什么。当我们所关注的焦点从黑暗中的明亮，转向黑暗的时候，这眼光就从此看向黑暗。于是，在男人"明亮"的世界里，女人就呈现为黯淡，她只能是黯淡的（其中包含了多少切身的体悟）。在以男人、以理性为标准、为尺度的世界里，相对于男人的女人只能是非标准、非尺度的，当然不可能找到立足点。

"我不知道女人的立足点在哪里"。它很像全文的第二句。根据前面的解释，我们有理由认为它很可能是作为答案被提出来的。当答案被以"不知道"的形式提出的时候，这答案本身可能就是对问题的否证，就蕴含着一种虚无化的力量。那个没有被明确提出的问题，很快就在下一段的翻转中瓦解了。如果真的去寻找这立足点，那也不过是基于以男人为标准和尺度的想象，因这立足点本身也是男人的标准所设立的。因此，这黯淡本身、连同被期待的照亮这黯淡的"一次精神的日出"同样是属于男人的。然后我们就注意到这样一个链条：男人的标准和尺度——理性的标准和尺度——一个终极的、本体论的许诺。这个链条上的三个部分呈现为一种层次性，但这层次性也就仅仅是一种层次上搭建，而且在这个层次的搭建中，"男人"消失了，取而代之的是"理性"与"本体"。唯独原文中的这个破折号（"——既是给予，也是剥夺。"）敞开了这紧密的层次之下的裂隙，正如文章开篇所提到的"无期待的绝望"和"生活的罅隙"。这已经不是在就女人而言的，这已经是一种更广泛意义上的给予和剥夺，对男人和女人同样适用。在这里，作为真实个体的男人、女人被剥夺了，正如那无从得知的美，而被设置的意义的"男人""女人"被给予了，正如那作为理念的、哲学的、美学的"美"。"事实不就是如此吗？""男人……同样是没有立足之地的。"

真实的个体被消解了，在剥夺中的被给予之物成了我们的世界的主宰。这绝非男人的初衷，更不是我们所有人的初衷。"除非你承认残缺和破碎。"这句话是在何种意义上说的呢？至少我们可以把它和"也许女人天生就是黯淡的"这句话关联起来，它们都是在要求一种承认，承认幽暗的真实性，只不过前者比后者更加肯定罢了。只有承认了这黯淡（并非作为相对于光亮的黯淡，而是作为本然的黯淡），承认这本然的残缺与破碎的真实性，承认一切的所谓"稳固"同一的搭建之不可能性，那不能照亮的、那不能用言语表达的、那个体的、那幽蔽的，才会呈现（涌现），才会使理解（聆听）成为可能。萌萌老师告诉我们，有些呈现为黯淡的东西（它为黑暗所庇护），如感觉感觉的感觉，并非真的如这黯淡呈现出来的所是，它们往往守护着最原初的差异。[1]而我们却常常在为这"感觉感觉的感觉"寻找表达的艰难历程中丢失了初衷，殊不知这"感觉感觉的感觉"本身就使语言的表达成为问题。

于是，"我懂得了无语"。这是建立在对"残缺、破碎"的承认之上的，也只有这样，"无语"才不再（如前面）呈现为一种否定性的回答，才敞开了当下的语言的可能。[2]那么，"一个女人的无语能成为一个男人重新进入语言的引导吗？"正如索尔薇格的持守能成为培尔绕道而行的引导吗？这种关联性是要连同那"稳固"同一的搭建一起否弃掉的，因这乃是理性的给予与设置。

女人不是象征，不是男人的理念的象征，毋宁说女人什么都不是。女人就是无意义，在女人是大自然自生自灭的奥

---

[1]　参见海德格尔，《演讲与论文集》，孙周兴译，北京：生活·读书·新知三联书店，2005年，尤其是《逻各斯》和《命运》两文。
[2]　萌萌老师在其他的文章中细致讨论了语言转换的问题，参见《情绪与语式》《断裂的可隐匿的声音》《语言问题何以对我成为问题》，载《萌萌文集》。

秘的意义上。

　　这是萌萌老师"终于找到"的表达，它以一连串的否定走向对设定意义的否定，又在大自然本然奥秘的意义上找回了这种呈现为"无意义"的意义。在这个意义上，女人守住并成为自身。也正是在这个意义上，索尔薇格成为其自身，而不再是一个意义的象征，她的"无意义"是自足的，这自足是丰富和完满的，它使得"无意义"具体展现为一种极具包容性的信念、希望和爱，以至于培尔任何有意义的寻求都没有走出过这"无意义"。这样，"无意义"就以其表面的苍白托起了"浪漫色彩"。

四

　　在这第三部分的末尾，我们终于见到了"浪漫的色彩"，虽然"宫廷"几乎从未显现过。这浪漫色彩被"无意义"托起，高居于意义链条的顶端。"无意义"通过对诸意义的否证建立于诸意义之上。这终究看上去仍像是一种搭建，虽然它是以否证的形式搭建起来的。但是，任何形式上的搭建都同时伴随着深刻的警示。这世上可有永不倒掉的通天塔？①

　　欠缺的仅仅是在这样一个时刻，"在滑过的遗忘中突然驻足"，那守护着幽暗的裂隙在片刻的闪亮中呈现出被遗忘遮蔽的"简单的、直白的事实"——"索尔薇格瞎了——"我们于是回

---

① 参见张志扬：《偶在论谱系》，上海：复旦大学出版社，2010年，页121。

头去那片炫目的色彩中摸索，然后我们"摸着了"，这也证明了我们的盲目，这绚烂的色彩带来的盲目。其下，便是那"纵深的黑暗"——索尔薇格的持守不过是一个虚幻的想象，培尔满世界的绕道而行不过是一个画不拢的圆。

但是，我们要问的是，"当索尔薇格在那茅屋中面对黑暗里的培尔作出等待的承诺时"，她是否隐隐约约感觉到了这一切？这绝不仅仅是对情节的刨根问底。当我返回诗剧之中去寻觅索尔薇格的足迹时，我惊讶于另一个事实——索尔薇格从未通常意义上地看过。她的困惑、她的决定、她的承诺，甚至是在最后，她认出培尔——这一切都是她听的结果。① 这炫目的色彩对她来说根本不构成遮蔽（培尔身上的看不到的担子，是她听到的）。② 她因此拒绝了看，也拒绝了可见的完美。那么，是否存在一种可听的完美？如果它可能存在，那么就只能是在索尔薇格的歌声里。但这不是我要强调的。我想说的是，她的歌声是作为一种召唤被遣送的，在这个意义上，她就已然超越了一种单纯意义上的等待，而不再作为一个纯然被动的承担者。因此，在这段对话中，索尔薇格是站在门口（作为去与来的同一者）的，在培尔想象中的光与暗的交界处，她通过拒绝看，也拒绝了决然的划分，她深入纵深的黑暗中，向世界投射出一种非看的眼光。

但是问题不在于索尔薇格，对我们来说，重要的是萌萌老

---

① 参见易卜生，《易卜生文集》第 3 卷，页 315、345、350、447。

② 参见易卜生，《易卜生文集》第 3 卷，页 350。就是萌萌老师在多处反复引用的那段对白。

师。对易卜生表达的愿望和框架的脱离也就意味着对这愿望与框架超越。她将我们引向黯淡——因为黯淡，所以真实，因为真实，所以必须承担起来。这才是平淡无奇的生活中隐没的奥秘，它是无期待的。过去"通常，我们太着迷于绚烂的色彩了"。这时，我才忙不迭地回首去摸索《培尔·金特》——这里哪有什么绚烂浪漫的色彩，有的只是光与暗，以及那纵深的黑暗——那色彩已然逝去了。可它来自于何处呢？

我陷入了深深的迷惑，但似乎也模模糊糊地意识到了什么。

"世界的光荣就这样消逝了"，"这个世界失去的正是它获得的、审视这获得的黑暗的眼光"。

感谢萌萌老师！

2013 年 7 月初稿

2013 年 10 月修订　海甸岛

静默中的独白：在幽隐处开显与盘旋

——读萌萌《情绪与语式》

刘 婵[①]

一 问题提出背景

毫无疑问，阅读萌萌一定不能忽视了上一辈学人的特殊遭遇，尤其是在面对萌萌这样一位深有良知、敏于世事的思者时。十年浩劫，像其他学人一样，萌萌也经历了从幸福坠入不幸，从理想坠入幻灭的命运，以及那些常人难以想象的苦难。所不同的是，萌萌拒绝踏入虚无，她选择决然地站立起来，在外部精神世界倒塌后遍布的瓦砾上重建自己，乃至我们所有人的精神家园。

面对迷梦的破碎乃至迫害，当支撑个体价值的共同理想终至沦为彻底对私人空间的侵占和践踏的工具后，一出出疯狂而惨绝人寰的悲剧旋即交替上演，昭示着理想陷入绝对同一化境地后具有毁灭性的杀伤力。在强势"共同话语体系"和毒辣的"他人目光"之下，如何获取以及持存自身"惊人的自信"而不至滑落向

① 作者单位：海南大学社会科学研究中心。

"惊人的不自信"，由以虚化掉一切足以支撑个体站立的根基显得迫在眉睫。"惊人的自信"首先还不是同个体身位贴合而来的自信，乃是源自于对个体身位的弃掷，源于个体所处身公共话语借以浪漫和光彩而炮制出的假象。尔后惊人的自信坍塌，接踵而至的便是白茫茫空无一片的"惊人的不自信"，最后再次艰难地向"惊人的自信"回归。如何持守住二者的张力和界面，毋庸置疑成为性命攸关的问题。

上一代学人循此反省至了理想本身，为"个体的真实性"寻找立足点，从意识形态的暴力话语中求告"缺席的权利"。萌萌亦复如此，她以一种更为独特，更为边缘化、女性化的身姿在呼告，句句都倾注着她最为切己的生命体验，并用这切己拒斥着"同一性本体"的压迫，甚或是拒斥做那"瞎了眼了的爱的化身"的理念女人。然而，萌萌的呼告并非如其文字所显现那般仅止于此，更是蕴藉着她作为一名真正负有道义的中国知识分子对个体融于民族命运使命的担纲，《情绪与语式》正是这种思考和担纲的产物。

二　情绪对个体真实性向度的表征何以可能？

萌萌所指认的情绪乃是基于现象学意义上的，它"直接就是意向与反思的直观"[①]，拒斥对其进行任何先验的抽象。情绪是真

---

① 参萌萌：《情绪与语式》，见萌萌：《萌萌文集》，上海：上海译文出版社，2007年，页76，下引此文随文标注页码，不另注。

正的切身性和私人性的，而语言则具有确定性和公共性的特征，与情绪的私人性相抵牾。语言着于构筑"大叙事框架"。而具有私人性特质的情绪则倾向构筑"叙事框架"，无法被大叙事框架囊括，不能为一种他在的、整全的语言系统所给予的向度所标识，语言亦无法溯源自身直抵至情绪本身，从根本上否弃了将情绪视作语言逻辑开端的做法。萌萌由以抽离出的问题是："公共语言的个人表达何以成为可能？"（页79）此处，问题的前提得以突显——私人语言不能成立（在文中，萌萌通过维特根斯坦所举的例证说明了这一前提）。私人性的非确定性和反公共性同语言的确定性和公共性固执地相抗衡，维特根斯坦所举例证表明，语言所持存的特征并不适用于纯粹的私人性。但萌萌指出，"这里并不排除语言确定性的不确定关联域，因而可容纳个人性的某种程度的意义渗入。"（页79）所谓的"关联域"便是指"语式"。

可以说，情绪与语言在萌萌看来，具有不相入性的两极特质。如果说语言是光，是彻底地敞开与照耀，那么情绪便是黑暗，是那无人行至，也无人能行至，甚至连情绪发端主体也难以行至的幽隐之处，它收束而又生成，动荡不羁。二者的脸谱面向本质与虚无，通过语式肩挑两端。正如萌萌在文中所写，她要"在情绪和语言的可能性的或偶在的关联中，试图揭示这种关联的中介形态：语式"（页78）。"语式"范畴的提出，毫无疑问是萌萌理想毁灭、个体震荡、出离后带着包容、温情、期待，和满满诚意的"返乡"之举。

那么，情绪究竟是如何展示私人性的？情绪对个体真实性向度的表征又是如何可能的？

萌萌认为，这里要处理的关键就是"大叙事向叙事的还原何以成为可能"（页79）。也即要对"历史学的"和"历史的"作出区分。那么，首先，大叙事的独断论和统全性就要遭到怀疑及否弃。叙事无法脱离事件，而任何被叙述的事件都必须倚靠时态来完成其生发性和延展性。但人们却忽略了，不光叙事的事件具有时态性，而且，对事件的"叙"的行为本身也是具有时态性的。也就是说，我们要将对"事件"进行切入的视角转换为对叙事的叙述者本身的观照。"叙事总是有时态即有一定的时间观作为支撑的，在时间问题上被限定的或被反身观照着、审视着的叙事，意义才不会因粘连而偷换"（页80）。

从亚里士多德以来的古典叙事依循着一条指向未来的目的论路径，在叙事发生伊始甚或之前，就已经预设了叙事所要抵达的目的，叙事的时间维度从过去面向未来纵贯展开时就已然头顶深笼目的论的阴云，以轮回理念作为底色的暗昧挥之不去。以目的论作为担保的传统叙事逻辑即是一种冥顽不化、死而不僵的先验设定的时间逻辑，即便是选拣历史叙事的某一处所追问过去事件对这一处所如何朝向时也不例外。"叙事的时间性和历史观念的时间性有某种内在关联，甚至互为因果。"（页80）

大叙事框架的织构离不开"因果关系、关键人物（伟人理念）和理性主义的模型所完成的历史目的论的社会整合。与这种历史目的论的社会整合相伴随的，不仅有相应的逻辑整合，还有一整套话语技巧和叙事模式"（页80）。催生和灌溉这种模式的生命源泉就是那顽固而且板结了的形而上学时间观：从过去、现在指向未来。并基于一个看似牢靠实则缥缈的梦幻未来宣告了当下的完美。

然而，这样一种完美当下的实现是以抹平个体作为手段来实现的，那只用于匍匐迎接完美未来的至高理念可以因其"完美"而理所应当地弭平当下的丰富性，拂拭掉个体的真实性，个体只得沦为历史车轮滚滚前进时任其碾压的小花小草。

因此，要想为个体正名，以赢获个体真实性的可能就必须从大叙事面向未来的身位扭转到叙事本身，扭转到当下的生成性中来，也就是要落实到语言的经验性层面上来。通过对当下原初形态叙事的接近，以及对叙事当下性时态的回复，历史必然性的时间逻辑链条才有可能松动，当下的丰富性和可能性才能得以敞开。叙事才能脱落大叙事回归自身，回归脱落的可能，回归到让这种可能发生的叙事主体，也即——"位格化了的、作为在体之在的、具有反思能力的个人。"（页81）

这样的位格化了的个人正是具有"身位"的，拥有了个人真实立足点的个人。这样的立足点无法为传统社会或他人既成语言所给予，亦无法为其所剥夺，提供着源源不断的、个人差异的原生可能性。情绪作为其切口，以身位为载体中断着叙事语言的同一性及叙事时间的连续性，在语言的同一中开显出语言自身偏离、抑制、中断的一面，在时间的连续中开显出期待与错位的一面，显示时间的断裂和缺口。其中，"'期待'除了有时间的倒

置，还有从期待什么的被动性向期待自身显示的主动性返回的还
原特征。'错位'，则是传统的时间断裂的另一种表现，即同一名
词下的解释的冲突，甚至陌生、漠不相关，由此显示多元的可
能，显示空间层面的非相关的交错的可能。"（页77）凡此无不
是通过探入幽隐之处来开显自身，构成了对光明和确定性的反讽
及医治。

　　自我处身性成为可能，真正意义上的自我才能站立起来，真
正的自信和自强才成为可能，一个人才能在繁华或者疯狂的外部
环境中保持清醒的头脑持守住高贵和正义。一个民族亦复如此，
才能在汹涌的现代性浪潮中远离迷失和被吞没的厄运。

　　萌萌的学术背景基于欧洲戏剧史，从"古希腊悲剧、莎士比
亚悲剧、易卜生悲剧、贝克特的'荒诞'剧及现代日常悲剧所表
现出来的'基本情绪'，如何在不断地挣脱历史理性的定式，寻
求自己生成着的表达"[1]。"寻求着自己生成着的表达"可以视作系
住萌萌学术生命之绳的结点，她那与生俱来的，被"抽象"引领
着的无尽寻求的倾向，被形而上学所牵引的迷蒙气质长久以来浸
润着她的心性和生活，正如她在对抽象的"玩"和具体的"玩"
之间固执区分时的哭闹一样。然而，这种拼死相抗的"区分"留
给她更多的是残酷与破碎。毫无疑问，在她的生命中一直都持存
着对"真实"至死不渝的看护，只是这种看护在理性抽象的指引
下曾一度越来越偏离真实的航线，竟至于驶向"硬结"的地步！

---

[1]　萌萌，《情绪与语式》，北京：社会科学文献出版社，2001年，页1。

直到爱护萌萌、心疼萌萌的人们喊出"打到黑格尔，解放萌萌"的口号，逐渐意识到这一问题的萌萌方开始了"语言学的转向"。

在以男性视角为尺度的，将女人视作"爱"的化身的观看下，索尔薇格切身的真实性被彻底抽空，以至于最后在这种明亮夺目的"爱"的理念化身的强加之下，瞎了双眼，走向了光的反面——黑暗，彻底的光明岂非彻底的黑暗？一个活生生的悖论相关的例证！萌萌拒绝做那被文明矫饰着、层层包裹着的斯特里兰克太太，拒绝做那理念化了的"索尔薇格"，拒绝伫立于那闪耀着无尽光彩的场域中。知其白守其黑，萌萌本能地拒斥着强光加诸她的一切，她一直试图在纷乱中抓取，抓取那深埋于黑暗中的更为幽隐的真实自身，一直抓取到了专属于萌萌的那扇命门——情绪。

三　虚无主义不是一个理智问题，
而是一个情绪问题何以可能？

在萌萌的文字框架内，借助于现象学的方法，情绪被放置于一个具有根本性意味的基底上——在体之在，并区分了海德格尔和舍勒分别对情绪——此在（dasein）和情感——身位（person）所作的不同厘定。

首先，在海德格尔那里，情绪"作为'在世中存在'的此在的处身性，同存在处于给予被给予的相关性中"（页76）。而在舍勒那里，同样地，"'位格'乃是作为'有限位格'的个人同'无限位格'的上帝相关"（页82）。无论是在海德格尔那里，还是在舍勒那里，无论是情绪还是情感，都被指引到了意向性上去，而且无论是情绪与存在的相关，还是情感与上帝的相关，两者都具有不直接使之策动的意义维度。虽然海德格尔和舍勒都用"情绪"或"情感"来标识"在体"以完成自身的现象学转向，但两人通过"在体"所进行的言说方式差异极大，萌萌对两人的在体之争进行了具体的演绎。

所谓"在体"（ontic, ontologie, ontisch：存在、存在论、存在的）"是存在（sein）的在世状态。它不是存在者（das seiend），不是此在（dasein），而是此在可还原、可指引、可进入存在的存在状态。显然它绝不是单纯的存在者与存在的关系，而是此在与存在的关系，即更可进入或可指向的关系"（页82）。萌萌认为，对于"在体"的这样一种认识上，海德格尔与舍勒是能够达成共识的。而他们的分歧在于，此在是以何种"存在状态"切近"存在"的，也即切近的方式和路向上。

海德格尔取道"畏""烦"，舍勒则选择"懊悔""怨恨"和"爱"，他们的相同之处在于，无论他们选取什么，作为在体的"情绪"或"情感"都是意向性的，而非状态性的。而差别在于，海德格尔所选拣的内容在身体上具有定位，而舍勒则不然，无论"懊悔""怨恨"还是"爱"都只是对状态性情绪（或情感）的可意向性即可给予性的相关感受力。对于何种意向性的在体之在更为切己、更能凸显存在自身的现身性这一点上，二人相持不下。

在海德格尔看来，第一，舍勒的"在体""立足于位格（身位），因而要构建身体、灵魂、精神的统一所在——这是早期基督教的人类学倾向；第二，舍勒的'身位'是唯意志论的，他把冲动和意志看作对存在的情感直观——这是古希腊的柏拉图走向"（页83）。因此，舍勒的"在体"只是存在者意义上的"在体"。

而舍勒则更关注哪种"在体"更是、更近于存在的现身情况。舍勒认为海德格尔所谓的"畏""烦"只表明了一种外在于生活世界的、通联着社会性的意向性，而不是与此在身位切己相关的，也就不具有"在体性"。反之，爱才是最为真切的意向性情感，爱和爱的对象共同构成了身位之在，只有爱敞开着在世之在最为本真的存在方式，因而才是真正的"在体之在"。

萌萌认为，两人之所以在这一问题上相互诘难乃是基于两点：一是个人气质的差异，二是对于引向"实在的在体性基础"的勘察还存在理解的间隙和商讨的余地。

在第一点上，"海德格尔关注生存性在体的有限方面（此在的生死），而舍勒关注的则是超出有限性的维度（此在作为位格向超验的有限性相关）"（页84）。这种关注点的不同正是两人气质个性差异的结果，而这种个人气质也可以进一步被引入对于"在体"的勘探中去。

在第二点上，两人互相诘难，均指责对方所述非为真正的在体之在。如果将气质性差异考虑在内，那么很显然，对于在体之在的理解还有巨大的间隙存在，等待人们作更加深入的探勘。

萌萌从海德格尔与舍勒的在体之争中挖掘出了丰富的内容：

首先，虽然个人气质差异的存在已是不容置疑的前提，但是，个人气质的不同未必归之于其所处的时域、地域及民族文化这些前视域的不同，但这些前视域所彰显的在世的处身性不能被遗忘，否则就会偏离他们进行现象学转向的初衷，或者完全沦为科学主义意义上的考察对象。如果在体之在的提法是合理的话，那么就要持守住度的问题，也就是说要将其放诸一种"中庸"状态上，既要有切身性，又要超越语言、逻辑之类的同一性手段。

其次，海德格尔同舍勒不休的争执亦可看作对同一性话语权力的警戒，以及对话方的互相牵制、提携，这恰恰表明了"身体性情绪"所具有的偶在性特征。

再次，"舍勒拉通身体性和海德格尔的四重根都是一种弥补的方式"（页85）。

最后，萌萌在对上述问题的认肯之下，又对情绪、情感进行了具体的区分。

总之，无论是海德格尔还是舍勒，都对自笛卡尔认识论转向以来的"唯我论"倾向进行了一种反身的参照，可视作一种"断裂的声音"。这种断裂得以对古典哲学中的同一性和目的论特质进行一次清扫，取消了一个假定的、高高在上的同一者的权威，恢复了源初存在中丰富的差异性、可能性以及真实性，为个体反思的路径凿开了一个缺口，也即一个偶在性载体应着召唤的现身。

其次，通过上述的区分，作为在体之在的情绪本然地首先同身体相关，而后才通过意向性与更高的存在关联起来，每一次关联都有语言的参与。

当情绪在语言发端前，也即先于逻辑生成之前，就已带出了主体的无意识背景，裹同语言一道处于给予、被给予的相关性中。由此，情绪便使得古典哲学身－心一元论的迷梦破碎，成为一种断裂出的直观，将身心一体的致命一跳从死亡跳板上拉将回来。

心不能被设定为同一性意义上的纯思或者纯意识。"'心'没有绝对的独立性，没有决然的界限，它总是拖着身体，既不能空灵、透明，也不能任意地升华超越。"（页 87）在萌萌看来，"身体－身体性"理所当然地承纳着有限性、个人性乃至私人性。其作为一个界面，警示着一个无论如何都不能从中引申出的实体的存在。

但是，情绪虽然消解着同一性与确定性，另一方面却又在同语式的关联中使一种双向的建构成为可能。"一方面在语言中建立某种意识的逻辑关系，一方面使无意识通过情绪在语境和隐喻中产生影响。二者构成语言的显－隐、确定－不确定的相关性。"（页 88）

而"作为根底的'无意识'的存在，以及它所具有的存在样式及其负面功能"（页 88），以及"意识－无意识"的构成，此在在世的真实性才得以保证，才能持守住那意识永远无法照耀的幽暗之处以及理性无法穿透的肉身性，无意识以个体的存在为前提，且不同于传统哲学夹带理念同一威势的普遍原则方式接近个体的真实性。但正如萌萌所言，"无意识当然不是无语"，无语还仅停留在对语言的前理解结构带出的即成语言的消解层面上，而尚未从对公共语言的抵御中走出自己的前语言结构，而这则是更为困难的问题。

> 因为和别人区别可能是容易的，这区别是表面的区别，只是普遍原则下的差异性；和自己区别才把自己逼到语言的边缘直面语言的悖论——在语言中进入语言。只有把差异原则贯彻到这一步，才可能使无意识显现到具体中来，使意识意识到或直观到自己的限度。（页90）

因此，只有将差异性原则落实至此，只有让无语真正成为习惯语连续性的断裂时，只有"将意识的语言连同无意识的语言一起还原到情绪状态"（页90），在情绪中通过偏离、错位、断裂寻找表达的端倪时，真正的表达才成为可能。究源理念与本质主义一体两面的虚无主义才有望克服。

四　情绪与语式的关联何以可能？

萌萌将情绪作为个人真实性立足点的切口，且区分了两种情绪——"情结性情绪"和"偶在性情绪"。她认为"前者造成阻隔、抑制、中断；后者才是中断时可能发生的偏离与偶发，成为被感觉着的初始经验，即语言偏离、错位、断裂中的表达的端倪"（页77）。情结性情绪可被看作意向性情绪同某种创伤化无意识纠结的后果，以自居为情结的方式作出强烈反应。看起来似乎源于外在施与后的结果，实则是自我固置和在固置基础上的自我确证。情结性情绪会形成自我固定的表达，在表达中各种关系的转换成为定格，这种情绪对名为二元实为一元的观念的形成体会入微，敏感偏执，行走在一元观念的阴影、对抗中，形成偏执和独断的气质。而只有偶在性情绪才能做到对"身体或其他相关物调治所造成的缓解或还原"（页 90），所以，可以说，"情结性情绪是过去时的缠绕和语句定式的固置"（页 90），而"偶在性情绪则应该是在情绪和语言的转换环节上把握的"（页 90）。

　　所以我们不得不循着情绪来面对语言问题，不同于语言只能被还原至僵化的词，语式可以通过句子还原到词本身，通过句子、语境来保证词所在视域中的生动性，或由于词的歧义所引起的不同意义取向。语式不仅自身裹挟着深层的意义空间，同时还为词句相互碰撞后意义的集结、生成提供场域。

　　语式不是表达式，不是一种单纯将各方语言集置一处的刻板程式。在一种物理化、容器态的程式内，各种语言看起来仿佛都在"说"，被"统一"到了一起，仿佛取得了各自的"发言权"。实则，只是"看起来仿佛如此而已"。直到当最为强势的语言收网发力时索性捂住容器口，党同伐异，最后将异己者都从"表达式"中一并清扫出去。终落得个自说自话，尽数粉墨登场旋即黯淡退场的结果。表达式"与语言的生成性无关"（页 78），仅仅是在"形式上容纳交谈的对方"（页 78），具有独断性和分割性，倾向于通往暴力和闭合。而语式却能够成就一个可供生活世界舞动的关联域，使交谈方真正地互入彼此的底色，让彼此的"身体性情绪"在这一关联域中展示、相互触碰，开显出深埋其间的"共在"与"异在"的差异性和无限丰富性，从而敞开理解的不可理解性，正如张志扬师所言——只有不可理解性得到敞开，真正意义上的理解才成为可能。

通过上述清理，情绪既然作为在体之在，因此，它不仅是"人的观念形成的动因，又是同观念形成自我指涉的模态演化的内在契机"（页 92）。正如萌萌所说的，"'语式'，是个人和世界的主要沟通方式，而我所关注的正是它们相互转换或自我指涉的中介环节和形态"[1]。

五　情绪是渊薮也是希望何以可能？

情绪所寓居的"身体性"揭示出同一性与时间性中连续链条里所具有的断裂，通过这种断裂和"负面性"姿态抵御公共话语的强势入侵，留持个体肉身性的权利，以及个体真实性的维度。时时在自我本体化、理性化的围势外拉起警戒线，限定着形而上学理念大网的抓捕，建构起其向此在当下境域入侵的防御机制。

> 而限定的层次或途径不是梅洛·庞蒂的"感知现象学"定位的"身体性"；不是福柯在性别的中立性中尖锐出的"肉身性"；不是舍勒的"爱"；不是海德格尔的"畏"；不是拉康的"无意识"（他人的话语）；也不是薇依的第二种

---

[1]　参萌萌，《情绪与语式》，前揭，页7。

"不幸"，即对不幸的精神性反省而"倾空肉体承受的世俗积怨，让灵魂空明以接纳上帝的挚爱"。[①]

通过一种否定的态度和通过对界限意识的把握和理解，萌萌力求找寻到一种面对自己处身问题的"有限的联系和转换"[②]，在对各种问题的涉及和铺陈中一方面对个人真实性进行寻求以及强调。另一方面，也更重要的是要通过"语式"来求得一种个体之在与世界的对话与和解，为真正的在世之在寻求通途，"最后，'神性的自我救治'既是作为一种自律的限定，又是作为超越的参照"[③]。

六　断裂与盘旋的声音

一入萌萌文境，那完全不同于男性的、女人特有的悲悯和深沉扑入眼帘。那些从柔弱中生发的广博力量用尽生命升腾至天空，划破一道缺口，为温暖留下通道，去抚慰铁蹄遍踏、硬结残酷的大地，虽然在这大地上，柔弱和美早已背负着无尽的苦难。但萌萌依旧伸出双手去抚了，而且抚得这般义无反顾、倾其所有，而支撑这些的莫不因萌萌所求太过纯粹、太过简单。正如她在《情绪与语式》前言中所写道的：

---

① 参萌萌，《情绪与语式》，前揭，页3。
② 参萌萌，《情绪与语式》，前揭，页4。
③ 参萌萌，《情绪与语式》，前揭，页5。

　　各种事物与责任像泛滥的洪水把我裹挟而去，我在纷繁的嘈杂中几近丧失"听"的能力。这几乎是一种生命被折断的感觉。因为无论纷繁的嘈杂铺陈出的外部世界换一种眼光看多么丰富、多么有诱惑、多么富有挑战性，甚或它作为人的存在的一种样式本身也是超出价值判断、因而同样具有存在意义上的价值的，我仍希望守住一种观照的沉思，守住我的"无语的倾听"。我仍然知道什么是无限构筑的"绝壁"，什么是有限临界的"望台"。我庆幸这心的持守。[①]

　　这满怀期待而又终归柔弱的"守住"读来让人不忍，而萌萌却依旧在"庆幸"着，这庆幸的代价又岂是那些艰难的文字本身所能够呈现？它们反复叩击着深涧的崖壁，偶尔，能赢获黑压压的石块并未怀揣多少诚意的"回声"，终归也只是断裂着，盘旋着……

----

① 《情绪与语式》，页5。

"人是可能死于羞愧的" [1]

（未完成遗稿）

萌　萌 撰　　张志扬 整理

【准备】

2004 年 7 月 20 日

　　　　我就这样回到写作，从纷乱的生活中突然找到一个词语粘连的头绪，沿着它去扩展问题视阈或已疏离了的知识积累，去串联像笔触或音节一样散漫着却可能藏着契机的经验的点滴。比如"羞愧"。它偶然吗，它会像我听说的阿拉伯图案从一个偶然的线条生长出缠绕得神秘而美丽的命运之花吗？

　　　　也许有很多话想说，也许不说它们就消失在白天的喧闹

---

[1]　题注：这是一篇萌萌未完稿的遗作，可看作萌萌对这个问题的思考与准备，因而非常难得地把她生命最后一年的思想面貌及其文字（住院八个月在外）活生生地呈现出来。其中还有我当时与她对话的邮件以及谈话的摘要，她也收编其中。为了区分，文中的"宋体"是萌萌的，"仿宋"是我的，"黑体"是萌萌文本中标示的"红字体"。其他的格式一如原稿。谨以此文纪念萌萌。——张志扬注。

中了。夜晚总比白天宁静、散漫、不确定。于是等着夜晚，等着即使流失也有声响、有色彩、有凝固的形状可以变成记忆的羽毛缓缓飘落的夜晚（夜的驰骋的光明，点亮多少黯淡的生活。很多年很多年了，有一个句子一直像氛围一样萦绕着我："有一种生活，永不被黑暗吞没。"）。

初夏一个夜晚偶然地进入一个细节的回忆。20年了，一幅画一直在记忆的深处，像一个时间的光斑拒绝消失于光影流动的时间。

时间是在光亮和黑暗的交替中流失的，这是时间的不可能被抽象的时间的质态，于是时间的色彩、节奏总是在光影的色彩和节奏中。但真正穿透时间的记忆却总是改变方向生长的。因而时间连续性的中断从来不是一句空洞的描述。

常常是在夜的宁静中，会突然有陡峭的气息逼面而来，飕飕然，仿佛时间平滑的流动遇到什么阻力突然改变了方向，回旋起回忆或期待，莫名地，深深地，陷落。

一直喜欢一幅画，依稀记得的画面是绿色背景中，几个不同年龄段的在空间中拉开了距离的女人，落寞在自我关注的各自身体性的记忆里，有一枝花，娇小，单薄，却艳丽，并因艳丽而打眼，于是它尽管只占有最小的空间，却仿佛辐射着整个画面。但真正震撼我的，是一个身上已披满了岁月风尘的女人，她应该已年老色衰，却并不直露年龄，甚至她似乎超出了年龄的外观——

她正在舞蹈，节奏、旋律从她微微飘起的衣裙的皱褶中流溢着一种光彩。超出记忆或期待。

生命凝聚在这一刻，或这一刻就是生命。

花，女人，朦胧的脆弱，或柔韧得悠长而坚强的生命。

突然想起友人发来的"林昭"。那才是真正的坚强。

那完全是另一个生活世界的另一种语言，远离欲望的物质感，却有一种贴近生活质地的质朴的粗糙；远离思辨哲学的抽象，却有一种理想的乌托邦的精神气质。历史和政治天然地成为日常生活的中轴，层层覆盖的是那个年代的气氛、生活细节和特定的、直抵目的的密集的政治术语……我就是从那里走出来的，穿过被激情点燃的人群像穿过想象的俄罗斯的西伯利亚荒原。

但从什么时候开始，整个背景一点点褪去，生活被眼前喧哗的语言渲染得飘浮、光怪陆离，像霓虹灯变形着、招引着人的享乐的消费的支付的欲望。技术魔术师般地改造了一切。革命成为恍如隔世的历史的模糊的印记，连记忆都谈不上。而一代人就这样退出了历史，连同过去的时代。

"人是可能死于羞愧的"
——札记

2004 年 3 月 25 日

1

这部电影的名字忘了，情节也很模糊，该退去的都已退去，唯有一句话留了下来："人是可能死于羞愧的。"

不，我也拿不准这句话是怎么说的，或许要说得肯定些。我好像开始因这句话在恢复记忆。一个有钱有到拥有私人飞机的银行家（？），50 多岁了吧，霍布金斯演的，陪他年轻美貌的太太到一个湖上度假，随行的还有年轻英俊的摄影师等等。后来不知出于何故，几个男人驾着飞机到另一个地方去，中途不幸失事坠毁于高山湖中。驾驶员死了。三个人虽然游上了岸却陷于山林之中迷失了方向。其中一个因受伤，血腥气引来了熊，死于熊口。最后剩下年老的银行家与年轻的摄影师两人，又冷又饥，还要逃避熊穷追不舍的威胁。这时，年轻的摄影师，坚持不住了。银行家说了这句话："人有时会死于羞愧。"由于银行家的沉着坚韧与智慧，杀死了熊，最后来到狩猎人的临时小屋。银行家发现了摄影师与自己妻子偷情的凭证。摄影师也最后露出了谋害银行家的意图。他一直在不平与嫉妒之中。结果，摄影师掉进了狩猎的洞穴，反而被银行家救出。直到直升飞机发现了他们，在即将脱险的刹那，摄影师不想活了，也没了理由活下去，除非接受银行家事实上已经给予的宽恕与施舍。

电影结尾，直升飞机将银行家与摄影师的尸体带回小岛，一大群记者等待着。银行家将刻有摄影师名字的怀表交给了妻子。一个记者上前问银行家脱险的感想，霍布金斯最后说："我感谢那些死去的人。"

那意思是，活着的人应该感谢那些"在困境中死于羞愧的人"。

2

如果不把"死"直观地看作肉体的死亡，而是当成生存意志的放弃，或一般意志的放弃，那么，这句话应该刻在人生的逆境厄运之门上。因为，有一种逆境厄运常常把人置于"羞愧难当而濒临放弃"的绝地。

这种事就在周围悄悄发生、蔓延。

> 或者，它已然发生在我的生活中。它才这样地成为一个问题。
>
> 有一种绝境是绝对的，比如已无法抗拒的死亡，它是每一个人的绝对大限。除此以外，"绝境"对于每个具体人是不同的。

7月23日

> 昨晚，在绝境这个词前我停住了，因为它太重，我不能

不掂量自己是不是真的已到了承受的边界。实际上，在过去的两年多的时间里，我一直停留在这个词前面，在每况愈下的困境中，一点点地挤压自己的生存空间……绝境确实不是一个形容词，而是一个边界概念，甚至是一个悖论概念，因为绝境的惊醒是置之死地而后生的。不能置之死地而后生，才有因羞愧而死亡；或绝断；或活在颓唐的慢性死亡中。

很多年了，我一直记着一句电影台词："今后的日子将很慢很慢……"这是美国影片《弗兰西斯》中的女主角（一个电影史中性格迥异的女演员）同她的男朋友分手时说的一句话。当时的场景已经很模糊了，是黄昏或暮色中，背景越来越暗，一对即将分手甚至是在作永别的男女剪影般地相互凝视着。那一句话缓慢地、越来越低沉地从那个女人的告别的灵魂里吐露出来，仿佛她的灵魂也在告别着她的身体。尽管她脚下还有漫长的岁月，但激情、抗争、强烈的恨和爱，连同急风暴雨般的近乎歇斯底里的瞬间爆发，都已不复伴随她的生活，她的最敏感的神经和大脑的敏锐的反射能力都被政治"强暴"（关押进精神病院并强行手术）强迫抑制了。这个仍美丽的女人已不复是她。她没有失常，她只是被迫永远地平静了。在清醒地意识到这一点时，她在这一刻已经死去。

她在这一刻死了，因为她放弃了这个世界的一切，连自己曾经的挚爱也被放手而去。

我想起几行过往的诗句：

我的暴风雨刚刚平息

不要看我

凄清的宁静一如我

深深垂下的嘴角

世界依旧

破碎的是我的衣衫

……

不要看我

我的脸上还留着

暴风雨的痕迹

这是迄今我一生中最沉重的影片。这句话成为我一生中少有的沉重的表达，甚至成为自我逃避的隐喻。

我是在一个阳光明媚的下午专程赶的这场电影，从影片开始不久直到终场，我一直在哭，以至电影散场很久，我还坐在座位上抽泣。那时我还年轻得旁若无人，我没有跟着散场的人群走出去，是想躲在阴影中，因为不能接受室外突然变得刺眼的喧闹得陌生的光亮。

还有一个人的经历，是在零散的阅读中建立起尖锐到纠缠的复杂印象的：瓦尔特·本雅明。对于他的时代，他的生

命的时间或者来得太早，或者太晚，以致他曾长时期地寻找
出路，直到孤零零地悬在绝壁上，直到有一刻实在支撑不下
去了，松开了双手，才以决绝的飞翔姿态，永远地留在那一
刻的姿态中。

那个绝壁是战争中一个本来就不合时宜的人走投无路的
绝境。

夜幕再次降临
星空落下帷幔
我们舒展四肢，仰天而卧
不论近在咫尺
或是远在天边

黑暗中传来
温婉静谧的旋律
侧耳倾听，我们已远离众生
相继而去

遥远的声音、切身的苦恼——
某位死者的某个声音
我们作为使者送走了他们
而他们又引导我们走入永远的梦乡

阿伦特哀婉的诗行有一种静夜流淌的特别的安详、宁静，同本雅明的决绝形成节奏对比强烈的反差。

"我们作为使者送走了他们
而他们又引导我们走入永远的梦乡。"

这几乎就是本雅明所说的微弱的弥赛亚力量的另一种表述，安详、宁静的力量或许正源于这里。我们曾经相继而来，我们将要相继而去，而此刻的活着，总是一种衔接、一种传承、一种微弱但不消失的救赎力量的显示。

问题是本雅明不幸濒临了绝境。在那个边境，进退维谷的处境超出了他的意志和能力。

"人的思想、意志和能力总是在最容易击退的时候检验出来的。"

3

"落空、后悔、失败感"
像盘踞在心底的蛇一点一点噬咬着生活的勇气和信心。

这是一种"情结"的征兆，或症候。

其中的每一个词语，都可能有具体所指，但也可以抽象为纯粹的"意义"，奇怪的是，它并不停留在"意义"上，却转化为几乎像"实指对象"样的"生活整体",使如此笼罩的人生突然变得不堪承受起来。

"人是可能死于羞愧的"。这个命题既是对一种"困境"的陈述,也是对一种"心境"、一种"思维"的陈述。因此可以将此命题转变成:"人是可能死于自设的语言陷阱的"。

因为在这里,"意识"的暴力与"语言"的暴力同谋,它们从内部夺取了人们的意志。它们是隐蔽的心灵的捕手。

(讲一个故事。略。)

正是为了摆脱这种语言陷阱,它构成社会不得不走向开放的"一个"内在原因(外在原因当然主要是技术化),也是反形而上学反价值压迫的语言转向的一个内在原因。代价我们也看到了,那就是以相对主义、虚无主义作代价。这是人的生存两难所致。不要以为具体问题解决了,什么问题就解决了。这是一个整体问题,因为它能赋予具体问题解决的限度与意义。有一种人特别是整体意义上的人,它对生活的要求是全面的,物质的、美丽的、道德的、责任的、友情的、荣誉的、精神的。所以,即便它在物质虚荣上有足够的满足,也仍然支撑不起它的精神荣誉甚至还有来自俄国民粹主义体恤弱势群体的悲天悯人情怀。不仅如此,它还有连自己都弄不清楚的超越想象。

再回到原初命题上。

"后悔"是一种病。所谓病，不是指在"那"一件事上后悔，而是后悔处在自为的状态使"哪"一件事都可以成为后悔的导因。

几个心灵的悖论：

——敢于承担责任的人，常常用推诿于人的办法缓解自身的压力，从而使自己承担变成被迫——又转化为更大的压力。"承担—推诿—承担感受被迫"。

——行为中不得不设定目的，而志趣、个性，包括想象的超越与气质的高贵，常常使目的落空，或变成多余，甚至反讽。

"落空"或"失败感"，是用一个固定的目的作为判别标准，而自己的行为志趣常常在超越之中。换句话说，用世俗平庸的方式确定目的，用超凡想象的方式行使手段，结果目的丢失了，谓之落空失败。有些目的是任何一个平常人平常方式都能满足的。成千上万的人都这么过着。如果真是这样地生活了，超常的生活也就隔绝了。而超常生活几乎是从小立定的志向。这是人生的选择，不要用一个抱怨或诋毁另一个。不要自寻烦恼。只要确认自己是独立的个人，就不要类比，拿人之长较自己之短，因为任何类比都会成为自设的陷阱。这不是自欺。现代社会太多样，我只能选择我要的，选择了就选择了。不能陷于类比中而丧失个体性。后悔是个体性对个体性的惩罚。

我选择了、生活了，而且是超常地生活了。这就够了。首先这是一个事实，而且它特别地表现出自身的不可归纳、不可规范的意义。

不是想象我该过怎样的生活，而是我想象了我选择的这样的生活。神秘的是这样，而不是怎样。我尽力了。我就这样走向神的面前，无愧。

在生存际遇的困境中"死于羞愧"

知识即德性所形成的高贵气质，在今天的不合时宜性，造成两种可能：一种是高贵气质的洁身自好，但不得不安于清贫和寂寞；另一种是迁就世俗的欲望价值而扭曲。

在西方学术面前"死于羞愧"

在朋友强势学术面前"死于羞愧"

在自己的学术绝境中"死于羞愧"

如何寻找、坚守自己的学术出路

......

2004 年 4 月 22 日

补充一：在自己的生活境遇中"死于羞愧"

"落空、后悔、失败感"像盘踞在心底的蛇一点一点噬咬着生活的勇气和信心。

自我排除的心理治疗

（2003 年 6 月 15 日　对话记录）

语言事件

　　有朋友大富，却死于非命。这样死了什么也没留下。

　　人连痕迹都不是。

　　一生钟爱文字。我们经历的这段历史我们不把它记下来，没人会把它记下来。

　　也别看重得成为负担，记下来的文字不是都能留得下来的。

　　人是不是痕迹？

　　人是痕迹。但这不是文字能够保证的，只有不考虑后果，才能不成为负担。

　　两个方面的安慰都不对。你始终都没有理解，不是有文字而不考虑后果，而是根本没有文字可以考虑。

　　对文字的恢复不是一个问题。

　　需要的是时间、身体和心情。问题是一样都没有。

　　（此语言事件已几乎进入烦和焦虑—紧张不安的循环）

两种心理背景

　　重视文字，但没有能力留下文字。

　　书写文字，却不能保证留下文字，只有不计后果。

　　因为，不是人人能够获得进入的状态，相反，进入不得成为常态。朋友中至今还没有发现能进入者，其他游移的情况则随处可见：

以为坚持别人的套路加上自己批判的理解就是进入；

……

逃避到心境情调之中，以掩盖思的无力；

无可名状地中断；

心力不济，尽管路已开辟，如果没有最终的进入，那景象仍然意味着——"倒闭在门槛前"。

可怕的是，我深陷在力不从心或最后冲刺之中。

（记载不准确，尤其是对话中的错位、纠缠没有复述出来，特别是不经意的偏离突然遭遇经意的追问，一下翻起经验中失控的效应。）

症结所在

前提：

两个不同特征的个体；但在想象中要求同一。于是，期待排解与收获（时间情结起作用），敏感差异与误解（纯洁情结起作用）。脱节的偶然性几乎无处不在。于是，"追问"成为主要形式。

追问：

沿着受虐的向心力方向追问／沿着减轻的离心力方向解脱。

奇怪的是，愈是想缓解愈是加重受虐倾向。纠缠的是前件，话语是受虐的，即伤害性的，甚至是不留后路的绝望性的，非要把它说出来，像是在惩罚自己，又像是在惩罚别人，用惩罚自己惩罚别人，其中的机制是怨恨。在此前件面前，任何安抚缓解的语调，都像是欺骗、逃避责任，但也不能顺着说，没有办法说，不说也不行，无所措手足。

想象：

有一点是长期隐而不显的，"追问"与"文革"经历有关，特别是我们的经历中承受了怎样的追问，因而追问的方式在我们心理上留下了怎样深的伤痕？它之所以长期在自律中，没有成为痼疾，乃是意志排解之所为，主要是意志在成事上的推进能力，使成事成为成事而落实起到了疏导排解的作用。特别是有几件事想透彻了：守住"1"而不计后果，让生命成为实验。这里边，可能有自欺的形式，那是不能追问的。揭穿了说，我们的生命是真正经不起追问的。

（2003 年 8 月 4 日　继续）

基本问题之一　交往中的他人

有一种情况首先排除在外：敬畏、崇拜、服从。

敬畏与崇拜是靠自身的信仰或信念支撑起来的，"对象"的意志已不在问与追问之中，我信，足够了。服从则退回到强权下的执行，即不问心服，只问执行的后果。服从以强权为前提；敬畏以信仰为前提；崇拜则是敬畏的世俗表征。三者的存在差别很大，但在对敬畏者崇拜者服从者想什么要什么"不予关注"这一点上是相同的。

如果将这一交往形式除外，其他主要的交往形式，则隶属于平等表面隐藏的理解或智慧中。

如何理解交往中的他人？

1.理解，就存在类型而言，大体分"中立性""偏见性""伤害性"。

"中立性"除了指还原性、客观性外，还指排除价值排除功利的事实性；

"偏见性"包括正常偏见、误读和某种程度上的无害偏见、预设目的等，简单说即是在"开放解释学"可允许的限度内；

"伤害性"不是指理解角度的负面切入，而是指存在意义上的危机感导致的自保反应以至于防卫过度，因而带着深刻的危机判断及心理紧张。

2.在一件事情面前，我想什么、要什么、我的感受是什么，都不能成为理解他人的根据，不管在这件事情的因果上我付出了多少，就事情本身的当下性而言，他人在感受什么、想什么、要什么才是理解他人的根据。这样一个理解角度的变换是理解交往中给他人以位置的关键。

3.如何理解他人？或者说，如何在自我中重建另一个"他人的自我"？这是难点。"设身处地""感同身受"，这些日常语用表明了一个简单的道理，即走出自我进入共在的境域，放下"什么（自我）"进入"是"——它是置换他人"处身性"的前提根据。"是"出虽是一个聚集的判断，但它首先是存在生成的"时间性"（带出共在历史），他人便在其中了。

4. 理解是一回事，判断是一回事，但首先必须理解，然后再决定我的态度。而不是相反，用自己的态度决定判断。

5. 不管是单从"我"的理解，理解"他人"的理解，还是对事件中"关系"的理解，有两类"投射"必须给予足够重视：一是基于得失的防卫性投射，一是基于报复的攻击性投射。两者都妨碍理解或判断的基本中立性。

6. 至于一般理解的解释学要求，如伽达默尔的"善良意志"和哈贝马斯的"真诚性"三条件，也应在正当性中予以适度考虑。

7. 最后是理解的"不理解"维度，又分存在论的（不可解决性），和可悬置的即不予闻问的。

以上是合理理解的基本内容。

个案分析

一个如此阅读生活的理解形式，上行是理论，下行是个案。

乙的理论形态有一半是这样来的。在乙不懂现象学之前，乙已经在现象学地用了。乙最先接触萨特，之所以迅速离开他，现在看来，恐怕不满萨特以败坏价值的虚无主义态度、脱离价值、追求个人欲望实现的犬儒主义，有极大的关系。即便萨特还有其他精彩的言论，也掩盖不了他的无责任能力的事实。他尤其没有海德格尔文字中的神秘色彩甚至神圣性。

乙有一个几乎是与生俱来的弱点：

"自我压抑"（中间一段"强迫压抑"）。就自我教养（意即后天习得）的成分看，最早的是厌恶市侩主义而在世俗生活中封闭自我；进而在自我教化中，自然倾向俄国式的"道德的自我完成"；但根本的是地位卑微与期求极高的反差所招致的压抑。

"强迫压抑"有一个积极的后果，那就是为了守住"一"而采取精简原则。乙为什么没有走上"仇恨－报复"的道路，大概与习得的道德宗教有关吧（屠格涅夫的"个体人性"与托尔斯泰、陀思妥耶夫斯基共有的"悲悯"）。还有一个后果，较能理解交往中的他人。

所有这些甲都有。只是配置不同。所以，在甲身上的混合或矛盾的张力要大得多，因而撕裂也大得多。还有一个差别：作为在体的情绪性自我与作为习得的理解性自我。侧重：甲有先天的自然，乙有后天的习得。后天对甲多是干扰性的（仍能守住天性中的善），对乙则是累积性的（习得的累积以大量的牺牲为基准）。

基本的相同点在于：

善的人性关怀与对神性的亲近。

今天是清明。

总是一种纪念。但我仍然想听到风过后的沉寂。

我的父亲什么也没有留给我，风中有他的传吗？我该到哪儿去听、去祭奠？我的母亲活到九十却像迷失在野外的童年，还在寻找回家的路。不是在没有人照看的意义上，而是在记忆的死去，一丝感觉像一丝未断的游魂，我只有走到这条路上，才能听见听不见但永远临近的死——没有形式的任何痕迹。我才诞生了。我和我父母的联系就是在死的寂灭中抹去的无。我是无。我的命运。滴一滴泪吧，就是海洋也会干涸。

因你的触动，就当它是对我的父母给我的死与生的祭奠。

我要说的，都说完了。

"死者长已矣，生者长戚戚。"

我也用这种心境祭奠我的父亲。

只有我能掂量他的逃离、沉默到喑哑的一生。

近来我是深深地陷在这种无言中了。

这就在祭奠中了

深深的无言

在无名的日子

也许真的，只有坟头的青草

才是离去的人的守望

不知何故，这部电影我竟看得伤感之极。"太阳出来了，有一只鹰飞向天空，刹那间，它在天空凝聚不动，不知从哪里来，也不知往哪里去"（大意）。张国荣演的靳，被叛徒出卖了，敌人来抓他，他散步未回，敌人控制了他的妻子。他的妻子为了保护他，突然挣脱从高楼跳下。靳在外面看到这种景象：高楼很高，可以在空中有很长的时间飞下，很惨烈，也很美丽。此后，靳每次犯病，处于昏迷状态，都念着那种在空中飞动而凝固的诗句。

没想到，这种意象竟成为张国荣绝命的凝固的飞舞。

其实，我早已发觉，我的意趣的悲剧的本质，即相信在悲剧中有崇高的东西。而那是我的归属。如果不是恩赐，我将在夜行中想象我的太阳。文字就是陇峭山崖上的鹰，以最后的跌落为自己的生命。

读 2020 年世界劫难

蓝	蓝
我走向海，紧紧地握住你的手	我知道你从哪里来，黑的灵
因为害怕陌生的蓝	不是为了诅咒，但
无法描述而	一切死亡过后
陌生的	报信的，唯有
蓝	你
蓝的浩渺的光影吞噬着跌落	为何死亡接着死亡，其间有过的

的视线
颠簸着、摆动着　　　　　　信誓旦旦，像鸽子的哨音
在咫尺间拉开　　　　　　　把苏醒的梦
亘古的距离　　　　　　　　召回深渊？

我握住你的手，生怕　　　　我能相信你什么，我只能
在蓝的晕眩中丢失了　　　　相信你，任硝烟迷离
和着泥土的　　　　　　　　我死了，也等着
水的记忆　　　　　　　　　你的旗

无题　　　　　　　　　　　无题

船分离出海　　　　　　　　天地间只有足迹
我的双足才从此失去了故乡　在文字中爬行的启示
因为无论达到的或返回的　　原来是
都只是陆地　　　　　　　　我的凝视

2004 年 2 月 26 日黄昏　　　2004 年 2 月 28 日晚
　　　　27 日凌晨

清理

040602

　　面对一件非做不可的事，犹豫是大忌。首先是决断：不回避，谋进取。

　　回避似乎已经成为一种奇怪的形式。它不是逃避——能逃避反而是好事，逃脱了就过去了；又不是进取——能解决也过去了；它在之间用一种"挨"的方式面对，"挨"是一种忍受着的面对。在"挨"中，有的是不喜欢、不情愿，有的是怕麻烦，有的则在能力的极限上。经历中经受的三种"挨"几乎变成了习惯，加上犹豫后悔的心理，"挨"更变成了纠缠绞结。

　　治疗它的办法，一是做减法，将头绪尽可能减到最少，易于处理；二是意志决断，作轻重缓急的取舍。

　　更重要的是，心理排遣、自我调整、就事论事——不牵扯、不联想、不预设、不期待检验，使事情变得干净利落。

　　首先是不要把什么事都看得太重、太认真——也就是不要自己赋予过度意义。

　　化繁为简、举重若轻、心平气和——归真返璞。

　　祈祷与祝福

040602

　　我刚刚看见了、听见了祈祷与祝福。

我试图从这里出发，哪怕往前走一步，我也就这样试图开始挪动我的两条沉重的腿，而不在此时此地自我纠缠下去。我常常甚至已经忘记了我在纠缠什么，只是恐慌自己已失去了表达的无助。在这种无助中，时间空间早已错位到模糊一团，失去了方位、目标和意义——

并不真的是具体事的犹豫，如果仅仅是具体的事情繁杂，也还是可以一件一件事具体地处理，在减少中获得哪怕暂时的轻松感，不是的。

她挨着。

她看见一个背影，一点一点踏实地从不中断地往前往上挪动，她拼命地扑腾起自己的翅膀追过去看一眼，然后因为用力过猛而掉下来；当有了一点力气，就再一次扑腾，再一次掉下来。她似乎不断可以获得拔高的眼光，却加倍地消耗着生命，不仅是气力，而且是生命的信心。

如果仅仅是这样的错位也许还可以找到出路，不是的。

而是挨着、期待着，总有一个出壳的灵魂迷失在了抽象的想象中找不到归途或栖息之地。它在黑暗中无目的地冲撞，无声地喘息，它甚至不知道它在哪里，它要去哪里，它想要什么，它只是焦虑着心慌意乱到失去了回头看自己一眼的能力。它就是病了。

一个最初用时间可以填充的距离什么时候成了永恒的不可跨越的距离——这永恒的不可跨越成为无可挽回的生命的丢失，仿佛生与死的距离和丢失。它因此患上了也许不再能愈合的疾病。

040602

　　这个世界有无数距离，若要在直线上去追赶，有些恐怕永远追不上了。这不是折损翅膀的理由。有些距离恰恰是一种启示：一种"不共属"的另行开辟，林中有许多路，常常那些走得很远很远的路其实已经突然断绝在人迹不到之处了。

　　"走自己的路"——我们都是在这转折处岔路口的石碑下起步的。看别人走，不是引为尺度，而是悬置为参照。一切都来得及，因为一切都在脚下，特别是，谁有你的经历与眼界！

　　或许我是个心灵气质论者，守住心灵的平静——它就是生命坐标的零度，然后才有其他。

　　你自己就是一本必须由你自己打开的书卷。上面呈现的唯有你与众不同的足迹。该是时候了，该由你拔你自己的羽毛写你自己的记忆了。除了"道法自然"，谁也救不了你。

　　记住：

　　　　想象——感伤——懊悔

　　　　受制于外——陷入当下——沉溺过去

　　它们构成死于羞愧的绝境。

　　从这个意义上看，你缺的根本不是理解力，而是意志力。

　　只需平静地走出第一步，不动声色，阿基里斯就追过龟了。

　　其实，我很早就说过，女人有天生的方便，无论男人走多远，女人都能在直观上与之面对。自己给自己创造一个奇迹吧。

18 时 52 分

文字是一种眼光或一种经历，它密集着在陡峭的区分中自我生长着繁茂，或者平面地空洞着疏漏于失去细节和质感的贫瘠。

有一个远去的身影不是参照，而就是尺度，因为它从一开始就是这一个生命投射的想象的样式、区域、色彩、节奏、频率。除非生命有另一个开始。因为这一个生命的开始已经蕴含着尺度，而参照似乎可以说是另一个尺度的参照。尺度只是在不能普遍化的意义上才不能成立。否则怎么有亲密的区分呢？亲密的区分总隐含着有限度的尺度。

于是纠缠成为与生俱来的命运。真正的悲剧命运，因为不能逃脱。

19 时 42 分

7 月 26 日夜或 27 日晨补充上面：

前者和后者之间没有开阔的中间地带，因为之间仍是区分；因而贫瘠和繁茂只有一步之遥。繁茂就是贫瘠断裂的生长，它用超常的生命力汲取营养，它植根在一个词语直观一种独特经验的空间拓展、裂变中，生机勃然。

　　我的困难在于怎样将政治的、经济的语言重新带入我的文字表达。回到日常的政治的、经济的语言又不流俗，才是眼下最困难的。

040603

　　以自己快活为本，再及其他，仍以身心快乐为原则。此中心点不变。话说到这里的本色、底线为止了。其他的你都把它看作当下的即兴交谈，可以不足为据的，更谈不上有什么压力。请把它作为一个原则定下来。

　　说真的，没有什么比你的心情轻松更重要的了。其他都作为心情富余的副产物。只有这样心胸放开了，精神放开了，思绪才能在自由中自由发挥。到那时，得其心应其手，才是可能的。

　　退一步，天地宽阔。

040704

　　立足点在哪里？

　　即便引进来的人都安心做事，那终归是各人做自己的事。不要以为，他们会构成自己的生存基础或安全基础。所有这些，都是浪漫的想法。就一级组织来看，中心也好，外国哲学也好，你的目的都达到了，而且比预想的还好。但也要注意，他们来此，一半是海南这个地方宽松，我们人缘好，一半甚至主要还是他们自身的暂时需要。所以，不要以为会有一个像我们想象的那样长远的打算，或联合起来做一番事情，充其量，这只是一种可能。现在看来，这种可能很小了。放弃这种想法，立足于自己。

应该看到，时间不容抛洒了。一切应该做的，你都做得过分的好。接下来，要用一种平静的心态考虑自己的时间安排，尤其是心情调整。特别是你的时间分割得零碎，尤其是心境很不安宁。即便你在分割好了的时间中能坐下来读书写作，心静不下来，怎么能有效地做事？而时间照样过去，到时的书稿、文章，拿什么交代？一定要提前考虑。

我们这种年龄，归根结底是要面对自己的，首先是自己安身立命的东西，其次才是构成生命特征的那一点想象，别的，更是生命的富余。想一想，你还有那些没有动过的财富吧。仅仅唤醒它们，时间和专注，一样都不能缺少。我敢说，中国没有谁比你更富有了。它们要靠你来变现。

一切有的你都有了，都有过了，剩下的，也是最重要的，是变现的时间和心境。

还有，作为它们保证的——毅力！！！

我已经感觉到，我的文字开始干涩了，好的方面看，更能逼近思之所想，不好的方面看，带不出氛围，即包孕的内容及其张力稀薄了。这是我开始担心的。我也不能紧张，但我更加难于表达你所感受的东西，虽然有时我能体会到。一到写时，文字也有力不从心之感。

我们都要注意这个情况。我打算抽时间读点小说之类的东西。

2003 年 9 月 20 日星期六

对于你来说，一切外部的检验都来过了，你有资格说："让一切都来检验我。"

但是我提醒你，有一个东西在悄悄成长，那就是你自己对你自己的检验。只有你自己，只有你自己才是检验你自己的试金石。

准备好。拿出你全部的勇气，过最后一个"自己的"关卡。

我现在并不避讳我是你的老师、朋友和医生。不要说我笨，有苏格拉底作证，跑得快的罪恶也追赶不上跑得慢的死亡。这个世界属于跑得快的聪明人，让欲望与罪恶与它们同在吧。

我不是没有欲望的人，但我知道我在欲望中看到了什么，看到了那扭身而去者无比地临近。所以欲望常常于我如一个类似现象学"中止判断"的指号——由此爬升到欲望洞穴外的世界。没有这个艰难的爬升，十年的监狱、三十年的墙壁、一百年的苦难就会只是一个重复得麻木了的"活该"。监狱是我的命签。那曾经有过的六面墙早宣判过了："你知道你不属于你的。"

　　你是见证人（正如我是见证人），因此你也必须在静观中承受一个匍匐如蝼蚁的苍穹仰望者心力交瘁的命运。我在我的命签前，是何等地默无声息地像土拨鼠样地劳作夜行——"你是世界的光，我却在黑暗里走"——这不是高唱的诗，而是隐匿着的在。

　　不是我想把自己做成什么，我从来没有这种选择的自由，我本来就已经只是这个什么。谁在冥冥中默许我了？

　　我这样说着自己，其实也说着你。尽管我们有年龄上的差距，有身世不同的烙印，有天资不同的气质，但在承受命运这一点上，我们同类。只是你更苦，因为你是女人。

　　不要抱怨，有一种人，生来就是在失去中获得的边缘者、临界者。他们才真正是"一个没有意指的指号"：在幸与不幸、不幸与不幸之间。

　　如果你最后放弃了这个"没有意指的指号"的启示与使命，那只能说有责任而无责任能力的肉身太沉重以至于你最终爬升不到自明的到时……

　　——委托者瞎了眼。

　　但我决不。

　　我只好一个人见证去了。

2003 年 4 月 19 日

　　你的问题根本不在于你的成果或所谓学问，而在于你的心境、身体与时间。你的事务实际上已经搅乱了你的心境，即便有些零散的时间可用积少成多，你的身体又不能让你随时可争取利用时间。没有一定时间的阅读、思考、感受、笔记，即便有点时间，也不容易拿起笔就写。这就是你的写作愈来愈中断、耽搁的原因。眼高手低只是它的附带后果。

"释义"是你一篇很用心做的文章。你的眼光、选题、开篇，极富特点。可是，即便有了案头准备，你也要反复改成当下的文笔感受，你又集中不了自己的精力。事务和身体的不间断的干扰，使你连情绪都调动不起来。

其实，无论内外，都没有你想象的那样过不了关。过关是容易的。要调整好则需要时间。不能急，更不能乱了方寸，仿佛一下走上了绝路。这里用得上列宁说过的一句话："没有没有出路这回事。"

毅力，我行我素。

打倒"他人的眼光"，解放萌萌。

不能排解的忧伤（2003 年 6 月 10 日）

今天的忧伤是我一直担心着的情绪。你说你在文字上无可挽回地失去了，我并不在意，因为我相信你的文字能力仍在，它很容易被唤醒。但我不能听你说，可能要准备忍受落寞的穷困。我无法将你同穷困连在一起。

按照本性，贵族可以在富丽堂皇中感受穷困的尊严，也可以在穷困中保持十二月党人的悲天悯人的理想与情怀，却不能在穷困的绝望或绝望的穷困中仍然闪耀着贵族之为贵族的清冷的光辉。绝望是贵族陨落的星辰。在这里，失去的才真正失去了。它曾是人类的不幸。我本来在你身上看见了它几乎消失的身影，那就是你始终如一的信念和信心。或许，它更真实，更真实像你曾说的"让一切都来检验"。

2003 年 5 月 16 日

　　友人的邮件，转发给我：

　　每次这样的日子，都是你提醒，我像是有点犯故意遗忘症样，把这些曾在经历中极重要的时间怠慢得淡忘了，为了转换时间的向度，把仅有的现在集中到追赶的脚下。我一直是这么过来的，为此也付出了人生乐处的代价，把自己变得无趣。

　　今天我只有以茶代酒，祭奠谁呢？祭奠那些被写出的文字所埋葬的经历——我说的是真的："写出的文字是欠负，是葬礼，它埋葬了没写出的历史。"我恐怕一生都偿还不了我的文字所葬送的——这就是我的祭奠！

2003 年 7 月 10 日邮件

一切都会好的。甚至一切检验都是好的。人生是一个实验。有的人实验默无声息的过场，有的人实验平庸，有的人实验喜剧，有的人实验超凡脱俗的承担与期待……它们都是人生，只是一个为另一个做前解释的铺垫。没有这个铺垫，也就没有任何意义显示的语境。从功利幸福论的立场看，你可能是委屈的，你的美貌气质才能在承担与期待中耗竭了，但这不过是一种看法而已。谁又经得起一种看法的挑剔？相反，人们总是在另一种看法的支撑中敞开了新的生活丰富性。

他的能力可能有限，甚至逃脱不了笨拙的命运，但他的做他力所能及之事的坚韧，应该是生活的一面旗帜：这样过的人，一定隐喻着人生的某种难以企及的境界，尽管他可能匍匐如蝼蚁。换句话说，他能丈量天地能在的空间。所以，他几乎从不叫苦，还能仰慕任何一种人可能升起的希望之星。这也是一种幸福吧。只是他的光彩流布在别人光彩的阴影里。

2003 年 9 月 13 日星期六

我从来没有这样地尴尬过，在一个领域畏惧得没有任何一点说话的可能。甚至连在一旁作任何一点安慰都不仅空洞而且多余。除了祈祷——只有等待一个奇迹的来临！

　　我是个认命知命的人，我对我能做的一点事抱着承纳启示的虔诚，不敢稍有旁骛和懈怠。而且，我知道，即便这一点事之对于我，不是因智力，而是靠承受力才得以完成的。

　　或许我能在"思想的事情"上勉为其难，但在做人上，远不及你的责任与承担。你并不是一个失败者，或者确切地说，唯其失败才能显示你是女人中真正的勇者。包括所有那些在女人身上的女人性应有的表现与权利，你是足够地有了而恰恰不被给予地抑制着，仅此这一点被抑制的女性，它早早地预示在你的文字中成为隽永。你不是喜欢十二月党人吗，他们的高贵有哪一个不是遭遇在逆境与屈辱中得到升华的？

　　我不知道你的多尺度是怎么来的？多尺度造成的变身的困境尤其深地牵制着你的情绪，如果它不是处在坚硬的焦虑中，本可以有审美的表现。

补记1月7日（7月28日试图转换身位）

　　一个朋友的感觉是对的，你属于那样一种人，每走一段路总要回头清理一下走过的路，是否出错、怎样走更好，因为你已经没有好多时间了，而要走的路总是觉得远不可及，怕走不到。而另一位朋友一直是一根鞭子，或者，我们都感到有一根无形的鞭子。他做得太多了。他做的恰恰是我们不能做的，而你做的，也是他不能做的。只是，你能这样感觉他，他却不能这样感觉你，至少不能像你明显地感觉他对你存在的意义那样感觉你对他存在的意义。

也许我对你是另一种眼光，它好像在磨损某些急躁而粗糙的唐突物，又好像在延缓某些简单突进的冲动。我知道你并不相信我的肯定，正如你也不相信我的否定一样。你知道那其中的游移，既是你可能有的惰性或力不从心，也是你经常有的因不自信而过度的自我反省。在这一点上，我们有同样的毛病。

但如你所说：

　　　我们有一个根本的不同，那就是我不伤感，更不愿在伤感上浪费精力与时间。人生既经不起比较，也经不起追究。这都是失意者后悔者的自虐。我们都受过别人不曾受过的特殊遭遇，它是不能拿来做任何形式的等价交换的，它仅仅属于我们自己。因此，我们不表达，它就永远无表达。对我们它就是垄断价格。在这里，除了自己对自己负责，谁能对你承担责任？绝对没有。这就是活着必须做事的意义来源及其动力。如果说监狱给我留下了什么，就是它。恰恰没有伤感。为此，我有意无意对将来的结果不闻不问，为了给当下的动机多留余地。换句话说，不让将来的失望夺走眼前应有的希望。这是我唯一的时间经济原则。因为我必须抓住我能利用的每一点时间做事。其实，我就是你内心最真实的一面。所以你懂。别的，与我无关。就像丛生的欲望与回忆的理念无关一样。你曾跟着天神的车队越过天际，有过静静的一瞥留在回忆中。请别让失落的羽毛也失落了回忆的曾经。愿主保佑你。

对命运不亢不卑无怨无悔的态度

你用什么办法对待你的命运？

不亢不卑无怨无悔。除此，就是那句你的铭言："退到 99，为了守住 1。"

你说："我比你虚度了十年，而你用十年承担着你做人的责任。这是我敬重你的地方。"有你这句话足够了。然而你知道吗？

为此，我必须继续承担着它的后果，把自己做成了一件作品。当然你会说，只需最后留下描述它的时间。其实我们都会在断断续续的时间间隙中给它一个描述和回忆。所以，不要设定该做什么不该做什么，什么值什么不值。什么都不言才什么都在不言中。谁又指定了人的祸福？

你天生地就逃出了平庸，你为此而受苦。然而你归根结底还是这样地泰然自若，不计后果。

不要以为这是虚的，没有这虚的，实的岂不塞满了心灵，你如何能抽身反观自身？换句话说，首先不要自己把一个其实并不那么沉重得堵塞灵魂的东西看得连灵魂都承受不了，至少不要在言辞上赋予它这样沉重的特权。空出心灵，任何情况下，都要设法保持心灵的自由。这是生命永不应更改的原则。

　　所有这些你都有，你的经历，你的智慧，你的爱好尊严的美丽，给了你想象的阳光，它是任何沉重的阴影遮蔽不了的。

在这次研讨会上，我看到一种召回。重要的是在那儿。不是什么都消逝了。这在一年一年的荒疏沉寂之后，2004 年吐露着怎样的曙光啊。

　　当然，沉寂本身仍旧是在着。有一种在是可以呼之欲出的，有一种在却要小心兑换。两种在都已沉寂于近乎荒疏了的羞愧中。唯有能听知道，那羞愧是对早已正统化了的概念王国的抗拒，因为你从来都不是它的被出卖了的新嫁娘；你是一株野百合，一株被夜哭的露水浸润得惨白的野百合。

　　不要矫饰，不要虚荣，平实的是你的果实，有平实的叙述就有黑夜与白天。

　　或许这就是 2004 年的转折吧。

在打碎的时间背后

　　一个健康的人会注意到自己生存的根基在于呼吸吗？他健康得忘乎所以了。

　　在一个既定的正常的时间轨道上，时间的完整就像健康人呼吸的完整，从不浮上意识成为关注甚至焦虑的对象。

　　不知道从什么时候开始，时间的焦虑成为常态，我才意识到，时间破碎很久了！

每个人有每个人计算时间的方式。比如教学，一学期两学期；比如研究，一本书两本书。似乎有形的成果成为时间"物化"的自然形式。一旦没有"物化"，就叫"时间流失"。一秒时间像一根头发，一根一根地少，不觉得，突然一天歇顶了，"没有时间"的恐慌才叫人悔之晚矣。"谷粒""秃头"，这些同人类一样古老的故事，本身就是一个巨大的"时间冻结"，如今已说得苍白无力了——"少壮不努力老大徒伤悲"的时间观过时了。现在人们几乎是用"一声笑两声笑"来计算时间的，快乐就行，"好玩不白过"。我的时间焦虑究竟陷落在哪个时间观里呢？怎么这也不是那也不是地挨着、悬着？

它其实是时间的"精神形式"和"欲望形式"的差别。时间的精神形式培养着成就感，它想超越肉体的极限达到崇高、不朽。时间的欲望形式只满足当下的快乐体验，甚至只需要动物式的感官享乐。

尼采高筑起来的"权力意志"巅峰的生命快乐被他的疯狂做了注脚，像巴别塔样地倒掉了。契诃夫曾经把大作家小作家比作大狗小狗，大狗叫，小狗也叫，小狗不会因为大狗叫就不叫了。今天可好，除了更欲望化的"猫"叫，没有什么能叫得更欢的。"少壮"就是快乐，"老大"徒有伤悲，中间抽去了"努力"的"精神"价值定性，印证了"欲望造反逻各斯"现代性口号。

时代如此，认命不就得了，我还焦虑什么？

许多人看穿了这个时代，把凡是能换算金钱的能力完全转向了金钱的换算。他们如鱼得水过得有滋有味。也就是说，生命的时间形式迅速改装成欲望形式。理由也很充分，"思想者"是肉体健壮者。既然如此，何不让肉体先健壮起来，然后再思想。于是有"原始积累""渴望堕落""富而后工"的理论应运而生。

我为什么还焦虑？

"犹太人"曾经是"苦难"的同义语，但是今天，他们懂得了，与其靠世界末日的审判，不如靠现世强力的决断。原来罗丹的"思想者"是一个隐喻——"智力"以"强力"为手段。否则，就像福柯那样把"智力"划到肉体孱弱的谱系上去了，乃是人类的一个"病灶"。这岂不是说，今天的犹太人有权力制造巴勒斯坦人的苦难了？就像当年日耳曼人有权力制造犹太人的苦难？

欲望可以使生命强壮吗？精神会使生命孱弱吗？

窗外，夜幕中几近透明的白色的云彩如雾一般地在灯光迷离的城市上空缓缓地涌动，给人不真实的感觉。

中午读《人淡如菊》，在这两天交谈的心境中，在很长一段时间"交往"成为一个逼视的问题时，我不能不被两位诗人半个多世纪的交往的友谊沉积的诗句所深深地打动。诗句的节奏是在返回故乡的最纯净的动机中徐缓铺陈的，有惊心动魄的回忆的片断的打断，有盲人的深渊凝视的空白，诗句在徐缓铺陈的大节奏中呈块状的"回旋地跌宕"，并因之有内聚的推进的气势。因为无法归类，因为从来不是类，纯然是个人与个人的交往，在去八塘的路上憧憬一顿丰盛的晚餐，这纯然个人交往中最富细节性和私人性的事件，在对"今日"的实在感觉的强调中被可把捉的回忆赋予返回故乡的象征意义——最恒远的和纯然偶在的当下由此构成意义的张力空间。

我在这里使用了"友谊"这个在现代社会里已经稀薄得抽象的字眼，因为这里就是最具有古典特征的友谊，它在久远的单纯的岁月破土，在历史事件的层层鲜血和污垢的双重泼洒下，因了哪一点纯然个人的契机封存在这一个人和那一个人的年轻的想象里，因久远的封存而纯净，因想象被想象激发而浓烈，因从鲜血和污垢中拔擢出来而开始倾向纯精神性的品格。日常的生活的饥饿感几乎成为一种宿命。纯精神性的感受和经历中纯粹个人身体的生理感觉在这里互相给予沟通的支持，既是回忆的又是憧憬的。

1998 年 4 月 30 日

一切都已成为久远，永不再能回来。回忆的文字，或更准确地说是在文字中复活的回忆的片段，使人伤感。文字和回忆在这里竟然都是问题，因为无处落脚。

文革。插队。人们已说了那么多。

30 年前投注了整个年轻生命的一切都应该还在记忆中。它们是不可抹杀的经历，但经历就是记忆吗？我似乎又不得不面对经验和语言的关系。

那么暂时放下所有使人缠绕揪心的问题，先找到一个词、一个句子，甚至先找到一个具有模糊意向的氛围。

比如"读书"。

1967 年夏天。酷热的武汉刚从"7·20"的血腥武斗的平复中走出来。

而对于我这样一个从运动一开始就受"怀疑一切"的影响、只是因各种具体机缘才或深或浅地参加运动的中学生来说，这种平复是又一次读书的开始。因为没有任何组织——既没组织组织也没参加组织——而无法介入已白热化到大规模武斗的派性斗争，但又密切地关注运动的发展，"7·20"前我一直住在当时"造反派"的据点和象征"湖北大学"（现在的湖北财经学院）的三十号楼一楼的楼梯间里，在那里守着一堆从图书馆偷的书读。

那是一段因流血事件不断而紧张而近乎恐怖的日子。关心局势发展的人主要是造反派，每天到湖北大学看大字报或互相打听各种大道小道消息。7 月 19 日，抑或 20 日，"百万雄师"从 [①]

极度的沸点和极度的冰点总是掺和着的。

---

① 编校者按：萌萌原文如此，"从"字后无文字，也无省略号。

这个季节，正是山里盘苞谷的季节。盘苞谷就是给苞谷松土，是轻松的妇女活，只是热，因为苞谷已经比人高了，山坡的风，都挡在了地外边。在八月的苞谷地里，一人负责一垄或两垄，稀稀疏疏地往前盘。

泥土的苦涩的香味。二姐、林家叔叔，前房子，桂荣子，二狗。

带着似乎只有衰老的记忆才会因一丝气息、一点味道、一抹色彩就心动到心悸的感觉，因为那一丝、一点、一抹中已经有了久远的蕴藏，抑或纯然是因为永远、无法追回的丢失。

今天是"7·20"。37 年前的今天，1967 年 7 月 20 日，从清晨起，拿着长矛的百万雄师的队伍用长长卡车的阵容从阅马场不断地呼啸而过。下午，我才从"新湖大"30 号楼的后面走后门匆忙撤出，在 30 号楼的楼梯间，我已经住了好些日子了，同一堆从图书馆搬来的书一起。那多半是外国经典名著。但最后撤离时，我如果有一点可能，想带走的只有四卷毛选。但终于没有，我只来得及只身空手离开。而且在最后一刻，不得不将随身带的钢二司某一宣传队的通行证（我在"文革"中唯一的）丢在了校园的草丛里，后门。

那时我太年轻了，只是一个十几岁的中学生，黑短裙，白色细纱布无袖娃娃衫上印着绿色的钱币大的圆点，在当时跳出环境的活泼的着装使人无法判断我的身份，是学生还是一个运动的参与者：造反派或保守派。

我试图记叙一个事件。就是记叙，没有任何评价、感叹。

2004 年 7 月 30 日 9：23：15

清净的读书生活总在心中萦绕

大部分时间在读亚里士多德的《政治学》。

过去的一页当作命运翻过去，接下去，只要真诚，每人都会背着"欠负"使后来的生活变成救治或救赎（不是报复），人类是这样，个人也是这样，而这，我认为它是力量的正当性来源，否则，要么不是力量，要么是非正当的甚至邪恶的力量。可惜，我们在很多时候判断不了它，只有背负它，别无选择。

破产，仍是有产或曾经有产人的专利。或多或少的金钱毕竟只是刚刚离你而去。但如果它接踵的后果是贫穷、疾病、衰老呢？贫穷当然还只是一个相对概念，但如果疾病已经不堪承受、衰老在疾病加身时已不再是一个遥远的概念呢？贫穷是会在疾病、衰老的威胁中一点点逼近的。

······

无题

在一个重复的困境中，有多少时间已经凝固得没有生机。不仅是没有生机，而且是僵硬，僵硬到窒息、到腐蚀、腐烂生命的不幸。

不幸就这样堵塞了心灵。

而那俯视不幸的灵魂呢？它是成为不幸的同谋者，还是赐福于不幸……

于是，再一次，在真正自我救治的意义上，我不得不再一次面对不幸和不幸的区分。再一次回到期待的门槛。

生活中确实有无数任何意义都无法跨越的困境，它就是这一刻的疼痛，这一刻的饥饿，这一刻的屈辱，这一刻的濒临死亡的绝望，这一刻已然面对的死亡。除了转身或抬腿的跨越，它是任何意义都无法拯救的事实。它淤积、堵塞着残存的生命。

它是痛苦的石头。只有跨越。

我很想能留下一组特别的文字，在生命的这一段困境，只有你每天注视和倾听我，甚至只能是注视。因为几近失去生命意志的无语，被拒绝倾听。

善良的无能、软弱是这样被拴在责任或欲望的战车上卷入资源再分配的残酷的战争。每个人都不是因为没有而贫穷，而恰恰是因为有才贫穷。

战争是一个久远的字眼，同文明最早的纷争连在一起。是文明携带的诅咒。终于从征服大地海洋的原始形态转入社会、转入文明人的内心。它成为一个人的战争，在真正意义上的一个人的战争。所谓承担，所谓身体性的担当，就是一个人的战争。身体性的担当本身就包含灵魂的自我注视，它注定必须承担撕扯的疼痛。激情的理性或理性的激情，都是身体的战争形态。一个人需要战胜的，是自己。她需要节制、收敛的欲望和强大的精神。为着战胜自己。

政治和历史是轴心，也是张力空间，甚或，它就是一个人为着表达生存的意义不得不走进的战场。

每一代人都有自己的战场。你可以逃避，在人生的某一个阶段、某一个场景悄然退出，但只要你还没有真的全身而退，它就随时会弥漫起政治和历史的硝烟。而意义的表达就是携带着这硝烟的脱颖而出。

也许最使我难受的是，我已经没有能力承担自己的愿望，更不用说想象，我已经永远丧失了我想象的能力。

我有什么能使别人失望或不失望的。它纯然是自我的状态，乃至命运。

已经不再有"不寻常的时刻"，一切已然是常态的生活，因此，失望或说绝望就是必须习惯的事实。只有习惯了，才不再让失望或绝望浮上心的表层。所谓心如死水。

我还需要同意或不同意谁来陪伴我去翻腾心里的浪花呢。

我一直记得那句话：今后的日子将很慢很慢。我一直宿命地觉得有一天这句话将伴随我走向死亡。如果我不得病，又没有勇气断然结束黯淡的生活。

我不能再那样熬夜，疲于奔命地去追赶弥补；但首先更不能因为没有信心，因为丢失得无从下手、无处立足而用挨的方式放任可以利用的时间。

每一次的祝福似乎都能给我另一种眼光来描述自己的当下，而似乎只要换一种眼光，生活就全然是另一种样子。

事实和意义是这样生死攸关地矛盾、纠缠……

让我想想，再想想。

等待一个结果，无论是什么结果，都是生活的一种样式，它的意义只在你接受的姿态。

你的姿态可以使它全然不同于世俗的或常态的眼光。于是你的姿态本身成为生活无与伦比的丰富性的证明。

祝福我吧，今夜。

我解读过《历史哲学论纲》和《拯救复仇》，当然懂得"记忆与行动"的关系。"曾经"应该成为"一种正在遗忘的记忆"，因而它才能转化为潜能以便给行动以力量；否则，"曾经"就是一块"石头"、一座"牢笼",激起的不是怨恨,就是复仇,而且是得不到拯救的复仇。所以,本雅明注意到,没有转化的"曾经",只能是这样的"永恒轮回":不是政治经济学商品生产主导的"始终重新等同",就是神经官能症心理机制主导的"重复冲动强迫症"。

本雅明的这个分析判断是很深刻的。我的经验虽然没有理论先行,却无疑本着的是同样的原则,只是更直接表现为厌恶,即不愿纠缠在过去固置了的心境中,纠缠即固置。我像逃避瘟疫样地只想尽快逃离过去时,为了抓住每一点现在的活生生的时间,只有赢得它,拯救了自己,所谓复仇也就自然在其中了。这就是我为什么不纠缠曾经,而牢牢抓住现在的原因。只有现在打开了,一切心理症都会澄清的。不要用"曾经"捆住现在的手脚,这就是生命的原则。

至于拯救的形式,我看,只能是文字,首先是《被问题审视的记忆》这样的文字,然后是《断裂的声音》与《情绪与语式》这样的形式,后者是为前者铺垫的,而不是相反。

为什么要心境平和,因为它能从容应对,而且根本上是为了集中注意——做最应该做的事。基础在脚下,想象在头中,它们应该像平行线样各施其能。

必须承认,时间改变了,主题改变了。朋友已经在距离中,而且只在距离中。

必须确定自己的主题。写作无疑是第一位的。它确立的是自身，带出的是自己的世界和这世界应有的声音，否则这声音是消失的。要相信这声音我听得最真切、最是人的魂魄所系。

还是读高中的时候，我怎么就记住了这样一句诗："点苍台白露冷冷，幽僻处可有人行。"就像我在《记忆中的影子回旋曲》说的，它已成为我的命运。这是一种特立独行。总得有人走的。你不走谁走呢？问题是你有勇气走到底吗？

我已经走到底了。能坚持到今天，还有什么不能坚持的。这是一种选择，其实是一种命运。因为它少有，所以它正确。这是今天的逻辑。

（6 月 30 日？ ）

或许老天爷会垂顾那些能为别人慷慨解囊的人，但在今天，人对人的牵手，如果撇开功利和亲情，即便不能说绝迹，也是微乎其微了。而你总在那微乎其微中支撑着一种想象。

只有一件事能够说服我，付出本身是心灵没有枯竭的见证。你的父亲说："只要你要，只要我有。"你却藏起了难于启齿的"你要"，只把设身处地的理解变成直接的动因："只要我有。"事实上你已经没有了，或者快要没有了，你仍然习惯地做着："只要我有。"

愿天保佑你！！！

我做过对"复仇"的研究，小枫在《绪论》中对"怨恨"依据舍勒也做过深入的研究。也就是说，我们应该有相当的解释能力消解这两种基本情绪。从而使我们的内心减少它们所积压造成的"曲率"——负面理解弯曲度；尤其是自身不平衡的情绪冲突。这两点都是别人的揭示／我的概括。

每个人都有他自己选择的存在合理性，否定它几乎就要否定这个人的存在方式。在选择多样而道德维度薄弱的今天，除了犯罪，我们几乎无法判断一个人的选择的不合理性。否则，这个世界就无宽容可言了。这是个理论问题，也是个实践伦理问题。你可以要求自己做得更好，甚至把做人看得比做学问更重要，但不能这样要求别人取同一尺度。道理并不难懂，可情绪却难以转弯。

我视为生命的文字为何离我而去？

之所以要这样提问，是感受着"父啊，你为何弃我而去"的悲伤气氛。因为我把文字看作更高的生命体。时间、纯洁是肉体，而文字是灵魂。时间纯洁仍可以纠缠，文字却事实上淡出了。这是因为我把文字看得太高而出手力不从心所致。但这还是表面的原因。更深的危机在于，我早就处在学术生命的关口上。原来我凭着思维的直观和跳跃的语言很快地进到了你的独特的学术地位，下面紧接着的应该是理论的铺陈和思维的缜密来展开它，因而需要开阔的阅读和深入的思考，然而，它既违反我的天性，又恰逢世俗事务的分割，于是阻断在自己的断口上。也因此掩盖在表面事务的承担上了。其实，即使我有充分的时间，深入也是艰难的。每个人都有这样人生的关口或命坎，只是我来得早些，你来得晚些。它已经来了，我知道。所以今天用不着太后悔。如果当处关口之时，我能及时哲学思考或视野向小枫说的文学评论如《爱与死》和哲学随笔转向，情况可能要好得多。但我太爱哲学了，为哲学殉情以至于此。

今天的时间分配仍是一个问题。下次再谈。

其实也许就是一个纯然偶然的原因改变了一个人的一生。

这大概是一个从未有过的困难时刻，好像一切应有尽有的困难都集中到生命的脆弱之点上。如果转去 20 年，如果身体无病痛，如果有一个得心应手的专业，如果内心无纠缠，如果朋友理解如初，如果不这般世态炎凉，如果——只要有其中一个"如果"成为支点，怎样？生命就叫轻松幸福了？或许。但生命就不再成其为检验。

不可理解的是，为何这么多的检验偏偏都落到了一个优雅的女人身上？转折无处不在，恰恰是这么多的检验都落到这个女人身上，优雅才成其为优雅。尤其是，她还能言行如一。尽管眼泪在往心里流。

我曾经解读过陀思妥耶夫斯基的名句："这个女人在受苦。"可我为什么一次也没有想过用它来解读你的遭遇。因为它不适合你。因为我相信，检验特别是那些失去成为获得的检验，是你非凡的财富。你从没有为自己的安逸调用你的聪明，你总是在责任降临时被迫应对。你的生命是宽容承纳的象征。不要说处之泰然，不要说无怨无悔，你不是观念，而是蕴含情绪的想象，所以你才有那些超常的宣泄一如风暴袭击后海岛的凄清，直到阳光透过云层，它才惊叹，原来女人可以是这样地明媚。这一本书何必让别人去读，她原本应是在那儿的。天然成趣。

"结果好一切都好"！！！

无论如何，请牢牢记住它。让意志像利剑穿过不幸的密林，把自己的命运把握在自我意识到的结果上吧。马克思说：

"如果痛苦被自我意识地把握着那是人的一个自我享受。"

在这里，情绪、想象应该让位于意志，只有意志才能赋予自己超拔反身的能力。

即便我不是一个饱经风霜的老人，我像一个未经世面的小孩，我说着饱经风霜的老人说着的话，那句话里或许没有老人经历的广袤的内容，但别忘了，这句话还是应有尽有了，即便有站着说不腰疼的风凉话。

"每个人只能按照自己的方式获得解救。"

这些话是伴着我走过来的。

"在困境中死亡的人，大多死于羞愧。因为他们面对的不是困境，而是，我为什么会落到这种困境中。"即羞愧于落魄。特别是下坡似的落魄。

还有最后一句话："他们是我的朋友，是他们的死拯救了我。"

不管是哪一种死，都能帮助我审理生活。

"朝闻道夕死可也"。不管我经历着怎样的困境，不管我的身心多么疲于奔命，我都能有出窍的灵魂超拔出肉体承担着的事件的意义，使我的生活落实在这里。这是精神的力量。它会使肉体的痛苦成为自我意识着的享受，就像西西弗斯对惩罚他的神说的那样。

精神使心情平静，使肉体的负重减轻。

我再说一遍，这不是空头安慰，不是站着说话腰不疼。我有资格说："我是唯一逃出来向你报信的人。"

凌晨一点。

你知道我的心情吗？

我因为责任而把自己变成了责任本身，所以你不得不沉浸在为责任承担的事务中。沉重的责任与繁杂的事务已经重塑了我的生活甚至它就是我的生活，好像生来如此。

但它并不是或不该是我的生活，能够反身置于问吗？还没有来得及抽身反省，又被不幸意识逼入"羞涩"中："我为什么落到了这般境地？"于是懊悔怨恨像夜雾缠绕、像噩梦经营。本来沉重繁杂的生活又添上灰暗的色彩。生活成为沼泽，而且是阴霾密布的沼泽。

如果事实上或心理上接受了这种生活——当然在"观念"上是不接受的，作这种"判断"并不难——难的是"不接受"之"观念"后的残留物，即不经意地陷于这种生活的"暗示"——它总像鬼魂样地悄悄袭来，防不胜防，无法摆脱。

对这种状况，作任何小的修改或弥补都已无济于事了。

我必须有一把利剑，首先斩断"羞涩"下的意义缠绕，让事情还原为单纯的责任事务——就事论事而已。

剩下两件事要做：一件事重新解释（重新释放责任事件自身的意义维度），这方面我们已经做了很多准备了；再一件事清理头绪，实施减少原则。

除此以外，还有两件小事：

1. 不要把日常语言变成禁忌，或者换一种说法，不要赋予日常语言严重的性质，不作受伤性的提前防卫理解，把日常语言置于警惕的氛围。

2. 让自己必需的生活环境宽松起来，首先是最小圈子的信任与宽容，说简单些，包容错误，让错误变得可爱，一笑了之。

仅仅是一句话，我必须用这种方式让自己的心情缓解下来。否则，我能做什么事。

2004 年 8 月 5 日 23：44：12

"人是有可能死于羞愧的"之四

整个上午只写了这几个字，心事茫然连广宇，只有随手写了。不管它写得如何，的确是一种感觉，必须从中解脱出来。有些时间是不能随便你怎么用的，它只能用在时间本身上。

"没有回升的时间了？"
——"人是可能死于羞愧的"之四

时间被想象成本钱："没有回升的时间"犹如"没有翻本的本钱"。时间因此而暗淡。

时间的暗淡就像在黄昏中临近的夜幕笼罩（窒息）着本可沉思而收获的时光，使一切与生携带的生命馈赠都提前葬送了。

所以，如此被比附的时间已是比肉体死亡得更早的时间，也就是说，时间随着特定时间形式（如青春、容颜、可滋润的文字成就、可购买补偿的金钱等等）的消耗而消耗殆尽。至少，拮据的时间仿佛没有任何购买力的空头支票，它不但是零，更在零以下成为心理负数，因为它显示的是贫困、落魄、潦倒之类更糟的生命亏空后的透支。

其实，整体并没有这么严重。但有时的感觉倾向所选择的词语似乎在故意带起如此颓唐的意义氛围，不知是提前防备还是反向加强的自虐，甚至也可能存心尝试着预支的苦汁，想象在前。不管怎样，这是一种病态，它侵蚀毒化着当下时间。

一定要用意志力保持时间为其时间，只有这样的时间才具有治疗性或救治性。这种时间是本源性的时间，它是真正的"存在"，而不是被特定化了的"存在者"。简单地说，人一定要跳开被局限着的自身而回复其自身，**这看起来是意志，其实是境界，是被某种思的眼光净化了的心境。**

这种心境，任何时段都是必须具备的，不管是青年、中年和老年。所以我说，"留得青山在不怕没柴烧"中的"青山"，不是翻本的本钱，不是富裕的时间，甚至不是好身体，而是遇变不惊的平和心态，即不乱的方寸。愈是困厄，愈是需要它，即便外部的手段丧失殆尽，有此心境便有此观照和呈现的能力，意义便有了。所以，它是最贴身的本领。

题外话

我说过，与其别人承担，不如自己承担。"感同身受"，虽然一方面没有当事者切身真实，但另一方面它却是无法摆脱的心理压力，因为被治疗的身体在外不在内。我不止一次地被问："你发什么呆？"

我只有去写作。奇怪，看书容易走神，写作却不会。

2004 年 8 月 5 日上午记读书一则

2004 年 8 月 7 日下午

这一段文字具有真正立此存照的意义，它是陷入时间纠缠而没落着的生命的感同身受的清醒观照，是这样观照着被迫尖锐出的问题的眼光。在这种纠缠之中的人，往往是沉溺着消失到无声无息的；在这种纠缠之外的人，或者随波逐流着时间，或者总是走在时间的前面，因而都没有时间的问题。

其实这都是极而言之。没有人没有时间的问题。只是时间问题往往转化成其他的问题而将自己沉积在无言甚至无意识的层面。

懊悔、复仇、救赎、珍惜、感激。

最极端的时间报复就是自杀、他杀和放弃。它们是懊悔或复仇，决断地背离了珍惜和感激。救赎呢？它在哪里？

曾经是一个时间的身体性概念。

历史在曾经中走出观念形态回到身体性的经验。

一个朋友说只有古希腊、古罗马才有历史。而后面的"历史"因为基督教的缘故已不再是历史，而只是概念的历史。

另外，德性是一个古典的概念，与现代无涉。

我们已身处一个广告的时代。

1969 年，历史中总有一些可以用具体数字标识的年代。

《理性的疯狂》作了很多背景铺垫，但取向完全不一样。

还有知识青年上山下乡的背景。在一种交叉叙述中

　　桀骜

2004 年 8 月 18 日星期三

　生活在转了 180 度的弯后，又开始透露回转的端倪。我发觉我开始兴奋失而复得的机遇。我竟然有点沉不住气了！

2004 年 9 月 24 日星期五

　几天来，比波罗莱兹舞曲更惊心动魄的是 "6-12-22" 的悄无声息的生命的节奏，是死寂中不能放弃的生命的节奏，是拉得无比漫长或压缩得不能再压缩的生命的节奏。它至今延缓在生命中，成为不能过去的节奏的持守。

　一生就是这样守住的。

　功利可以在这种节奏中清理掉。

　欲望也可以，哪怕是生命的欲望，只要它有过。

　剩下的是生命自身的宁静，它燃烧起的不熄灭的激情的文字本身就是净化的。

永远的 9 月，9 时 25 分

补记昨夜和今天凌晨关于时间：

九月，对我们已经成为记忆的哲学或政治哲学。

我们早已认定，波罗莱兹舞曲，就是它在这个世上行进的节奏，

你听听它的声音，只有来了去了的脚步，

没有迟疑，没有后悔，没有宠辱皆惊的计算，

太阳神的战车不就是这样宁静而辉煌地越过天庭吗？

我取宁静而安详的姿态。

2004 年 10 月 5 日星期二
18 时 54 分

在自闭一样的日子里，电话成为与外部世界连接的主要方式，但它真的很脆弱，一个语调、一个不恰当的说法，就可能疏淡一种联系。

7 月 16 日，为回家度暑假的儿子建立了联众游戏。一段日子，"俄罗斯方块"竟成了一种排遣郁闷的方式，每每我深夜走进它的游戏大厅，想找到一个闲暇的、合适的伙伴，你总能找到散落在大厅里的正等待伙伴的人，只是你不

一定是他或她所等待的，你的等级可能不适合他（她），他（她）因此用不回应拒绝你，你只能快快地离去，因为等级也是它自然的秩序。而这里的等级是由速度、准确、熟练决定的。它其实只属于年轻的生命。

这里拥挤着游戏的人群，却雕塑般地寂然无声，你不用想象它的声音，你双手敲打键盘的声音就是它的紧张的节奏的音响。

这里没有情感，只有游戏，时间在紧张的输赢中飞快地流逝。

你也就这样失落着生命，并加倍体会着生命无可挽回地丢失的落寞。

上午 3 时 40 分

（1999 年 3 月 24 日

一个多钟头过去了，我又陷入了"游戏"——在这样的心境中陷入"游戏"，我才突然明白了我是怎样地恐惧着又无能无助地面对心理的绝境，我只想逃避。游戏在这里就是无时间的空间，是时间被麻木地凝冻，实际每一秒都在无可挽回地流逝的"无时间的空间"的自欺。我只是饮鸩止渴罢了。）

1999 年 4 月

"读书"

把一些感伤的东西变到语言中去。

毅力既防止下坠，也防止忘形（失去现实的考虑）

——持平到现实的支撑点上，每一步的获得都是自信的恢复。宁可头疼，也不要叹息。

2004 年 10 月 25 日星期一

上午 1 时 0 分

据说，"学者"总是以"知识人"自居的，这"知识"也包括"审美的知识"。问题是，知识和审美总是对象性的，在知识和审美以外，即在对象性的关系之外，并不仅仅剩下人不能逃避的世俗生活……

2004 年 11 月 13 日星期六

很久了，没有回到这里。

2 点多上床，怎么也睡不着，起来，重新打开电脑坐下，写点什么呢？

要表达的，已硬结于心，是在各种纷繁的人和事的摩擦后浓缩了再浓缩的那一点心情，并不伤心，或还说不上是真的伤心，毋宁说是一种退缩，退回到最初的想象，它是纯然自己的。曾经的错位、疯狂、撕扯的疼痛，不就是为着回到这一点最深的宁静吗？这一切本来就与别人无关。因而这获得的宁静也是别人无法剥夺的。

这宁静已足以让我感谢上苍了。

这宁静使得一切其他的得失可能重要，也会常常泛起各种情绪的浪花，却并不会根本性地影响宽容、豁达地对待生活。

需要做的，是简化事务，各方面的事务；是学会拒绝；是尽可能减少情绪波动的随遇而安，赢得尽量多一点的时间。

也许时间也没有那么紧迫，或者人不能那么紧迫地感受时间的大限，以至当下的紧迫还要在比较的时间尺度的剪裁中加倍紧迫着。

我真想生活能够轻松一点。

2005 年 1 月 17 日星期一

上午 4 时 20 分

　　"属性"显示最后一次修改是 2004 年 11 月 17 日凌晨 2 点 25 分，到此刻，2005 年 1 月 17 日凌晨 4 点 20 分，2 个月零 1 个钟头 55 分过去了。

　　前些天，好像是 14 日星期五，下午读书，我想到一个对自己一段时间状态的描述：

如果一个语言事件就是一次地平线的升起，那么很久了，我只是一个隔着山想象着大海神秘地托出日出的人，我为了那一刻的"看"而赶路，在深夜的翻山越岭的途中，一个曾经经验，而终将再经验的想象支撑着想象，但只是想象而已。我常常到该赶路时已经疲倦得一步都不再想挪动。不仅没有句子，而且没有词。没有谁的诗句中说的绊倒自己的鹅卵石，因而连绊倒的警醒都没有。

我的生活被生硬地分成了两块。一块是白天的事务和各种杂事的充塞，是责任的担当，它期待着黑夜；一块是黑夜的疲惫和懈怠的弥漫，白天的期待还没来得及真的升起就陨落了。在真实的和比喻的意义上，我都是一个在黎明前躺倒的人。然后周而复始地重复着这样白天和黑夜的期待和失落的断裂。

如果"看"才是真正的生活。我一次又一次地丢失了，失落在懈怠的想象中。

而就是昨夜，不，前夜，我有了另一个对一种状态的描述。

黑洞，从黑夜走到光亮

一次次走进黑洞，因此黑夜、夜、黑成为生命的隐喻，但终要走进光亮……

头疼。

2005 年 1 月 28 日星期五

上午 2 时 47 分

声音的空地。

2005 年 4 月 5 日星期二

今天是又一个清明

仿佛匆忙地进入了一个纯然时间标识的时间，匆忙得既没准备好祭奠离去的亲人，也没准备好祝福活着的亲人。但已然在夹缝中，因而加倍感受着时间的坚硬。

050408 夜读经历死亡

深夜，也是因为本来就没上床，只是在沙发上迷糊了一觉；也是因为又习惯性地惊醒而心悸，人清醒了，干脆打开电脑，想安静地在文字中恢复心跳的平和⋯⋯

文字总是不期然地在的。

一个"从此没有将来时"的经历，是一次过去的死亡经历还是一个没有过去的死亡经历，其间的区别在哪里，是我一直没有真的弄清的。但有一点是没有差别的，即当下，不是过去的当下，而是每一个迎面的当下都那样地敏感着生存的差异，并在差异中生长着感受、思想，仿佛每一个当下都紧张着死去与活着的新生。

而一个惊恐着死亡的生命反而因惊恐而更多地丢失了当下。将来时成为催逼得丢失的紧张或紧张得疲软的催逼。于是死亡成为生命预支的经历。

无法安慰的是每一个人都要或迟或早或少或多或轻或重经历的生离死别，唯其因为没有任何可以分担的离别，才这样揪心地痛楚。咬脐的疼痛竟然在65年后这样地弥散着痛苦的强度和无助。

无数次，我看见了泪水……

2005 年 4 月 20 日星期三　10 时 1 分

坚强与毅力是拯救我们的主，归根结底靠自己。不要懊悔、不要怨恨。生活本来就是这个样子。我们本来就是承受苦难的一代，我们的财富也在这里。问题是我们能否用好它。在这个罗托斯地，除了我们一起跳，还指望谁呢？

2005 年 4 月 21 日星期四　9 时 53 分

"幸存"之"幸"含有两层反向的意义：作为事实和语境的是灾难、使命受挫或一次赋予理想的事件的失败，甚至是一个剧烈酝酿变动时代的过去，它或许留下了什么，但随之带走而失去的更多，总之悲壮感过去了，留下平庸的生活；再一层是要从事实与语境的深层处浮现出来的受命托付（托福）中执着的命运（意义），它与现实其实并不切合，甚至现实已经离它而去（生活在别处了），但现实的成功恰恰是以过去最富精神性东西的丧失为代价的，也就是说，死亡的是现存活的真实意义，可惜它被现实遗忘了，唯有少数幸存者为它而存在。

我的意思是你可以单独作为一个范畴来写它，也可以结合你的经历甚至结合"文革"来写它。这个题目就由你来写了。

幸存、复活、承诺、本雅明、往事与回想，正好构成你的主调。只要你能静下心来，一定会写好。我就是想看你的文字中那种自身营构氛围的闪动与不确定。但一定要用平实的叙事语言过渡把它带到闪烁处，满是精心的词语会适得其反的。它写短可以，写长了就腻了。

2005 年 4 月 22 日星期五　15 时 35 分

我已经坐了半个小时，除了有想说点什么的愿望，完全不知道也不能够说什么。这种无力早已表明，这个世界在我之外，是我无法进入的领域。

如果结局就是这个样子了，那是一种神明：这个领域也不属于你。

或许，对于你或我，"大地"本来就应该是"白茫茫一片真干净"。

说到这里，我仍然怕说错，仍然在心里祈祷："留下点什么！好人不应该是无力的。"

我知道，在监狱里，你的许愿、你的承诺，使你获得一种界限，它几乎类似一种阻止的声音："别做。"所以，你才决心退到九十九。你基本上是按照那个声音做的，才能坚持到今天。但，这只对我有效。你无法也无权判断他人。

现在我懂了，你以前说了那么多"退到九十九"意味着什么，意味着信守余生的承诺，做你能做的事，即做你的承诺意志主持得了的事。

感谢上天！

你内心一定有一种声音的。

2005 年 4 月 23 日星期六　2 时 58 分

也许我可以说我已经放下了今天经历的被几乎剥夺干净的恐惧，只是一点一点地做事，一件接一件地做，就这样到晚上。晚饭吃得很晚，晚饭后和儿子一起看电视，8 点 50 又回到电脑前。在电话里再同妈妈说了会儿话，似乎是为了让自己再适应下午突然来的决定、适应又一次即将同老人告别的感觉……9 点 36 分开始看稿，到 11 点。然后自己看书，一个钟头，很匆忙很专注地看。再然后，为了找另一本书，竟找到了（19）94 年 9 月开现象学会前后的一些零星的东西，找到那年 9 月 20 日在稿纸上涂抹的一首名为"记忆"的小诗——

我不知道到哪儿去寻找你

深秋正午的阳光折射在西北古城简朴的
沙发上
更遥远的
是那渡江而去的狭长得幽远的
楼梯的尽头　像冬日暗夜中的一抹白光

或者就在这里
在这个空气中弥漫着原始的
苦涩清香的清晨

香椿树正在抽芽
在没有季节的季节里生长

而你总能看见我
只要你愿意
这一刻
你的眼里正涌动着我的潮水吗

在这片紧贴着潮汐的土地
我屏息倾听你的呼吸

　　0 点 40 了，我还不忍放下过去的记忆。最近越来越多地想到生活中随手搁置的东西太多太多，无从收拾，以至早已成为生活的负担。而生活，还在这样迎来送往地流逝，无暇驻足无处驻足。